本书第一版荣获国家教委
第三届普通高等学校
优秀教材一等奖
（1995年）

本书第三版荣获第六届
全国高校出版社
优秀畅销书一等奖
（2004年）

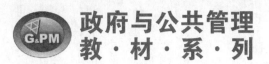

全国优秀教材（高等教育类）一等奖

Xingzheng Guanlixue

行政管理学

（第六版）

夏书章　主　编

王乐夫　　副主编
陈瑞莲

高等教育出版社
Higher Education Press ·北京·

中山大學出版社 ·广州·
SUN YAT-SEN UNIVERSITY PRESS

版权所有　翻印必究

图书在版编目（CIP）数据

行政管理学/夏书章主编；王乐夫，陈瑞莲副主编.—6版.—广州：中山大学出版社.—北京：高等教育出版社，2018.5
ISBN 978-7-306-06279-6

Ⅰ.①行…　Ⅱ.①夏…②王…③陈…　Ⅲ.①行政管理—管理学—高等学校—教材　Ⅳ.①D035

中国版本图书馆CIP数据核字（2017）第330577号

出 版 人：王天琪
责任编辑：陈　霞
封面设计：林绵华
责任校对：李先萍
责任技编：何雅涛
出版发行：中山大学出版社
电　　话：编辑部 020-84111996，84113349，84111997，84110779
　　　　　发行部 020-84111998，84111981，84111160
地　　址：广州市新港西路135号
邮　　编：510275　　传　真：020-84036565
网　　址：http://www.zsup.com.cn　E-mail：zdcbs@mail.sysu.edu.cn
印 刷 者：佛山家联印刷有限公司
规　　格：787mm×1092mm　1/16　30.25印张　522千字
版次印次：1991年6月第1版　2021年12月第6版77次印刷
定　　价：58.00元　　印　数：903001-913000册

本书如有印装质量问题影响阅读，请与出版社发行部联系调换

参加编写人员（第六版）

（以姓氏笔画为序）

马　骏	王乐夫
牛美丽	刘亚平
任剑涛	何艳玲
陈天祥	陈瑞莲
赵过渡	夏书章
倪　星	郭小聪
郭巍青	蔡立辉

内 容 简 介

本书由我国著名行政管理学家、公共管理学奠基人、"中国MPA之父"夏书章教授主编，是国家精品课程——行政管理学的教材。

它是为适应概论或导论性质的课程教学需要而编写的，着重介绍行政管理学的基本理论与基本方法，注重其基础性、系统性、前沿性，强化理论与实际的紧密结合，力求体现中国特色，为落实党的十九大精神和习近平新时代中国特色社会主义思想服务。

本版在第五版基础上进一步修订而成，内容有更新和充实，结构体系有调整、改善，理论含量有提高；同时吸纳了五版以来该学科研究的新成果，更加关注我国当前行政管理体系改革的热点、难点问题。而且本版依据党的十九大精神和习近平新时代中国特色社会主义思想组织成稿、定稿，体现了与时俱进的精神，具有新的时代气息。

本书是我国高校行政管理学（公共管理学）、政治学等专业的必修基础课教材和考硕考博的指定教材，以及经济学、管理学、社会学、哲学、历史学、法学等专业的使用教材，同时也适合广大公务员及各类型领导管理者阅读和使用。

* * * *

另：陈瑞莲教授等根据本书的体系结构和内容编写了《〈行政管理学〉学习辅导：习题与案例》一书，全书各章内容由知识点阐述、相关知识拓展、练习题及答案、案例分析四大部分组成，具有内容简明扼要、实践操作性强等特点，可有效帮助读者学习、掌握行政管理学这门学科的基本知识、基本理论和基本技能，提高分析问题、解决问题的能力和参与各类考试（含公务员考试）的应试能力。如果教材与教辅配套使用，将收到事半功倍的学习效果。

目 录

我们应当为创建中国特色的行政学及其普及和提高而继续努力
——《行政管理学》（第一版）序 / 1

时代在前进，学科在发展，我们应当永远继续努力不断上新台阶
——《行政管理学》（第二版）序 / 4

全面建设小康社会，开创中国特色社会主义事业新局面迫切需要
行政管理现代化——《行政管理学》（第三版）序 / 7

中国行政管理研究旨在落实科学发展共建和谐
——《行政管理学》（第四版）序 / 10

对创建中国特色社会主义新学科，我们的信心更足了
——《行政管理学》（第五版）序 / 13

以习近平新时代中国特色社会主义思想引导学科继续发展
——《行政管理学》（第六版）序 / 15

第一章　导论 / 1
　　第一节　行政管理与行政管理学……………………………………… 1
　　　　一、行政管理在社会生活中的地位和作用………………………… 1
　　　　二、行政管理学的创立及其发展状况……………………………… 3
　　　　三、行政管理学研究的对象、内容和方法………………………… 5
　　第二节　行政管理学在中国…………………………………………… 8
　　　　一、20世纪30年代即已引进的行政学…………………………… 8

二、中华人民共和国成立初期的"行政组织与管理"及其中断 …… 11
　　三、改革开放以来的行政管理学 ………………………………… 13
第三节　建设和发展中国特色社会主义行政管理学 ………………… 16
　　一、行政管理学本土化的必要性 ………………………………… 16
　　二、行政管理应为实现战略目标服务 …………………………… 18
　　三、以习近平新时代中国特色社会主义思想建设和发展行政
　　　　管理学 …………………………………………………………… 19

第二章　行政环境 / 22

第一节　行政系统与外部环境的互动分析 …………………………… 22
　　一、行政环境的含义 ……………………………………………… 22
　　二、行政环境的构成 ……………………………………………… 23
　　三、行政系统与外部环境的互依性 ……………………………… 24
第二节　经济和政治环境对行政系统的影响 ………………………… 26
　　一、经济环境对行政系统的影响 ………………………………… 26
　　二、政治环境对行政系统的影响 ………………………………… 28
第三节　文化、民族和宗教环境对行政系统的影响 ………………… 31
　　一、文化环境对行政系统的影响 ………………………………… 31
　　二、民族环境对行政系统的影响 ………………………………… 35
　　三、宗教环境对行政系统的影响 ………………………………… 37
第四节　自然环境和国际社会环境对行政系统的影响 ……………… 38
　　一、自然环境对行政系统的影响 ………………………………… 38
　　二、国际社会环境对行政系统的影响 …………………………… 41
第五节　创建良好的外部环境 ………………………………………… 42
　　一、创建良好的经济环境 ………………………………………… 42
　　二、创建良好的政治环境 ………………………………………… 44
　　三、创建良好的文化、民族和宗教环境 ………………………… 45
　　四、创建良好的国际社会环境 …………………………………… 48

第三章　行政职能 / 50

第一节　行政职能概述 ………………………………………………… 50
　　一、行政职能的含义和特点 ……………………………………… 50
　　二、行政职能体系 ………………………………………………… 51

三、行政职能研究的意义 …………………………………… 56
　第二节　西方国家行政职能的演变 ………………………………… 57
　　一、前资本主义时期的行政职能 …………………………… 57
　　二、自由资本主义时期的行政职能 ………………………… 57
　　三、垄断资本主义时期的行政职能 ………………………… 58
　　四、当代资本主义的行政职能 ……………………………… 59
　第三节　转轨时期我国行政职能的转变 …………………………… 60
　　一、我国行政职能转变的必然性、必要性 ………………… 60
　　二、我国行政职能转变的重点 ……………………………… 62

第四章　行政组织 / 67

　第一节　行政组织概述 ……………………………………………… 67
　　一、行政组织的基本概念 …………………………………… 67
　　二、行政组织的类型 ………………………………………… 71
　　三、行政组织结构 …………………………………………… 73
　第二节　行政组织理论 ……………………………………………… 76
　　一、西方国家行政组织理论的演变 ………………………… 76
　　二、马克思主义的行政组织理论 …………………………… 79
　第三节　行政组织的编制管理 ……………………………………… 82
　　一、编制管理的含义及其意义 ……………………………… 82
　　二、编制管理的原则和方法 ………………………………… 83

第五章　行政领导 / 85

　第一节　行政领导概述 ……………………………………………… 85
　　一、领导的含义及其特点 …………………………………… 85
　　二、领导、管理工作的专业化 ……………………………… 88
　　三、行政领导：含义、特点和作用 ………………………… 91
　第二节　行政领导者的职位、职权和责任 ………………………… 93
　　一、行政领导者的职位 ……………………………………… 93
　　二、行政领导者的职权 ……………………………………… 93
　　三、行政领导者的责任 ……………………………………… 94
　　四、行政领导权威 …………………………………………… 95

第三节 行政领导制度 ·················· 97
  一、民主集中制 ···················· 97
  二、集体领导、个人分工负责与行政首长负责制 ········ 98
  三、日常的具体行政领导制度 ·············· 99
第四节 行政领导的方法、方式和艺术 ············ 101
  一、行政领导方法的含义 ················ 101
  二、根本的行政领导方法 ················ 101
  三、行政领导方式 ··················· 103
  四、行政领导艺术 ··················· 105
第五节 行政领导者的素质结构及其优化 ··········· 107
  一、行政领导者的素质 ················· 107
  二、行政领导者个人的素质结构 ············· 108
  三、行政领导班子的素质结构及其优化 ··········· 112

第六章 人事行政 / 115

第一节 人事管理、人事行政和人力资源管理 ········· 115
  一、人事管理 ····················· 115
  二、人事行政 ····················· 117
  三、人力资源管理 ··················· 120
第二节 国家公务员制度 ·················· 123
  一、西方国家公务员制度 ················ 123
  二、中国公务员制度 ·················· 126
第三节 中国人事行政的变革 ················ 136
  一、政府雇员制 ···················· 136
  二、竞争上岗和公开选拔领导干部 ············· 137
  三、绩效考核创新 ··················· 138
  四、公务员职务与职级并行制度改革 ············ 139

第七章 公共预算 / 140

第一节 公共预算概述 ··················· 141
  一、公共预算的历史 ·················· 141
  二、公共预算的目标 ·················· 142

第二节 现代公共预算制度的建立·················· 145
 一、1999 年前的预算管理·················· 145
 二、1999 年以来的预算改革：迈向现代公共预算·········· 148
第三节 预算过程的参与者、职责和预算周期············· 151
 一、预算参与者及其职责················· 151
 二、预算周期····················· 153
第四节 预算编制与审批·················· 154
 一、我国政府预算编制原则················ 154
 二、我国预算的编制、审批程序··············· 156
 三、部门预算编制方法·················· 156
 四、政府性基金预算、国有资本经营预算和社会保险基金预算
  ······················· 161
 五、人大审查、批准政府预算················ 164
第五节 预算执行···················· 166
 一、控制与灵活性的权衡················· 167
 二、财政管理周期··················· 168
 三、预算执行中需要关注的主要问题············· 169
第六节 政府决算···················· 171
 一、政府决算的主要内容················· 171
 二、政府决算的编制程序和方法··············· 172
 三、政府决算的审查和批准················ 174

第八章 行政信息 / 177
第一节 行政信息概述··················· 177
 一、行政信息的内涵·················· 177
 二、行政信息管理的产生、发展及其研究视角··········· 185
 三、行政信息管理标准化················· 188
第二节 行政信息管理的内容················· 192
 一、行政信息管理体制·················· 192
 二、行政信息采集管理················· 194
 三、行政信息存储··················· 196
 四、行政信息分级分类················· 198
 五、行政信息公开··················· 200

六、行政信息交换共享 202
 第三节　行政信息开发利用 208
  一、行政信息开发利用概述 208
  二、互联网＋政务服务 210
  三、行政信息法制建设 213

第九章　政策过程与政策分析方法 / 218

 第一节　政策过程 218
  一、政策议程建立 219
  二、政策方案形成 220
  三、政策决定 222
  四、政策执行 224
  五、政策评估 227
 第二节　政策分析的方法 231
  一、定性分析与定量分析 231
  二、专门的分析方法 232

第十章　行政沟通 / 237

 第一节　行政沟通的概念和要素 237
  一、行政沟通的概念 237
  二、沟通主体：行政组织和组织化了的个人 237
  三、沟通内容：行政信息 239
 第二节　沟通的机制和方法 241
  一、沟通渠道：质量与选择 241
  二、沟通对象：受众心理与状态分析 242
  三、沟通效果对行政过程的影响 244
 第三节　政府对外传播 245
  一、政府对外传播的外部环境 246
  二、政府对外传播的两种表现形态 246
  三、政府对外传播中的"软销"与"硬销" 247
 第四节　新媒体背景下的政府传播 249
  一、什么是新媒体 249
  二、新媒体对政府传播方式的影响 250

  三、新媒体在政府传播中的应用⋯⋯⋯⋯⋯⋯⋯⋯⋯⋯⋯⋯⋯⋯⋯⋯ 251

第十一章　行政伦理 / 255
  第一节　行政伦理概述⋯⋯⋯⋯⋯⋯⋯⋯⋯⋯⋯⋯⋯⋯⋯⋯⋯⋯⋯⋯ 255
    一、行政伦理的兴起背景与发展态势⋯⋯⋯⋯⋯⋯⋯⋯⋯⋯⋯⋯ 255
    二、行政伦理的功能⋯⋯⋯⋯⋯⋯⋯⋯⋯⋯⋯⋯⋯⋯⋯⋯⋯⋯⋯ 260
  第二节　行政伦理的结构与内容：组织伦理与个体伦理⋯⋯⋯⋯⋯ 263
    一、行政组织伦理⋯⋯⋯⋯⋯⋯⋯⋯⋯⋯⋯⋯⋯⋯⋯⋯⋯⋯⋯⋯ 263
    二、行政个体伦理⋯⋯⋯⋯⋯⋯⋯⋯⋯⋯⋯⋯⋯⋯⋯⋯⋯⋯⋯⋯ 265
  第三节　行政伦理的基本问题：责任及其履行⋯⋯⋯⋯⋯⋯⋯⋯⋯ 267
    一、主观责任与客观责任⋯⋯⋯⋯⋯⋯⋯⋯⋯⋯⋯⋯⋯⋯⋯⋯⋯ 267
    二、内部控制与外部控制⋯⋯⋯⋯⋯⋯⋯⋯⋯⋯⋯⋯⋯⋯⋯⋯⋯ 269
  第四节　当代中国行政伦理：规范建构与行为约束⋯⋯⋯⋯⋯⋯⋯ 275
    一、当代中国行政伦理规范的来源⋯⋯⋯⋯⋯⋯⋯⋯⋯⋯⋯⋯⋯ 275
    二、当代中国行政伦理规范的内容⋯⋯⋯⋯⋯⋯⋯⋯⋯⋯⋯⋯⋯ 277

第十二章　行政法治 / 281
  第一节　行政法治概述⋯⋯⋯⋯⋯⋯⋯⋯⋯⋯⋯⋯⋯⋯⋯⋯⋯⋯⋯⋯ 281
    一、行政法治的含义⋯⋯⋯⋯⋯⋯⋯⋯⋯⋯⋯⋯⋯⋯⋯⋯⋯⋯⋯ 281
    二、公共行政的法律逻辑⋯⋯⋯⋯⋯⋯⋯⋯⋯⋯⋯⋯⋯⋯⋯⋯⋯ 282
    三、西方国家法治行政的历史演进⋯⋯⋯⋯⋯⋯⋯⋯⋯⋯⋯⋯⋯ 285
  第二节　行政立法⋯⋯⋯⋯⋯⋯⋯⋯⋯⋯⋯⋯⋯⋯⋯⋯⋯⋯⋯⋯⋯⋯ 288
    一、行政立法的含义⋯⋯⋯⋯⋯⋯⋯⋯⋯⋯⋯⋯⋯⋯⋯⋯⋯⋯⋯ 288
    二、行政立法的权力配置⋯⋯⋯⋯⋯⋯⋯⋯⋯⋯⋯⋯⋯⋯⋯⋯⋯ 292
    三、行政立法监督⋯⋯⋯⋯⋯⋯⋯⋯⋯⋯⋯⋯⋯⋯⋯⋯⋯⋯⋯⋯ 305
  第三节　我国行政管理的法治化⋯⋯⋯⋯⋯⋯⋯⋯⋯⋯⋯⋯⋯⋯⋯⋯ 306
    一、我国法治行政建设的必要性、目标与具体措施⋯⋯⋯⋯⋯⋯ 306
    二、我国行政管理法治化的主要内容⋯⋯⋯⋯⋯⋯⋯⋯⋯⋯⋯⋯ 310

第十三章　行政监督 / 313
  第一节　行政权力制约的基本理论⋯⋯⋯⋯⋯⋯⋯⋯⋯⋯⋯⋯⋯⋯⋯ 313
    一、分权制衡理论：以权力制约权力⋯⋯⋯⋯⋯⋯⋯⋯⋯⋯⋯⋯ 314
    二、人民主权理论：以权利制约权力⋯⋯⋯⋯⋯⋯⋯⋯⋯⋯⋯⋯ 316

三、社会契约论：以道德制约权力 ……………………………… 318
第二节　行政监督体系 …………………………………………………… 321
　　一、行政监督的内容 ……………………………………………… 321
　　二、行政管理内部监督体系 ……………………………………… 325
　　三、行政管理外部监督体系 ……………………………………… 330
　　四、构建权威高效的监督体系 …………………………………… 336
第三节　我国行政监督机制的完善 ……………………………………… 338
　　一、我国行政监督机制存在的问题 ……………………………… 338
　　二、完善我国行政监督机制的措施 ……………………………… 341

第十四章　公共危机管理 / 346

第一节　公共危机管理概述 ……………………………………………… 346
　　一、公共危机管理的基本概念 …………………………………… 346
　　二、公共危机的分类、分级与分期 ……………………………… 351
　　三、公共危机管理的重要性和必要性 …………………………… 356
第二节　公共危机管理的体制 …………………………………………… 358
　　一、公共危机管理的领导体制 …………………………………… 358
　　二、公共危机管理的职能与机构 ………………………………… 360
第三节　公共危机管理的机制 …………………………………………… 362
　　一、公共危机的预警机制 ………………………………………… 362
　　二、公共危机的决策机制 ………………………………………… 367
　　三、公共危机的应对机制 ………………………………………… 369
　　四、公共危机的善后机制 ………………………………………… 372

第十五章　办公室管理与后勤管理 / 373

第一节　办公室工作的性质与任务 ……………………………………… 373
　　一、办公室工作的性质 …………………………………………… 373
　　二、办公室工作的基本任务 ……………………………………… 374
第二节　办公室管理的科学化和现代化 ………………………………… 378
　　一、办公室管理的科学化 ………………………………………… 378
　　二、办公自动化 …………………………………………………… 380
第三节　后勤管理的重要意义与主要内容 ……………………………… 382
　　一、后勤管理的意义 ……………………………………………… 382

二、后勤管理的主要内容……………………………………………… 384
第四节　后勤管理体制改革…………………………………………… 387
　　一、后勤管理体制改革的必要性……………………………………… 387
　　二、后勤管理体制改革的内容………………………………………… 390
　　三、后勤管理体制改革的目的………………………………………… 392

第十六章　政府绩效管理 / 397

第一节　政府绩效管理概述…………………………………………… 397
　　一、政府绩效管理的概念……………………………………………… 397
　　二、政府绩效管理的意义……………………………………………… 400
　　三、政府绩效管理的特征……………………………………………… 401
第二节　政府的绩效计划与实施……………………………………… 402
　　一、政府绩效管理的价值标准………………………………………… 402
　　二、绩效计划…………………………………………………………… 404
　　三、绩效实施与过程管理……………………………………………… 405
第三节　政府绩效考核………………………………………………… 406
　　一、考核主体与考核对象……………………………………………… 406
　　二、绩效考核指标体系………………………………………………… 407
　　三、个体绩效考核技术………………………………………………… 409
　　四、系统绩效考核技术………………………………………………… 411
第四节　政府部门绩效反馈与改进…………………………………… 415
　　一、绩效反馈…………………………………………………………… 415
　　二、绩效改进和导入…………………………………………………… 416
第五节　中国政府绩效管理实践……………………………………… 418
　　一、中国政府绩效管理的现状………………………………………… 418
　　二、中国政府绩效管理问题的原因分析……………………………… 420
　　三、优化中国政府绩效管理的对策…………………………………… 422

第十七章　行政改革与发展 / 425

第一节　行政改革概述………………………………………………… 425
　　一、行政改革的基本含义……………………………………………… 425
　　二、行政改革的必然性………………………………………………… 426

第二节　当代西方国家的行政改革……………………………………… 427
　　一、当代西方国家行政改革的基本趋势……………………………… 427
　　二、当代西方国家行政改革的主要特点……………………………… 432
第三节　当代中国的行政改革及展望……………………………………… 436
　　一、当代中国的行政改革……………………………………………… 436
　　二、中国行政改革的经验及展望……………………………………… 440

第一版后记／444
第二版后记／445
第三版后记／446
第四版后记／447
第五版后记／449
第六版后记／450

我们应当为创建中国特色的行政学及其普及和提高而继续努力

——《行政管理学》（第一版）序

夏书章

经过将近十年的共同努力，现在可以认为，在新中国，已初步形成了称得起行政学"界"的一支相当可观的专业队伍。这具体表现在：普通高校专业或课程的开设；国家行政学院的筹备；各省、自治区和直辖市成人行政院校的相继建立；专业刊物、教材、著作等的大量出版；各级学会和研究会等群众性学术团体的增多；以及各种师资班、培训班、研讨班的举办等方面。

仅以不久前刚结束的全国行政学教学研究会第四届年会和第二届会员代表大会为例，到会代表来自全国各省、自治区和直辖市的"五路大军"，即党校、普通高校、行政院校、研究机构和实际工作部门的教学研究人员；研究会的理事人数，已经由4年前第一届的20余人增加至90人左右。

抚今思昔，记忆犹新。1982年1月29日，《人民日报》发表了带有呼吁性的文章：《把行政学的研究提上日程是时候了》。同年春，中国政治学会委托上海复旦大学举办全国政治学讲习班。其中有行政学课程，引起不少学员的浓厚兴趣。

目前，行政学教学研究骨干中曾在该班学习过的，颇不乏人。1984年8月20—26日，国务院办公厅和劳动人事部在吉林市召开了行政管理学研讨会，表明了政府开始对这门学科的重视。同年底，中国行政管理学会筹备组在京成立。其他情况尚多，不必详述。

逐渐得到公认的，是行政管理既必须改革，就必须研究和必须创建中国特色社会主义的行政管理学。到1987年，学科的发展很快，于是，在1988年1月，通过《把行政管理学的研究引向深入是时候了》① 所发出的呼吁，在较大范围内产生了共鸣。如果说中国行政管理学会的成立（1988年10月14日）是我国行政管理学发展史上的里程碑，那么，在其今后继续发展的进程中，显然是任重而道远的。

结合与本人有关的一些情况来看，在1984年出版的《中国行政管理学初探》一书中，载有《关于开展行政管理学研究的一些粗浅认识》和《关于人事管理的若干问题》确属名副其实的"初探"。1985年出版主编的《行政管理学》②，也是作为教材的较早尝试。1986年出版的《行政学新论》，原是为行政法学研究生讲课稍经整理的记录。当时特别申明："'新论'之所谓新，乃相对于自己过去的著作而言，也借以鞭策自己不断做新的追求，并非自诩在观点和内容上果有什么新意。"③ 此外，还撰写过不少包括为别人编著作序在内的有关文章。不管怎么说，都已经是过去的事了。

现在主编的《行政管理学》这本书，主观上是希望在原有基础上有所提高和创新，但究竟能否做到和做到多少，还有待广大读者和同行们的客观审评。

问题的关键，似集中在中国特色这一点上。本来，我们要建设的是中国特色社会主义。那么，我国的行政管理和行政管理学便都应当具有中国特色，是不言而喻的。前人和外人的有益观点和经验可以参考、借鉴，但决不能依样葫芦、囫囵吞枣，这也是不难理解的。其实，即使是在资本主义国家之间，行政管理体制和方法，也无不具备各自的特点，何况我们是社会主义国家呢。

因此，在行政学教学和研究领域中，也存在坚持马克思主义基本观点、批判资产阶级自由化观点的问题。我们不能在有意无意之中，以为行政学是一门应用学科而对此有所放松或轻忽，同样要体现"坚持、补充、批判、澄清"的精神，即坚持马克思主义基本观点，增补以马克思主义为指导的新的研究成果，批判资产阶级自由化观点和澄清是非。

---

① 见刘应海《行政管理学新编》，湖北科学技术出版社1988年版，"序"。
② 山西人民出版社1985年版，为与同名书籍相区别，惯称"山西本"。
③ 见夏书章《行政学新论》，中国政法大学出版社1986年版，"卷首语"。

例如，在西方行政学的论著中，无可避免地要涉及"三权分立""文官中立"，侈谈资产阶级民主、讳言资产阶级专政，以及诸如此类，我们又怎样看待和怎能不进行马克思主义的分析呢？而且，正因为行政学是应用性很强的学科，就更有必要深刻地了解国情，理论密切联系实际。

当然，"做到、做好理论和实际的结合决非易事，但又非要努力做到、做好不可。谨愿和同志们共勉"。① 这是我想再重复一次曾经发表过的意见。总之，我们应当为创建中国特色的行政学及其普及和提高而继续努力。

1991年6月于
中山大学政治学与行政学系

---

① 徐学武：《社会主义行政管理学教程》，湖北科学技术出版社1988年版，"序"。

时代在前进，学科在发展，我们应当永远继续努力不断上新台阶
——《行政管理学》（第二版）序

夏书章

本书第一版于1991年6月问世。据出版社反映，已经多次印刷，仍有需要扩大供应的趋势，也早即提出进行修订的建议。我们虽同有此意，但由于在原参加编写人员中，或出国进修，或调动工作，其余多为教学研究骨干，不少兼有全国、省、校、院、系、教研室等其他学术组织、社会团体和行政机构的各种职务，平素确是任务重、时间紧，一直未能讨论、安排和如愿以偿。

1995年底，国家教育委员会第三届普通高等学校优秀教材评奖活动授予本书以"优秀教材一等奖"。中山大学又据此于1996年决定给予重奖，并颁发荣誉证书。全体编写人员在深受鼓舞的同时，一致认为，时代在前进，学科在发展，我们应当永远继续努力，争取能不断上新台阶。于是，互相勉励，共同商定，把本书的修订工作当一项重要任务来完成。经过集中讨论、分头执笔、全体研讨和反复推敲，终于在原来基础上定下了第二稿。

第二版较第一版的框架基本上没有太大的变动，仅在增加篇幅不宜过多的原则下做局部调整，主要是将原14章改为16章。其中有分有合，如行政立法与行政道德一章将行政道德分出归入另列的行政文化一章，行政执行与行政监督分为两章，办公室管理与后勤管理合为一章，以及新设一章论述改革与发展，有横向介绍以资比较之意。

在内容方面，有删节，也有补充，修订中的斟酌较多。像关于职能转变、国家公务员制度等新进展的增补，较为显著。财务行政一章则明确不包括机关内部的财务管理，而在后勤管理部分加强对后者的讨论，作为一种

尝试。

整个修订工作应基于行政管理改革的新情况、学科研究的新成果和教学实践所反馈的有关信息。这是我们的共识，并力求以修订后的一本新教材迎接新世纪的到来。主观愿望如此，至于是否能够真正做到和达到什么程度，那自然还是有待客观检验、审议和评价的事。为了学科的普及和提高，教材建设毕竟是很重要的一环。

说到教材建设，评奖活动表明国家教委和学校领导的重视。结合对本书的编写、修订和使用过程，我们对教材建设的重要性、适用性等也加深了认识，有一些体会。其中不少正是我们所据以编写和修订的思路。

一、每门课程在专业教学计划中有其不同的性质和一定的地位，而不是孤立的。例如，行政管理学作为专业基础课，就有先行的、后续的、辅助的、相关的等配套课程，有分工和交叉，不宜越俎代庖、重复过多。

二、在各门课程之间有内在联系，内容应以各自承担的任务为主，不能只是随意和简单凑合。要进行认真的研究，统筹兼顾，合理安排，主次、详略不颠倒错位，尤须注意课程体系能得到体现和保证。

三、无论在理论或实践方面与学科有关的新动态均须加以留意，以便及时更新已陈旧的内容。"一本通书读到老"不行，"讲义纸已发黄"也不行。即使受出版条件的限制，仍应采取适当措施尽可能减轻滞后程度。

四、教材贵在有启发、能引导，不满足和停留于知识的介绍或灌输。特别是像行政管理学这样的应用学科，理论结合实际是生命力所系，须学而能用，能消化吸收，自行深化，非仅被动接受，处于消极状态。

五、对久经考验、行之有效且至今仍颇有现实意义的优良传统，应予以继承发扬，实行"古为今用"。尽管要"厚今薄古"，但在历史发展中，确实存在博古通今的问题，要求较高，难度较大，却不能回避。

六、对不同社会经济政治制度下的国家或地区的有关情况，应借鉴、参考，取别人之长，实行"洋为中用"。尤其是原属引进的学科，更有留意的必要。因而又有学贯中西的要求，难度也不小，同样要勉为其难。

七、要考虑教学实践，不宜过于庞杂。具体而言，即勿贪多、忌零乱。管理强调有序，教材自当循序渐进和由浅入深。不追求普遍适用，即所谓能打"通关"，而是对一定的层次或程度有较好的针对性，也不排除对其他感兴趣者有参考价值。

八、个人专著与集体编写有区别。前者可以是"一家之言",后者则总体上是分工合作。前者展其所长,后者集思广益。本书作为专业基础课的教材,采取了集体编写的方式,主要着眼点在于参加编写人员都担任与本书专题有关的课程,在具体掌握中有较好的有利条件。

我们所从事的,是行政管理学专业。若问所行何政和所专何业,回答是:行建设中国特色社会主义之政,须勤政、廉政;专为人民服务当好社会公仆之业,应敬业、乐业。为此,我们也由衷和真诚希望本书修订后的版本,将能更有助于专业知识、专业能力和专业思想水平的提高。在继续进行的行政改革中,我们认为还迫切需要致力于提高依法行政、加强监督和行政文化等水平。凡此在修订过程中已予以强调和有所反映。

1997 年 8 月

全面建设小康社会,开创中国特色社会主义事业新局面迫切需要行政管理现代化

——《行政管理学》(第三版)序

夏书章

在举世瞩目和全国关注的中国共产党第十六次全国代表大会胜利闭幕以后,"全面建设小康社会,开创中国特色社会主义事业新局面"的崭新历史时期已经开始。关于加快政府职能转变步伐、加强对权力的制约和监督、深化行政管理体制和干部人事制度等改革,自是理所当然地要与时俱进。因此,根据新的情况和要求,本书进行修订,也是应有之义。

本书第二版定稿于1997年8月,出版于次年3月,算来都已满5年。在这5年多来,国际国内形势变化很大。知识经济方兴未艾,知识管理与之俱来。我国加入世贸组织(WTO),机遇和挑战并至。凡此对于行政管理等改革,都提出了新的和更高要求。后者给国家、社会发展所带来的直接或间接影响,不容掉以轻心或予以低估。

试仅就学科发展的有关情况来考察,在这5年多的时间里,应该注意的是如下一些事实:一是在较多高校设置大专、本科专业的基础上,已有不少硕士学位点和逐渐增加博士点,以及即将有博士后流动站。二是开始有以提高国家公务员素质为主的公共管理硕士(MPA)专业学位试点。三是国家教育部人文社会科学百所重点研究基地中,有一所本学科的重点研究基地。四是在全国和省一级,已有本学科被评为重点课程和名牌专业等。研究工作,在国内外同行中也有新的进展。可见,本书的修订既有必要,同时具有有利条件。

在修订工作中,除分工进行的各专题内容应注意更新和一如既往地重视全面联系、互相配合外,我们的共识还在于:

一、坚持建设和发展中国特色社会主义行政管理学。我们不是凭空地、抽象地研究这门应用学科,而是要理论密切结合实际,切实做到学以致用,根据国情,为社会主义现代化服务。

二、抱定始终全心全意地为人民服务的宗旨,时刻不忘贯彻"三个代表"重要思想。这是共同事业的性质所决定了的万变而不可离的"宗"。要牢固地树立人民公仆的观念。

三、不懈地努力提高包括政府管理在内的公共管理水平,使管理全过程形成良性循环,首先和特别是全面与经常不断地提高各级政府各项工作的领导与执政水平,以及决策能力等。

四、充分发挥各方面、各领域的优良传统,认真实行"古为今用",真正做到"前事不忘,后事之师"。在进行科学总结的基础上,对于经验和教训,都给予高度重视。

五、继续加大改革力度,否则没有出路。在"发展是硬道理"和"以经济建设为中心"的前提下,尤其应该着重于经济体制和经济增长方式的根本转变,以适应进一步发展的需要。

六、注意研究、借鉴别人的成功经验,决不固步自封,也不简单照搬。其中包括外单位、外地和外国各种有关的有益经验,都虚心学习,加以分析、对比,有选择地吸收、参考。

七、认清竞争形势,在竞争中不仅要能够用心,而且要有力。机遇必须紧紧把握,以免稍纵即逝;挑战只要应对有方,也可以转化为机遇。要敢于竞争、乐于竞争、善于竞争。

八、一切物质和精神产品、一切工作成果,必须在质量上精益求精,才能立于不败之地。要使质量取胜的观念普遍确立和深入人心,"三个文明"协调发展,爱护和保住良好信誉。

九、强化效率意识,工作力争上游。特别是在政府部门,人人、事事、时时、处处都要表现出重视效率的习惯和风气。从个人到整体,精神面貌焕然一新,积极主动显示生机活力。

十、严格实行法治。依法治国与以德治国并举。伸张正气、维护正义,落实"中华人民共和国公民在法律面前一律平等","有法可依、有法必依、执法必严、违法必究"。

应当认为,加快全面建设小康社会,开创中国特色社会主义事业新局面的进程,迫切需要行政管理现代化。以上所列举的10点共识,无一不应在现代化的行政管理实践中有所体现。为此,本书第三版的修订工作,一方面既按常规进行,另一方面又根据共识有所侧重。全书的总体要求如此,有关各章节的具体内容力求能有更加突出的反映。

我们知道,任何一种改革,从来都不是也不应该是为改革而改革,而总是为了更有利于发展,不改不行。谈到改革,一般首先面临的是观念更新问题。但是,新的观念如果未必正确,便有一个更正的任务,否则,势必出现一动不如一静的局面。也就是说,要走出可能存在的观点上的误区,改革才能正常、顺利、健康进展。这一点,行政管理改革和对本书的修订也不例外。实际上,在上述10点共识中,对此也已经有明显的和较强的针对性。

还有一点应当指出,便是要在理论和实践方面处理好共性和个性的区别及联系。不能把行政管理工作当作一般职业来看待,必须高度重视其真实绩效,是否对国计民生发挥应有的积极作用。许多优良传统一点也没有"过时",改革开放还要继续前进。在竞争形势、质量要求、强调效率等问题面前无所作为或抱消极态度,等于认输,以及加强法治、德治等还要做更大的努力,等等,均有待和有赖我们的共识、共勉。

2003年4月

中国行政管理研究旨在落实科学发展共建和谐

——《行政管理学》(第四版)序

夏书章

本书第三版出版于2003年8月,那是在中国共产党第十六次全国代表大会闭幕以后。当我们酝酿出第四版的时候,已经获悉中国共产党第十七次全国代表大会即将召开。因此,大家一致认为,这是在我国改革发展关键阶段举行的一次十分重要的大会,应该根据新的经验总结和战略部署来进行中国行政管理研究,于是决定把出版时间适当推后。

现在,党的十七大刚胜利闭幕不久,我们深受鼓舞。对有关文件的认真学习,使我们非常明确:中国行政管理研究,必须继续在中国特色社会主义伟大旗帜的引领下,以邓小平理论和"三个代表"重要思想为指导,普遍深入贯彻落实科学发展观,继续解放思想,坚持改革开放,推动科学发展,促进社会和谐,为夺取全面建设小康社会新胜利和开创中国特色社会主义事业新局面而努力奋斗。

值得经常注意或提醒并有必要予以突出和着重强调的是:行政管理学作为一门从国外引进的学科,切忌完全置本国的国情于不顾,而仅仅热衷和满足于照搬、照套。再说,它作为一门应用性极强的学科,其旺盛的生命力在于理论密切联系实际,真正把学以致用做到、做好,才能收到预期的实际效果。也就是说,如果不合国情、脱离实际,终将格格不入,徒劳无功,甚至欲益反损,失时误事,直到后患无穷。这里决非危言耸听,"洋教条"和"纸上谈兵"造成灾难的案例古今中外都有,可谓"殷鉴不远"。

不过,注重国情和结合实际同参考借鉴之间并不矛盾。否则,还要引进各种学科干什么呢?为此,作为专业教材,仍应当将学科理论的基础性、系统性、前沿性等以及有关知识加以介绍，然后有较强针对性地开展理论与实践相对照的比较和述评，以期逐步建设、形成中国特色社会主义行政管理学，从而更好地为落实科学发展共建和谐服务。

最近国内学术界已有关于要求编写工商管理本土化教材的呼吁，其实对公共管理（含行政管理）来说，也有此需要。在这方面，吴琼恩教授有较深层次的考虑，大意为：不可照搬西方行政学理论，亟须严肃思考全球化时代保持行政学中国化的问题；中国文化强调"人文理性的优先性"，西方文化强调"逻辑理性的优先性"，二者互补以解决"国际通则"与"个别差异"的矛盾和处理好"知"与"行"的关系；偏执是片面的，毋忘行政学的研究对象是人、物及人与物之间的关系。① 换句话说，不能只见物而不见人或重物轻人。

即以行政管理高度重视绩效为例，不仅无可厚非，而且理所当然。但若迷信"量化评估"，视之为衡量成就的唯一标准，忽略人文精神因素，便难免产生弊端和疑窦。② 在现实生活中，由此而来的问题已经不少，又岂能熟视无睹和充耳不闻？数量和质量、形式和内容、才能和品德、思想和行动等等之间，呈现着既错综复杂，又显而易见的相互联系和影响。简单地、孤立地有所侧重，则可能陷入误区、困境或被动局面，不利于正常发展。

谈到发展，很多人大概都知道"发展是硬道理"和"管理就是服务"这两句名言。因为任何事业没有发展便没有希望和前途，而任何发展莫不需要相应的管理为之服务。国家繁荣、民族振兴、社会进步在发展中实现，包括行政管理在内的公共管理正是为这类事关公共福利的发展服务的。同时，发展应具有正确的发展观，才能使发展稳步有序顺利进行，实现预期目标。科学发展观之所以日益深入人心的原因，正在于此。那么，为发展服务的行政管理要遵循和落实科学发展观于服务全过程也就不言而喻。

说到这里，必须指出，前面述及关于行政管理研究中国化或本土化问题，主要讲的是"洋为中用"不可食洋不化（当然，"古为今用"也不可食古不化）。那是对引进理论和经验而言的。而更重要的，应处于主流和本质

---

① 据2004年中法"行政改革与法治"国际学术研讨会论文：《中国行政学发展应注重本土化》。
② 同上。

地位的，则是在真正吃透国情的基础上，从革命建设、改革开放、参考借鉴等实践经验总结中，归纳、提升、自主创新得来的一系列极其可贵的和无可替代的理论观点和指导原则。诸如建设中国特色社会主义、"三个代表"重要思想、科学发展观、建设社会主义现代化小康社会、构建社会主义和谐社会等等，前面也已经提到。问题在于要警惕"喧宾夺主"，或重洋轻土。这可不是什么感情用事、"功利主义"，而是对一门应用学科的学习研究，似乎总不宜在目的要求、时间、地点、条件和实际效果等方面心中无数。还是一句老话：希望能够得到共识和共勉。

2007 年 12 月

对创建中国特色社会主义新学科，我们的信心更足了
——《行政管理学》（第五版）序

夏书章

《行政管理学》第一至第四版各篇序文的很多内容，至今仍继续有效，并未过时。这里最需要表达的，集中到一点，就是根据第四版出版以来的发展情况，正如标题所说：对创建中国特色社会主义新学科（即行政管理学或公共管理学），我们的信心更足了。

世所周知，中国共产党全国代表大会受到举世瞩目和关注的程度，早已与日俱增。刚刚落幕不久的"党的十八大"便是一个盛况空前的崭新明证。原因很明显，也很简单：中国共产党是执政党，是建设中国特色社会主义的倡导者。其执政和建设能力究竟怎样，人们总是既要听其言，更要观其行，尤其要重视其实践绩效的。于是，行政管理、公共治理领域的理论研究和实际运作状况，就直接凸现在答卷之中。

为此，我们必须认真学习"党的十八大"文件，深刻领会其原则精神。特别是在承先启后、继往开来的问题上，我们从而可以了解有些什么经验教训、困难、缺点之类，以及有明确针对性的努力方向，等等。而总的印象则在于：建设中国特色社会主义的路子已愈来愈宽和愈走愈实了。在当前的国际环境中，尽管复杂多变，但是还可见"是非自有公论""公道自在人心"的种种迹象。我们自己也应当保持清醒。好听的和不好听的都得听，重在加以分析，"辩证看，务实办"吧！

一份调查报告说："64%的被调查者认为中国共产党领导集体近年处理政治经济挑战的做法'有效'，……排名远高于美国总统和美国国会，……美国企业界领袖对中国的非凡崛起印象深刻，赞叹中国政府采取的长期政

策，使其巨大的经济保持了增长。"① 这项报告是由世界顶级经济研究机构世界大型企业研究会发布的。

另一份综合报道是近期国外政治家、专家学者就中国共产党与中国道路等发表的主要见解：一、中国总体成就巨大，社会各方面取得了长足发展。二、加强制度建设是基础，中共不断积累执政和治国经验，积极调试和主动变革，努力健全自身，不断完善党内建设和国内政治体制建设。三、坚持中共领导是关键，中国需要中共领导，多党制未必适合中国。四、改革力度仍须加大，中国仍面临诸多挑战，仍需继续加大改革力度。② 发言者有名有姓，来自美、日、法、澳、瑞典、智、哥、俄、新、德、匈等许多国家。

常言道："旁观者清，当局者迷。"但也不可绝对化，囿于偏见就清不了，愚而自用必然会迷。人贵有知人之智和自知之明，才能"知彼知己，百战不殆"。只要吃透国情、心中有数，即应当仁不让，充分发挥主观能作用，勇于自主创新。我们对创建新学科的信心更足，正是从各有关方面得到的启发所致。那就用我们常说的那句老话：愿与本学科广大的老中青教研同仁尤其是青年学者们共识、共勉！

2013 年 3 月

---

① 牛海荣：《美企业领袖赞叹中共"执行力"比西方政客强》，载《参考消息》2012 年 6 月 18 日第 11 版。
② 钟连：《中国走出了一条符合国情的道路——国际社会积极评价中国共产党与中国道路》，载《参考消息》2012 年 6 月 25 日第 12 版。

以习近平新时代中国特色社会主义思想引导学科继续发展

——《行政管理学》(第六版) 序

夏书章

估计细心的读者,已经可以从本书各版序言的标题,看出这门学科的发展所遵循的道路。它们是:第一版"我们应当为创建中国特色的行政学及其普及和提高而继续努力",第二版"时代在前进,学科在发展,我们应当永远继续努力不断上新台阶",第三版"全面建设小康社会,开创中国特色社会主义事业新局面迫切需要行政管理现代化",第四版"中国行政管理研究旨在落实科学发展共建和谐",第五版"对创建中国特色社会主义新学科,我们的信心更足了",第六版"以习近平新时代中国特色社会主义思想引导学科继续发展"。

各版序言的内容不用复述,但在第五版序言中提到的有关方面,现在已有更新的情况。说的是中国共产党全国代表大会受到举世瞩目和关注的程度早已与日俱增,党的十八大便是一个盛况空前的崭新明证。世所周知,党的十九大又更大有过之。资料太多,极难尽举。仅就与本学科有直接联系的来说,中共治国理政成就已得到世界敬意和钦佩。《习近平谈治国理政》这本书在全球120多个国家畅销和热议绝非偶然,那还是党的十九大举行之前的事。在党的十九大闭幕以后,国内外都有积极热烈称赞,尤多集中于长达三个半小时的总书记报告。"习近平新时代中国特色社会主义思想"使人大开眼界和深入人心,我们干什么都得以这一主题思想来指引。

因此,我们更必须认真学习党的十九大的文件,深刻领会其原则精神,特别是今后的大政方针。实际上,报告的13个部分,已经很全面地论述了有关问题。例如,历史性变革、历史使命、新时代思想和基本方略、现代化国家新征程、现代化经济体系,社会主义民主政治、社会主义文化繁荣兴盛、改善民生水平和创新社会治理、建设美丽中国、强军之路、祖国统一、和平发展和推动构建人类命运共同体,全面从严治党提高党的执政能力和领导水平。从《外国政党领导人眼中的中共》① 也可以看出:"中国经验提供破解难题的思路""从严治党为各国政党树立榜样""中国方案促进世界和平稳定""中共发展和创新备受瞩目"。那么,我们中国本学科的学者,岂不更应该对此有全面深刻的共识、共勉?!

2018 年 1 月

---

① 见《参考消息》2017 年 10 月 20 日第 11 版。

第一章

导 论

本章仅对学科有关问题做简要介绍,具体内容在随后各章进行专题论述。

第一节 行政管理与行政管理学

一、行政管理在社会生活中的地位和作用

汉语"行政"一词应用较广,不限于政府工作,如非国家机关的企、事业单位亦常有"行政总裁""行政主管""行政副职"和"行政处、科"等职务或机构设置。但本书所讲行政管理,主要指各级政府部门在执行法定职能及其具体运作过程中,对所经历的程序、环节,以及所处理的事项和解决的问题等的管理活动。

我国宪法规定,国务院是最高国家权力执行机关、最高国家行政机关,是全国的中央人民政府。各级人民政府则分别面向全省、自治区、直辖市和市、县等。由宪法和法律规定各级政府行使的职权,都是行政管理的职权。有的条文用了"管理"字样,有的虽未写明,但工作仍属管理性质。国家行政机关与审判机关、检察机关,都由人民代表大会产生,对它负责,受它监督。而后者是由民主选举产生、对人民负责、受人民监督的。可见行政管理工作必须始终体现民主法治的原则精神。

行政管理原是公共管理的重要组成部分。由于它在学科发展的创始阶段先行了一步,有关情况稍后就要谈到。且说它在社会生活中,一直占有重要地位和发挥正面或负面的巨大作用,以及对社会发展产生促进或促退的影

响，从而关系到人民群众的实际生活状况和生命财产安全等方面。

综上所述，我们完全可以认为，人类社会自继原始社会之后，出现国家和政府组织以来，无论是奴隶社会、封建社会、资本主义社会、社会主义社会，直到共产主义社会国家自然消亡以前，不同性质和方式方法的行政管理从来没有间断过。从世界各国历史来考察，很容易清楚地看出，一个国家的一个朝代或一届政府，乃至一个地区的行政管理，莫不与国家和地区的盛衰成败息息相关，也同时决定着其给人民带来的吉凶祸福。

原因很明显，也很简单：行政管理在各种管理之中，是涉及面最广和最具有权威性的管理。试以近现代的"福利国家"为例，"从摇篮到坟墓"的管理，其中主要和绝大部分都与行政管理有关。说行政管理事关国计民生，是切合实际的。其实，在一个人的生前和死后，即已有或还存有管理问题，如生前的计划生育、孕妇检查、胎儿保健，死后的死亡证明、殡葬改革，以及遗留问题的处理等，更不用说教育、就业、医疗、养老、衣、食、住、行、文化娱乐、安全保健等方面需要安排和满足了。由是而知，行政管理关系到国家发展和社会进步的大计，包括内政外交、国防安全、物质文明、政治文明、精神文明、生态文明等等，不必一一列举。西方曾有人形容行政管理事项之多，可以从英语26个字母开头的许多单词中找到。笔者曾据此查验字典，果然如此。由此联想到在行政管理中经常应用的汉语可能更多。

在社会主义条件下，如果行政管理不上轨道和管理不善，必将产生两种严重的不良影响：一是严重影响共产党和人民政府的声誉与形象，直接损害党和政府与人民群众的关系；二是严重影响社会主义制度的声誉和形象，大大妨碍社会主义制度的优越性的发挥。即使其他相关条件都很好，若关系全局和具有关键和枢纽作用的行政管理不能正确、及时、得力、有效，会出现什么结局，便可想而知。

知往鉴今，回顾历史，看看现状，在社会主义革命和建设中所取得的胜利和成就，无不存在行政管理因素。倘有失误，也是如此。汉语中的"政治"一词，其词义即政要落实到治，是什么"政"要通过"治"来证明。有政而无治，还是空的。"德治""法治""人治"主要是指所行何政和如何行政。听其言（政治）还要观其行（行政），才能得到体现和检验。孙中山说："政治两字的意思，浅而言之，政就是众人之事，治就是管理，管理众人的事便是政治。"[①] 这也是关于政治和行政关系的一家之言。

[①] 《孙中山选集》（下卷），人民出版社1981年版，第661~662页。

行政管理实践还表明，为了符合和适应发展过程中的新情况，回答和解决新问题，必须及时进行改革，才能与时俱进，取得较好的效果。改革需要研究，于是一门新兴学科——行政管理学便应运而生和得到较快的发展。我国对这一学科也较早引进和开始学习研究。

二、行政管理学的创立及其发展状况

虽然行政管理实践古已有之，但作为一门专业性质的学科来学习研究，还是较晚的事。中国确是很早就大讲治国之道，积聚了丰富的参考资料。尽管国际管理学界公认我国的《孙子兵法》是世界上现存最早的论述关于管理的著作，也有外国学者认为"《论语》《孟子》是行政学教科书"①，但这些毕竟还不能等同于近现代意义上的行政管理学。

在欧洲，关于行政法和财政方面的研究开始较早，也较受重视和具有相当的规模，并且有一定的声势。他们曾把这种研究称为行政学或行政科学研究。后来，真正作为一门新兴独立学科——行政学（即行政管理学）的创建，却发生在美国。② 为什么美国会有这样适宜的"土壤"呢？分析起来，大概有如下几点原因：

（1）立国较晚，历史不长，较少受旧传统的约束和影响，容易发挥在资本主义条件下优越于封建社会的创新、进取精神。在新学科建设方面，较少"框框"或"包袱"，敢想、敢闯。特别是在市政研究运动中积累了经验。

（2）作为后起的资本主义国家，与老牌资本主义国家相比，其科学技术和工商业都很发达。关于工商管理的研究一马当先，是资本主义竞争造成的。科学管理也首先用于工商管理，促进和加速了行政管理学这门新学科的建立。更重要的是经济发展强烈呼唤行政管理改革。

（3）依立法、司法、行"三权分立"学说建国，而在实际运作中，强总统制较为突出，行政权力作用不可低估，常较易集中注意力于行政方面，在行政方面多下工夫，包括对行政改革的研究。

（4）政治学和法学领域有一批重量级学者，在酝酿和创立行政管理学

---

① ［韩］李文永：《〈论语〉、〈孟子〉和行政学》，宣德五等译，东方出版社（译本）2000年版，"序"。

② 参见孔伟、张康之《从行政科学到公共行政》，载《中国社会科学报》2012年6月15日 A05版。

的早期起了决定性的积极作用。如 1887 年威尔逊（T. W. Wilson）著《行政研究》（The Study of Administration）、1900 年古德诺（F. G. Goodnow）著《政治与行政》（Politics and Administration）、1926 年怀特（L. D. White）著《行政学导论》（Introduction to the Public Administration）、1927 年威劳贝（W. F. Willoughby）著《行政学原理》（Principles of Public Administration）、1930 年费夫纳（G. M. Pfiffner）著《行政学》（Public Administration）、1936 年高斯（G. M. Gaus）著《公共行政的边界》（Frontiers of Public Administration）等的出版，都做出了历史贡献。

在上述学者中，威尔逊被公认为是开行政学研究先河的先驱者；古德诺创立"政治"与"行政"的两分法，有人称他为"行政学之父"；怀特出版了美国第一本大学行政学教科书，通常视之为行政学正式问世的标志；紧随其后的威劳贝和费夫纳所著二书，亦属与之合成三鼎足的著名教材，流行很广、很久。

笔者拟在谈到学科引进时再议关于学科名称的汉译问题，现在既已接触到学科创建时所用的原文，不妨提前讨论。请注意，上述几本教材都用的是"Public Administration"。"Administration"是多义词，可能有十几种解释。译为"行政"或"管理"均可，如"Business Administration"便译为"企业（或工商）管理"。本学科译作"行政"是因为当时主要研究政府工作，内容拓宽是后来的事。"公共"亦因不言而喻而略去，中文、日文都是如此。时下所称的"行政管理""公共行政""公共行政管理""公共管理"应是同源异译。

为兼顾历史和现状，我国国务院学位委员会将公共管理列为一级学科，行政管理作为其中的二级学科之一，我们即照此办理。其中区别，可按内容和用语习惯掌握较合实际。例如，"MPA"（Master of Public Administration）译为"公共管理硕士"，因其所培养的不仅是国家公务员，还有非政府的公共管理人员。

另一问题是认定 Public Management 为公共管理而将 P、A 限定为公共行政的认识和做法应该慎重。笔者认为，是并存而非代替的局面，例如企业管理领域 A 与 M 都在使用。若一开始就译为公共管理也"相安无事"，至于学派之争，New Public Administration 和 New Public Management 在英语中一目了然，汉译却不得不用"行政"和"管理"来区分，其实并不准确。可试办法之一，如国外学者所建议的是注明 M 或 A。人们对 M 和 A 的区分早有议论，较多的是同一功能，含义接近，区别不甚明显，有时互相诠释，用法略不同，M 层次较低而 A 较高等，① 看来又不尽然。

尽管对于学科至今仍有争议，但本学科自问世以来已有长足发展。西方管理学界素有"理论丛林"之说，可见学派之多。在本学科领域也是如此。从 20 世纪 30 年代起，美国流行用"行为科学"研究行政管理，后来出现许多学派。40 年代以后，重视科学技术的新发展，到 60 年代，便有学者用控制论、信息论和系统论来进行研究，使研究范围扩大，侧重点有所转移，学派林立，新说众多，既有传统学派，又有科学管理、行政组织、行为科学、决策理论、系统管理、计量管理、目标管理、管理程序、政府再造（重塑）、公共选择理论、新公共管理（NPA 与 NPM 主要是后者）、治理理论和新公共服务等学派。这些从总体和长远来说，都有助和有利于学科发展。

学科在美国首创和得到引人注目的发展是可以理解的，但还必须把视野放得更宽些，要注意以下几方面的有关情况：

（1）学科的综合性要求吸收临近、边缘、相关、交叉、渗透学科，如政治学、经济学、法学、社会学、心理学、教育学、领导学、财政学和新科技等知识。这是学科发展的需要。

（2）在管理类学科中，尤其是管理科学和企业管理许多新的理论观点和实践经验颇有可以相通之处，应对其发展动态密切留意，从而受到启发。如知识管理的兴起便是一例。

（3）学科的国际化使我们眼界大开，看到各国学者的意见和经验，大可参考借鉴。我们实行"洋为中用"，人家也在实行"中为洋用"。国外出现"孙子兵法管理学派"② 也不奇怪。

（4）学科的应用性决定了我们必须贯彻"学以致用"的原则，从实际出发，在弄清楚国情的基础上建设和发展这门学科。随后即将以专节介绍情况和讨论问题，这里暂不详及。

三、行政管理学研究的对象、内容和方法

（一）对象

明确研究对象是学科建设的首要问题。常见现象是各个学派和在不同历

---

① 参见《云五社会科学大辞典》第七册《行政学》，台湾商务印书馆 1976 年第 3 版，第 211 页。
② 见安日章《古为今用大有可为》，载《人民日报》1991 年 10 月 3 日第 7 版。

史时期（如战争年代）、发展阶段（如以经济建设为中心）或特殊情况下（如出现紧急状态）对研究对象可能有所侧重。但必须有整体观念，才不致顾此失彼或顾近忘远，甚至因小失大或本末倒置。本书在前面讲到行政管理时，曾提及行政机关是国家权力的执行机关，即国务院（中央人民政府）和各级人民政府。其职能由宪法和法律规定，并依法行使，对人民负责，受人民监督。所以，行政机关也是行政管理研究的对象。我们要研究的是行政组织的构成、运作、执行过程和效果，以及内部管理等客观规律，其中也包括为适应发展需要，行政管理应如何改革的问题。

宪法和法律的有关条文不必抄录，但可从研究角度归纳为以下几点：

（1）作为国家权力的执行机关，国务院和各级人民政府是行政管理的主体。它们依法行使国家行政权，是公共管理的重要的不可缺少的组成部分，与公共管理的其他组成部分如非政府组织（Non-governmental Organization，NGO）、非营利组织（Non-profit Organization，NPO）等之间，虽有联系，但有分工，不能包办代替。

（2）国家和社会的法定公共事务和政府内部事务是行政管理的客体，与上述主体相适应，即各从所属、各得其所。要研究把政府该管的事管住、管好，注意力求坚持在公共管理领域的合理分工。历次行政改革强调政府转变职能，正与此直接相关。

（3）公共管理必须共同遵守民主法治这一根本原则，行政管理更要率先示范。"有法可依、有法必依、执法必严、违法必究"应切实体现于实际行动。同时，管理就是服务，行政管理就是为人民群众服务，要加强服务观念，警惕官僚主义习气。

（4）行政管理关系国计民生，对国家和社会的发展有重大影响。行政管理必须及时到位和积极有效，而且应追求高效，防止负效、无效、低效。发达国家常设专门机构对行政管理进行研究，已有以生产力（productivity）一词代替通常所说的效率（efficiency）的表述，可见其对行政管理的重视。

（二）内容

对行政管理有个传统的说法叫"日理万机"，表明其内容和头绪繁多。其中也涉及很多理论和实践问题。从管理过程来看，最原始或最简单的环节或要素至少有两个，即决定和执行。随之而来的有检查和相应举措，于是形成古典的 P（Planning 即计划）、D（Doing 即执行）、C（Checking 即核验）和 A（Acting 即行动，指核验后举措）四要素循环说。

在这方面的说法很多，如以6、7到15个M来概括的，等等。美国古立克（Luther Gulick）所提出的POSDCORB 7要素说则流传得较广和较久。它们是P（Planning即计划）、O（Organization即组织）、S（Staffing即人员）、D（Directing即指挥或领导）、CO（Coordinating即协调）、R（Reporting即报告，含检查督促）和B（Budgeting即预算，指财务），但如后来日益受到重视的决策、法规、信息、应急等却尚未突出。

随着社会政治、经济的日益发展，行政管理也在发展，对其内容的研究需要与时俱进。1926年出版的怀特所著的第一本行政学教科书《行政学导论》，仅将其研究内容列出组织原理、人事行政、财务行政和行政法规四个部分，在90多年后的今天来看，显然需要根据现实情况予以补充。不仅如此，有些相关意见特别是针对中国的评述，往往对我们有所启迪。

例如，海外学者最近在文章中提到："美国许多人把中国今天的成就和中国悠久文明联系起来。中国延续数千年可以归功于'一大四小A'，'大A'是ability（能力），四个'小A'是accumulation ability（积累能力）、assimilation ability（吸收能力）、accommodation ability（包容能力）和adaptability（应变能力）。"认为这是"中国学问"，并且是"经世处世之学"。①这就不可能与行政管理无关。

为了较全面掌握现代行政管理要素，应实事求是和不拘一格，适当细化，如：环境（形势）、目标、预测、计划、谋略、决策、组织（职能）、人力资源、培训、领导、授权、执行、协调、公共关系、监控、财务、后勤、法规、文化（道德）、心理、信息、沟通、咨询、服务对象、宣传教育、办公室（电子政务）、改革与发展、创新、效率、标准、方法、评估、知识管理、研究、总结、应急等等。其中如培训、授权等，即属于细化之列。

（三）方法

方法重要。得法事半功倍，不得法事倍功半。问题解决不好或解决不了，常与方法有关。我们研究方法的指导思想是马克思主义的辩证唯物主义和历史唯物主义，坚持理论结合实际的原则，力求做到有的放矢和实事求是。再想想，人们总是将世界观与方法论、立场、观点、方法联系在一起，表明凡事要办成、办好，而不致把好事办坏，最后取决于所用的方法。行政

---

① 谭中：《要把"中国学问"发扬光大》，载新加坡《联合早报》2007年10月5日。

管理研究也不例外。当然，方法也不是单纯的技术问题，而是必须服从和服务于明确理想目标的有效实现的。其关系重大亦在于此。

研究方法已经积累很多，还在不断积极创新之中，面对众多的研究方法，我们需要根据问题的性质和要求，进行精心选择和创造，贵能用得其宜。同时，研究方法不应独沽一味，可以交叉并举。因而有必要留意拓宽关于方法的知识面，切忌孤陋寡闻。尤其是较新的研究方法，不妨一试。从学科发展的历史来看，法学的、演绎的、归纳的、理论的、历史的、比较的、行为科学的、系统的、计量的、静态的、动态的、单科的、跨学科的、调查研究的、案例分析的、实验的、结构的、综合分类的、心理的和不同学派的研究方法等不一而足。而且还可分得更细，如按过程、因素、专题、专人、专事开展研究等。

方法更新的前提是观念更新。观念更新又同知识更新的关系非常密切，有时后者为前者准备了基础，有时两者几乎是同步的。更新不是为更新而更新，而是为了有利于改革和发展。有悖于此者，虽"新"不取，优良传统则虽"旧"不弃，还要发扬光大。还有，更新不只是简单的"跟新"，虽然也要有较大的积极性和兴趣去知新、学新、试新，但是更重要的还在于努力创新，特别是自主创新，以期能运用新方法，开创新局面，进入新境界，取得新成果。设想已有方法，哪一项不是从无到有和通过创新而来？也由此可见：社会的较大发展和长足进步靠创新，学科的建立和发展靠创新，工作的改进和提高靠创新。古人云："日日新，又日新。"① 难怪现代国外仍有管理专家视其为座右铭。

第二节　行政管理学在中国

一、20世纪30年代即已引进的行政学

前已述及，关于"治国平天下"的讨论，中国古已有之，并且保存了非常丰富的文献资料。到近现代，居于20世纪"中国三大伟人"之首的孙中山，也是对"公共管理"发表真知灼见的先驱人物。② 但作为一门新兴学

---

① 《大学》二章，释"新民"。
② 参见夏书章《孙中山与公共管理》，载《公共管理学报》2007年第3期，第117~120页。

科的行政学，是从国外引进的。而且引进较快及较早，距该学科第一本教科书的出版（1926）仅4年（1930）左右，这与当时一批留学英美和日本的学者有密切关系。学科通用译名为行政学，直到1949年中华人民共和国成立后，在高校进行课程改革前，日本学术界对学科所做的汉字表述也是行政学。

引进学科主要表现为两个方面，即在高校安排教学和研究这两方面。学科引进从一开始就面临着在介绍国外学科理论和实践情况的同时，如何理论联系实际，使学科能在被引进后逐步实现本土化的问题。

因为学科引进从来不应为引进而引进，更非为满足"人有我有"的心理去凑热闹、装门面、做摆设。我们遗憾地回忆，前人确曾做了努力，毕竟由于时间较短和情况复杂，未能有显著成就：时间较短是指1931年即发生"九一八事变"，接着是八年全面抗日战争，随后是解放战争，教学研究勉强维持已极不易；情况复杂是指彼时政府当局并非真心诚意地追求民主行政、科学行政、依法行政，而是敷衍了事，实际上常是大反其道而行之，实行反动统治。教育界、学术界徒有天真的一厢情愿也无济于事，甚至还会招灾惹祸。这就是那段不足20年的学科历史。

具体来看，先说教学。中华人民共和国成立以前的国内高等院校凡是当时已有和随后建立的政治学系，大都先后开设了行政学这门课程。有的开设市政学较早，行政法也受到关注。

由于行政管理一时成为热门，曾出现师资短缺和各校师资条件很不均衡的现象。这是可以理解的事实：引进初期的师资主要是为数不多的留学回国的学者。国内培养因学科新设的学习周期问题，加上本科招收人数不多，政治学系内一般又分三个组（即现在所说的方向），行政学组仅为其中之一；有研究生的学科和院校更少，师资培训没有提上日程，以致有应急需转行者往往匆匆"上阵"，师资素质显得参差不齐。基本原因仍在于战时正常的教学、生活秩序时间较短，较久的处于战争时期所致。

在教材和教学参考资料方面，国内在不长的时间内即已出版了不少译、编、著的有关专著，有的还被列为"大学丛书"，可见学者们是很努力的。但在当时的历史条件下，各书多以介绍国外情况为主，因而不少院校还照例直接采用外文原著。本来，引进学科阅读外文原著应予鼓励，这里反映的却是教材本土化问题。

解决好这个问题的难度较大，截至目前，仍然有待学界同仁继续努力。其中最重要的或关键所系的一点，莫如真正和切实做到理论密切结合实际。

既要掌握理论的精神实质及其精髓，包括产生的背景、基础和针对性等来龙去脉，又要对被引进国度的历史、现状和可能的发展趋势等实际情况有准确和深刻了解，才能有助于对引进学科理论知识的消化、吸收和兴利除弊；否则，必将格格不入，难以如水乳交融，更不用说有所创新了。综上所述，我们不仅需要加强理论结合实际的研究，而且可以明确以下认识：高等教育中的教学工作，若没有研究工作的得力配合和支撑，便难以提高质量和水平。

说到研究，当时在高等院校和政府部门设立过一些研究机构。研究内容相对集中和比较突出的是着眼于应用方面，如"行政效率""地方行政"（特别是县级行政）之类。也曾有专题书刊出版，或在一般综合性报纸杂志发表有关文章或调查报告。

根据历史情况来分析，对那些研究课题和成果，政府当局既可以故示"开明"，又不难"从容"应付，研究者也不致犯忌"冒险"。试仍以"行政效率"和"地方政府"为例，前者但说无妨，后者不触动高层统治，于是相安无事。后来进入战争年代，研究自然受到影响。

这里不能不看到的事实是战时教学研究参考资料严重匮乏。高校较多在沿海城市，内迁时仅个别院校能运去图书仪器，而多数院校则无此条件。与国外正常联系长期中断，国内图书馆事业困难重重，连旧书也很难找到。加上生活困难、紧张，非常时期还要经常听空袭警报以避开"疲劳轰炸"。战时学术研究环境如何，可以想象。

尽管如此，关于学科的学术研究活动仍在继续积极进行。作为体现学科相对独立的学术团体——学会组织，在抗日战争胜利前一两年宣告成立，即为当时富象征意义的事件。原来自引进之日起，行政学一直被看作政治学的分支学科，以致学会的成立比政治学会晚十一二年。可是，不同寻常的是标明"行政"的学会竟先后出现了两个：一个是1943年春成立的"中国行政学会"，学员多为政府机关高级行政人员，该学会注重行政实务的研究。另一个是1944年夏成立的"中国行政学学会"，会员限定为大学教授，为纯粹的学术研究团体。[①] 研究"实务"和"纯粹"学术的标榜把理论和实践截然分开，可能是世界学会发展史上的奇观。

---

① 见《云五社会科学大辞典》第七册《行政学》，台湾商务印书馆1976年第3版，第2页。

二、中华人民共和国成立初期的"行政组织与管理"及其中断

在中华人民共和国正式成立后的最初几年,那时几乎一切都在准备做新旧更替,真是百废待兴、千头万绪。有些必须进行全面、重大、深刻变革的事项,还来不及或顾不上立即开始。

高等教育便是一例。高等院校很快开学上课,又不能一切照旧,从而对课程设置予以初步改革。只说将行政学改名为"行政组织与管理",行政法改为"政策法令",市政学未改称。与此同时,师生学习"社会发展史""新民主主义论"与"中国革命史"等专题,又开展"思想改造"等运动,对人文社会科学教学研究的基本态度和指导思想的转变与提高都很有帮助。

这种初步课改的时间不长,不到三年后,即1952年夏秋之交起,高校院系调整在全国进行,到1953年和稍晚些时基本结束。这次动作很大,涉及面也较广,主要是将工、农、医、师(教育)等学院从原规模较大的大学予以分离和独立,合并或取消,师资也按计划做相应的安排。

与行政学直接有关的,是原来所属的政治学系被撤销,这门和这类课程停止讲授,也自不待言。这一中断持续了30年之久。其间在1960年虽曾一度在少数大学设"政治学专业"和招生上课,但仅一年即又停办,导致原打算开设的行政学课程连"昙花一现"的机会都没有。令人纳闷的是行政机构、行政工作、行政人员极其普遍和大量存在,为何独缺这方面的教学研究?在为数不多的政法学院中,也没有这方面的课程。把行政学改称"行政组织与管理"至少还表明对行政组织与管理需要改革因而需要研究这一客观事实的承认,那么,完全和长期被否定,又当作何解释?

事隔多年,记忆犹新。当年如此这般地照办了,可没有谁能把这件事说清楚,至今当然更不容易弄明白。只是过去有些议论,并非全属空穴来风,尚有某些参考价值,概括起来,约有如下几点说法:

(1)在某些人心目中,确曾存在过相当强烈的关于文科大学还要不要办的疑问。这就是到现在估计尚未完全普遍被摆正的所谓"重理轻文"的观点或思路。事实胜于雄辩,这里无须赘言。当时从课程表里消失的不止行政学一门,还有政治学、社会学等属于大文科的不少科目,看来绝非偶然,而是有一定倾向性的考虑的。

(2)文科课程内容多与意识形态、上层建筑有直接和密切联系,必须

以马克思主义世界观、方法论来做指导思想开展所有课程建设和教学研究，这是完全正确的。但指导不能等同于代替，不能将政治论课取代一些要研究具体业务的专门课程。这在当时不能排除对此有比较简单的想法，于是大笔一挥，系科便被"砍"去。

（3）当时流传一种说法，即抵制"资产阶级伪科学"。这话中听、在理，问题是要弄清哪些确实是假的，不宜笼统对待。即便果如所说，在学科建设上为何不争取发展无产阶级或人民大众的真科学？就像在资本主义假民主面前我们实行社会主义真民主一样，何况有些事情不能那么简单"对着干"，难道他们讲效率我们偏不讲？目的和性质不同而已。

（4）据了解，西方国家办大学传统的或古典的欧洲模式主要是由文、理两科组成，后已大为改观。但当时苏联所采取的大学模式可能还是早期欧洲的那一种，而我们强调学苏联，所以在院系调整时出现了前述情况。这一点也许与当时在高等教育部任顾问的苏联专家们的建议有关。其实，苏联不久已向多科性大学发展，我们却因种种原因（包括"文革"）而延至改革开放以后。

（5）也许仍与苏联顾问有关。由于在当时苏联高教学科目录中似无政治学和行政学之类，建议停授有关课程和废除学系设置也很有可能。问题还在于，我们的创新精神没有得到发挥，为什么不可以人无我有？我们大有创立社会主义政治学和行政学的余地，恐怕还是属于不是做不到而是没想到的范畴，或者可以认为未能解放思想。

（6）在第二次世界大战结束后，西方开始逐步在世界范围内掀起重视研究管理的热潮。重点虽在工商管理，但对公共管理（含行政管理）也有影响，如拓展到非政府公共管理领域等。在20世纪50年代的中后期，苏联亦已开始重视管理研究。我们停留在闭关锁国状态，信息不灵，"按兵不动"，直到"文革"结束才改弦更张。

（7）对行政工作有些误解，认为行政工作都是些平常杂务，甚至将其比作"万金油"，认为其中没有大学问可以研究。有这种看法并不奇怪，西方也有类似的争议，至今仍不时会听到对行政管理成为学科存疑的论调。然而，学科在争议中日益成长、成熟，已居于学术主流地位，充分表明实践需要科学研究的指导。

（8）抚今思昔，从今昔对照中得到启迪。关于改革开放以来的情况，下面接着就要谈到。这里不是出于"发思古之幽情"，而是因为其有积极意义，让"前事不忘"成"后事之师"，从中"悟"出改革开放对国家、社会发展的必要性和重要性。若不放眼世界、关注信息，只能是故步自封和抱残守缺。在当前大好形势下，也更加坚定加强学习研究好本学科的决心和信心。

三、改革开放以来的行政管理学

行政学改名"行政组织与管理"后不到三年，即告中断。直到1979年3月底，事情才有转机。那是改革开放的总设计师邓小平发话了："政治学、法学、社会学以及国际政治的研究，我们过去多年忽视了，现在也需要赶快补课。"① 其中点到了政治学，因而在筹建中国政治学会、政治学研究所和倡议在有基础的几所大学复办政治学系等活动中，很自然地带出重建行政学这一没有被人们遗忘的学科问题。至1982年初，《人民日报》发表了《把行政学的研究提上日程是时候了》②的文章。行政学科目从1952年"院系调整"中隐去到1982年再提上议事日程，整整有30年之久。

由于改革开放和经济社会发展的需要，国务院办公厅和国家人事部、教育部的高度重视，以及学术界和各有关方面积极性的调动发挥，行政学又有一个新的名称——"行政管理学"同时在使用，并更为普及，如用于课程、专业、教材、学会、刊物名称等。国家行政学院系统包括各省、自治区、直辖市行政学院等，则仍用"行政"命名。在国务院学位委员会研究生专业目录中，已定"公共管理"为管理类的一级学科，而将行政管理列为其所属的二级学科之一。有关情况前文已述及，至于仍有用"公共行政"或"公共行政管理"者，应当认为所指的是同一学科。

关于学科在中国的建设和发展，笔者将在第三节中做专题讨论。这里要继续介绍的，是学科在教育培训、教学研究、学术讨论、国际交流、书刊出版、学会组织等方面的一些事例和动态。总体印象虽然不妨用欣欣向荣和盛况空前来形容，但不等于说已没有待解决的问题。

先说在教育领域，在这30多年中，各种形式、项目、计划、规格、品牌之类，不一而足，甚至可以说是应有尽有。在全国大专院校中，行政管理课程和专业从无到有、从少到多，继可授予学士学位后，较快进入硕士和博士研究生专业目录。后者的布点也渐有增加，博士后流动站已开始运作。重点课程、名牌专业等都榜上有名。教育部人文社会学科百所重点研究基地中

---

① 《邓小平文选》第2卷，人民出版社1994年版，第180～181页。
② 作者夏书章，《人民日报》1982年1月29日第5版。

即有行政管理研究基地（近已改称"中国公共管理研究中心"）。

此外，在函授教育、广播电视大学、自学考试、继续教育和网络教育中，也有行政管理专业，并设有专转本的途径。又差不多在加入世贸组织的同时，我国引进了公共管理硕士（MPA，Master of Public Administration 的简称）专业学位的教育计划，以应提高公共管理人员素质之需。该硕士学位实行全国统考，集中阅卷，经过试点、总结、评估逐步铺开，现已具相当规模，成为学科发展中的重大项目。

在普通高校系列之外，专业培训机构主要是各级行政学院。本来，中国共产党在中央党校以下，早已在全国形成党校网络。遵循精简和效率的原则，合理利用人力和物力资源，国家行政学院以下的各级行政学院与相对应的党校实行"一校两制"，同时安排两套培训计划。这也表明我国对行政管理干部培训工作的重视，否则不必分立这么一个"门户"。这些机构都属于经常性的培训机构，如临时有特殊需要，还可组织公共管理、行政管理专题学习和研讨班，也可委托普通高校举办，其活动属于非学历、不授予学位的培训性质。又如有的省市组织人事部门认为很有必要先学习几门 MPA 计划的精选课程，亦属此例。还有一些为数不多的中专水平的行政管理学校，多出于基层具体工作需要而设，与一般理论结合实际的学科培训有所不同。

教学研究对学科建设和发展有重要意义。光教不研，水平难提高，质量难保证。因此，必须教研并重，才能符合要求。可喜的是现在国家、部、省、校各级科研计划，本学科都有可以申报、立项的机会。全国已有本学科的重点研究基地，并已开始接受外国留学生。各博士点和博士后流动站也都是重要的科研平台。对优秀博士论文的评选，是对论文作者和指导教师的肯定和鼓励。研究生的培养主要应落实到提高研究能力上，只有这样，才能与时俱进和不断创新。

研究生是从本科生中选拔的，较好的基础还应在本科阶段打下，所以不能放松本科的教学研究。在各种科研基金中已出现为奖励研究公共管理行政管理的专项基金，这表明我国社会和学术界对本学科的发展是关注的和寄予厚望的。

学术研讨的风气渐开，国内、国际的学术交流日趋活跃。主办单位是全国或者各地学会、校、院、系、所，或联合举办。在中国举行的国际会议可常见世界各地的同行专家，在国外召开的国际会议也常有中国学者的身影。这样的讨论、交流、接触有助于了解学科发展的最新信息，包括理论观点和实践经验的互相参考借鉴和取长补短。因为沟通是双向的，例如对"中国特色"，许多外国朋友都很感兴趣，他们能理解和赞同引进学科不可照搬，要注意"国情"。尤其是针对举世瞩目的中国和平发展的现实，有人在惊叹之余，曾表示：如没有得力的公共服务，取得今天的成就是难以想象的，这门学科在中国受到重视理所当然。这对我们岂不也有所启迪？

说到专业书刊的出版，这是学科发展的一个重要方面。由于尚缺精确统计，很难说出专业书刊出版的具体数量，但在图书资料的分类中，行政管理学科已占一席之地则是事实。去较大的图书馆和书店里即可看到，新书架上的常"客"也已有本学科的编、著、译本。据回忆，仅在20世纪的八九十年代，各种版本的本学科教材即已数以百计。引进MPA以来，出书更多。至于刊物，除在综合性杂志上经常发表有关本学科的文章外，高校和行政院校的专业性期刊可以用"雨后春笋"来形容，或称学报，或另定刊名，如"研究""论坛"等。创刊较早的是我国《中国行政管理》月刊，它是一份由国务院办公厅主管、中国行政管理学会主编的专业杂志，现已被列入全国中文核心期刊名单，为国家社科基金资助期刊，居于管理学类和中国政治类第一位，并向国内外发行。

学会组织遍及全国，都很活跃。中国行政管理学会还有不少二级学会，如全国行政管理教学研究会等。年会按计划进行，另有各种专题讨论会。除主办公开发行的月刊外，内部动态、通讯等学习研究参考资料也经常刊发或提供。学会组织与各国学术团体和国际组织的来往频繁，并早已成为东部地区公共管理（旧译公共行政）组织（即EROPA, Eastern Regional Organization of Public Administration的简称）和国际行政科学学会（即IIAS, International Institute of Administrative Science的简称）等的成员，参加领导工作，以及多次进行合作项目。同时，学会内的二级学会和地方学会也发挥着积极作用，受到好评。

从另外一个侧面，可以看到国家主管部门、国内其他团体、国际学术组织和国外学会等对我国行政学科发展和学者活动的关注、肯定和鼓励，即各种奖项的授予。例如：1991年EROPA授予我国学者"卓越贡献"奖牌（唯一奖）；1995年国家教委评出普通高校优秀教材一等奖中有《行政管理学》；2000年中国老教授协会颁发的"科教兴国"奖获奖的10位教授中有本学科教授；获2006年美国行政学会（ASPA, American Society of Public Administration的简称）授予亚洲第一人的"终身服务国际奖"的是我国学者；2007年国家人事部和教育部联合评定的"全国模范教师"中就有行政学教授；2016年复旦"管理终身成就奖"即授予行政管理学教授；等等。

被译成外文的本专业中文著述和来华读本专业高级学位的外国留学生也在不断增加。

第三节 建设和发展中国特色社会主义行政管理学

一、行政管理学本土化的必要性

对引进学科，特别是人文社科类科目，提出本土化要求，本是应有之义，亦即合乎客观规律的事。但一般常需要不断提醒，有时甚至还要大声疾呼，学界才能予以重视；否则，往往可能脱离实际至极其严重的程度而难以自拔。个人或局部得失、利害事小，而集体和全局共同事业的成败直到国家民族的兴亡事大，不可掉以轻心。笔者绝非夸大其词和危言耸听，实践证明，在历史发展和现实生活中，正面经验和反面教训俱在，不容抹杀和淡忘。

稍有中国革命史常识者，都可能较清楚地理解理论脱离实际的危害性。例如，马克思列宁主义的理论原则虽被公认为放之四海而皆准，但在具体运用之际，必须从实际出发，按时间、地点、条件去实事求是，切忌犯"教条主义"的毛病。在新民主主义革命初期，曾有一些自以为是的教条主义者轻视和讥讽根据中国国情考虑问题的毛泽东思想，说什么那是"山沟里的、乡巴佬的马列主义"。实践证明，大错特错的是他们，正是中国化了的马列主义——毛泽东思想引领中国人民取得历史性的伟大胜利。

这就不得不令人心悦诚服地认识到：无论何人、何时、何地，对待什么问题，处理什么事情，注意理论联系实际便能显示理论的生机活力和收到实实在在的效果；而理论脱离实际即缺乏具体针对性的，总是徒劳无功，以失败告终。这是一条颠扑不破的真理和屡试不爽的经验。

也不过是三四十年前的事，年长的人们记忆犹新：在社会主义革命和建设中，希望早日实现共产主义的心情虽可理解，但若操之过急，便脱离实际和违反客观规律。例如，曾提出过像"三年超英、五年赶美""苦战一年，跑步进入共产主义"等口号，已是头脑发热。后来转到要搞"穷过渡"，宣称"宁要社会主义的草，不要资本主义的苗""宁要社会主义的晚点，不要资本主义的正点"之类，简直是头脑发昏。那个莫名其妙的十年终于出现"工人不做工、农民不种田、学生不读书、国民经济濒于破产边缘"的局面，倘非拨乱反正，真是不堪设想。

回顾自实行改革开放以经济建设为中心以来至今的发展实践历程，全世界都已看到中国根据自己的国情，走上了兴旺发达的光辉道路。全国人民更深刻地体会到，建设和发展中国特色社会主义，必须继续高举伟大旗帜。它生动地反映和包含了标志马列主义、毛泽东思想新发展的邓小平理论和"三个代表"重要思想、科学发展观以及习近平新时代中国特色社会主义思想等在内的一套崭新思想理论体系和宏伟战略目标。可见，马克思主义的普遍真理尚且必须同中国的具体实践相结合，那么，对引进学科需要中国化或本土化也就不言而喻了。

别国成功的经验虽应参考借鉴，但不可全盘照搬，例如，当年城市武装起义在俄国是成功的，而在中国只有农村包围城市才能取得最后胜利。这主要是由于国情不同，故不可混为一谈。记得在改革开放初期流行过"摸着石头过河"这句话，它通俗易懂地表明了要试探前进，不可简单鲁莽和盲目乱闯。这是一种认真负责的科学态度，要把小心谨慎与胆怯保守、勇往直前与轻举妄动区别开来。

外国的教训和经验，也很值得我们深思。例如，苏联解体，其近因，人们常认为是在解决经济社会发展难题时误信了外国专家"休克疗法"建议的结果。但进一步分析，"它的悲剧在于未能理解科学社会主义的基本原则，又没有把握苏联的真正国情，解体也就难以避免了"。[①] 亦有其更远、更深的原因，即问题出在对理论和实际的了解及其结合上。

谈到理论结合实际，中国的传统医学即中医，就很讲究这一点。中医名家高手莫不擅长和善于辨证（同症）论治（或施治），就是以病人的病情（症状）、病因、病史、脉象等为依据，结合中医理论，经过全面观察、分析，然后进行诊断，严格对症下药。不仅如此，病人除分男女老幼外，还要看体质的强弱、虚实，是南方人还是北方人，山区人还是沿海人，即所服的是何方水土，以及生活饮食习惯和环境等，在用药和剂量上也有所不同，并且特别重视和强调要固本培元。这些对我们岂不很有启发？

中国成语典故及寓言比喻中颇多讽刺理论与实践脱节的，如"纸上谈兵"这则典故，即说明不管说得多么天花乱坠，经不起"实战"考验的理论注定是空的或失败的。中国特色社会主义是理论联系实际的创新典范，全

[①] 陈章亮：《马克思主义中国化与中国特色社会主义的发展》，载《社会科学报》2007年9月6日第3版。

国人民正满怀信心为之努力奋斗。行政管理学研究必须本土化的问题，也就迎刃而解。

二、行政管理应为实现战略目标服务

在古往今来的世界各国、各地，无论是何时、何处，任何一种行政管理活动，无不服从和服务于所在国家和社会当时、当地发展战略目标的实现。行政管理根本没有也不可能和不应该有自身"独立"于实现上述目标之外的任务和追求。这正是"管理就是服务"的性质。

于是，对行政管理，便极其自然地会有所行何政、为何行政、如何行政等问题。在中国，其答案十分明确：行的是建设和发展中国特色社会主义之政，为的是对这一伟大共同事业做贡献，因而敬业、乐业，保持勤政、廉政，充分发挥行政管理的积极作用。应当牢记，行政管理亦译公共行政，原属公共管理的首要和主要组成部分，所以要高度发扬社会主义的公共精神，奉公守法、一心为公。

既然行政管理应为建设和发展中国特色社会主义服务，那么对中国行政管理学的学习研究者来说，便不能仅以掌握引进学科知识为己任。只有对中国特色社会主义的方方面面有较多和较深的理解，才能有具体针对性地做好服务工作，不致"文不对题"、格格不入。要形成中国特色社会主义行政管理学的必修课和基本功之一，当在于此。

现在行政学科建设与发展处于一个非常有利的社会环境之中，即适逢中国共产党第十九次全国代表大会召开及其报告公开发表。其报告内容丰富，与行政管理密切相关，通过认真学习领会其中所概括的精神实质，我们可以加深认识中国特色社会主义要义，对行政管理应怎样服务，也就心中有数。

党的十九大报告指出："决胜全面达成小康社会，夺取新时代中国特色社会主义伟大胜利。"其主题鲜明，思路明确，同时指明了近期奋斗目标以及行政管理该做什么和该怎么做，大体上已可以得到一些纲领性的指点和提示。

同时，党的十九大报告的 13 个要点，都直接或间接对做好行政管理工作有很大的启发和帮助。即使分工不同，按"一盘棋"的精神也有予以配合和支持的责任和义务。何况国务院是国家最高行政机关，行政管理事项面广量大，与各方面的关系都很密切，互相关心也很有必要。这与行政管理要注意不少相关和交叉学科的情况颇为类似。

为了说明党的十九大报告大意,最好把要点简单介绍一下。因其内容丰富,现选其第三部分新时代中国特色社会主义思想和基本方略为例摘录如下:

(1) 坚持党对一切工作的领导。
(2) 坚持以人民为中心。
(3) 坚持全面深化改革。
(4) 坚持新发展理念。
(5) 坚持人民当家做主。
(6) 坚持全面依法治国。
(7) 坚持社会主义核心价值体系。
(8) 坚持在发展中保障和改善民生。
(9) 坚持人与自然和谐共生。
(10) 坚持总体国家安全观。
(11) 坚持党对人民军队的绝对领导。
(12) 坚持"一国两制"和推进祖国统一。
(13) 坚持推动构建人类命运共同体。
(14) 坚持全面从严治党。

通读报告全文,我们必然得到这样明确和深刻的印象:这14点之间联系紧密,互相配合、支持和影响,因内容丰富、涵盖面广,要领会其中精神和要义,则必须学习全文。其中涉及各方面的管理,很值得注意。有待改进、加强、创新的管理,应是包括行政管理、社会管理在内的公共管理。也即行政管理与各项工作存在全面性、经常性、长远性和根本性的关系。同时,国家体制当然包括行政体制,政治体制改革必然涉及行政体制改革,因而建立和健全中国特色社会主义行政体制的任务已很明确。

为实现国家社会发展战略目标服务的行政管理,对自己的任务茫然无知或漠不关心,固然不可思议,而即使是稍不留意致跟不上发展形势,也会失时误事。因此,必须强调,要严格按实现战略目标的要求去做。在建设和发展中国特色社会主义的康庄大道上,实行民主行政、依法行政和科学行政。

三、以习近平新时代中国特色社会主义思想建设和发展行政管理学

在为夺取全面建设小康社会新胜利而奋斗时,应记住构建社会主义和谐

社会是贯穿中国特色社会主义事业全过程的长期历史任务。而和谐是内在的统一的。没有前者就没有后者，反之亦然。因此，落实新时代中国特色社会主义思想决非权宜之计，而是要遍及经济社会发展各方面的长期历史过程。对于行政管理工作和学科的建设与发展，自然也不例外。

要全面把握习近平新时代中国特色社会主义思想的科学内涵和精神实质，必须了解它集中体现了马克思主义关于发展的世界观和方法论，因而必须坚持把发展作为党执政兴国的第一要务。常识告诉我们，没有发展，一切便无从说起。古今中外的历史表明，凡是故步自封、因循守旧、停滞不前、消极等待、不思进取，甚至倒行逆施、走回头路、自甘堕落的，都不可能有进步和比较好的前途远景。实际工作是这样，任何一门学科的建设和发展也是这样。不能与时俱进，轻则依然故我，重则只有在竞争中落得个被淘汰出局的下场。

以行政管理学这门学科为例，如果它所研究的对象不发展，没有客观的真正实际需要，光凭主观的热情也难以发展。改革开放以来，行政管理发展实践强烈呼唤加大研究力度，学科的建设和发展才能同步前进。与此同时，学科研究本身若不重视发展，也不可能适应客观需求。

关于以人为本，即要全心全意为人民服务，一切工作都是为了造福人民。还要促进人的全面发展，做到发展为了人民、依靠人民，发展成果由人民共享。为了人民和依靠人民，广大人民群众就能充分发扬当家做主精神和调动发挥投身共同发展的主观能动性。有国外观察家发现，中国发展"奇迹"的"奥秘"在于政府和人民双方对发展一致的积极性，其实说的正是以人为本，否则是不会心往一处想和劲往一处使的。对于行政管理工作和学科研究，这一点尤其重要。"管理就是服务"决非虚语，毋忘服务的对象是人民，工作和研究的出发点和落脚点就找对了。

行政管理要求全面协调和可持续发展，非如此不足以言发展。全面就不可顾此失彼或抓住一点不及其余，协调就不可矛盾重重，互相牵扯，发生障碍、故障，无谓耗损发展力量。可持续发展即指使发展正常进行，不致难以为继而中断，其目的就是要实现经济社会永续发展，不能只顾一时。这一基本要求完全合乎科学，二者相辅相成。没有全面协调，必然影响可持续发展，这就需要实际工作者和研究工作者面对发展大局，通力合作、共襄其成。还有什么比这更重要的现实课题有待着力开展研究的呢？

统筹兼顾是做到和做好全面协调的不二法门。要对中国特色社会主义事业中的各种重大关系有正确认识和做出妥善处理。例如城乡发展、区域发展、经济社会发展、人与自然和谐发展、国内发展和对外开放、中央和地方、个人利益和集体利益、局部利益和整体利益、当前利益和长远利益之间等关系需要统筹兼顾，还有国内、国际两个大局也要统筹兼顾。

要树立世界眼光，加强战略思维，善于从国际形势发展中把握发展机遇，应对风险挑战，营造良好国际环境，以及在工作中有点有面、点面结合、突破重点、推动全面等等。要研究的内容真是太丰富了！既有内政，也有外交，但又不可分割，因为内政是外交的基础，没有内政不修而能外交顺利的。

四项基本原则则是立国之本，是党和国家生存发展的政治基石。具体来看，以经济建设为中心是兴国之要，是党和国家兴旺发达和长治久安的根本要求；改革开放是强国之路，是党和国家发展进步的活力源泉。应当毫不动摇地把它们集中统一到发展中国特色社会主义的伟大实践当中。

从世界观和方法论的高度来考虑，以新时代中国特色社会主义思想来建设和发展行政管理学是完全必要的。我们要在不断加深认识的基础上，不断增强全面贯彻落实这个思想于生活、工作、学习、研究之中的自觉性和坚定性，并对任何不适应、不符合这个思想的观念坚决加以抵制和转变。对于影响和制约这个思想的突出问题，也要及时和着力去解决，以求把我们自己和全社会的主动性、积极性引导到这个思想上来得到充分发挥。为了使我们的行政管理工作和学科的建设发展更加符合要求，应逐步养成随时密切留意有关论述和实践经验总结的习惯。这是关系到全国全民共同事业的头等大事。

值得特别注意的是："习近平新时代中国特色社会主义思想对发展中国家的重要贡献，是它以独特优势开辟了破解党政治理、国家治理、全球治理这三大世界性难题的道路。"① 《习近平谈治国理政》一书已在120多个国家畅销、热议，其第二卷也已出版。行政管理学正是治国理政之学，我们学习研究这门学科，应将此书及其系列讲话引为必读内容。要建设和发展中国特色社会主义行政管理学，这是一个极其有利的崭新条件和最好依据。党的十九大报告亦即最新最好的论述。

---

① 见王灵桂《中国智慧助力破解世界三大难题》，载《参考消息》2017年10月27日第11版。

第二章

行政环境

第一节 行政系统与外部环境的互动分析

一、行政环境的含义

行政系统是一个与外部环境密切联系的开放性社会系统,它适应外部环境的需要而产生,在与外部环境的相互作用中,发挥着自己的特殊功能,保持着自身运行的和谐。全面考察行政环境,研究外部环境对行政系统的影响,对于我们正确理解行政系统的建立原则、结构特点、运行方式、功能范围、发展规律与历史命运,掌握优化行政环境的正确途径和科学方法,提高行政管理水平等,都具有重要的意义。

(一)行政系统的界线

行政系统的界线是指行政系统用以过滤外部环境的投入与行政系统对外部环境的产出,防止外部环境的干扰,并保持自身独立性的边界。它是把行政系统从外部环境中分离出来,又把行政系统与外部环境联系在一起,从而使行政系统与外部环境既相区别又彼此关联的中介环节。行政系统的界线有两种功能:一方面,抵抗外界环境的干扰,以保持行政系统的独立性;另一方面,过滤来自外部环境的投入和行政系统自身的产出,以维持行政系统的生存与运转。

行政系统的界线具有开放性和可渗透性。任何投入与产出都是通过这种可渗透的界线而向内输入或向外输出的。由于行政系统不可能接受所有的外部环境投入,也不可能对各种外部环境提供相应的产出,因而,行政系统界线的开放性、可渗透性又有一定的限度。正是这种有限开放、有限渗透的特点使得行政系统界线能对投入和产出进行过滤与筛选。

这样,行政系统界线既开放又不完全开放、既可渗透又不完全渗透的辩证关系,就决定了它既是行政系统与外部环境的相对独立清晰的边界,又是联结行政系统与外部环境的纽带。这一概念是我们区分行政系统与外部环境的基础。

(二) 行政环境的概念

所谓行政外部环境,是指处于行政系统界线之外的、能够直接或间接影响行政系统生存与发展的一切因素或条件的总称。某种因素要成为行政系统的外部环境需要具备两个条件。首先,必须处于行政系统界线之外。如果在行政系统界线之内,就成为行政系统的内部要素。其次,必须与行政系统相关联。处于行政系统界线之外的因素充斥着整个宇宙,一般来说,它们对行政系统都会产生或大或小的影响。然而,它们并不都是行政系统的外部环境因素。构成行政系统外部环境的,只能是其中那些能够直接或间接影响行政系统的性质、结构、功能、运行方式等方面的因素,即对行政系统具有主要影响的因素。

二、行政环境的构成

行政环境是一个非常复杂的体系,按照不同的标准,可以进行不同的分类。根据各种因素性质上的差异,行政环境可以分为自然环境与社会环境两大类。

(一) 自然环境

自然环境是指在行政系统界线之外、未经人工影响而存在的事物。它包括地球环境和地球之外的宇宙环境两个方面。其中宇宙环境包括宇宙天体的运行、太阳黑子的干扰、日月食的影响等地球以外的广漠环境的因素。而地球环境则包括地形、地势、地貌、气候、土壤等地理环境因素,以及可供人类开发利用的水力、风力、土地、矿藏、生物等资源环境因素。

(二) 社会环境

社会环境是指在行政系统界线之外、直接影响行政系统活动并决定其兴衰存亡的各种社会因素的总和。社会环境的诸因素是行政系统赖以产生、存在和发展的社会基础。行政系统的社会环境是一个由诸多要素构成的复杂系统，每一个要素都对行政系统产生着不同的影响。社会环境可以分为国际社会环境和国内社会环境。

国际社会环境包括国际关系格局、重大国际事件、战争与和平、国际组织与国际法及其他各国共同关心的社会问题等。

国内社会环境主要有：

政治，包括国体、政体、国家机构、政党制度、公民政治参与等；

法治，包括立法、执法、守法、法治教育等各环节；

经济，包括所有制形式、经济运行机制、生产发展的布局与水平等；

科技，包括科学与技术自身发展的水平及其装备与应用于生产、生活各领域的广度和深度等；

教育，包括教育制度、教育方法、教育水平、教育层次的比例结构、受教育的人口比重等；

民族，包括民族人口的分布、民族语言、民族经济及民族意识等；

宗教，包括宗教组织、宗教教徒、宗教活动与广大群众的宗教信仰、种类与程度等；

文化，包括生活方式、风俗习惯、价值观念、道德标准、行为模式等；

阶级与群团，包括阶级结构、阶级间的关系、社会分层的状况与水平、各阶层的地位与关系，以及社会群团等；

人口，包括人口总量、性别比例、年龄比例、出生率、死亡率、人口质量、预期寿命、人口分布等。

三、行政系统与外部环境的互依性

行政系统与外部环境密切关联，它们相互影响、相互依赖。行政系统适应外部环境的需要而产生，又能动地选择与塑造外部环境。同时，外部环境对行政系统的影响又有宏观与微观之分。

（一）行政系统对外部环境的依赖

这是行政系统与外部环境相互依赖的首要表现，具体包括：第一，行政系统是适应外部环境的需要而产生的；第二，外部环境的需要不仅决定行政系统的产生，而且制约着其价值观、目标、规模、结构与行为方式；第三，行政系统的物质要素——人、财、物，非物质要素——信息，都要从外部环境输入。所以，行政系统只有不断地与其外部环境进行物质、能量与信息的交换，只有适应外部环境的需要，才能求得生存，才能发挥其功能作用，并反作用于外部环境，服务于社会。

(二) 行政系统对外部环境的选择与塑造

这是行政系统与外部环境相互依赖的又一表现，具体包括：

第一，行政系统作为一个开放系统，必然要从外部环境中接受物质、能量和信息的投入。但是，行政系统不可能接受外部环境的所有投入，而必须有所选择与取舍，只纳入自身所能接受的那一部分。

第二，行政系统不仅选择外部环境，更要设法改善、控制外部环境。行政系统通过对外部环境的改善，使外部环境得到优化；行政系统通过对外部环境的控制，使其按照行政系统的希望与要求去发展。

行政系统对外部环境影响的程度，取决于行政系统功能发挥的程度。随着现代政府的功能领域不断扩大，管理范围逐渐加宽，行政系统对外部环境的反作用也越来越大。行政系统功能的大小、管理的好坏，在很大程度上直接决定了社会的治乱兴衰。

总之，行政系统与其外部环境的关系是辩证统一的关系。外部环境创造了行政系统，而行政系统反过来又改变了外部环境。行政系统首先从其社会环境中吸取物质、信息与能量，接受社会环境的要求或支持，然后经过自身的加工，将其转换为路线、方针、政策与具体的行政行为，输出给社会环境，以满足社会环境的需要，并推动社会的发展。

(三) 宏观环境与微观环境

影响行政系统的外部环境有宏观与微观之分。所谓行政系统的宏观环境，是指广泛影响整个行政系统的环境。例如一个国家所处的自然地理环境，该国在整个世界上所处的地位，上述国内社会环境的政治、法治、经济等十大因素，都是影响某个国家整个行政系统的宏观环境。所谓行政系统的微观环境，是指影响某个个别行政系统的特定环境。如学校是影响政府教育部门的微观环境，地质资源是影响政府地质部门的微观环境。值得注意的是，宏观环境与微观环境的区别只是相对的，它们对行政系统的影响根据具体情况而不断变化。

第二节 经济和政治环境对行政系统的影响

一、经济环境对行政系统的影响

经济生活是人类社会生活中最基本的领域。经济环境是行政系统外部环境中最基本的方面，是行政系统赖以生存和发展的最深层环境。行政系统的经济环境，是对行政系统有重要影响的各经济要素的总和，包括自然资源状况、生产力和科技发展状况、人口状况、国民收入状况、社会的基本生产关系结构和经济体制等要素。所有这些要素，又可以高度概括为生产力（包括物质生产和人口生产）与生产关系（包括经济体制）两大方面。当前，中国行政系统所处的最大经济环境就是市场经济。

（一）物质生产与人口生产的发展状况对行政系统的影响

1. 生产力的发展状况决定着行政系统的存亡和性质

行政系统是一种社会历史现象，它不是从来就有的，也不会永恒地存在。行政系统作为国家机器的重要组成部分，在本质上是一个阶级概念、政治概念。行政系统的产生与阶级对立紧密联系，是在社会分裂为敌对阶级的情况下，作为阶级统治的工具而产生的。而阶级的存在，仅仅与生产力发展的一定历史阶段相联系。阶级既是生产力有了一定发展的产物，又是生产力相对不发达的产物。随着生产力的高度发展，阶级与阶级斗争将丧失其存在的物质前提而逐渐趋于消亡。

所以，在本质上，正是生产力的发展水平决定着行政系统的产生、发展和消亡。同时，生产力的发展状况决定生产资料所有制的形式，而生产资料所有制的形式又决定行政系统的阶级性。因此，生产力的发展变化是行政系统阶级性质发展变化的根源。

2. 生产力的发展状况制约着行政系统的功能发挥和部门设置

行政系统作为国家对社会的管理组织，其管理对象和内容不是一成不变的，而是随着生产力的发展不断变化。因而，行政系统的功能发挥和部门设置要受到生产力发展状况的明显影响。在生产力发展水平较低的自然经济社会中，社会生产以分散的、自给自足的家庭手工劳动为基础，商品生产极不发达。行政系统的政治功能较为突出，经济功能极其微弱，与之相应的经济管理部门也很少。

在生产力高度发展的市场经济社会中，社会化大生产要求国家更多地干预宏观经济生活，不断地强化政府的宏观经济功能和宏观经济管理部门。同时，由于经济的发展引起了一系列的社会问题，如失业、环保等，又要求政府相应地强化社会管理功能，增设有关的社会管理部门。

3. 生产力的发展状况提供了行政系统运行的物质基础

行政系统总是在一定的物质条件基础上开展活动。物质条件是否充裕，尤其是技术装备是否精良，直接关系到行政系统管理效率的高低。而物质条件与技术装备的发展与特定时期生产力的发展状况密切相关。例如，正在兴起的智慧治理、大数据治理浪潮，离开了新的科学技术革命是不能想象的事情。因此，生产力与科技发展的水平直接影响与制约着行政系统的运行方式和管理手段。

此外，行政系统的运转需要一定的行政经费作为财力基础。而行政经费能否得到保证，直接取决于该国生产力的发展状况。凡生产力水平较高的国家，国民收入都较高，其财政预算就能给行政系统的活动以较充分的支持。随着GDP的高速增长，中国政府逐渐建立起覆盖城乡的社会保障体系就是例证。反之，国家财政经费就会紧张，必然要紧缩行政经费开支，从而影响行政系统的正常活动。美国政府于2012年底至2013年初遇到的"财政悬崖"就是例证。

4. 人口的发展状况影响着行政系统的发展战略和人口管理功能

除了物质资料的再生产外，人口的再生产对行政系统也有重大的影响。

首先，人口的发展状况制约着一国经济和社会发展战略的制定与实现，人口过多或过少都直接影响着一国经济与社会的发展。

其次，人口的多少也直接决定着行政系统的人口管理政策及部门设置。在当今世界上，由于国情不同，有的国家采取鼓励人口增长的政策，有的国家采取控制人口增长的政策，并设置了不同的行政管理组织，如我国政府设有专门的卫生和计划生育委员会。

最后，人口的多少还影响着行政系统的编制多少及改革的难易。如我国人口基数较大，在一些地方，公共部门成为就业的优先选择，这是造成各级政府机关和国有企事业单位人员超编、机构臃肿的一个重要原因，也是行政改革难以顺利实施的重要原因。

(二) 生产关系与具体的经济体制对行政系统的影响

1. 基本的生产关系直接决定着行政系统的性质和变化

社会的基本经济结构,也就是构成社会经济制度的基本生产关系,是生产力发展一定阶段之上的、占统治地位的生产关系各方面的总和,是社会中一切上层建筑赖以建立的经济基础。行政系统属于社会的上层建筑,是政治上层建筑中的一个组成部分,其性质与变化是由其经济基础的性质与变化所决定的。

2. 具体的经济体制影响着行政系统的功能配置和运行模式

经济体制是社会生产关系的具体表现形式,它规定着经济资源配置的方式。在人类历史上,资源配置是按照习惯、市场或计划的方式进行的,相应地出现了自然经济、市场经济与计划经济三种经济体制。

市场经济体制建立在社会化大生产的基础之上,经济资源主要是通过市场进行配置的。在市场经济中,生产什么、生产多少,都由供求关系决定,价格信号引导着生产要素的投入和转移,以追求运行效率的提高和交易成本的降低。但是,市场也有失灵之处,需要政府的积极干预加以弥补。政府对经济的干预仅仅限于宏观领域,而对微观经济如企业的生产经营活动等,则不加干涉。政府运用各种经济杠杆、经济法规与必要的行政手段,引导、调节和规范经济活动,以调控宏观经济,保证市场经济的有序运行,限制垄断,促进公平竞争,提供公共产品,保障公正的收入分配,等等。政府设置大量相应的管理部门,综合运用经济、法律、行政等手段进行管理。

计划经济体制从 20 世纪初开始在一些发展中国家,主要是社会主义国家进行了实践,它建立在公有制的基础之上,政府行政系统对社会经济活动实行全面、直接的指令管理,设置大量的经济管理部门。由于政府管理的内容直接、广泛,且带有强制性,作为管理客体的企业,既无自主权,也无独立的经济利益,因而只能被动地接受、消极地适应。

二、政治环境对行政系统的影响

(一) 国体直接决定着行政系统的基本性质

政治制度,特别是基本的政治制度,作为重要的政治环境,对行政系统有着重大的影响。广义的政治制度,包括国家制度、政党制度、法律制度、选举制度和干部人事制度等，其中国家制度又包括国体和政体两方面。国体是一个国家最基本的政治制度，它体现一个国家的阶级性质。行政系统是国家政权的心脏，行政系统的性质由国家的性质决定，故国体直接决定着一国行政系统的阶级性质。

（二）政体规定了行政系统的具体形式和地位

政体，即政权组织形式，是国体的表现形式，它规定整个国家机构的组成形式及各机构之间的相互关系，因而也决定了行政系统的具体形式及其在整个国家机构体系中所处的地位和作用。在议会制政体中，行政管理采取内阁形式，政府的存废更迭要以议会为基础；在总统制政体中，总统直接掌管政府，总统由全民选举产生，而不由议会决定，总统与议会之间是相互制衡的关系。在我国人民代表大会制的政体中，人民代表大会是国家的最高权力机关，统一行使国家最高的权力。政府行政系统是人民代表大会的执行机关，由它产生并对其负责。

（三）政党制度影响着行政系统的稳定性和完善程度

政党制度对行政系统具有多方面的影响，它不仅直接影响行政系统与政党之间的关系，而且直接影响行政系统的机构设置、人员配备、功能发挥、政策稳定性及纠错机制。一般而言，在一党制下，行政系统的机构设置、人员配备和功能发挥相对稳定，政策有较强的连续性，执政党与行政系统能保持较长期的密切关系，保证党政双方在政见上的高度一致。但一党制容易导致党政不分，损害行政系统的独立性，纠错机制也较迟钝与脆弱。

在两党制与多党制下，政府的主要官员和政策都随着执政党的更迭而不断变化，行政系统的机构、人员、政策及运行都不够稳定。但常任文官制度在一定程度上弥补了其不稳定性，而且其纠错机制更加灵活有力，有利于防止行政决策与执行中的失误。

（四）政治生活的民主、平等程度制约着行政系统决策与执行的民主化、科学化程度

行政决策的民主化、科学化与国家政治生活中的民主、平等程度有着密切的联系。政治生活中的民主与平等程度越高，行政决策的民主化和科学化程度就越高。在专制政体中，政治权力高度集中于独裁者一身，重大决策完全由少数人做出，根本谈不上决策的民主化、科学化。在民主政体中，政治

权力由几个相对分立的机关掌握，并受到政党、压力集团、社会舆论及公民不同程度的制约，因而其行政决策具有一定的民主性。

政治权力的民主与平等程度，还制约着行政执行中的沟通、协调与公开化程度，即行政执行中的民主程度。目前，我国正在积极探索中国特色的民主政治制度，包括协商民主和扩大基层民主等。

（五）政治形势的稳定程度影响着行政系统的运行状态

政治形势包括稳定与不稳定两种基本态势。两者相互对立，在一定条件下又相互渗透，甚至相互转化。政治形势对行政系统的运行状态和工作秩序有明显的影响。稳定的政治形势是行政系统正常运转的必要条件，是行政系统各层级、各部门有序工作的保证。只有在稳定的政治形势下，行政系统才能做到结构完好、功能正常、渠道畅通、信息流畅、程序严密。而不稳定的政治形势则会引起行政系统运转的异常，破坏行政系统工作的程序。

（六）法律制度规定与保障着行政系统在整个国家机构系统中的地位

法律制度是国家意志的体现，法律制度规定并保障行政系统在国家机构系统中的地位及权力关系。行政系统是结构复杂、规模庞大的国家机器的组成部分之一，它在整个国家机构系统中居于重要的地位，享有不同于其他国家机关的特殊权力，具有特殊的功能并设置有庞大的内部机构。在现代社会中，行政系统的地位、权限、功能、机构设置等都是由法律规定和保障的。不同的法律制度在这方面的规定不尽相同，对行政系统与立法机关、司法机关的关系也有不同的规定。

在我国，国务院是最高权力机关的执行机关，是最高国家行政机关。它由全国人民代表大会产生，并对其负责，实行总理负责制。它根据宪法和法律规定行政措施、制定行政法规、发布决定和命令。这就是我国宪法和国务院组织法对国务院性质、职权、领导体制等的基本规定。

（七）法律的完善化、科学化程度制约着行政系统运转的协调、规范水平

法律的完善化，是指各类法律形式的完备程度；法律的科学化，是指法律内容对社会发展规律和人民利益的反映程度。法律的完善化与科学化有机统一，共同制约着行政系统的协调化、法治化和科学化水平。行政系统能否实现行政目标，取决于行政机关及其工作人员的行为是否正确、合理，取决于他们之间是否协调一致，取决于各种行政行为是否规范化和制度化。而要做到这些，就必须用法律的形式将其固定下来。法律的有关规定如果详尽、完备、科学，就会促进与保障行政系统运转的协调与规范化；反之，则容易导致行政系统的混乱。

第三节 文化、民族和宗教环境对行政系统的影响

一、文化环境对行政系统的影响

广义的文化是指人类在社会实践中所创造的一切物质财富与精神财富的总和，包括物质文化、社会文化和精神文化三个部分。狭义的文化是指社会的意识形态，包括科学、文化艺术、哲学、思想、信仰、风俗、习惯、人际关系、价值观念、道德标准与行为模式等；又可将之归纳为两点，即价值观念和行为模式。我们要研究的是狭义的文化，即以价值观念和行为模式为核心的社会意识形态对行政系统的影响。而狭义的文化对行政系统的影响，又主要是通过行政文化来实现的。行政文化是整个社会文化的一部分，它是人们关于行政系统的价值观念，以及这一观念相应要求的行政系统的行为模式。

（一）关于行政系统一般行为的期望对行政系统的影响

1. 不同的国家对行政系统的管理范围有着不同的期望

在人类社会发展的早期，公共事务极其简单，社会也只要求政府承担一些简单的管理功能——维持社会安定和为经济发展创造适宜的条件，人们希望政府是一个治安政府、收税少的政府。一直到资本主义初期，人们仍然希望政府是"守夜警察"，认为"管得越少的政府就是越好的政府"。随着近代社会的发展，人与人之间的相互交往日益增多，公共事务日趋复杂，人民要求政府管辖的事务越来越多，几乎覆盖了"从摇篮到坟墓"的所有范围。在前一种行政文化环境之中，政府的压力较小；在后一种行政文化环境之中，政府面临的压力则要大得多。任何社会问题未处理好，都可能与政府联系起来，归罪于政府。当然，在后一种行政文化环境之中，政府如果处理问题得当，符合人民的期望，其权威往往更高。

2. 不同的国家对行政系统的输入、输出有着不同的期望

在以依附型行政文化为主的国家,社会只对政府的输出有较大的取向,对政府的战略目标、政策、法规、措施等都具有拥护或反对、热情或冷漠的感情取向;而对政府的输入功能则漠不关心,公民参与管理的要求较低。它反映了一种重服从的观念。在政府首脑中,除个别开明人士重视民意,注意树立自己的形象,调整自己的不当行为外,一般都视民众为可供驱使的奴仆。

在以参与型行政文化为主的国家,社会对政府的输入有较大的取向,要求政府照顾与采纳各方面的利益和意见,公民民主参与意识较强。社会对政府的输出也同样表现出强烈的取向,群众会以人民的利益、意志为标准来分析、判断政府的政策效果。如果政府的输出不能与公民的输入保持必要的一致,就会导致公民对政府政策的冷漠与抵制,甚至导致对政府的不信任,危及其稳定。

3. 对行政系统的认同程度不同决定着公民参与行政输入方式的差异

公民对政府,特别是中央政府有着强烈的认同感,政府在公民中的威信很高,那么,公民对其信息输入均是通过法治的轨道、以温和的方式提出的;而政府在其政策输出中,一般也会反映公民输入的各种支持和要求。反之,如果公民对政府,尤其是中央政府没有什么认同感和信任感,那么,公民对其进行信息输入的方式就很容易脱离法治的轨道,以激烈的、冲突的方式提出来;而政府的政策输出也很少反映公民的要求,至多采取勉强、敷衍甚至欺骗的方式来应付公民,其结果只会使公民对政府形成更深的不信任感。

(二) 关于行政系统首脑权力的观念对行政系统的影响

关于行政系统首脑权力的价值观念是构成行政文化的重要内容之一。不同的行政文化,具有不同的行政系统首脑权力观念。而权力观念的不同,又将直接形成不同的行政行为模式。

1. 血统论的行政文化认为,行政系统首脑的权力来自世袭

行政首脑是一种高贵的人,他具有天生的领导能力和领导素质,他必须来自高贵的家庭,具有高贵的血统。这种观念还认为,有血统关系的人才是最亲近的人,所谓"异姓者必异心"。

2. 唯意志论的行政文化认为,行政系统首脑的权力来自超人的意志

对于行政首脑这种超人所具有的权力,人们只能绝对地服从,不允许有丝毫的怀疑和违抗。在这种权力观念之下,必然产生救世主与贱民的关系,大搞个人崇拜。人们对超人盲目崇拜、盲目信仰,对自身的价值则缺乏应有的认识和自信,因而必然只有服从与依赖,缺乏主动的参与意识,对行政首脑的错误也难以纠正和批判。

3. 法治论的行政文化认为,行政系统首脑的权力来自人民委托,并通过体现民意的法律形式予以确认

行政首脑的权力由法律赋予,法律是公意的具体表现,只有法律才具有至高无上的权力。按照这种行政文化观,行政首脑与人民的关系必然是公仆与主人的关系。人民群众是一切权力的根源,行政首脑只有全心全意地为人民服务,才能受到人民群众的拥护。否则,人民群众不仅不应该服从他,而且应该收回对他的权力委托。

(三) 关于行政系统运行方式的观念对行政系统的影响

1. 行政系统运行方式的人治观念认为,行政系统内外治理的好坏,关键在于人,而不在于制度

主张好人政府、贤人政治,主张政治道德化,这种观念实际上是一种空想。历史经验证明,任何政府都不可能始终由"好人"当政,而且如果没有严格的法规限制,好人也可能会变成坏人,更可能给坏人利用职权牟取私利创造条件,从而形成行政权力高于法律、权大于法的现象,容易导致行政首脑个人专横、完全不顾民意的取向。

2. 行政系统运行方式的法治观念,又分为专制主义的法治观念和民主主义的法治观念

专制主义的法制观念主张集权势于行政首脑(即君主或帝王)一人,主张重刑罚、轻奖赏,使人民慑于权力而安分守己。这种法制观念实际上是君主专制的护身符,已经逐渐为历史所淘汰。民主主义的法治观念,主张将公民和政府各自的权利与义务用法律的形式加以固定,通过依法行政的方式推行政务,以民主和法治的方式来调整人民内部的矛盾,实现行政系统长治久安的目标。

（四）关于行政系统内部人际关系的观念对行政系统的影响

行政系统内部人际关系的观念，作为行政文化的重要内容之一，随着社会历史条件的变化而具有不同的内容。一般而言，有特殊关系的人际关系观念与普遍关系的人际关系观念两种。

1. 特殊关系的人际关系观念

在传统的农业社会里，人们彼此之间的接触仅限于狭小的小团体范围内，如家庭、亲族、村社等。这种小范围内的长期交往，使人们养成一种十分注重彼此之间的特殊关系的人际关系观念，这种观念影响着行政系统的行政决策，使其往往过多地考虑具有特殊关系的小团体的利益。它影响着行政系统的人事工作，使领导者经常以个人的好恶亲疏甚至血统关系的远近为标准，拉帮结派、以我画线、培植亲信，凡与领导无特殊关系的人，即使才干出众，也难有出头之日。它还影响行政监督，对与领导有特殊关系的人和无特殊关系的人往往不能做到在法律、纪律面前一律平等，使行政系统难以依法行政。总之，重视特殊关系的人际关系观念导致公平行政无法实现，政府的法规政策往往成为特殊关系的牺牲品。

2. 普遍关系的人际关系观念

在现代工业社会里，人类生产、生活日益社会化，人们之间的接触、交往越来越广泛，人们不断增长的多方面的需要不能单靠家庭、亲族等具有特殊关系的小圈子来满足，只能从日益发展的各种不同的社会关系中分别得到满足。因此，这就扩大了人们之间的感情交流范围，使人际关系日益广泛化、普遍化和社会化。人们的人际关系观念也随之发生了变化，由重视特殊关系变为重视普遍关系。重视普遍关系，反映在行政系统内部，就是重视人的业绩、成就、品德与能力，而不是看重与领导的特殊关系。这种新型人际关系的发展，促进了行政系统中公平原则的实现。

（五）关于行政道德的观念对行政系统的影响

行政道德是指行政系统成员在行政管理过程中所遵循的调整个人之间、个人与行政系统及社会之间的关系的行为规范。这种行为规范不是通过具有强制性的法律，而是通过社会舆论确立的，它依靠人们的自觉遵守。

1. 行政道德指导着行政系统成员的政治方向

行政道德具有强烈的政治性，其目的是维系政权的稳固和社会的长治久安。从人类历史上看，任何社会中的行政道德都提倡行政系统的成员要以国家利益为上，要忠于自己的政权，忠实执行政府的一切政令、方针、政策，要使自己的行为有利于政府的稳定，有利于社会经济基础的稳固与发展。

2. 行政道德制约着行政系统成员个人利益的实现程度

几乎所有的国家都要求行政系统成员的个人利益服从行政系统的利益、服从国家的整体利益。为此，它们都提倡行政系统成员要忠于职守、秉公守法、不徇私情、廉洁公正。

3. 行政道德影响着行政系统成员的社会地位

在专制政体中，人们社会地位的高低基本上是以官位的大小为标准，相应地产生了根深蒂固的等级观念。行政系统成员普遍将自己视为上等人、平民百姓的父母官，而将人民视为下等人，甚至是贱民、草民。在行政系统内部，也养成了对上盲从、对下专横的恶习。在民主政体中，人们的社会地位主要取决于个人的学识、技能与财富，官本位渐渐失去了市场。

二、民族环境对行政系统的影响

民族是人们在历史上形成的一个具有共同语言、共同地域、共同经济生活，以及表现于共同民族文化特点上的共同心理素质的稳定的共同体。世界上有单一民族的国家，但更多的是多民族的国家。在多民族的国家中，民族环境对国家的行政系统发生着重要的影响作用。一个国家行政系统的民族环境是由民族的人口与分布、民族语言、民族经济、民族文化与传统、民族的矛盾与斗争等要素相互作用而构成的。

（一）民族环境影响政府的民族政策及相应的行政机构设置

在多民族的国家中，民族成分繁杂，不同的民族人口众多，区域广泛，民族矛盾与斗争必然存在，因而民族问题相当复杂。对民族问题解决的好坏，直接关系到国家的稳定与动荡、统一与分裂。因此，这些国家都要设立专门的行政系统来负责少数民族的有关事务。例如，英国政府根据苏格兰、威尔士和北爱尔兰地区的民族与地方特点，分别设置了苏格兰、威尔士和北爱尔兰事务部，各自负责有关的地区、民族事务管理。再如，泰国北部山区居住着30多万人口的少数民族，这个地区的经济文化落后，民族矛盾和冲突不断。为了扶持山区民族发展经济，解决民族纠纷，泰国政府设立了山民

发展委员会具体负责有关事项。

(二) 民族环境影响行政系统的体制

行政系统的体制,是指行政系统结构中各层级、各部门之间的权力分配关系。就中央与地方的关系而言,有集权制与分权制之分。一个国家如果是由若干实力相差不多的几个民族组成,没有一个民族能在政治上取得绝对优势,这就需要分权。例如,前南斯拉夫境内居住着多种民族,这些民族之间的人口、土地、经济实力差不多,很难形成一个权力中心,因而采取分权体制。当然,在各民族中如果有一个民族占绝对优势,则既可实行集权制,又可实行分权制。但在少数民族聚居区,大多数国家都建立了比一般地方政府自治权力更多的民族区域自治政府。

(三) 民族环境制约着行政系统权力的行使

行政系统的权力是由宪法和法律赋予的,或是由上级行政系统所规定的。一般而言,在行政系统的权力范围内,任何团体和个人都必须服从其指挥。但是当行政系统在民族地区中运用权力时,就必须考虑具体的民族环境。一旦行使某项行政权力有碍于民族的历史和文化传统,损害了民族感情,便很容易引起民族矛盾和冲突,不利于民族的团结和国家的统一。这时,就要具体情况具体分析,变通地使用近似的权力,甚至终止行使该权力。例如,过去一段时期我国政府控制人口的计划生育政策,在某些少数民族地区就不适用。

(四) 民族环境关系着行政系统的凝聚力

一个行政系统是否具有凝聚力,在很大程度上取决于该行政系统所处的民族环境是否和谐、融洽。当一个国家中的民族文化传统差异很大,民族矛盾与斗争尖锐,而政府又不能采取有效的政策来协调解决时,民族环境就会恶化,民族之间的离心倾向就会加强,国家行政系统的凝聚力就会大大削弱。

(五) 中国的民族环境对政府行政系统的影响

我国是一个统一的、以汉民族为主体的多民族国家。目前,全国共有56个民族。据2010年第六次人口普查统计,在大陆31个省、自治区、直辖市中,汉族人口为1225932641人,占91.51%;各少数民族人口为

113792211人，占8.49%。少数民族人口虽少，但分布的地域很广，民族自治地方总面积达616.29万平方公里，占全国总面积的64.2%。我国绝大多数的少数民族都有自己或大或小的聚居区，并与其他兄弟民族相互交错在一起，形成"大杂居，小聚居"的局面，使各族人民之间相互影响，相互融合，建立了密不可分的政治、经济、文化联系，从而使中华民族具有强大的凝聚力。国家行政系统对各民族的吸引作用与凝聚作用很强。

中华人民共和国成立后，彻底推翻了民族压迫制度，各族人民都成了国家的主人，都享有参与国家管理的平等权利，各民族之间没有根本的利害冲突，只有一些局部性的不同利益要求、价值观念与生活方式上的差异。因此，我国现在的各个民族之间基本上是团结的，这为我国行政系统的政策稳定和功能发挥创造了良好的民族环境。

三、宗教环境对行政系统的影响

宗教是一种复杂的社会历史现象，是人们对于超自然的神灵或神灵表现的信仰与崇拜。在人类社会发展史上，宗教与政治始终是密切相关、相互影响的。尤其在宗教盛行的民族和国家中，宗教的作用更是不可低估。行政系统作为政治活动的一个主体，同样要受到宗教的影响。影响行政系统的宗教环境，包括宗教教徒、宗教组织、宗教意识、宗教活动、宗教在国家中的地位等要素。

（一）宗教制约着行政系统的机构设置和职权行使

宗教的这一作用，在一些实行政教合一的国家中表现得最为明显。在这些国家中，神权高于一切，国家行政系统的设置及其功能的大小都须根据宗教的影响来决定。譬如在沙特阿拉伯，国王既是国家元首，又是伊斯兰教的教长，内阁由国王任命，没有成文宪法，《古兰经》和伊斯兰教创造人穆罕默德的遗训就是法律依据，行政系统的设立及其活动都不得违反《古兰经》和穆罕默德的遗训。

宗教属于意识形态领域，它的影响往往深入人们的内心深处；如果无视宗教问题的解决，势必将影响到国家政局的稳定。有鉴于此，世界上许多国家的政府中都设立了专门负责宗教事务的行政机构，如我国的国家宗教事务局、伊朗的伊斯兰指导部等。

在宗教影响较大的或全民族信教的国家和地区，行政系统的组成人员还要适当考虑宗教界人士。如伊朗提出所有的国家机器必须伊斯兰化的主张，行政系统中的重要领导职务必须由信奉伊斯兰教的穆斯林担任。

同时，在宗教盛行的某些国家中，由于历史原因，还没有建立起独立的行政道德规范。行政系统成员一般以宗教道德规范来代替行政道德上的自我完善，并以此作为调整上下级之间、同事之间关系的行为准则，这就起到了某些行政道德规范的作用。

（二）宗教推动或妨碍着行政系统的管理活动

宗教作为一种政治斗争的工具，既可为统治集团服务，又可为其他的社会政治势力服务。当宗教为统治集团所利用时，它可以推动行政系统达到行政目标；而当与统治集团相对抗的社会政治势力掌握了宗教时，宗教就会成为行政系统活动的障碍。

在新的历史时期，宗教对行政系统的影响仍然不可忽视。从积极方面来看，首先，由于宗教教徒的信仰相同、目标一致，便很容易团结在一起，在爱国主义的旗帜下就可以动员教徒们积极参加国家建设，有利于行政系统目标的达到；其次，宗教一般宣扬剔除邪恶、与人为善，这可引导教徒弃恶从善，在客观上起到调节人与人之间关系的作用，有利于社会的团结与行政系统的稳定。从消极方面来看，宗教宣扬的宿命论、幸福满足、寄希望于来世的观念使人们安于现状，不思进取，工作积极性不高，从而影响行政系统的效率。同时，宗教活动过多会造成人力、财力的浪费。

第四节 自然环境和国际社会环境对行政系统的影响

一、自然环境对行政系统的影响

自然环境中的宇宙环境与地球环境，均与行政系统有着某种联系。宇宙环境对行政系统的影响甚微，因而我们不对其进行具体的分析，本章主要研究对行政系统影响较大的地球环境。地球环境对行政系统的影响，在大多数情况下是间接的。但地理环境是国家构成的重要物质基础，是行政系统发展的必要条件。当前，中国正在大力推动生态文明建设，这将给行政系统带来较大的影响。

(一）地球环境通过影响人类社会文明的形成与发展而制约各国行政系统的发展模式

一般来说，气候温和、土壤肥沃、水源丰富与地势平坦的地区，最适宜于人类繁衍生息，最有利于社会文明的形成与发展。人类历史上四大文明古国的形成，都与当时当地优越的地理环境密不可分。例如，在中国内陆，河流密布、沃野千里、便于耕作，这是中国成为一个农业文明大国的前提。而东部的太平洋，西部的高山、高原与沙漠又制约着其对外交往，使中国在很大程度上成为一个封闭、半封闭的国家，助长了封建专制行政系统的长期延续。

当然，在现代社会中，随着科学技术的发展，人类对自然环境有更大的选择与适应能力，但地理环境的影响仍不能轻视。如非洲较为恶劣的自然条件，至今仍然是制约其政治、经济、文化和行政系统发展的重要原因。美国东西两岸均有大洋作为天然屏障，致使两次世界大战的战火均未能漫延到美国本土上。这不仅有助于美国经济、政治、文化的持续发展，也对行政系统的连续性和稳定性有着重要意义。

(二）自然资源和国土面积通过影响综合国力而制约行政系统的财力基础与功能发挥

一个国家综合国力的强弱取决于其经济的发展，而经济的发展归根结底取决于劳动生产率的高低。在其他劳动条件基本相同的情况下，自然资源与地理环境的不同，会影响劳动生产率的高低。正如马克思所说的："劳动的不同的自然条件使同一劳动量在不同的国家可以满足不同的需要量，因而在其他相似的情况下，使得必要的劳动时间各不相同。"①

自然资源丰富的国家，其社会生产力发展速度较快；反之，则较慢。而国土面积的大小，一般又与自然资源的丰裕程度成正比。因此，国土面积大小、自然资源丰裕程度，直接影响一个国家综合国力的强弱。而综合国力的强弱又直接影响一国行政系统的财力基础，及其对内对外独立自主行使功能的程度，并进而影响行政系统功能的内容及权力体系的完善程度。

---

① 《马克思恩格斯全集》第23卷，人民出版社1975年版，第562页。

（三）自然资源环境通过影响经济发展的方向与结构而制约行政系统的部门设置与功能发挥

人类生存与发展所需要的一切财富都是通过劳动创造出来的。但是，劳动只有与自然界相结合，才是一切财富的源泉。地球上的资源环境为人类的生活与生产提供了所需要的物质资料，使地球成为人类天然的"衣食仓库"和"工具武器仓库"，成为社会赖以存在的劳动场所和加工自然资源的基地。由于各国自然资源的结构不同，其经济发展方向、生产部门的结构与布局都有所不同，进而影响到行政系统的部门结构与功能体系。例如，拥有辽阔和富饶的草原，使澳大利亚成为一个畜牧业非常发达的国家；广阔的森林覆盖面积，使木材采伐与加工在加拿大的经济结构中占有主要的地位；丰富的石油资源，使沙特阿拉伯、科威特等中东国家将石油开发与冶炼作为整个国民经济的支柱。

（四）地理形状影响一个国家的民族团结、国家统一与行政系统稳定状况

国家领土的地理形状，可以分为紧凑型、破碎型、狭长型、方块型和圆型等。其中，紧凑型国家、方块型国家和圆型国家领土，其国内交通路线最短，经济发展最易平衡，民族最易团结，最有利于政府行政系统的稳定性和权威性；而破碎型国家领土大多是在海岛国家中，中央行政系统控制地方行政系统的难度较大；狭长型国家领土形状则不利于经济平衡，从而也不利于政府行政系统的稳定性和权威性。

（五）地理环境制约着政府的国际战略及其相应的功能组织

英国是一个岛国，四面临海，港湾优良，自身安全易于保障，这促使它采取以发展海军力量为主的进攻性国防战略，在其国防机构中，海军部门居于主导地位；瑞士地处内陆，没有出海口，处于德、法两个强国的夹击之中，缺乏安全感，而又不能同德、法任何一方结盟，否则会触怒另一方，于是，以发展陆军力量为主的、中立的、防御性国防战略就成了瑞士的战略目标，在其军事机构中，陆军占绝对支配的地位；美国的地理环境以两大洋为屏障，自身安全易于保障，促进了其称霸世界的进攻型战略的形成。

以上所述，说明地理环境对行政系统有着重要影响，但这决不能与"地理环境决定论"相混淆。"地理环境决定论"是 19 世纪末 20 世纪初出

现的一种政治理论。这种理论认为,人是地球的产物,因此地理环境决定着人的一切方面,从经济、政治制度、文化价值观念,乃至人的个性,都是由地理环境所决定的。显然,"地理环境决定论"将人置于一种被动适应的地位,忽视了人的主观能动作用,是一种机械唯物论的观点。其实,自然地理环境只是为人们满足需要提供了条件和机会,而如何利用这些条件和机会,则要靠人的主观能动性。当然,地理环境作为人类社会生存与发展的物质基础,它对政府行政系统的影响将是永恒的。人类社会将永远处于人与自然的矛盾之中。即使科学技术再发达,人类也不能违背自然规律,行政系统一定要顺应自然规律才能生存、发展。

二、国际社会环境对行政系统的影响

所谓行政系统的国际社会环境,就是指一国在与外国或各种国际组织的相互交往过程中所形成的影响该国行政系统及其功能的各种因素的总和。它包括国际关系的发展、重大国际事件、战争与和平、国际组织与国际法以及国家间共同关心的其他事务。国际社会环境不仅影响着国家行政系统的设立、地位的高低,而且还制约着行政系统权力的行使。

1. 国家之间的密切交往,影响各国行政系统的职能、政策及机构

自从国家产生以后,国与国之间就存在着政治、经济和文化的联系。20世纪以来,特别是第二次世界大战以后,由于科学技术的迅速发展,交通、通信工具的不断改进,国际交往日益频繁,各国之间在经济、政治、文化等领域中,既互相依赖、互相合作,又互相排斥、互相竞争。现代国家大都把外交部、国防部置于政府的各部之首,正是说明了国际社会环境的重要性。

2. 重大国际事件的发生,也会促使一些国家专门设立处理这些事件的临时性机构

如美国政府在海湾战争尚未结束之时就设立了重建委员会,专门负责战后中东的重建工作。战争的爆发,往往会使政府行政系统发生巨变,整个国家行政系统都围绕战争来运转。如在第二次世界大战期间,美国政府就设立了战时生产委员会、战时粮食管理局、物价管理局、经济稳定局和战争动员局等10多个战时机构,使整个国家机器都转到战争轨道上来。

3. 国际社会中的共同问题，使各国政府都相应设置了解决这些问题的职能及机构

随着科学技术的发展与国际交往的增加，在国际社会中出现了许多各国共同遇到的问题，如生态环境污染、关税保护、邮政通信、外层空间开发、禁止贩卖人口、打击国际贩毒，以及救济国际难民等等。为了解决这些问题，各国政府都要设立相应的行政系统来进行管理。

4. 国际组织的出现，使各国政府产生了与之对应的职能及机构

国际组织是若干个主权国家之间为了就共同关心的问题协商对话、解决纠纷或发展友好合作关系，依据条约、协议而成立的。由于国际组织是各国政府依据条约或协议成立的，故缔约国的行政系统在行使职权时，若涉及条约或协议的内容，必然受到国际组织的制约。同时，各国政府都设置了与之相应的职能及机构。

5. 国家行政系统的活动还要受到国际社会所公认的行为准则的约束和调整

若某一国家的行政系统违反了国际社会的行为准则或国际法，不仅会受到其他国家的谴责，还会引起一些国际争端，严重的还会导致战争的爆发。

第五节 创建良好的外部环境

行政环境对行政系统的生存与发展具有重大的甚至决定性的影响。不过，行政系统并不只是消极被动地适应外部环境，它也可以能动地改善与影响外部环境。分析行政系统对外部环境的种种影响，对于更全面地理解把握行政系统与外部环境的相互关系具有重大意义。

一、创建良好的经济环境

行政系统为了健康地生存和发展，必须努力创建有利于自身的经济环境。然而，经济环境有其自身发展的规律，经济环境决定行政系统，行政系统对经济环境具有反作用。因此，行政系统对经济环境的影响是有一定限度的。

（一）巩固、发展和完善社会的基本经济结构

行政系统是建立在一定基本经济结构之上的上层建筑，行政系统的生存和发展以一定的社会基本经济结构为基础。它的任务首先是为经济基础服务，以巩固、发展和完善基本经济结构为目的。巩固，即不准有破坏基本生产关系的行为；发展，即要随着生产力水平的提高，使生产关系也做相应的调整与发展；完善，即要使生产关系更加精细，更加灵活，更加有效地适应生产力发展的需求。

（二）建立、健全符合本国国情的经济体制

经济体制作为社会基本经济结构的具体表现形式，具有多样性和可变性。在既定的生产力和生产关系发展状况之下，各国究竟选择什么样的经济体制，往往由国家政权组织，其中主要是行政系统根据本国的具体国情选择决定。党的十一届三中全会以后，我国开始对传统的计划经济体制进行改革，逐步实行有计划的商品经济体制。党的十四大则正式提出了要建立社会主义市场经济体制。党的十九大明确提出要贯彻新发展理念，建设现代化经济体系。行政系统设计与选择具体的经济体制，实际上是巩固、发展与完善基本生产关系，促进生产力发展的重要环节。

（三）充分调动资源发展生产力，提高人民的生活水平

1. 充分、合理地开发与利用自然资源

要正确地处理保护与利用自然资源的辩证关系，既要重视充分发挥自然资源的优势，又要注意对资源的合理利用，保持自然生态系统的良性循环，保持人类与自然和谐统一的发展。目前，我国正在实施主体功能区规划。

2. 合理开发与利用人力资源

要从本国的具体国情出发，遵循人口发展的客观规律，正确处理人类自身生产与物质资料生产的关系，使之协调发展。要制定出科学的人才规划，按照人才发展的固有规律培养人才，使各级各类人才在数量、质量和结构等方面，与经济、社会发展的需要相适应。

3. 建立科学的微观控制机制

有效的微观控制机制，能够有效地调动人们的积极性，保证企业持续、稳步和适度发展。行政系统要充分利用价值规律和市场机制，充分利用按劳

分配规律,将个人利益与社会利益,将个人、企业的积极性与提高社会生产率紧密地结合起来,推动社会生产的发展。

4. 建立科学的宏观调控机制

有效的宏观调控机制,能够保证国民经济稳定、持续和协调发展。为此,行政系统要通过种种途径和方法,对国民经济各部门、各地区、各单位的生产经营活动进行宏观调控,使之统一行动、分工合作、彼此协调发展。

二、创建良好的政治环境

行政系统从属于政治法律体系,但作为其中的一个重要组成部分,它又给整个政治法律体系以能动的反作用。由于各国的政治制度不同,行政系统在国家中所处的地位及其对政治体系的影响不尽相同,对各国政治环境所能产生的作用也不相同。现就我国行政系统创建良好政治环境的措施进行分析。

(一) 积极稳妥地推进行政体制改革,实现行政系统的民主化、科学化与法治化

行政系统是国家政权体系中最庞大的一个组成部分,政治体制改革的成败,在很大程度上取决于行政系统改革的成败。反过来,行政系统的改革也在相当程度上推动着政治体制的改革。为此,行政系统要建立、健全民主、科学的决策体制和程序;要建立、健全民主、公开的监督体制和程序;要使办事程序公开化、科学化、制度化;要科学地设置政府机构,改革人事制度,改善领导体制;等等。党的十九大报告中明确指出,要统筹考虑各类机构设置,科学配置党政部门及内设机构权力并明确职责。

(二) 自觉地接受人民代表大会的领导和监督,让人民群众的意志和利益在国家行政管理中得到充分的体现

行政系统要自觉地遵守全国人民代表大会及其常务委员会所制定的宪法和法律,并据此制定行政法规,规定行政措施,发布行政决定和命令。行政系统要认真、诚实地向人大报告工作,虚心听取人大代表对政府工作的批评与建议。这样,不但可以改进与督促行政系统的工作,而且可以增强政治民主化的程度,增进政府与人民的相互了解和信任,加强人民群众的民主参与意识。

（三）自觉地接受共产党的领导，重视发挥人民政协、各民主党派、人民团体的作用，保证其社会主义方向

建设社会主义民主政治必须坚持共产党的领导，行政系统要自觉地贯彻执行党的路线、方针和政策，接受党的政治领导、思想领导和组织领导。此外，人民还通过建立、巩固与扩大爱国统一战线，组织各种社会团体的形式，来参与国家行政管理。我国的民主党派是参政党，人民团体是联系人民与政府的桥梁和纽带。

（四）大力推动法治建设

民主建设必须与法治建设紧密结合。民主是法治的前提和基础，法治是民主的体现和保障。我国的法治建设，根本任务就是要以法律的形式把人民的民主权利固定下来，使民主制度化、法律化。为此，行政系统必须从三个方面进行努力：首先是充分利用自己的委托立法权限，根据社会需要，加快行政法规的制定工作，促进国家行政管理的进一步规范化、法治化；其次是自觉按照法律规定对社会进行管理，以公正无私的态度执行法律，真正做到执法必严、违法必究；最后是广泛深入地开展法治宣传教育，在全体公民中普及法律知识，增强法律意识，促使公民自觉遵守法律，依法维护自身的合法权益。

三、创建良好的文化、民族和宗教环境

（一）创建良好的文化环境

行政文化环境是受多种因素制约的，但行政系统对行政文化也具有积极的影响作用。行政系统为了自身的生存与发展，必须建立与之相适应的良好的文化环境，主要是良好的行政文化环境。党的十七届六中全会专门讨论和通过了文化建设的相关决议，党的十九大报告更是强调要坚持中国特色社会主义文化发展道路，激发全民族文化创新创造活力，建设社会主义文化强国。

1. 树立民主意识

只有由民意产生的政府，才是合法的政府；政府的权力只能来自人民的委托，而不是来自于神灵，更不是来自于高贵的血统。为此，必须批判偶像崇拜思想，克服畏大人、畏圣人的小民心理，去掉主权在君、在官的权力意

识，树立一切权力来自人民的新权力观念。

2. 树立法律意识

法律要反映民意，人民要服从法律。树立法律意识，就是要树立法律至高无上的思想，任何个人、团体都要服从法律。人民大众要服从法律，政府更要服从法律，要以法律治理国家、治理社会，也要依法管理政府自身，政府的所有组成人员都要受法律的制约。

3. 树立双向沟通意识

一方面，社会各界的人民大众要广泛地、经常地参与行政系统的输入活动，使人民大众能够向政府表达自己的意见，并能控制政府的行为，使其始终向着有利于人民的方向运行；另一方面，政府也要向人民大众宣传、解释自己的方针政策，公开自己的行政活动，使人民能够了解政府、理解政府，进而支持政府。

4. 树立政绩意识

行政系统中的职权分配要以个人的成就或政绩为标准，而不能看个人的出身及其与领导者的特殊人际关系。

5. 树立新的行政道德意识

与民主行政相适应的行政道德标准，应该是爱国、民主、服务、创新、廉洁。爱国，既包含热爱自然地理意义上的祖国，也包含爱祖国的家乡父老、人民大众。民主，就是以尊重人民、与人民同甘共苦为荣，以傲视人民、享受特权为耻。服务，就是要主动地、全面地为人民服务，而不是被动地为人民服务，更不能只搞自我服务。创新，就是要积极适应环境和时代发展变化的要求。廉洁，就是要求行政系统成员只能把职权当作为人民服务的条件，决不能将之作为谋取私利的手段。

（二）创建良好的民族环境

民族环境的好坏，可以影响到行政系统的结构、权责关系及运行行为，进而影响行政系统的稳定与否。而行政系统也可以利用其权力向民族环境施加影响，使其朝有利于自己的方向发展。

1. 坚持民族平等，尊重少数民族的政治权利、语言文字乃至风俗习惯

各民族无论大小，无论先进与落后，都有自己的特点，都为人类文明做出了自己的贡献。因此，他们在一切方面都应享有同等地位，既要反对地方

民族主义，更要反对大民族主义。为了实现民族平等，就要尊重少数民族的政治权利，使他们能平等地参与国家管理。尊重少数民族的语言文字和风俗习惯，也是民族平等的重要内容。

2. 加强民族团结，培养国家民族意识

民族团结是促进民族平等的手段，而民族团结有赖于国家民族意识的培养。"国家民族"，又称"国族"，是一个主权国家中各民族的总称。如我国有56个民族，各民族都生活在中国这个主权国家之中，故统称为中华民族，中华民族就是中国的国族。

3. 在多民族国家，解决民族问题的最好方式是实行民族区域自治

民族区域自治，就是在一个主权国家范围内，在国家最高权力机关的领导下，以少数民族聚居地区为基础组成民族自治地方政府，由少数民族当家做主，行使自治权，管理本地区、本民族的内部事务。它既能维护全国所有民族的共同利益，又能维护各少数民族的特殊利益。

4. 积极帮助各少数民族发展经济文化事业，逐步缩小各民族之间事实上的不平等

由于历史不同，各民族的经济、文化发展也不平衡。在我国，少数民族地区的经济、文化都落后于汉族地区。但少数民族地大物博，这就要把汉族的人力和技术优势同少数民族的资源优势结合起来，使落后民族跻身于先进民族之列，使各民族由政治上的平等达到经济、文化上的平等。

（三）创建良好的宗教环境

宗教信仰自由是指一个国家的公民都有信仰或不信仰宗教的平等权利，即公民有选择信仰任何宗教和拒绝信仰任何宗教的自由权利，任何组织与个人都不得强制、干预人们的自由选择。为了使宗教信仰自由真正得到保障，必须做到：

1. 实行政教分离

因为在政教合一的国家里，往往实行国教制度，人们只能信奉国教，而没有信仰其他宗教和拒绝信仰宗教的自由。而且政教一旦合一，宗教就只能是为政治服务的工具，失去了宗教的本来意义，宗教自由也不存在了。所以，政教分离是宗教信仰自由的前提。

2. 保护宗教活动的正当场所

在宗教活动场所内以及按宗教习惯在教徒自己家里进行的一切正常活

动，都由宗教组织和宗教徒自理，受法律保护，任何人不得加以干涉。

3. 加强行政系统与宗教界的双向沟通

行政系统要定期或不定期地同宗教界人士，尤其是宗教领袖举行对话，解释和说明政府的法律、法令和方针、政策，听取教徒的意见，从而取得他们对政府工作的支持和理解。

4. 宗教信仰自由与其他民主权利一样，都要受到法律的约束

一方面，宗教活动不得妨碍公共秩序和社会公德。《中华人民共和国宪法》（以下简称《宪法》）第三十六条规定："任何人不得利用宗教进行破坏社会秩序、损害公民身体健康、妨碍国家教育制度的活动。"另一方面，宗教宣传内容不得违反国家和人民的利益。与宗教有关的一切言论、出版、著作、讲学等活动，均只能代表部分教徒的利益，而部分利益不得违背整体性的国家和人民利益。

四、创建良好的国际社会环境

各国行政系统是国际社会的主体。促进国际社会环境的良性发展，目的是巩固和加强本国政府在国际事务中的地位与活动效能，为本国经济、社会的全面发展创造良好的和平环境。为此，各国行政系统应注意在以下方面发挥作用：

（一）培养行政系统成员的国际意识

国际意识是人们关于国际问题的知识、观点、立场及其理论体系的总和。对国际问题的全面了解，是正确处理相关问题的必要条件。只有各国行政系统具有一定的国际意识，对国际政治发展的规律、世界发展的总趋势及国家间的关系有了正确的认识，才能够认清国际形势，明白自己的责任，从而主动地调整和执行正确的对外政策。因此，培养行政系统成员的国际意识，是行政系统建立良好的国际环境的前提。

（二）反对侵略，反对霸权主义，争取和平的国际环境

当今世界，战争与和平是人类关注的中心问题。同时，战争发生与否，也直接关系到行政系统的生存、性质和功能体系。目前的世界局势依然动荡不安，人类的安全仍然受到威胁，世界大战虽未爆发，局部战争却接连不

断，大国霸权主义和强权政治仍在横行。因此，要争取一个和平的国际环境，就要把反对侵略战争与霸权主义看作是维护世界和平的重要内容。

（三）坚持独立自主的外交政策

所谓独立自主，就是在任何时候，行政系统都要从本国人民和世界人民的根本利益出发，根据事情的是非曲直，独立地决定自己的政策，保障本国的独立、主权和领土完整，反对任何外来势力的干涉。这是指导我国外交政策的基石，使我国在稳定国际环境、抑制战争力量、维护世界和平发挥着举足轻重的作用。

（四）坚持和平共处五项原则，积极发展国与国之间的关系

行政系统要想充分发挥其效能，就要做好与各方面的沟通、协调工作，其中与外国和国际社会的沟通、协调就是一个重要方面。中华人民共和国成立后，中国政府为处理与不同国家之间的关系，首先提出了和平共处五项原则，其内容就是："互相尊重主权和领土完整，互不侵犯，互不干涉内政，平等互利，和平共处。"和平共处五项原则被提出后，越来越显示出它的生命力，被越来越多的国家所接受和遵循，逐渐成为国际关系的普遍原则。

（五）坚持对外开放，加强与国际社会的全方位交流

现代社会是个开放的社会，作为社会系统中的一个单元，行政系统也必然具有开放性，与外界进行着频繁的接触和交往，这是不以人的意志为转移的。随着知识经济和信息时代的到来，各国经济活动日益全球化，由此更加推动了国与国之间的全方位的交流与协作。因而行政系统必须面向世界，实行对外开放，以适应社会的需要。党的十一届三中全会以后，中国政府实行对外开放政策，极大地促进了各项事业的发展，推进了国家的现代化进程。党的十九大报告提出，中国积极发展全球伙伴关系，扩大同各国的利益交汇点，同各国人民一道推动人类命运共同体建设。

第三章

行政职能

行政职能[①]在我国亦称政府职能,反映行政管理活动的内容、实质与方向,表明政府在国家、社会生活中扮演的角色和发挥的作用,是行政组织设置和改革的依据、行政决策和执行的基础。因此,它在行政管理中占有十分重要的地位,是行政管理学研究的逻辑起点。

第一节 行政职能概述

一、行政职能的含义和特点

行政职能是行政机关在管理活动中的基本职责和功能作用,主要涉及管什么、怎么管、发挥什么作用的问题。它是国家职能的具体执行和体现,其行使受立法机关的监督;同时,它发挥的程度又制约和影响其他国家职能的实现程度。正如习近平同志所指:"我们对政府职能的认识和定位,是随着改革开放和社会主义市场经济发展而发展的,从传统计划经济体制向社会主义市场经济体制转变是一个不断前进的过程。"[②]

行政职能有如下特点:

(一)执行性

从行政与立法的关系看,行政职能是执行性职能。它的行使以国家强制力为后盾,与其他非国家活动的管理相比,它有明显的代表国家意志的权威

---

① 行政职能在我国亦称政府职能。
② 《习近平总书记在党的十八届二中全会第二次全体会议上的讲话》(2013年2月28日)。

性。我国是工人阶级领导的、以工农联盟为基础的社会主义国家，行政管理必须贯彻执行中国共产党的路线、方针和政策，必须执行人民代表大会的决定和决议。

（二）多样性

行政管理范围涉及国家和社会生活各方面，因而行政管理职能是多种多样的。性质上可分为政治统治和社会管理职能；范围上可分为对外和对内职能；具体领域上可分为政治、经济、文化、社会等基本职能；运行过程上可分为决策、组织、协调、控制等职能；管理层次上又有高、中、低层次行政职能之别；等等。

（三）动态性

行政职能随国家社会生活及行政环境的变化而变化。社会发生变迁，行政职能范围、内容、主次关系、作用、对象等也必然发生变化。因此，适应变化和发展的需要，及时调整和转变行政职能，是搞好行政管理的重要前提和基础。

二、行政职能体系

（一）行政管理的基本职能

国家的基本职能之一是政治统治，它是国家本质的表现和阶级统治的必然要求，失去了政治统治的职能，统治阶级的地位和利益就不能维护；而"政治统治到处都是以执行某种社会职能为基础，而且政治统治只有在它执行了它的这种社会职能时才能持续下去"①。因此，国家职能是政治统治职能和社会管理职能的统一，偏废任何一方都是有害的。行政管理作为国家权力的执行活动，必然要履行上述要求，以维护国家的政治统治、管理好社会事务为己任。行政管理的基本职能，可概括为政治职能、经济职能、文化职能、社会职能四项。这些职能集中体现了政府在国家社会生活中的整体作用以及行政管理的基本内容和范围。

1. 政治职能

这是维护国家统治的基本职能，核心是维护和巩固国家政权。它包括专

---

① 《马克思恩格斯选集》第3卷，人民出版社1972年版，第219页。

政和民主两个职能方面。专政职能表现为政府承担防范和打击敌对势力和反社会分子，保障现代化建设顺利进行的职责。具体包括：加强国家军事管理、外交及对外事务管理，防御外敌的侵略和颠覆，维护国家独立和主权，保卫公民合法权益和生命安全，同时承担应有的国际义务，维护世界和平；惩治各种违法犯罪分子，维护正常政治秩序、经济秩序、社会秩序等。我国行政管理的政治职能主要通过国防、外交、公安、监察、安全、保密等机关来具体实施。

"人民民主是社会主义的生命"。20 世纪后期，邓小平同志有一个毋庸置疑的命题，叫作"没有民主就没有社会主义"，使中国人看到了民主对于社会主义的意义。党的十七大上，我们党对于民主的认识更加深化，明确提出"人民民主是社会主义的生命"。党的十八大提出"必须坚持人民主体地位"，提高"民主执政"水平。党的十九大进一步提出："必须坚持人民主体地位，坚持立党为公、执政为民，践行全心全意为人民服务的根本宗旨，把党的群众路线贯彻到治国理政全部活动之中，把人民对美好生活的向往作为奋斗目标，依靠人民创造历史伟业。"加强民主建设，保障人民民主权利，是人民政府的天职。民主职能表现为政府要健全民主制度，丰富民主形式，拓宽民主渠道，切实尊重和保障人权，保证人民依法享有广泛的民主权利和自由，依法实行民主选举、决策、管理、监督，保障人民的知情权、参与权、表达权、监督权，使人民群众的积极性、主动性和创造性进一步发挥。

2. 经济职能

经济职能是指政府管理和组织社会经济建设的职能。按照党的十八大的要求，现阶段我国政府经济职能的目标是完善社会主义市场经济体制，转变经济发展方式，在更大程度上和更广范围内发挥市场在资源配置中的决定性作用，推动经济更有效率、更加公平、更可持续发展。经济职能具体包含以下两类：

（1）社会经济管理职能。政府的社会经济管理职能主要是：对社会经济建设进行统筹规划、掌握政策、信息引导、组织协调、提供服务和检查监督；保持社会总需求与总供给的动态平衡，确保经济稳定、协调发展；制定中长期经济发展规划，实现国家和地方经济发展目标；制定产业和重大投资政策，优化生产力布局和产业结构；实施有效的税收政策，调节行业、企业、个人之间的收入；建立健全全国统一市场，搞好各种协调工作；提供信息引导，弥补信息不完全或不对称造成的市场失灵，加强市场监管，推进市场的完善和发展；等等。

（2）国有资产管理职能。这是社会主义国家政府所特有的管理经济的一项职能，是与社会主义公有制经济主体地位的要求相适应的。由于国家拥有的国有资产规模较大，需要设立国有资产管理机构，代表国家行使全部国有资产的所有权，重点管理国家投入各类企业的国有资产，负责拟定相应的管理法规和制度，并对国有企业资产的保值增值进行监督检查，但不是直接管理企业。在由计划经济向市场经济转轨的过程中，政府职能转变的中心内容是政企分开。按照社会主义市场经济的要求，把政府职能切实转变到经济调节、市场监管、社会管理和公共服务上来，把生产经营的权力真正交还给企业，使之真正成为自主经营、自负盈亏、自我约束、自我发展的市场主体。

3. 文化职能

这是指国家行政机关对全民思想道德建设以及教育、科技、文化、卫生、体育、新闻出版、广播影视、文学艺术等方面的管理，是建设高度发达的社会主义精神文明所必需的。党的十九大报告明确指出，文化是一个国家、一个民族的灵魂。文化兴国运兴，文化强民族强。没有高度的文化自信，没有文化的繁荣兴盛，就没有中华民族伟大复兴。要坚持中国特色社会主义文化发展道路，激发全民族文化创新创造活力，建设社会主义文化强国。

文化职能的具体内容是：制定教育、科学文化事业的发展战略和规划，并负责具体实施；颁布教育、科学文化事业的发展政策、法令和规定；统筹城乡、区域文化协调发展；有领导有秩序地逐步开展教育、科学文化体制的改革；采取切实措施加强社会主义核心价值体系建设，全面提高公民道德素质，丰富人民精神文化生活，增强民族文化创造活力，推动社会主义文化繁荣兴盛。

4. 社会职能

对社会职能的理解一般有广义和狭义之分。广义社会职能是与政治职能相对应的概念，它包括经济职能和文化职能在内。狭义社会职能则指除经济职能和文化职能以外，政府对社会生活领域中公共事务的管理职能。这里是指狭义的社会职能，主要指为社会提供各种服务和搞好社会保障，搞好诸如环境保护、医疗卫生、城市规划、旅游娱乐以及建立健全养老保险制度和待业保险制度，逐步完善社会保障体系，提升社会福利，维护社会公平，促进社会和谐等。

社会职能是当前我国政府亟待加强的重要职能。党的十八大提出经济建设、政治建设、文化建设、社会建设、生态文明建设"五位一体"的战略部署，指出加强社会建设，是社会和谐稳定的重要保证。党的十九大进一步提出，要提高保障和改善民生水平，加强和创新社会治理。保障和改善民生要抓住人民最关心、最直接、最现实的利益问题，要完善公共服务体系，保障群众基本生活，不断满足人民日益增长的美好生活需要，不断促进社会公平正义，形成有效的社会治理、良好的社会秩序，使人民的获得感、幸福感和安全感更加充实、更有保障、更可持续。一是要优先发展教育事业，二是要提高就业质量和人民收入水平，三是要加强社会保障体系建设，四是要打赢脱贫攻坚战，五是要实施健康中国战略，六是要打造共建共治共享的社会治理格局，七是要有效维护国家安全。①

（二）行政管理的运行职能

上述行政管理的基本职能，必须通过各个管理环节才能实现，从行政管理过程来看，行政职能又包括一系列的运行职能。对此，国内外学者从不同角度做了不同的概括和表述。法国管理学家法约尔在其名著《工业管理和一般管理》中提出了"计划、组织、指挥、协调和控制"的五职能论；美国管理学家卢瑟·古立克与英国管理学家林德尔·厄威克则在《行政管理科学论文集》中将古典管理学派有关管理职能的理论加以系统化，进一步提出了有名的"POSDCORB"，即"计划、组织、人事、指挥、协调、报告、预算"的七职能论。还有学者提出15要素、18职能等等说法。但其主要内容是基本一致的。本章将它概括为四项职能：

1. 决策职能

决策职能从20世纪50年代开始受到重视。著名管理学者西蒙强调，管理就是决策，决策贯穿于管理全过程。无论计划、组织、领导还是控制，都离不开决策。决策职能是行政管理过程的首要职能。行政机关进行管理活动，首先必须根据客观实际资料，确定行政目标和任务，并具体设计出实现目标的方案、步骤、方法等。一般越往高层，战略性决策越多；越往基层，执行性决策越多。

---

① 参见习近平《决胜全面建成小康社会，夺取新时代中国特色社会主义伟大胜利——在中国共产党第十九次全国代表大会上的报告》，2017年10月18日。

战略性决策多是非程序性的，较为复杂，而执行性决策多为程序性的，难度相对较小。决策活动贯穿于行政过程的始终：确定组织的目标，制定各种战略和战术计划等，都需要在两个以上可供选择的方案中进行抉择，这是计划工作中的决策问题；组织机构的设置，部门划分方式的选择，集权分权关系的处理，以及各职位人员的选配等，这些是组织工作中的决策问题；在控制过程中，控制标准的制定、活动执行情况的检查以及所采取的纠正措施的选择等，也都需要决策。

2. 组织职能

为有效地实现既定行政管理目标和任务，通过建立行政组织机构，确定职位、职责和职权，协调相互关系，将组织内部各个要素联结成有机的整体，使人、财、物得到最合理的使用，这就是组织职能。任何管理目标和任务都要通过组织机构和指挥活动才能完成，所以组织是重要的运行职能。它具体表现为：对机构的设置、调整和有效运用，搞好编制管理；对组织内部的职权划分和人员选拔、调配、培训和考核；对具体行政工作的指挥、监督；等等。

3. 协调职能

协调活动是行政管理过程的重要环节。因为行政管理归根到底就是设计和保持良好的行政环境，使人们能在组织内协调地开展工作，有效地完成行政目标。每项行政管理职能的开展，都要更好地促进协调，组织才可以收到个人单独活动所不能收到的良好效果，即通常说的"1+1>2"这种协同效应效果。

协调职能具体表现为：协调行政组织之间、组织与个人之间、人员之间的关系；协调各项行政管理间的关系；协调行政组织与其他组织以及人民群众之间的关系。通过协调，理顺、沟通各方面的关系，减少、消除不必要的冲突和能量损耗，以建立和谐的分工合作、相互促进的联系，实现行政管理目标。因此，必须重视公共关系的构建与协调功能的发挥。

4. 控制职能

控制职能是按行政计划标准来衡量计划完成情况并纠正计划执行中的偏差，确保目标实现的管理活动。控制职能的发挥，包括几个相互关联的环节，即确立标准、获取偏差信息、采取调节措施和实行有效监督等。在具体表现形式上可分为前馈控制、现场控制和反馈控制。实现控制职能，基本前提是要有计划和标准、健全的组织机构和得力的控制手段，它贯穿于行政管理活动全过程。为了有效地发挥控制职能，必须建立健全监控的组织系统，采取配套有效的控制手段，以保证目标和任务的顺利完成。

上述基本职能和运行过程的职能相互渗透、相互交叉、相互作用，在联系与制约中发挥作用。只有以系统的观点看待职能体系，正确认识和把握有机联系，充分发挥各环节及各职能部门的作用，行政管理活动才能更加有效。

三、行政职能研究的意义

研究行政职能，把行政管理看作完整的职能体系，科学地认识、确定各方面、各阶段的职能和保持有机联系，并适应环境和形势的变化及时地转变职能，对有效地进行行政管理具有十分重要的意义。

1. 科学地认识和确定行政职能，对建立合理的行政组织系统具有重要意义

行政职能是行政机构设置的重要依据。要科学地认识和把握行政组织体系，必须明确政府应该管什么、不应该管什么以及管到什么程度的问题。行政职能的状况在很大程度上决定了政府组织的设置、规模、层次、数量以及运行方式。

2. 科学地认识和确定行政职能，是改革行政组织系统的依据和关键

行政组织的变革必须围绕行政职能这个中心。在职能没有转变的情况下，精简人员、撤并机构的措施只是治标不治本，易于陷入"精简—膨胀—再精简—再膨胀"的怪圈。只有以职能为基础来设置、改革行政机构，才能科学地认识哪些机构是应该加强的，必须予以建立健全，哪些机构是没必要的，应予以合并、撤销或调整。这样才能科学合理地改革机构，建立结构合理、功能齐全的行政组织体系。

3. 科学地认识和确定行政职能，对实现行政管理过程的科学化也具有重要意义

行政管理过程正像现代"大机器"那样运转，是决策、组织、协调、控制诸职能有序运行的过程，每项职能都是不可或缺的环节。对其中任何环节的疏忽，都将直接影响整个管理系统，导致行政功能紊乱。只有科学地认识和把握行政管理职能及其相互关系，充分发挥其作用，才能保证整个管理系统高效地运行。

第二节　西方国家行政职能的演变

一、前资本主义时期的行政职能

前资本主义时期是指奴隶制和封建制社会时期。奴隶制时期国家行政职能的重点在政治统治，通过强化政治职能，采取残暴的统治方式维护奴隶主阶级政权的生存和发展，经济职能微弱，社会管理职能也很少。

封建制国家经济职能的内容稍有增加。封建制国家为巩固封建主统治，增加国家税收，往往由国家出面管理一些有利于经济发展的事务，承担一定的社会管理职能，进行某些社会公共事业的建设。当然，封建制国家行政职能的重点仍在政治统治，通过强化政治职能维护封建地主阶级统治，社会管理职能仍很微弱。

总之，前资本主义时期的行政职能体现出两方面的特点：一是政治统治职能的极端强化；二是社会管理职能的相对微弱，这是由奴隶社会和封建社会条件下的自然经济及其经济基础决定的。

二、自由资本主义时期的行政职能

自由资本主义时期是资本主义发展的上升阶段。这一时期，英国古典政治经济学家亚当·斯密等以理性经济人假定为基础，极力推崇市场机制这只"看不见的手"，反对政府干预经济生活，认为最好的政府，就是最廉价的政府。斯密认为，把资本用来支持产业的人，通常既不打算促进公共利益，也不知道自己能在什么程度上促进这种利益，他所盘算的只是自己的利益，而在这场合，"像在其他许多场合一样，他受一只看不见的手的指导，去尽力达到一个并非他本意想要达到的目的"，"利己的润滑油将使经济齿轮以奇迹般的方式来运转。不需要计划，不需要国家元首的统治，市场会解决一切问题"。①

因此，自由资本主义时期政府采取自由主义的管理方法，以保障资产阶

---

① ［英］亚当·斯密：《国民财富的性质和原因的研究》（下卷），郭大力、王亚南译，商务印书馆1974年版，第252页。

级的自由、平等、民主权利为目的，通过政治统治职能对新生的资产阶级政权的巩固和发展起着"守夜人"的作用，奉行"政府管得越少越好"的信条，主要依靠市场这只"无形的手"来调节和引导社会经济及其他各项事业的发展。

三、垄断资本主义时期的行政职能

进入垄断资本主义时期后，资本主义所固有的矛盾日益尖锐，自由主义的统治方法已不适应当时的统治要求。1929—1933年席卷资本主义世界的经济大危机，将整个资本主义世界推到了崩溃的边缘。以美国为例，经济危机时期社会经济持续衰退，金融体系接近崩溃，失业人数剧增，生产相对过剩，饥饿寒冷与财产的大幅贬值使美国处于深刻的社会危机之中。因此，英国著名经济学家凯恩斯提出，要全面增强国家的作用，政府不应仅是社会秩序的消极保护人，还应是社会秩序与经济生活的积极干预者，特别是要熟练和有效地利用政府财政职能影响经济发展。

凯恩斯干预主义理论在西方盛极一时，产生很大影响，由此形成干预主义的政府职能论。它认为，市场不是万能的，如没有国家的宏观管理，市场经济会成为万恶之源，资源也会遭到毁灭和破坏。当时的美国总统罗斯福全面推行以凯恩斯理论为基础的国家干预理念，通过两个"百日新政"，政府进行了一系列改革，制定了紧急银行法案、节约法案、啤酒法案、农业法案、失业救济法案、工业复兴法案、以工代赈法案、社会保障法案、税制改革法案、银行法案等。通过改革，罗斯福大大强化了政府职能，开创了国家强力干预社会经济的先例，结束了放任自由的资本主义时代。

这一时期资本主义国家充分运用和强化政府政治统治职能，行政权力扩大，专政职能大大加强，民主职能有所削弱。在经济领域，强调政府对社会经济的调节和干预，垄断代替了自由竞争，垄断资本和国家政权紧密结合，政府经济职能和社会职能都扩大和加强。例如，政府通过行政和法律手段来保证市场秩序，通过预算和高额税收、发行公债等办法承担某些社会公共事务，在收入及分配领域采取一系列福利措施等。

四、当代资本主义的行政职能

当代西方学者既不赞成政府只承担"守夜人"职责的自由主义,也不同意政府全面干预经济的干预主义,而主张有选择地干预"市场失败"。他们认为,"政府不是喂养于天国、产奶于地上的母牛"[1]。政府也会失灵,包括行政效率低下、费用高昂、计划执行不当、官员特权横行、机构自我扩张、财政赤字大增、行政人员以权谋私、大量公款落入特殊利益集团的私囊、官僚主义猖獗等。如果以"失败的政府"去干预"失败的市场",必然败上加败。

因此,当代西方学者认为政府干预经济只能限制在一定范围,就是市场长久失败的地方和政府干预并不会带来"政府失败"的方面。主要观点是:一是市场有失败,政府也存在着失败,政府失败既表现为国家对经济干预过度造成市场进一步失灵,又表现为对经济干预不足使市场无法正常运作;二是政府只能干预市场根本性失败,不能干预非根本性缺陷;三是政府要利用市场去干预经济。

当代西方国家的行政职能呈现出如下发展趋势:

1. 行政职能扩大

"二战"后,世界政治经济环境发生巨大变化,政府社会管理职能拓展。政府奉行"尽可能——市场,必要时——国家"的原则,在充分发挥"无形的手"调节社会经济发展的作用的前提下,也强调利用"有形的手"(政府)来弥补市场机制的不足,为资本主义社会经济生活的运行创造条件和提供相对稳定的社会环境。对诸如就业、住宅、交通、人口控制、环境保护、生态平衡等新的社会问题,以及一些投资大、见效慢、私人垄断组织无力承担或不愿承担的社会公共事务等,政府不得不研究解决,以维护社会经济发展和政治稳定。

伴随行政职能扩展,政府也随之膨胀。德国经济学家瓦格纳曾提出,为满足较快的社会发展,政府活动也必然随之增加。随着经济的工业化,正在扩张的市场与市场中当事人之间的关系更加复杂,这种相互关系对商业法与契约关系产生了需求,后者又要求建立司法与行政制度。城市化与高居住密

---

[1] 路德维格·艾哈德(德国经济部长,1957年)语。

度将产生外部性,拥挤又需要政府干预与调节。这都使政府活动的加强成为必须。他的论断被称为"国家活动不断增加的法则",又称"瓦格纳法则",不断为各国发展历程所证实。

2. 政治职能中的暴力职能相对减弱,保持社会稳定的调节职能趋于加强

后者表现为:政府通过与各种利益集团、社会力量之间的妥协来达到平衡;吸收人民群众参与管理等,以缓和劳资矛盾、改善劳资关系;通过对上层建筑和生产关系的调整与改革来适应经济基础及生产力的发展,保持现实和未来发展平衡;等等。

3. 政府宏观调控、综合协调职能强化与行政职能社会化同步进行

为确保行政管理活动顺利进行和经济活动相对稳定发展,当代资本主义国家在行政改革中把加强政府宏观调控、综合协调职能放在优先地位。同时,推行大规模民营化计划,把原由政府管理的企业和公共服务事业推向市场与社会,以缩小政府规模,减轻财政负担。

此外,近年来,西方国家政府社会组织广泛兴起,是社会管理职能社会化趋势的重要反映。如美国现有行业协会达20多万个。在日本、德国、意大利等国,每一行业参加协会的企业常占总数的90%以上。政府通过宏观协调,将一部分职能交还给社会,由社会组织替代政府直接管理,实现社会职能社会化,这是政府职能发展的新特点、新趋向。

第三节 转轨时期我国行政职能的转变

行政职能转变是推动上层建筑适应经济基础的必然要求。为人民服务是我国各级政府的根本宗旨。不论行政职能怎么转,为人民服务的宗旨都不能变。

一、我国行政职能转变的必然性、必要性

(一)行政职能转变是社会主义市场经济发展的必然要求

我国原有行政职能的配置在计划经济体制下形成,政府管了许多不该管、管不好、管不了的事。习近平总书记指出:改革开放以来,我国在行政

职能转变方面取得了重大成就，积累了宝贵经验，现在政府职能转变还不到位，政府对微观经济运行干预过多过细，宏观经济调节还不完善，市场监管问题较多，社会管理亟待加强，公共服务比较薄弱，这些问题的存在与全面建成小康社会的新要求是不相符合的。①

具体来说，一是职能越位、错位问题依然突出。一些地方政府和部门还在直接干预企业的微观经济活动，甚至包办代替企业招商引资和投资决策，经济管理方式方法亟待改变。二是职能缺位。一些该由政府管的事没有管或没有管好，市场监管和社会管理体系不健全，公共服务比较薄弱。三是职能交叉。一些政府部门权责脱节，有权无责，出了问题无人负责，有的部门之间职责不清、推诿扯皮，办事效率不高。这些问题影响了市场配置资源决定性作用的充分发挥，也影响政府职能的正常发挥。因此，必须按照发展社会主义市场经济的要求，切实推进行政职能转变，使政府正确履行职责和发挥应有的功能、作用。

（二）行政职能转变是适应经济全球化发展趋势的需要

当代经济全球化趋势愈益增强，世情、国情发生了深刻变化，我们面临的发展机遇和风险挑战前所未有。我国能否抓住机遇，迎接挑战，在新一轮国际竞争中脱颖而出，关键在于政府。这无疑对政府职能转变提出新的更高要求。

首先，政府应弱化某些职能。要着力解决政府与市场、企业的关系问题，彻底改变政府参与企业经济管理的方式，减少政府对经济领域的行政垄断和干预。同时，理顺政府与社会的关系，更好发挥社会组织在管理社会事务中的作用。

其次，政府应强化某些职能。全球化时代，频繁的国际经济交往过程中必然伴随着许多危及民族国家经济安全、政治安全、社会安全的因素。政府必须提高应对能力，加强对涉外经济的调控和管理，建立风险防范机制，建立健全宏观经济调控体系，强化监督和监管体系，以确保我国在对外开放中的经济安全与国内政治稳定。

最后，政府需要增添新的职能。必须积极培育金融、劳动力、土地、技术、信息、服务、房地产、外汇等生产要素市场，开放证券市场、期货市场，完善生产要素市场价格机制的形成，规范市场秩序，加快形成统一开

---

① 《在党的十八届二中全会第二次全体会议上的讲话》（2013年2月28日）

放、竞争有序的跨地区跨省的全国大市场，提高市场在资源配置中的作用。政府还必须参与各国治理世界市场失灵的全球性"集体行动"，如共同承担全球性环境保护、流行病的防治等责任。

（三）行政职能转变是机构改革的重要前提和基础

行政职能是政府机构设置和改革的依据。政府机构改革包括：科学分解、确定政府各机构职能，合理划分各机构权限，调整、设置政府机构，合理配置和使用人员，转变机构运行方式，改革机构办事手段，完善机构运行机制，精简机构和人员，等等。

政府机构改革不是简单的撤减、合并，而是要转变政府职能，在理顺政府职能关系、明确政府机构职能、合理划分部门职责权限的基础上，将该整合撤销的整合撤销、该增设加强的增设加强。过去常把机构改革看成是单纯的机构分合，似乎机构、人员数量减少了，机构改革的目标就达到了，因而往往追求"精简机构""缩减编制"的表层目标，忽视了以转变职能为基础的原则。由于没有转变职能，政府还是在管那些管不好、管不了、不该管的事情，使得精简下来的人员又重新回到政府机关，撤并了的机构又重新恢复，冲抵了改革的成效。这是导致机构周而复始恶性膨胀的重要原因之一。

二、我国行政职能转变的重点

邓小平曾指出，我国存在的"机构臃肿，人浮于事，办事拖拉，不讲效率，不负责任"[1] 等官僚主义现象，都是与政府职能关系不清，"管了很多不该管、管不好、管不了的事"[2] 和没有管好该管的事分不开的。显然，分清职能、理顺关系、明确不同管理主体间的职责权限，是实现政府职能转变的关键环节。

在新时代，我国必须深化已进行 30 多年并取得重要成果的行政体制改革，破除制约经济社会发展的体制机制弊端，按照建立中国特色社会主义行政体制目标，深入推进政企分开、政资分开、政事分开、政社分开，建设职能科学、结构优化、廉洁高效、人民满意的服务型政府。行政职能转变是深化行政体制改革的核心，实质上要解决的是政府应该做什么、不应该做什么

---

[1] 《邓小平文选》第 2 卷，人民出版社 1994 年版，第 327 页。
[2] 同上书，第 328 页。

的问题,重点是理顺政府、市场、社会三者之间的关系,同时也要理顺中央与地方的关系、政府部门之间的关系。

(一)理顺政府与市场的关系,充分发挥市场在资源配置中的决定性作用

习近平总书记指出:"进一步处理好政府和市场关系,实际上就是要处理好在资源配置中市场起决定性作用还是政府起决定性作用这个问题。"① 在市场经济体制下,政府与市场关系的总原则是:使市场在资源配置中起决定性作用和更好发挥政府作用。凡是市场机制能解决的,让市场解决,政府只管市场做不好和做不了的事,政府的职责和作用主要是保持宏观经济稳定,加强和优化公共服务,保障公平竞争,加强市场监管,维护市场秩序,推动可持续发展,促进共同富裕,弥补市场失灵。②

在社会主义市场经济体制下,政府与市场关系表现为:社会主义市场经济的顺利发展,客观上要求把市场对社会经济运行和资源配置的决定性作用与政府宏观调控指导性作用有机结合。特别是对处于转轨时期的我国来说,离开政府对市场的宏观调控,就不可能建立正常的社会主义市场经济新秩序。因此,加强政府对市场主体、市场活动的监督管理和宏观调控,不仅是必要的,也是必然的。

另一方面,政府对市场的宏观调控,不否定市场在社会资源配置中的决定性作用。政府对市场宏观调控,作用是弥补市场调节的不足,是对市场机制作用的方向和后果做必要的干预和引导,矫正市场失灵,而不是取代或取消市场机制在经济生活中的基础性调节作用。因此,理顺政府与市场关系的具体举措是:

(1)减少投资项目审批,最大限度地缩小审批、核准、备案范围,切实落实企业和个人投资自主权。

(2)减少生产经营活动审批事项,按照行政审批制度改革原则,最大限度地减少对生产经营活动和产品物品的许可,最大限度地减少对各类机构及其活动的认定等非许可审批。

(3)减少资质资格许可,对不符合行政许可法规定的,一律予以取消;

---

① 习近平:《关于〈中共中央关于全面深化改革若干重大问题的决定〉的说明》(2013年11月9日),载《人民日报》2013年11月16日。

② 《十八大以来重要文献选编》(上),中央文献出版社2014年版,第500页。

按规定需要对企业、事业单位和个人进行水平评价的,政府依法制定职业标准或评价规范,由有关行业协会、学会具体认定。

(4) 减少行政事业性收费,取消不合法不合理的行政事业性收费和政府性基金项目,降低收费标准,建立健全政府非税收入管理制度。

(5) 改革工商登记制度,对按照现行规定需要前置许可的事项,除涉及国家安全、公民生命财产安全等外,不再实行先主管部门审批再工商登记的制度,商事主体向工商部门申请登记,取得营业执照后即可从事一般生产经营活动;对从事需要许可的生产经营活动,持营业执照和有关材料向主管部门申请许可。同时,将注册资本实缴登记制改为认缴登记制,并放宽工商登记其他条件。①

(二) 理顺政府与社会的关系,更好发挥社会力量在管理社会事务中的作用

传统计划经济体制下,社会的很多功能和事务矛盾都集中于政府,政府直接面对社会,从事大量具体微观的管理活动,其弊端显而易见。一方面,随着社会的发展和社会事务不断增加,政府负担越来越重。当社会事务管理达到一定量的时候,不得不进行新的权力划分,增加相应的管理机构和编制,这就形成政府机构和人员编制的恶性膨胀。另一方面,"企业办社会""机关办社会"使社会的自治能力、自律水平得不到锻炼与提高,抑制了社会的自我发展,即政府统管得越多,社会自治功能就越弱。

"一个好的社会,既要充满活力,又要和谐有序。"② 社会主义市场经济体制要求以共建共享为基本原则,改变政府管理范围、模式和方法,实现政社分开,把过去属于政府的权力转给社会组织行使。政府在社会管理方面的基本职能就是组织"公共物品"供给,管理好社会公共事务,改变计划经济体制下由政府包揽一切的状况。为此,要求政府社会管理实现三大转变:管理范围由政府包办一切社会事务的做法转变为向社会提供"公共物品";管理模式从"大政府、小社会"转变为"小政府、大社会";在管理方法上,从以行政方法为主转为以法律方法为主。具体措施是:

(1) 逐步推进行业协会商会与行政机关脱钩,引入竞争机制,探索一业多会的做法,以改变行业协会商会行政化倾向,增强其自主性和活力。

---

① 参见 2013 年《国务院机构改革和职能转变方案》。
② 《人民日报》2015 年 5 月 28 日。

（2）重点培育、优先发展行业协会商会类、科技类、公益慈善类、城乡社区服务类社会组织。成立这些社会组织，直接向民政部门依法申请登记，不再需要业务主管单位审查同意。

（3）建立健全统一登记、各司其职、协调配合、分级负责、依法监管的社会组织管理体制，推动社会组织完善内部治理结构，促进社会组织健康有序发展。改革后，民政部门需要依法加强登记审查，并对社会组织是否依照章程等开展活动进行监管，其他部门如公安、税收、金融等部门，需要依照各专项法律法规对社会组织相关活动进行监管，形成对社会组织人员、活动、资金等的完整监管链条，提高监管效能。①

（三）理顺中央与地方的关系，充分发挥中央与地方的积极性

如何正确处理好中央与地方、上级与下级政府间的关系，是我国政府管理中的重要问题。过去，权力过分集中于中央、上级，形成头重脚轻的职能架构，难以发挥地方和基层的积极性。中央既管宏观又管微观，既管行业又管企业，国民经济的宏观调控职能和微观调控职能交叉混合，没有中间层次、环节，造成"一管就死，一放就乱"的局面。中央与地方的关系，实质上是权力配置关系、利益关系，也是一种法律关系。理顺中央与地方的关系，必须在合理划分事权、财权的基础上，明确中央与地方的职能关系，赋予省级及以下政府更多自主权，并用法律形式明确下来。中央政府代表国家整体和全局利益，承担整个国家的宏观管理职能，提供全国性的公共物品，同时承担着对地方政府的监督职能和服务职能。地方政府一方面是国家利益在地方的代表，另一方面又是地方局部利益的代表，承担着中央宏观政策执行职能和对本地区公共事务管理职能，提供地区性的公共物品。理顺中央与地方关系的具体举措是：

（1）下放投资审批事项。对已列入国家有关规划需要审批的项目，除特定情况和需要总量控制的以外，一律由地方政府审批；对国家扶持地方的一些项目，中央政府只确定投资方向、原则和标准，具体由地方政府安排。

（2）下放生产经营活动审批事项。凡直接面向基层、量大面广或由地方实施更方便有效的生产经营活动审批，一律下放地方。

（3）减少专项转移支付。大幅度减少、合并中央对地方专项转移支付项目，增加一般性转移支付规模和比例，将适合地方管理的专项转移支付项

---

① 参见2013年《国务院机构改革和职能转变方案》。

目审批和资金分配工作下放地方，为地方政府更好地履行职能提供财力保障。① 改革后，中央政府需要建立有效的制度机制，加强监督管理，确保有令必行、有禁必止，避免发生"一放就乱，一乱就收"的问题；地方政府则需要增强大局意识，更好地肩负起严格执行国家法律法规和宏观政策的责任。

（四）理顺政府部门之间的关系，健全部门职责体系

进行科学的职能分解和分析，严格按权责一致、分工明确的原则，明确各部门职责分工，建立严格的工作责任制和岗位责任制，在省、市、县对职能相近的党政机关探索合并设立或合署办公，从制度上解决职能不清、人浮于事、多头领导、政出多门等弊端。具体措施是：

（1）按照同一件事由一个部门负责的原则，将房屋登记、林地登记、草原登记、土地登记的职责，城镇职工基本医疗保险、城镇居民基本医疗保险、新型农村合作医疗的职责，分别整合由一个部门承担。

（2）整合业务相同或相近的检验、检测、认证机构，解决这些机构过于分散、活力不强的问题。

（3）整合分散在不同部门管理的资源。整合工程建设项目招标投标、土地使用权和矿业权出让、国有产权交易、政府采购等平台，建立统一规范的公共资源交易平台和信用信息平台。对其他职责交叉、分散问题，也要按照上述原则整合解决。②

---

① 参见2013年《国务院机构改革和职能转变方案》。
② 参见2013年《国务院机构改革和职能转变方案》。

第四章

行政组织

行政组织是行政管理的主体，行政管理活动都是通过行政组织来推行的。行政组织是否精干高效，直接关系到行政职能的实现和行政效率的高低。因此，行政组织历来是行政管理学研究的重要内容。

第一节 行政组织概述

一、行政组织的基本概念

（一）行政组织的含义

行政组织是静态组织结构和动态组织活动过程的统一。就动态讲，行政组织指为完成行政管理任务而进行的组织活动和运行过程。就静态讲，有广义、狭义之分。广义行政组织，除政府行政组织外，还包括立法、司法、企业、事业等部门及社会团体中有行政性职能的机构。狭义行政组织，则专指为推行政务，依据宪法和法律组建的国家行政机关体系，是国家机构的重要组成部分。本节着重研究静态的、狭义的行政组织，即政府行政组织。

我国行政组织包括中央人民政府和地方各级人民政府。前者为最高国家行政机关，任务是组织和管理全国政治、经济、文化和社会的行政事务；后者即地方各级国家行政机关，任务是在中央人民政府的领导下，组织和管理所辖行政区划内的各种行政事务。

（二）行政组织的基本要素

行政组织是一个由若干要素组成的有机整体。其基本要素包括六个方面：

1. 组织目标

这是组织赖以建立和存在的前提及基础,也是组织活动的出发点和归宿。因此,行政组织首先必须有明确的目标,并由上到下,由宏观到微观地进行目标分解,依次确定各个子目标、分目标,形成一个多层次、多序列的组织目标体系。

2. 机构设置

机构是行政组织的实体,也是履行行政职能、达成组织目标的载体。设置科学合理、精干高效的行政机构,是行政组织建设的核心内容。

3. 人员构成

组织由人组成,组织目标的实现和任务的完成需要组织成员的共同努力。因此,行政人员素质及其组成结构,是行政组织的重要因素。

4. 权责体系

权责体系是行政组织内部权力分配、权责关系、指挥系统、运行程序、沟通渠道及各种机构、各个岗位在组织中的地位、作用及其内在联系的具体表现,它直接关系到行政机构的设置及其运转。

5. 法规制度

这是行政组织依法行政的根本保障。法规制度的完善程度,也是衡量行政组织是否健全的主要标志。因此,建立健全行政组织法、编制法以及组织内部的各项具体法规、制度,是行政组织建设十分重要的内容。

6. 物质因素

这是指行政经费、办公场所、设备、物资、用品等所必需的物质条件。物质因素是行政组织必不可少的一大要素。

(三) 行政组织的特性

第一,政治性与社会性。行政组织是为推行国家政务而组建起来的国家行政机关体系,是统治阶级维护本阶级利益、巩固其统治地位的重要工具,这决定了政治性是行政组织的本质特性。与其他各种政治组织、军事组织不同,行政组织承担了管理社会事务的职能,它必须服务于社会,施益于社会公众。这又使行政组织具有社会性的一面,是政治性与社会性的统一。

第二,法制性与权威性。一方面,行政组织的设立、变更或撤销均依据宪法和法律规定以及程序进行,行政组织及其工作人员的一切管理活动必须在宪法和法律规定的范围内开展,这是行政组织的法制性特点。另一方面,行政组织是依法代表国家行使行政权的机构,它以国家法律、权力为后盾,对各社会组织和公民以及社会事务进行管理和施加影响,因而具有普遍的约束力和权威性。每个社会组织和公民对行政组织的命令和措施都必须服从,否则,它可依法对其实行行政制裁。

第三,系统性与动态性。行政组织是按一定的序列和等级组建起来的规模庞大、结构严密的社会系统。在这个系统中,它按不同区域、层次、管理功能划分,设置相应的组织机构,形成纵横交错且有制约和隶属关系的权责体系。这个严密的组织系统不是一成不变的,它受不同时期政治制度、经济条件、科技水平等因素的影响和制约,随社会发展和环境变化而变化,以适应形势发展的需要。

行政组织与其他组织有联系又有区别。为更好地把握行政组织的内涵和特性,理顺行政组织与其他组织的关系,这里着重研究其区别。

1. 行政组织与共产党组织的区别

中国共产党是我国执政党,在国家政治生活中,中国共产党居于领导地位,是中国特色社会主义事业的领导核心。各级行政组织必须坚持共产党的领导,任何排斥、否认共产党领导的做法都是极其错误的。但党组织和行政组织的性质不同,职能亦异。党是政治组织,党的领导主要是政治领导、思想领导和组织领导。因此,坚持党的领导,并非由党组织直接行使行政组织的职权,凡属政府职权范围内的工作应由各级行政组织讨论决定。

2. 行政组织与权力机关的区别

《宪法》第二条规定:"中华人民共和国的一切权力属于人民,人民行使国家权力的机关是全国人民代表大会和地方各级人民代表大会。"第三条规定:"国家行政机关、审判机关、检察机关都由人民代表大会产生,对它负责,受它监督。"可见,我国的权力机关是在国家机构中居最高地位的全国人民代表大会和地方各级人民代表大会,而国务院是最高国家权力机关的执行机关,地方各级行政机关是地方各级权力机关的执行机关。因此,行政机关和权力机关之间是从属的而不是平行的关系。

3. 行政组织与司法机关的区别

我国司法机关包括人民法院和人民检察院。《宪法》规定:人民法院是审判机关,依法独立行使审判权,行政机关无权干涉其审判活动;人民检察院是法律监督机关,依法独立行使检察权,行政机关也无权干涉其检察活动。司法机关既无权管理国家政务，也不负管理国家政务的责任。

4. 行政组织与社会组织的区别[①]

行政组织按宪法和法律规定程序组建，以国家强制力为后盾，行使国家行政权，对社会组织有约束力。而社会组织没有国家权力的属性，是"自愿组成，为实现共同意愿、按照章程开展活动的非营利性社会组织"[②]。社会组织必须到政府主管部门申请登记，经核准后方可进行活动。社会组织的章程、规定等，不得与宪法和法律相抵触，且仅对其成员有约束力。

社会组织是联结政府与社会、政府与民众之间的桥梁和纽带，在社会管理和社会建设中发挥"调节器""缓冲器"的作用。它通过提供咨询、信息沟通、发表意见、协商对话等途径和方式反映民意，影响政府政策的制定，协调社会各利益主体的关系，以促进社会和谐发展。尤其在社会管理民主化、公共服务社会化的发展趋势下，社会公共物品的提供已由过去单一的政府主体逐渐向多元化主体转变，社会组织承接了许多政府分离出来的社会性、公益性事务，在消除贫困、农村发展、教育、卫生保健、妇女儿童保护、赈济救灾、生态环境保护、人口控制以及人道主义援助等方面扮演了不可或缺的重要角色，在一定程度上弥补了政府失灵和市场失灵等不足，发挥着"第三只手"[③]的作用。

因此，行政组织必须充分发挥社会组织的功能作用，调动社会各阶层的积极性，形成公共管理与公共服务的整体合力。一方面，要重视对社会组织的培育和引导，通过相应的政策扶持其发展，促进其壮大，赋予其自立性、自主性和自为性，提升其社会自治能力，加快形成政社分开、权责明确、依法自治的现代社会组织体制。另一方面，要坚持依法管理的原则，完善有关法律法规建设，为社会组织的发展提供良好的法制环境，使社会组织的管理和日常活动有法可依、有章可循，形成自我约束、自我管理的运作机制和完善的内部治理结构，促进其健康有序发展。

---

① "社会组织"这个提法与国际上通用的"非政府组织"（NGO）、"非营利组织"（NPO）、"第三部门"是相一致的。1998年6月，我国民政部将原先主管社会团体的"社团管理司"更名为"民间组织管理局"。2006年10月，党的十六届六中全会通过《关于构建社会主义和谐社会若干问题的重大决定》中第一次明确提出"社会组织"这个概念，此后，党的十七大、十八大以及政府相关政策文件均用"社会组织"的提法。

② 参见1989年10月25日国务院颁布的《社会团体登记管理条例》。

③ 在现代管理中，政府被称为"有形之手"，市场被称为"无形之手"，民间组织则被称为"第三只手"。

5. 行政组织与非正式组织的区别

行政组织是法定的正式组织。而非正式组织是正式组织内的若干成员由于生活接触、感情交流、情趣相近等产生交互行为和共同意识，并由此形成自然的人际关系。这种关系既无法定地位，也缺乏固定形式和特定目的，对正式组织的目标达成会发生促进、限制或阻碍作用。

在当代西方行政组织理论中，对非正式组织的研究起源于霍桑实验。它表明，正式组织中总存在着一些非正式组织，并对人的感情、情绪、地位、行为、爱好产生很大的影响。霍桑实验奠定了非正式组织理论的基础。首次明确提出非正式组织理论的是美国学者巴纳德。他在《经理的职能》一书中指出，非正式组织应是在正式组织中，由于个人之间的相互接触、相互影响而形成的自由结合体，它不具有特定的目的，而是具有偶发性或自然形成的。在巴纳德之后，学者们纷纷提出自己的观点，使非正式组织的理论日趋完善。

非正式组织的积极功能表现在：可以调节、弥补正式组织的不足，加强组织内部意见沟通，增强成员内部凝聚力，使组织成员遵从团体文化价值规范，进而增进团结，影响和规范人的行为，改善组织气氛，促进人的全面发展。

非正式组织也有消极作用。当非正式组织与正式组织的目标、利益不一致时，其成员为在非正式组织中寻求满足，往往忽视行政组织目标，造成目标冲突，不利于组织目标的实现。同时，非正式组织成员沟通频繁，容易传播谣言，对正式组织和成员危害极大。

因此，在研究行政组织时，对非正式组织的存在既不能一概否定，也不能视而不见、听之任之，而应该给予足够重视，因势利导，扬长避短，最大限度地发挥非正式组织的积极功能，尽量降低其负面影响。

二、行政组织的类型

行政组织是一个庞大复杂的组织体系，其组织类型可以从不同的角度来划分。例如，以上下级的权限关系为标准，行政组织可分为集权制与分权制；以各组织机构的职权性质和范围来划分，可分为层级制与职能制；以组织内部行使最高决策的人数划分，可分为首长制、委员会制和混合制；以组织的不同功能和作用来区分，又可分为领导机构、执行机构、监督机构、咨询机构、信息机构、辅助机构、派出机构等。为避免与其他章节的重复，这里着重研究不同功能、作用的组织机构类型。

1. 领导机构

领导机构的职能是对重大行政管理问题进行决策，并指挥督导决策的实施。它统筹全局，是行政组织的中枢、提高行政管理效率的关键。

2. 执行机构

执行机构即职能机构，它是在领导机构的领导下分管专门行政事务的机构。其主要职能是贯彻执行领导机构的方针、政策和决策方案，具有执行性、专业性、局部性的特点。

3. 监督机构

它是对各种行政机构及其管理活动进行监督检查的执法性机构。如监察机构、审计机构等。它是建立健全行政组织制衡机制的重要组成部分，是促使行政机构及其工作人员依法行政、忠于职守的重要保障。

4. 咨询机构

咨询机构即智囊团或参谋机构，由专家学者和有实际经验的政府官员组成，专为政府出谋划策、提供咨询意见和决策方案。它既不是执行机构，也不同于秘书班子，基本职能是调查预测、参谋咨询、协调政策、辅助领导机关做好决策。它是现代决策体制不可或缺的重要组成部分，已越来越受到重视。

5. 信息机构

它负责信息的搜集、加工、传递、贮存，是为领导机构和各部门提供信息、沟通情况的服务机构。如统计局、信息中心、情报室、档案室、资料室等。信息机构也是现代行政决策体制的重要组成部分，是行政组织科学化、现代化的重要保障。

6. 辅助机构

辅助机构为协助领导工作而设置，包括两种类型：一是设置于政府内部的办公厅（室），承担参与政务、处理事务、搞好服务的职能，具有综合性、执行性、服务性等特点。它对各职能部门无直接指挥的权力，但经授权可代表行政首长。二是协助首长处理专门或特别事务的办公机构。如国务院侨务办公室、港澳事务办公室等。它可经首长授权，对外发布通知或下达指示等。

7. 派出机构

它是一级政府按管辖区域授权委派的代表机构。如省人民政府下设的地区行政公署、县人民政府下设的区公所等。它不是一级政府行政机关。其主要职能是承上启下实行管理，既督促检查辖区贯彻执行上级行政机关的指示、决议、决定的情况，也向委派机关报告辖区内行政机关的情况、意见等。

三、行政组织结构

行政组织结构是指构成行政组织各要素的配合和排列组合方式。它包括行政组织各成员、单位、部门和层级间的分工协作以及联系、沟通方式。结构合理、运转灵活的行政组织是实现行政目标、提高行政效率的重要组织保证。

在行政组织结构中，最重要的是纵向、横向结构，它是行政组织系统中的基本框架。因此，这里着重研究行政组织的纵向、横向结构和两者的统一形式。

（一）行政组织的纵向结构

行政组织的纵向结构即直线式结构，是纵向分工形成的行政组织的层级制。其特点是上级直接领导下级，行政指挥和命令按垂直方向自上而下地传达和贯彻。它具有事权集中、权责明确、指挥统一、便于控制等优点。其缺点是组织内没有专业化的管理分工，各级行政首长管理过多，责重事繁，容易顾此失彼。

研究行政组织的纵向结构，应注意如下两点：

1. 管理层次与管理幅度的关系

管理层次是等级层次，即行政机关中设置多少等级的工作部门，这应由工作量来决定。层次过多，公文旅行，手续繁杂，官僚主义滋生，不仅不利于行政机关本身的管理和职能的发挥，不利于信息沟通和传递，而且浪费人力、物力、财力；层次过少，事务集中，也可能使行政工作人员疲于应付。因此，层次必须适当。在行政组织中，一般有高层、中层、基层三个层次。行政组织权力由高层向基层递减，高层一般具有最高决策权，基层主要拥有执行权，中层则起承上启下的作用。

管理幅度是指一级行政机关或一名上级领导者直接领导和指挥的下级单位或工作人员数量。它是有一定限度的，过大或过小都影响管理效能。法国早期管理顾问格雷库纳斯（V. A. Graicunas）的研究表明，当下属人数以数学级数增加时，其影响的总量将以几何级数增加。其计算管理幅度的公式是：

$$n(\frac{2^n}{2}+n-1) \text{ 或 } n[2^{n-1}+(n-1)]①$$

上述公式中 n 为向一位管理者汇报的下属数。管理幅度以多少为宜，有人主张 3～9 个或 4～12 个。行政组织可变因素较多，很难确定标准，只能根据工作性质、领导水平、部属素质、空间距离、信息沟通手段等因素来定，上述数据仅供参考。

我国行政组织在管理幅度方面存在过大或过小问题。如省级管理幅度偏大，管辖 70～100 多个县（市）。许多单位内部又有管理幅度偏小问题，领导副职过多，"官"多"兵"少情况并不鲜见。这些都是有待研究解决的问题。

管理幅度与层次关系密切。在一般情况下，幅度与层次成反比。加大幅度，层次就减少；相反，缩小幅度则层次增多。因此，管理幅度与层次是影响行政机构形态的决定性因素，两者必须兼顾，做到幅度适当，层次少而精。

2. 层次管理的原则

一是层次节制原则，下层必须服从上层的领导。这是行政管理的主要特点之一。通过层次节制，才能使行政系统迅速运转。二是只管一个层次原则，即上层只管下一层，一般不能越过中间层"一竿子插到底"，而应分层管理，层层负责。否则，中间层次就形同虚设，失去作用，整个系统也将混乱。所以，精明的领导者应遵循的原则是："领导做好领导的事，各层做好各层的事。"当然，在遇到紧急、特殊情况时，也允许越级请示或指挥。但为防止行政指挥的随意性与片面性，必须有相应的条件和措施作保证。

（二）行政组织的横向结构

行政组织的横向结构即职能式结构，是横向分工的行政组织职能制，亦

---

① 参见［美］哈罗德·孔茨等《管理学》，郝国华等译，经济科学出版社 1993 年版，第 390 页。

即同级机关和每级机关内部各部门间的组合方式。从行政管理运行过程来看，一般要先决策、后执行，而决策前、执行时都要调查研究，需要信息、参谋咨询和监督。因此，从现代管理功能看，每级政府内部都由决策、执行、咨询、信息和监督等部门组成，这样设置机构和配备人员，是一种比较科学的横向结构。

如从各部门的职能范围和业务性质看，一级政府又可分为一般权限和专门权限部门。前者是首脑机关，它负责统一领导所辖区域内各机关的工作，职权有全局性和综合性；后者是一级政府所属各职能部门，旨在执行一般权限部门的指示和决定，只负责某一方面的事务，职权有局部性和专门性。

横向结构的特点是各级领导人设有由其直接管理的职能机构，分工精细，能减轻首长的负担，有利于专业化。缺点是事权分散，容易有扯皮和推诿的现象。

（三）行政组织纵向、横向结构的统一

单纯的纵向、横向型结构各有优缺点，因此一般把二者结合，形成网络型直线职能式结构。其特点是领导者的统一指挥同职能专业部门结合，吸收直线式和职能式结构的优点，扬弃部分缺点，使其互相补充、制约，是前两种结构的发展。

我国基本上采用直线职能式结构。从纵向看，我国行政组织划分为中央（国务院）—省、自治区、直辖市—自治州、县、自治县、市—乡、民族乡、镇四个层次（在市管县体制的地方为五个层次，即在省县间设地级市这个层次），每一层次内再做层次划分。同时，每级政府内按业务性质平行划分为若干职能部门，每个部门所管业务不同，但管辖范围大体相同，地位平等。它们主要对同级政府和首长负责，同时也接受对口的上级职能部门的领导。

我国行政组织结构从框架上看基本合理，它形成了纵向统一指挥、横向分工协调、纵横交错的网络型体系。但也存在一些亟待解决的问题，主要是每级政府的中间层次繁多，组织内"官"多"兵"少；横向部门分工不合理，一方面机构重叠，另一方面监督部门、参谋咨询及信息反馈部门又相对薄弱。这些都有待在进一步的改革中解决。

第二节　行政组织理论

组织现象出现很早，但对它进行系统理论研究，是近代的事。19世纪下半叶后，西方国家的学者对其进行了多角度的理论研究，形成不同学派；无产阶级革命导师对建立无产阶级革命政权进行了深入研究，形成马克思主义行政组织理论，成为指导我国行政组织建设的指导原则。

一、西方国家行政组织理论的演变

这种演变大致分三个时期，形成三种理论。

（一）古典行政组织理论

古典行政组织理论是西方国家早期的行政组织理论，主要有以泰勒（F. W. Taylor）为代表的科学管理组织理论，以法约尔（H. Fayol）、古立克（L. Gulick）为代表的行政管理组织理论和以韦伯（M. Weber）为代表的科层组织理论（旧译官僚组织理论）。

科学管理组织理论把组织成员看作机械性组织中的部件，主张对他们的生活机能和工作行为进行分解与合成，建立标准化、规范化的工作方式，最大限度地提高组织效率。

行政管理组织理论研究组织要素和原则，提出分工协作、权责一致、命令统一、指挥统一、集权与分权适当、秩序、强化纪律、层次与职能协调、保持人员稳定、整体利益、报酬公平、鼓励创新、平等待人和培养集体精神等组织建设的14项原则和计划、组织、人事、指挥、协调、报告、预算的管理七职能论。

科层组织理论主张依法管理、权责一致、分层定级、专业分工、竞考录用人员、以职定薪等，认为只有这样才是"理想型"的组织。

古典组织理论的共同特点是从制度规范的角度研究行政组织，提出了一些具有规范性的组织建设原则；但仅侧重对组织内部的静态研究，忽视了社会环境对组织的影响和组织的动态变化及组织成员的社会需求等。

(二) 新古典组织理论

新古典组织理论又被称为行为科学组织理论。从 20 世纪 30 年代起，行政组织理论研究引进行为科学方法，形成新古典组织理论。主要有以梅奥（E. Mayo）为代表的人际关系组织理论、以巴纳德（C. I. Barnard）为代表的组织平衡理论和以西蒙（H. A. Simon）为代表的决策过程组织理论。

人际关系组织理论主张，建立"和谐有效率"的组织，注重组织成员行为、动机研究，用民主方式管理、激励成员的积极性。

组织平衡理论重视正式组织与非正式组织、个体与群体的平衡，认为组织是人群间互相影响关系所组成的系统，只有在对有贡献的成员提供满足，确保其贡献与满足平衡时，才能抵消成员对组织的离心力，从而提高组织效率。

决策过程组织理论认为，决策贯穿管理全过程，管理就是决策，组织由决策者所组成的系统，其功能在于提供有利于做出合理决策的组织结构。

新古典组织理论的特点是以组织中人的问题为中心，从动态角度研究人的行为对组织的影响及其相互关系；但局限于人和组织行为的研究，只注重社会科学实证的研究方法，忽视组织结构、法规及环境的作用等。

(三) 现代组织理论

20 世纪 60 年代后，组织理论研究引进系统论、控制论、信息论的成果，使西方组织理论进入新的发展阶段。主要有以卡斯特（F. E. Kast）、罗森茨韦克（J. E. Rosenzweig）为代表的系统分析组织理论和以劳伦斯（P. R. Lawrence）、洛西（J. W. Lorsch）、伍德沃德（J. Woodward）为代表的权变组织理论。①

系统分析组织理论用系统分析方法研究组织，认为行政组织是"结构的社会技术系统"，由许多分系统组成；又是有机的开放性系统，是受社会经济、文化等环境影响的生态系统，它在与社会环境的互相作用中建立和维护自身的工作流程，从而保持组织功能与社会环境的动态平衡。

权变组织理论在系统理论基础上产生，主张"如果……那么"这一权变关系，认为组织权变关系依据环境自变数和管理因变数间的函数关系来确

---

① 参见［美］丹尼尔·A. 雷恩《管理思想的演变》，孙耀君等译，中国社会科学出版社 1986 年版，第 503～505 页。

定。不同的组织模式和管理方法的有效性，随组织内外各种因素的变化而变化。因此，组织必须随机应变，没有统一的、一成不变的组织模式，不能把某种在特定环境中有效的组织模式和方法生搬硬套。

近年来，为了迎接知识经济时代的挑战，西方许多管理学者提出知识时代管理者必须面对的新问题——组织设计。他们认为，没有组织设计作为有效知识管理的杠杆力量，在知识密集型经济中取得成功的困难将逐渐增加。因而，组织设计是比结构更为重要的程序，终极的组织应规划成持续适应型和不断演进型的，没有永久固定的模式。

哈耶克（F. Hayek）从宏观经济角度提出知识和组织结构之间联系的经济理论，并提出区别两类知识的分类法；品乔特（Pinchot）兄弟描绘了传统韦伯式的直线组织结构，并在解释了它为什么不再适应知识时代的基础上，提出淘汰传统模式的组织创新；巴拉密（H. Bahrami）更系统阐述了"柔性组织"的新概念，认为"柔性这一概念在一个组织内部是指具有参与国际变化，对意外的变化不断地反应，以及适时根据可预期变化的意外结果迅速调整的能力。简单地说，柔性是指干不同的活或适应需求变化的能力"。[①]

柔性组织设计的基础有几个要素：多极组织、二元系统、面向一线员工、全球化的经营思想、能力型组织和多面手员工、半渗透边界。同时，巴拉密提出了双模式组织标志的三种类型压力：集权与分权、稳定与变化、单一性与多样性。

可见，知识管理学派的几位代表人物提出的组织设计理论不同于传统组织理论强调的组织结构与组织行为管理。它要解决的问题是在知识密集型经济中，如何能使自己的组织对持续变化的环境具有持续适应能力和持续创新机制，即用可持续发展的观点来重新审视组织设计和创新问题。正如美国管理学家德鲁克（P. Drucker）所说：知识时代，越来越多的工作，不管是否技术性的，都基于知识；组织成员角色的转换，即由非熟练工人到知识工作者的趋势不仅出现在营利性企业组织，也出现在非营利性的行政组织中。

"柔性组织"概念是知识经济时代信息万变、全球化浪潮以及竞争加剧的必然产物。它本质上承袭了权变理论的思想，指出激发创造力和关心知识是柔性组织设计的基本立足点，要求淘汰传统直线职能制组织结构，用

[①] 参见［美］保罗·S. 麦耶斯编《知识管理与组织设计》，蒋惠工等译，珠海出版社1999年版，第99页。

"柔性"组织更新传统"刚性"组织模式。即随着时空环境的变化,应以变应变,设计出新的组织模式。

上述各种现代组织理论重视从社会整体联系、环境影响、发展变化等方面研究行政组织,为此项研究提供了新的理论方法。但运用现代科学方法研究复杂的行政组织,还处在不成熟的阶段,有待进一步探索。

综观西方组织理论的发展,可以看到,它从重视组织的制度规范到重视人和组织行为的研究,进而发展到宏观、综合研究,不少理论方法值得我们借鉴。但国情不同,我们不能全盘照搬,必须进行科学分析。

二、马克思主义的行政组织理论

(一)马克思、恩格斯的组织理论

马克思、恩格斯在总结巴黎公社经验的基础上,对社会主义国家行政组织的建设提出了重要的原则构想。主要是:

(1)主张人民参加政府管理,"把行政、司法和国民教育方面的一切职位交给由普选选出的人担任"。① 人民有权随时撤换和罢免这些代表。

(2)主张建立"廉价政府",简化机构,"所有公职人员,不论职位高低,都只付给跟其他工人同样的工资"。②

(3)在行政组织形式上,主张采取巴黎公社"议行合一"的形式,"是同时兼管行政和立法的工作机关"。③

(4)指出"为了防止国家和国家机关由社会公仆变为社会主人",④ 必须彻底清除"国家等级制,以随时可以罢免的勤务员来代替骑在人民头上作威作福的老爷们,以真正的负责制来代替虚伪的负责制",⑤ 同时,使这些勤务员经常处于公众监督之下。这些原则构想,对我国当前的行政组织改革仍有重要的指导意义。

(二)列宁的组织理论

列宁领导和建立了世界上第一个苏维埃政权,对社会主义国家行政组织

---

① 《马克思恩格斯选集》第 2 卷,人民出版社 1972 年版,第 335 页。
② 同上书,第 335 页。
③ 同上书,第 375 页。
④ 同上书,第 335 页。
⑤ 同上书,第 414 页。

的建设进行了实践的探索和理论的总结，提出组织建设若干重要理论原则。主要是：

（1）主张精简机构。列宁指出，必须"尽量减少拖拉现象和不必要的形式，尽量精简机构"，"改善、精简、革新"管理机关。①

（2）强调民主管理。列宁指出："苏维埃是被剥削劳动群众自己的直接的组织，它便于这些群众自己用一切可能的办法来建设国家和管理国家。"② 为此，苏维埃政权实行了选举制、罢免制和监督制等民主制度。

（3）列宁非常强调行政组织的效能问题，认为如果行政组织不能高效率地工作，"那末也就谈不上实现什么社会主义了"。③ 为实现行政组织的高效能，列宁指出行政机关要按"苏维埃办事程序"工作，并为国家机关规定了决策、办事、行文等程序，重视组织管理的科学化、制度化。

（4）为克服行政组织中的官僚主义现象，列宁指出，应把行政机构改革提到重要位置，"应该十分认真地好好地来研究一下国家机关问题"。④ 这些理论原则，丰富和发展了马克思主义行政组织理论。

（三）中国共产党人的组织理论

以毛泽东为代表的中国共产党人在革命根据地建立了人民政权，在组织建设方面积累了丰富经验，创立了一些适合我国实际的行政组织原则。主要是：

（1）坚持共产党对行政组织的领导。

（2）依靠人民大众管政府。

（3）强调行政组织的设置必须适应革命中心任务的需要。

（4）实行民主集中制原则，较好地划分中央政府与地方政府的职权，调动各方面积极性。

（5）实行精兵简政，要求"达到精简、统一、效能、节约和反对官僚主义五项目的"。⑤

（6）注重行政组织的作风建设，强调实事求是、密切联系群众等。

（7）加强思想政治工作，形成官兵、军政、军民一致的良好人际关系。

---

① 《列宁全集》第30卷，人民出版社1957年版，第56页。
② 《列宁选集》第3卷，人民出版社1972年版，第634页。
③ 《列宁全集》第27卷，人民出版社1958年版，第194页。
④ 《列宁选集》第4卷，人民出版社1972年版，第701页。
⑤ 《毛泽东选集》第3卷，人民出版社1991年版，第895页。

中华人民共和国成立后，这些经验和原则被应用到政府行政组织的建设上，并得到了进一步的补充和完善。

邓小平在领导我国社会主义现代化建设和改革开放过程中，进一步丰富和发展了马克思主义的行政组织理论。

（1）他针对我国存在的机构臃肿、层次重叠、手续繁杂、效率极低的问题，明确提出"精简机构是一场革命"① 的论断。

（2）指出改革的目标是建立"精简、统一、效能"的行政组织体系，"真正建立从国务院到地方各级政府从上到下的强有力的工作系统"，② "要有完善的规章制度、工作方法、领导方法"。③ 同时，"不但要注意出的问题，还特别要注意进的问题"，④ 注重选贤任能。

（3）改革的方针是"胆子要大，步子要稳，走一步，看一步"。⑤

习近平新时代中国特色社会主义思想，为探索新时代行政组织理论的发展与深化行政机构改革指明了道路和方向。

（1）党的领导是中国特色社会主义最本质的特征，是中国特色社会主义制度的最大优势。党按照总揽全局、协调各方的原则，在同级各种组织中发挥领导核心作用。

（2）党保证行政组织积极主动地、独立负责地并与其他组织协调一致地工作。

（3）行政组织是实施法律法规的重要主体，要带头严格执法，维护公共利益、人民权益和社会秩序。执法者必须忠实于法律。

（4）深化机构和行政体制改革。统筹考虑各类机构设置，科学配置党政部门及内设机构权力、明确职责。统筹使用各类编制资源，形成科学合理的管理体制，完善国家机构组织法。转变政府职能，深化简政放权，创新监管方式，增强政府公信力和执行力，建设人民满意的服务型政府。赋予省级及以下政府更多自主权。在省、市、县对职能相近的党政机关探索合并设立或合署办公。

---

① 《邓小平文选》第 2 卷，人民出版社 1994 年版，第 396 页。
② 同上书，第 339 页。
③ 同上书，第 409 页。
④ 同上书，第 400 页。
⑤ 《邓小平文选》第 3 卷，人民出版社 1993 年版，第 113 页。

第三节 行政组织的编制管理

一、编制管理的含义及其意义

（一）编制管理的含义

编制有狭义与广义之分。狭义的编制是指法定社会组织内人员的数额及职位的配置。广义的编制是指法定社会组织的职能范围、机构设置、隶属关系、规格级别、人员数额、人员结构及职位的配置。本节从广义上研究行政组织编制。行政组织的编制管理，就是按法律规定的制度和程序，对行政组织的职能范围、机构设置和人员配备等进行的管理。它包括职能管理、机构管理、人员编制管理三方面。从实际运作来看，编制管理的具体内容包括：

(1) 制订编制方案；
(2) 确定各部门的职能范围，进行科学的职能配置；
(3) 审批机构与人员；
(4) 监督编制执行情况；
(5) 做好编制统计；
(6) 制定有关的编制法规。

为加强编制管理工作，我国县以上的各级政府都设立了机构编制委员会，根据统一领导、分级管理的原则，对编制工作进行具体的管理。

（二）编制管理的意义

1. 编制管理是建立精干高效的行政组织体系的重要前提

一定的机构和人员编制，是进行行政管理活动的基本条件。而建立精干合理的行政机构，配备精明的工作人员，使整个行政组织体系高效协调地运转，必须依靠科学的编制管理。这是在行政管理体系中居于较高层次的管理，有人称之为"母管理"。

2. 编制管理是防止官僚主义，密切政府与群众关系的重要手段

官僚主义表现形式很多，产生的原因很复杂。实践证明，机构臃肿、层次繁多必然运转不灵、反应迟钝，影响领导与群众间的沟通，使之脱离群众或瞎指挥；人浮于事、职责不清，必然造成互相推诿、拖拉扯皮、办事缓慢

等官僚主义作风的产生。科学的编制管理以法律手段，严格按编制设置机构和人员，可以有效地改变上述状况，为改进机关作风、密切政府与群众的联系、防止官僚主义创造良好条件。

3. 编制管理有助于节省财政开支

行政机构的经费由财政拨款。机构和人员过多，势必增加财政支出，减少用于经济建设和人民消费的资金。科学的编制管理是节省行政经费的一项重要措施。近年来，我国把机构设置、人员编制与行政经费挂钩，超编者不拨款，银行不开支。这对节省经费收到了较好效果。

二、编制管理的原则和方法

(一) 编制管理的原则

编制管理直接涉及政府机构的设置和人员配备，政策性强，影响深远。党的十九大报告明确提出，要统筹考虑各类机构设置，科学配置党政部门及内设机构权力、明确职责。统筹使用各类编制资源，形成科学合理的管理体制，完善国家机构组织法。为切实搞好编制管理，应遵循下述基本原则：

1. 精简原则

《宪法》第二十七条规定："一切国家机关实行精简的原则。"这有两方面内容：一是精简机构，减少层次。应严格按行政管理职能、管辖范围等情况办。凡重叠和可有可无的机构与层次，应合并或撤销。二是精简人员，合理定编定员。采用科学方法，通过必要程序，合理确定机构人员数额，严格按数额配备适合的工作人员。凡多余或不称职者，要调离现岗并做妥善安排。

2. 统一原则

包括三方面内容：一是统一领导，严格按统一规定、制度、程序进行，不得制定违背国家政策和法规的"土政策""土制度""土办法"，借口"工作需要"或其他原因擅建工作部门，任意扩大编制。二是统一职能目标，明确划分职责权限，保证同类行政事务由同一行政机构负责，防止机构重叠，政出多门。三是机构设置统一完整。不仅每个行政机构各自形成有机整体，而且任何行政机构都是全国政府机构的一部分，从而形成既有最高指挥，又有逐级指挥与服从，既有分工，又有合作的上下衔接、左右配套、功能齐全的组织体系。此外，机构名称、级别也应大致统一，不得自立称号，随意升格。

3. 编制立法原则

我国唐、明、清等朝代都对编制有明文规定，对违反编制者也有相应的惩罚条文。如《唐律·职制律》规定："诸官有员数，而署置过限，及不应置而置（谓非奏授者），一人杖一百，三人加一等，十人徒二年。"古代尚能如此，今天为了搞好社会主义行政组织建设，使之更好地履行行政职能，更应做好编制立法，对各级政府、各个部门的机构设置、人员配备和审批手续及违反编制纪律的惩治办法等做出明确规定，使编制管理有法可依。

（二）编制管理的基本方法

1. 行政方法

行政方法是指编制管理部门依靠行政组织的权力，按照组织系统对编制进行直接管理的方法。这是编制管理中传统的基本管理方法。它包括制订编制方案、核定编制总额、具体审批编制、进行编制监督等。

2. 经济方法

经济方法是指按照物质利益原则，运用经济手段，对编制进行调控的方法。它包括经费预算管理、编制与工资基金结合管理、编制包干、经济奖罚等。

3. 法律方法

法律方法是指运用法律规范，对机构和人员编制等进行调控管理的方法。这是有效控制编制的方法。但我国编制立法工作比较薄弱，行政机关组织法规有待完善。为使我国编制管理尽快纳入法制的轨道，必须抓紧编制立法工作，制定编制管理、机构设置、人员编制、审批程序等方面的法律规范。

第五章

行政领导*

行政领导涉及战略管理、政策管理和意识形态管理，是行政管理的"大脑"。在行政管理整体过程及各职能管理领域中居于主导地位。行政领导是行政管理学的恒久研究课题。

第一节 行政领导概述

一、领导的含义及其特点

（一）领导的概念

领导是指领导者在一定的环境下，为实现既定组织目标，对被领导者进行指挥与统御的行为过程。

领导是具有多层次、多领域内涵的概念，可以从多种角度进行分类：按权力基础进行分类，有正式领导和非正式领导；按行为发生的层级分类，有高层领导、中层领导和基层领导；按行为发生的领域分类，有政治领导、行政领导和具体业务领导等。需要指出的是，作为名词的"领导"一般就是指组织的领导者。

（二）领导的特点

1. 领导是一个社会组织系统

此系统由领导者、被领导者、环境三个要素构成。领导者就是在组织体系中发挥组织、决策、指挥、协调和控制功能的个人或集体。在领导活动中，领导者处于主导地位。被领导者是按领导者的决策和意图，为实现领导

---

* 王乐夫教授因故未能参与本版修订工作，原由其负责编写的第五章由郭小聪教授修订、补充。

目标，从事具体实践活动的个人或集团，被领导者是实现预定组织目标的基本力量。从最一般意义上来说，领导者与被领导者的关系，就是权威和服从的关系。环境是指独立于领导者之外的客观存在，是对领导活动产生影响的各种因素的总和。领导者只有在正确认识环境、适应环境、利用和改造环境的前提下才能正确实现预定的组织目标。总而言之，这三个要素相互有机结合才能构成有效的领导活动。

2. 领导是动态的行为过程

领导的三要素构成两对基本矛盾：一是领导者与被领导者的矛盾；二是领导活动参与主体（领导者与被领导者）与领导活动客体的矛盾。领导者的"投入"（决策）要经被领导者的行为"产出"（执行）过程，并得以支持和检验。客观环境有二重性（自在性与为我性），领导活动主体作用于客观环境的过程，表现为客观环境由"自在之物"转化为"为我之物"的过程。综上所述，领导是领导者、被领导者及环境三者的一个函数，用公式可表示为：领导 = f（领导者、被领导者、环境）。

3. 领导是高层次的管理

高层次的管理是宏观管理，也可称为战略管理。主要处理带有方针性、原则性的重大问题，独立性较强，因此，我们把高层次的管理称为领导。

4. 领导是体现高度权威的管理活动

权威是有威望的权力。领导权威表现于领导者与被领导者的关系，它既反映领导者的权力和威望，也反映被领导者对这种权力和威望的认可及服从。

(三)"领导"与"管理"：概念的异同辨析

1. 在广义或外延层次上，二者具有相等性

"领导"与"管理"长期"合二而一"使用，在"领导"一词出现之前，其含义包括在"管理"中。中国的"经世治国"以及"修身、齐家、治国、平天下"之说中的"治国"就包含了"领导"。就是有了"领导"一词之后，人们还常把二者当同义语来使用。

《宪法》第一条明确规定："中华人民共和国是工人阶级领导的，以工农联盟为基础的人民民主专政的社会主义国家。"这里，宪法强调的"工人阶级领导"，其"管理"和"领导"是一脉相承的同义语。在现实活动中，存在着包括决策及其实施的领导，即广义的领导；也存在包括决策执行与决

策制定的管理，即广义的管理。很清楚，这里的广义"领导"与广义的"管理"是一回事。换言之，在广义层面上做比较，领导与管理是等同的，是一回事。

2. 在狭义上，两者具有本质的差异性

从历史来说，管理与领导的分化及人们对其本质的认识是自然历史过程。随着社会活动规模扩大和社会分工的发展，19世纪中期发生了所有权与经营权分离。20世纪初，泰勒提出计划（管理）职能与执行职能分开的科学管理理论，开创了人类社会管理的新纪元。随着决策现象凸现，领导、管理、决策与执行四者相互关系的研究突出起来。人们在归纳研究中，发现领导与决策联系在一起，管理与执行联系在一起，逐渐形成了领导就是决策，管理就是对决策的执行的看法，从而开始认识到领导与管理各有不同本质内涵。

处在现时代的人们，不能只停留在管理与领导相同内涵的认知层面，要认识到不同的行为主体有不同的职责，从而把管理与领导两者区分开来。《宪法》在对国务院18项职权的规定中，论述"领导"与"管理"的使用时，就有"领导""领导和管理"和"管理"的不同规定。

3. 二者广义和狭义的混合关系

平时所讲的"领导是管理"和"管理是领导"，这一矛盾表述的原因在于将二者连接在一起进行思维判断，违反了同一律，所以产生逻辑混乱。将二者分别作为独立命题，采取广狭组合模式，不仅是正确的，而且是下定义的重要方法。一般所说的"领导是管理"里的"领导"属于狭义的领导含义，因为它仅指决策；而"管理"则为广义管理含义，因为它包含执行决策和决策的制定。一般管理组织分高、中、下三个层次，"领导是管理"的展开解释则变成领导也是管理，不过不是一般的管理，而是特指高层管理。

同理，一般所说的"管理是领导"，"管理"仅是指执行而不包括决策方案的制订和选择，所以是狭义的管理，"领导"则是包括高层、中层、下层的整个组织系统，既有上层的决策制定，也有中、下层的组织与执行，所以属于广义的范畴。所以"管理"也是"领导"，只不过不是一般的领导，而只是低层次的领导罢了。

二、领导、管理工作的专业化

(一) 领导、管理工作专业化的含义

领导、管理工作的专业化,是领导、管理工作科学化的一个重要内容,也是加速社会主义现代化建设的迫切要求。在西方,领导、管理工作专业化经历了两次转型。

第一次转型是出现"硬专家"转行式领导。在家长制行政领导、管理时期,老板既是组织的所有者,也是组织的领导者、管理者,他是凭借着财产所有权和个人经验来领导、管理组织的。随着生产劳动的专业化出现和发展,领导、管理工作从没有专业知识的老板手里转到生产技术高超、具有专业知识的"硬专家"身上。

第二次转型是"软专家"群体的产生,它发生于20世纪中期。财产所有权与经营权的分离导致领导、管理工作的专业化和知识化,推动生产力和社会生活各方面的发展。由于生产社会化程度越来越高,企业规模越来越大,组织领导、管理作为相对独立的专业活动的需求愈加迫切,所以,具有领导、管理专业知识的职业"软专家"开始逐步成为组织各级的领导人和管理者。这样,以领导、管理为职业的"软专家"群体应运而生,实现真正意义上的领导、管理工作专业化,迎来了一个领导、管理科学化的新时代。泰勒和法约尔就是这个新管理时代的主要开创者。

西方经几代人完成的两次专业化"转型",现在要在中国同一代人身上实现。党的十一届三中全会以后,鉴于领导、管理干部的极端重要性,在总结历史经验的基础上,中央明确提出"革命化、年轻化、知识化、专业化"的干部队伍建设的指导方针。在这个方针指引下,一大批德才兼备的学有专长的知识分子走上领导、管理工作岗位,打破了长期以来单纯以"政治挂帅"为标准选用领导、管理干部而导致的"外行"领导"内行"的局面。

但在具体执行"专业化"方针过程中,存在一定的局限:一般都是挑选本行业、本部门中德才兼备的业务骨干(甚至是业务尖子)来充任领导、管理工作。这实际上类似于上述的西方企业行政领导体制演变中的"硬专家"转行领导、管理阶段。二者虽有许多具体区别,但都具备由业务内行代替业务外行这个专业化的内涵。其"业务"也有特指内容,即任职单位的业务,并非领导、管理工作业务。

领导、管理工作和特殊领域的业务工作,是两种不同的专业工作。在工

作对象上,领导、管理工作的对象是人,而具体业务工作的对象既可能是人,也可能是财、物或其他;在工作方式上,领导、管理工作是组织指挥别人去实施计划目标,具体业务工作是靠躬行实践去完成;在工作范围上,领导、管理工作是总揽全局,具体业务工作是微观探密;在思维方式上,领导、管理工作多为定性判断,具体业务工作多为定量计算;如此等等。

根据"一把钥匙开一把锁"的原则,具体业务尖子不等于领导、管理的行家或里手。反之,也一样。这里对于领导、管理工作而言,具体业务的"内行"却转变为领导、管理工作的"外行"。如果要把"内行领导"原则贯彻到底,势必要求上述走上领导、管理工作岗位的原来的具体业务的"内行",再转变为领导、管理工作的内行,实现个人的第二次专业化(由领导、管理者无专业业务知识到具有业务专长,再由具有业务专长转变为有领导、管理工作专长)。

(二) 领导、管理专业化的意义

准确地认识领导、管理工作专业化有着重要的现实和理论意义。

1. 在实践方面,准确地认识领导、管理工作专业化有利于提高领导、管理效能

第一,领导、管理工作健康发展的需要。像改革开放前一样,单纯强调"政治第一",以为政治好就能解决一切问题,搞"外行领导内行",那种排斥具体业务要求的领导、管理工作带来的损失,教训至为深刻,我们不能让其重演。我们一定要坚决贯彻"四化"方针,继续把合乎条件的业务人才吸纳进领导、管理队伍,提高领导、管理队伍业务素质。但是,如果以为这样做了,就等于领导、管理工作专业化了,则会导致一种新型的"外行领导"结果。套用解决具体业务方法去解决领导、管理工作,肯定不得要领,变成放空炮,那还有什么领导、管理效能呢?再说,这种新"外行"是在"专业化"的美名下产生的,因而还会有新的不良影响。

第二,纠正被扭曲的领导、管理工作专业化标准,是科学选才用人的需要。于专门业务人才,在选才用人标准上,难免出现"唯业务人才是举"的片面性,导致业务专业水平越高的人,被选用的概率越大。按这样的思路去选用领导、管理人才,其结果不言自明。再有一个由此而来的延伸问题,用业务专门人才等于领导、管理人才的公式去组建班子,可能出现孤立考虑班子成员的具体业务知识的结构优化,忽视了领导、管理专项职能人员的专业素质的优化搭配,到头来,组建起来的是一个单纯的具体业务结构优化的

班子，而不是兼顾（更说不上突出）领导、管理专业的优化群体。这两种不同类型的班子对领导、管理效能的制约性也是不难思考的。

第三，有利于提升领导、管理者的专业素质。如认可具体业务的专业化等于领导、管理工作专业化，那么，一些以具体业务"优势"登上领导岗位的业务人才，对自己可能会做出失当的评价。缺乏在专业知识和能力方面的"换血"和"脱毛"的压力，有碍于成为一个完全的领导、管理者。

2. 在理论方面，准确地认识领导、管理工作专业化有利于领导、管理学科的建设和发展

领导、管理的系统化科学研究在我国兴起的时间还不长。相对于传统学科来说，它还年轻，学科基础建设的任务还很重，路子还长。学科产生和发展的原动力在于整个社会丰富的领导、管理实践。

毛泽东同志说："科学研究的区分，就是根据科学对象所具有的特殊矛盾性。因此，对于某一现象的领域所特有的某一种矛盾的研究，就构成某一门科学的对象。"[①] 专业化是科学化的基础和前提，如果领导、管理工作与其他具体业务工作均等化，没有专业特色和专业要求，它也不可能成为具有特殊性的研究领域，领导、管理科学也会因失去特定研究对象而不存在。

（三）领导、管理专业化的实现途径

实现领导、管理工作专业化的途径是多样的。这里讲的专业化，既不等同于业务知识的专业化，也不等同于领导、管理学专业的文凭化。关键是各级干部要树立起实现第二个专业化的转型意识，抓紧自学，接受各种培训、进修，自觉地掌握领导、管理理论与方法，注意总结提高，探求领导、管理工作的固有规律，较快、较好地实现由具有某项专业知识与技术的"硬专家"领导、管理，向具有战略决策能力、组织指挥能力、教育与激励能力及协调与控制能力等的"软专家"领导、管理的转变，成为"双内行"（具体业务领域内行和领导、管理内行）的新型人才，出色地完成担负的领导、管理工作任务。

党的十九大报告明确提出：要"建设高素质干部队伍"，"突出政治标准，提拔重用牢固树立'四个意识'和'四个自信'、坚决维护党中央权威、全面贯彻执行党的理论和路线方针政策、忠诚干净担当的干部，选优配

[①] 《毛泽东选集》第1卷，人民出版社1991年版，第309页。

强各级领导班子。"①

三、行政领导：含义、特点和作用

（一）行政领导的概念

行政领导是指在行政组织中，经选举或任命而拥有法定权威的领导者依法行使行政权力，为实现行政管理目标所进行的组织、决策、指挥、控制等活动的总称。

（二）行政领导的特点

行政领导是政府公共管理活动中的领导活动，它具有一般领导的共同特点，又有自身的特定属性。主要表现为：

1. 行政领导发生在行政管理活动中

在特定的行政环境约束下，为实现一定的行政目标，行政领导者依据法律，对纳入行政活动的被领导者进行指挥与统御，从而保证国家政策目标得以顺利实现。

2. 执行性是行政领导的重要特征

在我国，国家权力机关、行政机关、司法机关不属于西方式的三权分立制，我国行政机关是国家权力机关的执行机构。因此，行政机关必须对权力机关负责。对行政机关来讲，它与权力机关的关系是：按权力机关的合法指示，依法行政；根据权力机关的合法要求，迅速组织人力与物力资源，提高工作效率，高效地实现权力机关的决策意志。

3. 从行政领导活动的社会属性来看，行政领导具有鲜明的政治性

政府是经济上占统治地位的阶级为实现其阶级使命而建立的组织，政府机关依照体现统治阶级意志和利益的法律规定来行使行政权力，实行国家的统治职能。行政机关的使命是执行国家权力机关的意志。国家机构具有强烈的阶级性，行政机关也不例外。社会主义国家的行政机关是各级人民政府，政府的主要职责是通过大量的组织和管理工作保证国家的改革开放和社会主

---

① 习近平：《决胜全面建成小康社会，夺取新时代中国特色社会主义伟大胜利——在中国共产党第十九次全国代表大会上的报告》（2017年10月18日），人民出版社2017年版，第64页。
"四个意识"是指：政治意识、大局意识、核心意识、看齐意识。
"四个自信"是指：道路自信、理论自信、制度自信、文化自信。

义现代化建设事业的可持续发展。因此，我国行政领导者要不忘初心，牢记使命，坚持走中国特色社会主义道路，坚持以人民为中心的发展思想，以"服务者"的态度为人民"行"好"政"。

（三）行政领导在行政管理中的地位和作用

行政领导在行政管理中具有重要的地位和作用，具体表现为：

1. 行政领导是行政管理协调、统一的保证

行政管理本身是一个复杂的社会系统。为保证系统内行政活动的协调和统一，需要行政领导的统一意志和统一指挥。随着社会发展和科技进步，行政机构日益庞大，涉及的领域越来越广，行政日常事务日益复杂，行政人员不断增加，统一意志和统一指挥的行政领导的必要性和重要性尤为突出。行政管理既有纵向层次的区别，又有横向领域的划分。形成统一的意志，实施统一指挥，是对所有行政管理的共同要求。

2. 行政领导是行政管理过程的战略核心

一般而言，行政领导的过程是推动他人去做，借助他人的智慧和力量来表现的，这符合管理的特征。因此，行政领导是一种具有管理性质的社会活动，行政管理过程与行政领导过程是交叉的。就具体过程看，行政管理是通过各环节连接起来的链条，其中主要环节有建立行政组织、选才用人、收集信息、确立目标、制订计划、组织实施、检查监督、调节完善等。这实质上是一个不断制定和执行政策的过程。决策即"出主意"。"出主意""用干部"是行政领导的根本职责。正是这两种领导职责构成了有效的行政管理活动，并贯穿于行政管理活动过程的始终。

3. 行政领导是行政管理成败的关键

行政管理是由诸多因素构成的大系统，每个因素都对行政管理产生影响。由于行政领导具有"统领""引导"的整体管理功能，尤其是行政决策规定了目标及达到目标的途径和措施，因而成为行政行为的指南和准则。行政效能由行政决策的效率决定。要保证行政决策的高效能，不仅要提高效率，更要保证行政决策的正确导向。否则，方向错了，效率愈高，损失愈大。正是这样的决定作用，规定了担负行政决策责任的行政领导是整个行政管理活动成败的关键。因此，正确认识行政领导的职、权、责，建立和完善科学的行政领导制度，掌握并运用科学的行政领导方法、方式和艺术，优化行政领导者的素质结构，无不对行政管理效能产生决定性影响。

第二节 行政领导者的职位、职权和责任

一、行政领导者的职位

（一）行政领导者职位的含义

行政领导者的职位是指国家权力机关或国家人事行政部门根据法律、法规，按规范化程序选择或任命行政领导者担任的职务并赋予其应履行的责任的统一体。职务和责任是构成行政领导者职位的两个不可缺少的要素。只有担任了某一职务，才享有与其相应的指挥与统御权；担任某一行政领导职务就意味着必然要承担相应的领导责任。

（二）行政领导者职位的特点

1. 职位是以"事"为中心确定的

这一特点决定行政人员，尤其是行政领导者必须围绕轻、重、缓、急程度不同的行政事务开展工作，以高效率、高效益和高效能为标准推动工作任务的完成。

2. 职位设置有数量的规定性

职位数量的确定要遵循最低数量的原则。因此，职位设置，一要避免因人设事，官职重复；二要避免职权划分不当，权限不明，交叉管理。

3. 职位本身有相对稳定性

这一特点表明行政领导的职位有法定性，即按法律规定职位，既不能随意增设，也不能随意废除；这一特点还表明某一职位的行政领导人担任职务的时间长短与责任的主次对职位本身不构成影响。

二、行政领导者的职权

（一）行政领导者职权的含义

由法律规定的与职位相当的行政权力就是行政领导者的职权。职权是行政领导者发挥支配性影响力的实质条件。同时，职权还意味着行政领导者必须承担行为责任，否则就构成失职。因此，职权对行政领导者来说，既是他

们的权利，又是他们的义务，职权是权利与义务的共同表现。

(二) 职权与职位的关系

1. 从职权的特点来看

（1）职权是与职位联系在一起的。职权由职位衍生出来，职位的性质决定职权的性质。行政领导的职位具有工作任务、工作指标、工作绩效的要求，职权和职位与个人因素无关。

（2）职权与职位具有对称关系。职权的大小与职位的高低、责任的轻重相适应。任意扩大职权，即为滥用权力；随意失职失权，即为渎职行为。

（3）职权是法定权力。法律、法规不仅可以有效约束行政领导者的思想与行为，还能确保权力的稳定性，使其不能以任何形式进行私人性交易。任何行政领导都应以有效的工作，即最少的投入、最大的产出来保证自己行使权力的正当性、合理性与有效性。

2. 从职权的范围来看

行政职权是有限度的权力，它是国家权力机关考虑到公共管理分工的不同而进行的功能性划分，并由国家权力和领导机构做出授予，被授予者需对权力有明确的认识，从而掌好权、用好权。行政领导的权限范围包括人事权、物权（即对物质资源的配置与使用权）、财权、组织权。行政领导必须"严以用权"，而不能"滥用职权"。

三、行政领导者的责任

(一) 行政领导者责任的含义

行政领导者被赋予一定的职位而有了一定的名位，被赋予一定的权力而有了一定的支配性影响力，但这并不意味着约束条件的消失。在一定职位上的领导者就必须承担一定的责任。因此，行政领导者的责任是指行政领导者违反法定的义务所引起的必须承担的法律后果。

(二) 行政领导者责任的内容

行政领导者的责任有多方面的内容，主要由政治、工作、法律三个层面的责任构成。

（1）政治责任即领导责任，是指行政领导者因违反特定的政治义务或没有做好分内之事而导致的政治上的否定性后果，以及所应遭受的谴责与制裁。这种政治上的否定性后果意味着政治权力资格的丧失，意味着其不再是行政权力的行使者。

（2）工作责任是指行政领导者的岗位责任，即行政领导者担任某一职务所应承担的义务以及对成败的个人担当。

（3）法律责任是指行政领导者在行政管理活动过程中因违反法律规范所应承担的法律后果或应负的法律责任。

（三）行政权力与行政责任的统一性

有权必有责，有责要担当，是确保行政权力良性运行的基本要求。没有无权力的责任，也没有无责任的权力。权力与责任是对应的、统一的，权力大、责任小，容易导致权力的滥用和腐败行为；权力小、责任大，容易导致责任无法落实或落实不力。

四、行政领导权威

（一）行政领导权威的含义

行政领导权威是指建立在法律、正当程序或领导者人格魅力基础之上的可以对领导对象的心理和行为产生指引效果的影响力。权威是领导权力和领导艺术的综合反映，对领导活动的效果会产生重要的影响。

（二）行政领导权威的意义

随着中国特色社会主义进入新时代，我国社会主要矛盾已经转化为人民日益增长的美好生活需要和不平衡不充分的发展之间的矛盾。要解决我国国内发展不平衡不充分的问题，需要各方面的统筹协调，保障发展成果的共享。这无疑更需要行政领导的统领。无论是实行某项改革方案还是启动某重点建设项目，多人的密切合作是绝对必要的。坚强有力的行政领导权威是我们整合多元化利益、调动一切积极因素、捍卫全体人民长远利益和根本利益、实现"四化"建设的重要保证。

在管理决策高度科学化、现代化的现实社会实践中，肩负广泛社会管理职能的各级行政领导不仅需要科学的、现代化的决策和管理水平，而且需要具备坚强有力的权威。科学管理是统一意志、高度规范化、系统化的管理，是强调行动统一、步调一致、整体协同配合的管理，行政领导权威就是实施这种管理的核心和首脑。

(三) 维护行政领导权威的原则

1. 维护行政领导权威，首先取决于党中央和国务院的权威

邓小平指出：建设"四化"，"如果没有中央的权威，就办不到。各顾各，相互打架，相互拆台，统一不起来。谁能统一？中央！"① 有了中央的权威，多元利益才能协调，共同富裕的目标才能得以实现；有了中央的权威，领导我们事业的核心中国共产党才能高度团结统一，具有旺盛的战斗力和凝聚力。因此，维护中央的权威是形成、维护和不断强化我国当代行政领导权威的灵魂。

2. 维护行政领导的权威，必须加强组织纪律建设，形成下级服从上级、全党及地方政府服从中央的高效领导体制

党的十八大报告指出："党面临的形势越复杂，肩负的任务越艰巨，就越要加强党的纪律建设，越要维护党的集中统一。"② 对那些或明或暗拒不贯彻执行党和国家的各项方针政策的，对那些只顾局部利益、不顾全局利益的，对那些有令不行、有禁不止的，对那些谎报虚报、报喜不报忧、欺上瞒下的，对那些搞小山头、搞特殊化、为小集团谋利益的不良现象，必须坚决禁止，这样才能形成整个行政领导系统的权威。

因此，党的十九大报告进一步明确："保证全党服从中央权威和集中统一领导，是党的政治建设的首要任务。全党要坚定执行党的政治路线，严格遵守政治纪律和政治规矩，在政治立场、政治方向、政治原则、政治道路上同党中央保持高度一致。"③

3. 维护行政领导权威，必须在各层领导集体内加强团结、密切配合并形成坚强的领导核心

任何一个领导集体都要有一个核心，没有核心的领导是靠不住的。紧密团结的行政领导集体既可增强领导活动的生气与活力，又可防止个人专断。而行政领导集体的核心，则是领导集体科学、有序地开展工作的保证。有了

---

① 《邓小平文选》第 3 卷，人民出版社 1993 年版，第 278 页。
② 胡锦涛：《坚定不移沿着中国特色社会主义道路前进，为全面建成小康社会而奋斗——在中国共产党第十八次全国代表大会上的报告》，载《光明日报》2012 年 11 月 18 日。
③ 习近平：《决胜全面建成小康社会，夺取新时代中国特色社会主义伟大胜利——在中国共产党第十九次全国代表大会上的报告》(2017 年 10 月 18 日)，人民出版社 2017 年版，第 62 页。

团结的行政领导集体和坚强的行政领导核心,更有利于执行民主集中制,正确地处理好民主与集中的关系。在充分发扬民主的同时,能有效地集中,强调服从,形成权威。实践证明,在高度民主基础上的高度集中能使行政领导集体更加坚强有力。

4. 维护行政领导的权威必须与维护国家法律的权威统一起来

"依法行政"是国家和政府公共管理的重要原则,也是行政领导活动必须遵循的原则。我国宪法和法律代表着全国人民的根本利益,这与行政领导所贯彻的"全心全意为人民服务"宗旨是完全一致的。因此,在行政领导活动中,任何有法不依、执法不严、违法不究,甚至以权代法的行为都极其有害。它不仅破坏了社会主义法制体系,也有损于行政领导权威。人民往往以法制标准来分析、评价行政领导行为。与法规体系相悖的领导行为必然会脱离群众,遭到人民群众的抵制。

5. 维护行政领导的权威必须建立科学有序的权力分配体系,做到合理放权

权力过于集中,"统得过死",会使行政领导系统失去活力。这在传统管理时期是有过极为深刻的教训的。必须正确处理发挥地方、部门、集体、个人的主动性、积极性和创造性与维护权威的关系,这样才能形成目标一致、上下配合、整体协调,而又充分发挥各方活力的领导系统,团结和组织全国人民,不断推进中国特色社会主义的现代化建设。

第三节 行政领导制度

行政领导制度从整体上可划分为三个层次:一是从根本上约束行政领导活动的制度安排;二是保障领导者个人与组织协调行动的制度,使领导者的个人能动性与组织能量最大限度地得以整合和发挥;三是保证日常行政领导活动顺畅开展的制度措施,这保证了行政活动富有成效,避免无的放矢。根据这三个不同的层次,我们重点研究几种主要的行政领导制度。

一、民主集中制

(一)民主集中制的含义

民主集中制是民主制和集中制相结合的一种制度。就民主制而言,是指

在国家生活中，人民群众当家做主，有权以不同的合法方式参加对国家大政方针、重大决策和法律的讨论，参加对国家事务、经济和文化事务及社会事务的管理。一切国家机关及其工作人员必须对人民负责，受人民监督，这是社会主义本质的体现。就集中制而言，坚持在高度民主基础上实现合理集中，实行少数服从多数、个人服从组织、下级服从上级、全党服从中央的原则，这是建立全党和全国的正常秩序，实现管理意志统一、行动一致的基本保证。民主制和集中制相辅相成、互相制约，是不可分割的有机统一体。

（二）民主集中制的主要内容

民主集中制是我国根本的行政领导制度。我国宪法把民主集中制作为人民民主专政国家政权的组织原则和国家的根本领导制度确立下来。具体表现为：

(1) 全国人民代表大会和地方各级人民代表大会的代表，都由民主选举产生，对人民负责，受人民监督；

(2) 国家行政机关、司法机关都由人民代表大会产生，对它负责，受它监督；

(3) 中央和地方国家机构职权的划分，遵循在中央统一领导下，充分发挥地方的主动性、积极性的原则。

民主集中制的领导制度贯穿于各级行政领导的全部实践活动中，是社会主义根本制度的直接体现，它决定和影响其他行政领导制度，其他行政领导制度是民主集中领导制度的具体化，是由其决定和衍生出来的；其他具体的行政领导制度，离开了民主集中制，就难以实现和发挥作用。

所以，落实和执行行政领导制度，首先要"完善和落实民主集中制的各项制度，坚持民主基础上的集中和集中指导下的民主相结合，既充分发扬民主，又善于集中统一。"[①]

二、集体领导、个人分工负责与行政首长负责制

（一）集体领导与个人分工负责制的含义

(1) 集体领导是集体决策、共同负责的制度，即对重大问题，由领导

---

① 习近平：《决胜全面建成小康社会，夺取新时代中国特色社会主义伟大胜利——在中国共产党第十九次全国代表大会上的报告》（2017年10月18日），人民出版社2017年版，第62~63页。

集团全体成员讨论，做出决策和决定，一经决定，必须共同遵守。实行集体领导，对重大问题表决时，应坚持少数服从多数原则，不能由个人或少数人说了算，不同意见可以保留，但必须服从多数人的意见和集体决定。在集体领导中，行政首长必须正确地使用最终的决定权和否定权，应在集体意见的基础上决定或否定，而不能以个人意志为转移。行政领导集团内各个成员要分清职责，根据各自职责和工作任务，分工合作，不能互相推诿。

（2）个人分工负责制是行政领导集团内成员为执行集体领导的意志而密切配合，各司其职，各尽其责，这是保证集体领导实现的一个重要措施。个人分工负责的工作，是集体领导工作的组成部分，分工不分家，既要分工，又要配合，实行权责统一。

（二）集体领导与个人分工负责制的关系

集体领导和个人分工负责是辩证的统一，是不可偏废或分割的。集体领导是个人分工负责的前提，个人分工负责是集体领导的基础。集体领导的决策是个人分工负责的方向、目标，个人分工负责是集体领导意志实现的途径。离开集体领导的个人分工负责就是无政府主义和自由主义；离开个人分工负责的集体领导只能是"清谈馆"。坚持集体领导与个人分工负责相结合，就要反对个人说了算和不敢负责的官僚主义倾向。

（三）行政首长负责制

集体领导与个人分工负责制的具体形式——行政首长负责制。行政首长负责制是相对于委员会制而言的，是民主集中制和集体领导与个人分工负责制相结合的制度的一种具体形式。它是指重大事务在集体讨论的基础上由行政首长定夺，具体的日常行政事务由行政首长决定，行政首长独立承担行政责任的一种行政领导制度。《中华人民共和国宪法》《中华人民共和国国务院组织法》《中华人民共和国地方各级人民代表大会和地方各级人民政府组织法》都明确规定我国实行首长负责制，这种制度是建立在发挥集体作用基础之上的，是同集体领导相结合的行政首长负责制。

三、日常的具体行政领导制度

日常的行政领导制度是根本的行政领导制度在实际执行中的具体化。从行政活动主体的双向性，即从行政领导者的角度和行政活动的参与者的角度来研究日常的具体行政领导制度，它可表现为三个层面：领导与群众关系、领导与领导之间的上下级与内部关系、领导班子内部的工作协调关系。

（一）行政领导者与行政活动参与者的关系制度

这种制度是行政领导的民主原则最直接的要求和体现。由于行政领导者在这种制度安排中处于权力掌握者、政策决定者的地位，因此，他们应当主动加强与行政活动参与者的联系，想方设法收集群众意见、建议，了解群众愿望、要求，以求最广泛地征集到行政活动的社会反应，从而获得最有力的社会心理支持，以保证行政活动的行政参与者以高昂的热情始终活跃于行政活动的过程之中。加强与群众联系的方法有多种，有接待日制度、走访制度、对话制度、咨询制度、信访制度、通报制度、评议制度等。只不过需要特别强调的是，这些具体制度必须有助于解决具体问题。

（二）上下级行政领导者之间的联系制度

要使行政活动有序、有效地开展，既需要各种客观条件，更需要各级别的行政领导者的有效配合。在上者，能够发出正确的行政指令或行政禁令；在下者，能够严格执行，令行禁止。上下相互配合，共同支持，才能优化行政行为。而最有利于提高行政效果的上下级联系制度的原则是统一意志、统一指挥、统一步调、统一行动。统一的前提条件：一是对行政领导的共同使命——提高行政效率、增强合作意识、提高社会效率、提高社会效益、实现行政目的有共同的认识。二是对对方都抱着尊重的态度。上级尊重下级，就是要保护他们工作的创新性、自主性，从而激发下级的工作热情，提高效率；下级尊重上级，就是要服从上级发出的合理的行政指令，并加以创造性地执行。这样，借助于通报征询、报告请示、检查反馈等具体制度，就可以保证行政领导上下级之间亲密无间的合作关系，使上下级行政领导者共同致力于优化行政活动的事业。

（三）协调行政领导班子内部关系的制度

行政领导班子内部关系的协调状况如何，对整个行政管理活动及其结果有很大影响。这种内部关系协调的制度包括以下三方面：

（1）行政领导班子要有搞好行政管理工作的共识。只有领导班子成员都具有做好工作的共识，都能理智地相互配合而不是相互拆台，行政领导工作才有可能成功。

（2）行政领导班子应主要依靠公开的、合理的制度安排来协调内部关系。

（3）行政领导班子应以工作实绩和领导效果来评估自身的工作绩效，并以此作为协调行政领导班子成员关系的客观准则。只有这样才能进一步密切彼此关系，通力合作，逐步通过办公会议制度、联席会议制度、集体学习制度和民主生活会等多种形式的制度安排，收到更理想的行政领导效果。

第四节 行政领导的方法、方式和艺术

一、行政领导方法的含义

行政领导方法是指行政领导者在行政活动过程中，为实现行政领导目标而采取的各种手段、办法和程序的总和。行政领导方法可分为两类：

（1）领导制度所要求的具有广泛制约力与影响力的根本方法。

（2）提高工作效率的具体可变的方法。这种方法随着时间和条件的变化而改变，又称为行政领导方式和艺术。

二、根本的行政领导方法

（一）实事求是的方法

1. 实事求是方法的含义

实事求是既是我们党的思想路线，也是我国行政领导的最基本的思想方法、工作方法。邓小平同志指出："实事求是，一切从实际出发，理论联系实际，我们的社会主义现代化建设才能顺利进行。"①

2. 实事求是方法的基本内容

坚持和运用实事求是的方法，必须做到以下三点：

第一，一切从实际出发，反对主观主义。客观实际是行政领导得以发现问题、分析问题、做出决策和制订计划的基本依据。只有真正认识客观事物的本来面目，才能从中引出正确的方针、政策、方法。从实际出发，首先要从基本国情出发。"我们推进改革发展，制定方针政策，都要牢牢立足社会

---

① 《邓小平文选》第2卷，人民出版社1994年版，第143页。

主义初级阶段这个最大实际，都要充分体现这个基本国情的必然要求，坚持一切从这个基本国情出发。"①

第二，发挥主观能动性。行政领导者必须勤于思索，将获得的丰富的感性材料进行去粗取精、去伪存真、由此及彼、由表及里的改造制作，从中找出事物内部的规律性。

第三，坚持用实践检验和发展真理。通过实践检验，判定从"实事"出发求得的"是"，是"是"还是"非"，把被证明为"是"的认识，循着实践、认识、再实践、再认识的规律逐步提高、完善，在实践的基础上不断实现主观与客观的具体的、历史的统一。

（二）群众路线的方法

1. 群众路线方法的含义

一切为了群众，依靠群众，从群众中来，到群众中去的群众路线，是实现党的思想路线、政治路线、组织路线的根本工作路线。群众路线科学地解决了领导和群众的关系，是行政领导者的根本领导方法。

2. 群众路线方法的内容

坚持和运用这个方法，必须做到：

第一，虚心向群众学习，有事和群众商量，把群众的智慧、经验和意见集中起来，从而实施正确的行政领导。"在任何时候任何情况下，与人民同呼吸共命运的立场不能变，全心全意为人民服务的宗旨不能忘，群众是真正英雄的历史唯物主义观点不能丢，始终坚持立党为公、执政为民。"②

第二，领导骨干与广大群众相结合。行政领导者任何时候都必须深入群众，依靠群众，善于发现、培养和使用领导骨干，并依靠他们团结处于中间状态的多数群众，热情帮助少数后进群众。

第三，一般号召与个别指导相结合。行政领导必须善于宣传群众、组织群众，向群众指明奋斗目标。同时，进行蹲点试验，取得经验以指导全局。

（三）矛盾分析方法

1. 矛盾分析方法的含义

矛盾分析方法就是运用辩证唯物主义对立统一原则去分析事物。学会分

---

① 习近平：《习近平谈治国理政》，外文出版社2014年版，第26页。
② 同上书，第367页。

析矛盾，养成分析矛盾的习惯，是做好行政领导工作的重要保证。

2. 矛盾分析方法的内容

矛盾分析的方法主要包括以下几方面：

第一，学会抓主要矛盾。中国特色社会主义已经进入了新时代，社会主要矛盾已经转化为人民日益增长的美好生活需要和不平衡不充分的发展之间的矛盾。领导干部要着力解决好发展不平衡不充分的问题，更好满足人民在经济、政治、文化、社会、生态等方面日益增长的需要。

第二，具体问题具体分析。这是马克思主义活的灵魂。行政领导者必须坚持对事物的主要矛盾与矛盾的主要方面、矛盾的不同性质以及解决矛盾的不同方法进行具体分析，凡事从实际出发，因地、因时制宜，防止和反对"一刀切""一风吹""一个模式"等简单化做法。

第三，全面地看问题，学会"弹钢琴"和抓关键。事物内部的各要素及事物之间，都处于相互关联、相互制约、相互作用的发展状态。行政领导者必须全面地、系统地和发展地思考问题，处理矛盾，防止和反对问题认知片面性。

第四，创造条件，做好矛盾的转化工作。行政领导者必须善于从各方面创造有利条件，使矛盾朝着正确的方向转化。

三、行政领导方式

（一）行政领导方式的含义

行政领导方式是领导方法的表现，是在领导过程中领导者、被领导者及其作用对象相结合的形式。如陈云同志所说："领导方式的中心问题是正确处理上下级关系。"①

（二）几种主要的领导方式

可以从不同的角度对行政领导方式进行分类。从行政领导工作侧重点的角度进行划分，行政领导方式可划分为以事为中心式（重事式）、以人为中心式（重人式）、人事并重式；从行政领导作用于行政人员的方式角度进行划分，行政领导方式可划分为强制式、说服式、激励式、示范式。

---

① 《陈云文选》（1926—1949），人民出版社1984年版，第154页。

1. 重人式、重事式与人事并重式的行政领导方式

这是按行政领导活动的侧重点对行政领导方式所做的分类。

第一，重人式致力于建立和谐的人际关系和宽松的工作环境，以人为中心进行行政领导活动。

第二，重事式注重行政组织的目标、任务的完成和效率的提高，以事为中心进行行政领导活动。

第三，人事并重式则既关心人，也注重工作，做到关心人与关心事的辩证统一。关心人，才能调动人的积极性；关心工作，才能使每个人都有明确的责任和奋斗目标。显然，应提倡人事并重式的领导方式。

重人式、重事式与人事并重式的行政领导方式的类型划分并非绝对，其运用过程并非是单一化的选择。行政领导者应根据其素质、能力以及客观环境、工作性质、领导对象等条件，确定以某种方式为主，并辅以其他方式。

2. 强制式、说服式、激励式、示范式的行政领导方式

这是按行政领导者作用于下属的行为方式进行的分类。

第一，强制式。行政领导中的强制性，是组织行为中经常出现的现象。这是由现代社会组织的特性决定的。现代行政组织作为现代社会组织的一种，为了能使本组织的意志统一、行动一致、效率提高，务求本组织成员遵守组织的规章制度。为此，行政领导者需要发出行政指令来约束或引导行政人员的言行。而行政指令具有明显的强制色彩。这种强制，又直接以惩罚为外在特征。一个行政领导者，要善于运用行政指令来规划和指挥行政人员和行政活动的参与者，保证他们不违反行政指令，保证他们服从自己的权威，并借此保证最低限度的行政效率。

第二，说服式。强制总是有限度的，而且容易引起下属的逆反心理，行政领导务必慎用。行政领导经常使用的领导方式，应是说服式的。说服，包括劝告、诱导、启发、劝谕、商量、建议等易于领导者和群众双向沟通的方式。沟通的意义是明显的：有利于贯彻行政领导者的领导方略，有利于上下级达成共识和建立共同的情感，以及加强上下级协同工作的愿望，优化人力资源，以较少数量而较高质量的人力投入赢得更高的行政绩效。

第三，激励式。这是一种最直接服务于提高领导效能的领导方式。它是行政领导者使用物质或精神的手段激发下属的工作积极性，达到决策目标的推进型领导方式。据组织行为学的启示，对组织中成员施加不同方式的激

励，有利于提高他们的工作积极性，从而提高工作效率。激励的方式，大致可区分为普遍激励和特殊激励两种。普遍激励，在对象上是针对组织中所有成员的，在方式上包括改善工作条件和提高工作报酬。由于普遍激励属于行政领导者通常使用的经常性工作方式，因此还必须有特殊激励，才能起到激发积极性和提高工作效率的作用。特殊激励的对象是那些工作积极、态度端正、成效显著、贡献较大的人员，对他们予以特殊的精神与物质奖励，既可以促使他们产生更大热情，还可以产生榜样效应，从而激发其他工作人员的积极性。

第四，示范式。领导者是一个组织的象征。他们的精神面貌、行为方式、工作方式、工作动机、价值观念乃至个人趣味，对本组织的人员都会产生明显的或潜移默化的影响。因此，良好的领导方式，当然包括领导者本人对自己领导形象的塑造。而最有益于塑造良好的领导形象的方式，莫过于身体力行，身先士卒。一个行政领导人能吃苦在前，享受在后，本身就是对本组织成员以高昂热情投入工作的无声号召。

四、行政领导艺术

（一）行政领导艺术的含义与分类

行政领导艺术是行政领导者领导方法的个性化、艺术化体现，是行政领导者在工作中结合普遍经验和个人体会而形成的，它属于行政领导方法中创造性、随机性、权变性较强的部分。行政领导艺术对行政绩效的影响是通过它本身所具有的超规范和非模式化途径达到的，是通过行政领导对偶发性的特殊情况的艺术化处理而获得的，是将个人经验与科学规则有机结合而达成的。行政领导艺术的类型，从影响范围上区分，可划分为总体性、专业性的领导艺术；从领导事务的类别上区分，可划分为授权艺术、用人艺术、处事艺术、运时艺术。

（二）行政范围影响意义上的领导艺术

1. 总体性的领导艺术

善于洞察形势、抓住有利时机、利用良好机遇，是行政领导有效工作的基本要求。掌握好总体性的领导艺术，就可以在正确处理整体与局部关系的基础上，提高工作效率。

2. 专业性的领导艺术

它是各级各类行政领导需要结合自己的工作实际加以把握和运用的。因为任何一个领导者，只有对自己所从事专业的领导工作了如指掌，灵活机动地调动各种有利因素，才可能对本部门、本组织的各项工作加以及时安排，才能不耽误正常工作的运作，确保工作的高效率。

（三）行政领导事务类型上的领导艺术

1. 授权艺术

授权就是上级授予下级一定的权力和责任，使其在一定范围内有处理问题的自主权。授权艺术，可以帮助行政领导者"分身有术""事半功倍"。因为通过授权留责、适度放权、量能授权、逐级授权、授权追踪（即授权后的监督）等授权方式，可以激发下属的责任心、上进心，可以促使他们以责任人的身份去全权全责地处理问题，从而提高工作绩效。

2. 用人艺术

用人艺术，主要讲究人尽其才，这是高效率利用人力资源的必然要求。"知人善任"是用人艺术的基本要领。行政领导要了解下属、知其短长、以诚相待、用长避短、用养结合、合理激励、奖励有度，以达到提高工作效率和绩效的目的。

3. 处事艺术

行政领导者每天都有大量亟待处理的事务。干好领导工作，忠于职守、专心本业、统筹安排、学会"弹钢琴"等等，是行政领导者处事的要则。

4. 运时艺术

运时艺术，既包括领导者处理自己本职工作事务的时间安排，也包括他对本组织内各类事务处理的时限运筹。运时艺术的原则是：自觉形成时间意识，合理安排时间消耗比例，善于把握高效率的黄金时段，能够利用各种有利因素延长内在时间，从而提高时间使用效率。

第五节 行政领导者的素质结构及其优化

一、行政领导者的素质

(一) 行政领导者素质的含义

"素质"一词最早见于生理学,指的是人的神经系统和感觉器官上的先天特点,其后又被人们用来泛指事物本来具有的内在特征。领导者素质具有双重含义:首先是指领导者内在素质,即领导者的生理、心理、文化、思想、政治、道德等因素,以及由这些因素综合而形成的本质性能力,亦即领导能力。它们是领导者任职的内在根据和条件,统称为领导者素质。其次,领导者的素质还指这些要素和能力的发展程度或实际水平。也就是说,领导者素质同时又是一个发展的动态概念,用以描述和揭示现实领导者的实际状态、水平。领导者的素质与先天遗传的生理、心理特点有关,受它们的影响与制约,但领导者的素质主要取决于后天社会实践中的自身努力。

领导者素质理论是当前人们谈论最多的话题。从最一般的理论概括层面上,大家都是从政治、思想、道德、文化、能力、身体等方面去论述领导者素质,这也是时代的共识。但这种研究一旦超越规范理论描述层面进入定性和定量分析领域之后,成为人文科学和自然科学共同研究的对象之时,见解分歧立刻会产生,专家学者在很多问题上都难以取得共识,许多观点尚有待于实践加以检验。所以,领导者素质,这一看似简单的问题实则是理论研究中的热点和难点。

(二) 行政领导者素质的重要性

公共行政运作和发展的活力归根结底取决于这一领域的从业人员,特别是公共行政部门领导者的素质。要建立办事高效、运转协调、行为规范的公共行政管理体系,完善国家公务员制度,建设高素质的专业化国家行政管理干部队伍,素质建设就是其中的重要问题,领导者素质则是重中之重。

领导者素质理论是管理科学的基础理论,也是管理科学自20世纪产生以来恒久研究探讨的问题。素质理论认为领导绩效的优劣与领导者自身的素质高低有关,而领导者自身素质高低也必然成为制约领导者权力大小的条件,即构成权力要素,或曰权力资本。因此,一位领导者,特别是优秀的领导者应具备什么样的素质，如何据此去识别、选拔和培训领导者，包括领导者本人如何有意识地发展自己就构成了素质理论的核心内容。

（三）行政领导者素质的特点

领导者素质具有时代性、层次性的突出特点。

所谓时代性，是说一代之治有一代之才，不同历史时期和不同的任务对领导者素质有不同的要求。虽然领导者的素质具有稳定性，一经形成就会相对稳定地发挥作用。但领导者的素质更具有动态性，处在不断变化之中，这是时代性的表现。就像习近平同志所说："好干部的标准，大的方面说，就是德才兼备。同时，好干部的标准又是具体的、历史的。不同历史时期，对干部德才的具体要求有所不同。""现在，我们提出政治上靠得住、工作上有本事、作风上过得硬、人民群众信得过等具体要求，突出了好干部标准的时代内涵。"[①]

所谓层次性，是说对处于不同层级、肩负不同责任的领导者的素质要求是不同的。如美国学者罗伯特·卡茨认为领导者必备三种技能：技术技能（专业业务能力）、人际技能（处理人际关系能力）、概念技能（分析和决策能力）。如果把领导者分为低、中、高三个层次，那么三种技能的结构比例依次为：低阶层——47：35：18，中阶层——27：42：31，高阶层——18：35：47。行政领导者步步向上升迁时，他对技术技能的需求将会逐渐降低，而对于概念技能的需求程度将会急剧上升。一位高层行政领导者若想发挥最高的效能，就必须具备良好的概念技能。

二、行政领导者个人的素质结构

（一）政治素质

这是中国特色社会主义行政领导干部特别要强调的素质。具体内容包括：

1. 做政治的明白人

对党绝对忠诚，坚定理想信念，坚守共产党人的精神家园，自觉践行社会主义核心价值观，自觉执行党的纪律和规矩。

[①] 习近平：《习近平谈治国理政》，外文出版社有限责任公司2014年版，第412页。

2. 做发展的开路人

勇于担当、奋发有为,把握和顺应深化改革新进程,坚持从实际出发,带领群众一起做好经济社会发展工作。

3. 做群众的贴心人

坚持全心全意为人民服务的根本宗旨,自觉贯彻党的群众路线,心中始终装着老百姓,真正做到心系群众、热爱群众、服务群众。

4. 做班子的带头人

带头讲党性、重品行、做表率,带头依法办事,带头廉洁自律,带头接受党和人民的监督,带头清清白白做人、干干净净做事、堂堂正正做官。①

(二)知识素质

合理的知识结构是行政领导干部必备的基本条件,也是提高行政领导水平的重要环节。现代行政领导者既要具有较宽的知识面,懂得和运用马克思主义基本理论、基础科学文化知识、社会主义市场经济理论知识、现代科学技术知识和法律知识,同时也要具有从事本职工作所必需的业务知识和现代领导与管理知识,成为掌握业务知识与领导知识的"双内行",从而适应整个知识系统既高度分化又高度综合的发展趋势及其客观要求,做到博与专的统一。

习近平同志特别强调:"如果我们不努力提高各方面的知识素养,不自觉学习各种科学文化知识,不主动加快知识更新、优化知识结构、拓宽眼界和视野,那就难以增强本领,也就没有办法赢得主动、赢得优势、赢得未来。因此,全党同志特别是各级领导干部都要有加强学习的紧迫感。"②

(三)能力素质

能力是知识的发挥和运用。能力素质主要包括创新能力、组织能力与综合能力。

1. 创新能力的具体要求

行政领导者多从事非常规性的面向未来的工作,创新能力是最基本的能

---

① 参见《习近平2015年6月30日在会见全国优秀县委书记时的讲话》,载《党建》2016年第4期,第8页。
② 习近平:《习近平谈治国理政》,外文出版社2014年版,第403页。

力素质要求。其具体内容有:

(1) 洞察力。这是一种敏锐、迅速、准确地抓住问题要害的直觉能力。勤于实践和思考,有助于锻炼这种能力。

(2) 预见力。这是一种超前地把握事态发展的预见力,它以对事物发展的正确认识和对现实性与可能性关系的辩证分析为基础。

(3) 决断力。这是一种迅速做出选择,形成方案的意志力。缺乏果断的意志就不可能有任何创新。

(4) 推动力。这是一种激励下级实现创新意图的能力。通常表现为领导者的感染力、吸引力、凝聚力、号召力、影响力,以及个人魅力。

(5) 应变力。这是一种在事物发展的偶然性面前善于随机处置的快速反应力,是创新能力的一个重要表现。

2. 组织能力的具体要求

组织能力是行政领导贯彻执行决策、提高执行力以实现目标的保障,也是行政领导者的基本能力。具体包括:

(1) 组织设计能力。组织设计主要是根据环境、技术以及实现战略目标的需要,对组织幅度、组织层次、部门划分、职权及分工协作等因素进行设计。

(2) 组织动员能力。组织动员能力是指行政领导为实现目标动员和利用组织内部及外部资源的能力,尤其是人力资源的动员能力,表现为把全体人员的积极性调动起来,形成强大的合力。

(3) 组织控制能力。组织控制即通过制定行为标准和绩效标准,并明确规定各组织机构的职责以及相互关系,来控制组织行为和个人行为,随时纠正偏离目标和计划的现象。

(4) 组织协调能力。领导的重要工作是要保证系统内的各要素处于良好的配合状态,以获得高一层次的整体合力。这就要求领导者要具备组织协调能力。它在本质上是一种将各种分散的积极性综合在一起的能力。

3. 综合能力的具体要求

综合能力是行政领导者的另一基本能力要素。因为领导工作是一种"统领各方"的工作,"各方"既包括各组织、机构、系统,各种利益和力量,也包括各种知识、信息、情况等。综合能力具体包括:

(1) 信息获取能力。在信息社会中,信息占有量会成为领导行为成败的决定性因素之一。领导者必须充分掌握有关信息,才能做出正确的决策。

（2）知识综合能力。从科学发展来看，现代科学的一个重要发展趋势是学科的高度分化和高度综合。行政领导者不仅应掌握多学科的知识，而且要对各门学科的相互联系有所认识，这样才能管理好高度专业化的各种组织机构及其活动。

（3）信息沟通能力。信息沟通是把组织活动统一起来的手段，也是改变行为、实现变革以达到目标的手段。领导在本质上是领导者与被领导者之间的人际关系，领导者正是通过影响组织成员去实现目标的，所以，信息沟通能力是领导者必备的综合能力。

（4）利益整合能力。随着社会现代化程度的提高，利益多元化是一个值得注意的发展趋势。行政领导都要把分散的甚至有冲突的利益要求整合为利益共识，并据此制定政策。

（四）心理素质

从个体心理品质角度来看，心理素质主要包括气质、性格、意志等几个主要方面。因此，作为一个行政领导者，更应具备这些心理素质。具体表现为：

1. 敢于决断的气质

任何决策都是有时效性要求的。在对客观事物充分调查的基础上，行政领导者应有不失时机地、勇敢果断地处置问题的热情与气魄。

2. 竞争开放型的性格

竞争从某种意义上说就是奋力争先。领导者应有敢为天下先、善于争先的品格。领导者要与各种人打交道，要随时处理各种矛盾。这决定了行政领导者要有开放的心态、宽阔的胸襟、公道正派的作风，团结众人一起去不懈地竞争。

3. 坚忍不拔的意志

开拓创新就难免遭受挫折、失败。只有具备不怕挫折与失败而百折不挠的毅力，才能经得起各种风浪的考验。因此，意志坚强是行政领导者必备的条件之一。

三、行政领导班子的素质结构及其优化

(一) 合理的静态结构

行政领导班子是一个有机的整体,从静态意义上说,其素质结构包括四个方面:

1. 年龄结构

它是根据不同的领导层次,由老年、中年和青年干部按合理的比例构成的综合体。就我国目前情况来看,优化年龄结构主要是实现领导班子年轻化,但要注意不能走极端,不能片面地理解为青年化。

2. 知识结构

这是指行政领导班子应有较高的文化知识水平,还要强调各类人才的合理搭配。只有将各种"专才"很好地组合,构成整体的"全才"或"通才",才能胜任综合而复杂的行政领导工作。因此,配备行政领导班子应将具有不同专长的人有机地结合,以形成既有较宽的知识面,又有精深专门知识的立体知识结构。

3. 智能结构

这是指行政领导班子成员不同智能的合理构成。人的智能结构是有差异的。在优化行政领导班子素质结构时,应根据这种智能的差异,让具有不同智能类型的行政领导个体组合到领导班子中来,形成高智能的、多才多艺的整体。

4. 气质结构

这是指行政领导班子成员在不同气质类型方面的合理构成。人的气质可划分为胆汁质、多血质、黏液质、抑郁质四类,它们各有特点。在行政领导班子的气质结构方面,应注意不同类型气质的互补,以求得领导班子人际关系的和谐化和行为高效化。

(二) 合理的动态结构

领导班子的动态结构,是指在动态领导过程中,行政领导班子所形成的合力,包括合力关系和合力状态。

1. 合力关系

从一般意义上来说,能够进入高层领导集团的人,都是素质较高、形象

较好的领导者。但领导集团的整体素质并不等于领导成员素质的机械相加之和，而取决于各成员在领导活动中能否形成良性互补、互动的合力关系。这种良性互补的合力关系主要表现为：

第一，经验、阅历的互补关系。在领导集团面临新的压力和挑战时，在个体领导成员间，形成良好的经验和阅历互补关系，可增强领导集体克服困难的信心和能力。

第二，专业知识和能力的互补关系。当领导集体遇到重大的非程序性决策时，对决策方案的选择能力，取决于领导成员的知识和能力素质。只有在领导成员知识和能力素质形成良好的互补关系时，才能最大限度地扩大领导者的有限理性，提高集团领导者的决策能力。

第三，品德互动关系。古语云："近朱者赤，近墨者黑。"在领导活动中，领导的人品、道德素质是相互作用、相互影响的互动关系，主要包括道德互动和责任互动。如果多数领导成员能廉洁自律、勇于负责，就可以对个别组织成员形成一定的威慑力，而每个成员都能廉洁自律、勇于负责，就可以使领导集团树立廉洁奉公、对人民负责的良好形象。

2. 合力状态

在领导活动中，衡量一个领导集团素质的高低，主要看以下四个方面。

第一，团结合作能力。团结合作是领导集团的生命线，是实现组织目标的可靠保证。不团结是集团领导素质的腐蚀剂，会给整个管理组织造成更加复杂紧张的关系和巨大的内耗，严重的可以毁掉组织发展的一切努力。没有团结，就没有合作，合作是建立在团结基础之上的。

第二，科学决策和处理复杂事务的能力。科学决策是领导集团的首要任务。一个集团领导者素质的高低，主要是看它能否有效地进行科学决策，决策质量的高低直接关系到组织的生死存亡。同时，还要看领导集团对突发事件的反应能力和处理复杂事务的能力，这些能力状况，直接决定领导集团乃至整个组织的社会形象。

第三，社会动员与社会统御的能力。能否有效地动员社会和群众参与管理是集团领导能力的集中体现，是树立领导形象的最有效途径。社会动员能力和社会统御能力是相辅相成的，两者不可偏废。只有动员能力，没有统御能力，领导活动就没有控制力，容易导致社会混乱；而只强调"统御"，不注意动员群众，就不可能获得群众的支持和有效地动员社会的力量和资源，即使正确的决策，也无法有效地执行。

第四，清除积弊和开拓进取的能力。任何领导活动都不可避免地带来一些负面效果,而这些弊端积累到一定程度,就必须加以清除。一个素质较高的领导集团能够及时发现和正视这些问题,并不断地解剖自己,锐意改革,积极进取。

第六章

人事行政

国家行政机关工作人员常被称为行政人员或政府工作人员，实行公务员制度后又被称为公务员，对他们的管理被称为人事行政，是公共行政的一个重要领域。人事行政中的一个典型制度是公务员制度，它代表传统公共行政的重要价值。随着经济社会的变化和发展，人的因素发挥着越来越重要的作用，传统公务员制度越来越多地被注入现代人力资源管理的理念和方法，促进公共行政的转型与变革。

第一节 人事管理、人事行政和人力资源管理

一、人事管理

人事管理是指组织运用一定的手段和方法，有效地把人的因素与物的因素合理地组合在一起，从而发挥他们各自的作用，实现组织管理目标。它既指一种管理实践活动，即如何让人做事和事得其人，所谓人事两宜或适人适事，又指一门科学，即研究人事管理活动的科学。

管理人和事的活动古已有之，在人事管理作为一门科学诞生以前，这种活动叫劳动管理。19世纪末20世纪初，现代意义的管理科学诞生后，劳动管理逐渐被人事管理取代。人事管理的出现是资本主义发展到一定历史阶段的产物，它是现代化机器大生产的必然结果。

19世纪以后，在资本主义国家，随着生产规模扩大，机器生产代替手工操作，大批熟悉工人代替凭经验式劳动的工匠，这时，如何挑选"一流的工人"，训练他们并使他们能掌握标准化的操作规程，使用标准化工具和器材，实行有差别的制度，就不是过去"工头"们所能胜任的工作，需要

经过专门训练和具有相关技能的人才能承担，于是，出现了专门负责从事招聘、培训、责任分工和工资制度设计等事务的工作部门，现代意义的人事管理就这样逐渐产生了。

除了泰勒、法约尔和韦伯的古典管理理论以外，20世纪30年代中期梅奥的人际关系理论、30年代末和40年代以马斯洛为代表的行为主义理论等都对人事管理科学的产生和发展起了重要作用。

  一个组织的管理包括对物质对象（如劳动工具和原材料）、资本和劳动者等的管理，即对物的管理、对人的管理和对信息流的管理等方面。人事管理是把上述诸要素联结起来的关键环节，因为在这些要素中，人的因素是唯一具有主观能动性的因素，即人可以对自己所处的内外环境进行评估，有选择地采取行动，并且能对行动的后果进行预测，这种特性决定了人在经济和社会活动中处于中心位置。所有经济和社会活动都因人的活动引起，人也可以控制这些活动。物质因素只有经人的活动才能转化为生产力。有时如果人的积极性没有调动起来，再好的物质等条件也不能发挥作用，无法实现组织管理的目标。有时即使物质条件受到一定的限制，但如果人的积极性被充分调动起来，也可以产生难以置信的效果，所谓"人定胜天"。

管理，用法约尔的话来说，就是一个组织的计划、组织、指挥、协调和控制活动，所有这些活动都需要通过人这个载体才能完成，而如何让人去完成这些活动就成为最重要的一个环节。也就是说，对各级各类人员的管理即人事管理，是"管理的管理"，是社会管理活动的核心部分。因此，任何管理者，都必须学会如何做好人事管理工作，否则不可能把管理工作做好。

人事管理的职能主要包括以下六个方面：

（一）招聘

招聘即根据工作岗位对任职者的资格要求，通过各种渠道和方法选拔人员，把他们安排到合适的工作岗位上。

（二）调配

员工能力和其他素质随时间的推移和主客观条件的变化处于动态之中，这就需要人事管理工作者去发现这种变化，并结合组织管理的实际，适时地调整其工作岗位，从而达到人与事的最佳结合，所谓"人尽其才、才尽其用、事得其人、事尽其功"的和谐的人事境界。

（三）培训

首先，当新员工进入组织后，人事管理的一项迫切工作便是根据组织管理和工作的需要对其进行培训，内容包括组织文化、涉及员工的各项管理制度、工作职责、工作流程和工作标准等，使其尽快融入组织和适应工作岗位，完成组织赋予的任务。其次，当员工的工作岗位发生变动后，也要对其进行相应的培训。最后，为提高员工素质和技能，使其获得更多更好的发展机会，也需要对员工进行再教育和再培训。

（四）考核

员工任职上岗后，为促使其按期按量按质完成工作任务和目标，需要对工作效果进行考核或评估，然后根据考核结果实施奖惩，以激励先进，鞭策后进，形成"见贤思齐，见不贤而自内省"的积极氛围，促进组织目标的实现。

（五）薪酬

员工履行其职责，需要给予应有的报酬，满足员工本人及其供养人口的物质需要，使员工安心工作。因此，组织需要根据员工工作量的多寡、责任的轻重、所需技能要求、工作条件、任职年限等设计薪酬制度，做到按劳分配，回报与贡献形成有规律的比例关系。

（六）劳动关系管理

员工进入组织后，就与该组织形成契约基础上的劳动关系（雇用与被雇用的关系），因此，人事管理的一个必要的职能便是对这种关系实施管理，包括劳动合同管理、职业安全卫生管理、劳动争议与处理等。

二、人事行政

人事管理是对社会各类组织的人事职能实施管理的统称。社会上存在不同类型的组织和分类办法，其中被人们最广泛接受的分类是把组织分为公共部门组织和私营部门组织。前者是指行使法律赋予的权力履行公共事务职能或提供公共服务的组织。它又分两类，一是纯粹公共部门组织，如国家立法、行政和司法机关；二是介于纯粹公共部门组织与私营部门组织之间的准公共部门组织，如政府投资兴建的自来水公司、煤气公司、公交公司、学校、科研机构、社会福利机构、医疗机构等。我国一般把这两类组织纳入公共组织范畴。而私营部门组织指的是只提供"私产品"的组织，主要是一般的工商企业。

与此相适应，可把人事管理分为公共部门人事管理和企业人事管理两类。而政府行政机关的人事管理，一般称人事行政，它与其他领域的人事管理一样，都要遵循人事管理的基本规律和原则，其职能也包括上述内容，但与其他领域特别是企业的人事管理比较，又有如下特点：

（一）管理对象不同

我国人事行政的管理对象是国家行政机关的工作人员，而企业人事管理的对象则是在某一企业任职的工作人员。

（二）管理权来源不同

人事行政管理权来自国家法律和国家行政机关的授予，是国家行政权的一部分，管理主体是代表国家及其行政机关对行政机关工作人员实施的一种管理。企业的人事管理权来源于对企业资产的产权和经营权，而产权和经营权视经济成分的不同而不同，如股份制企业的人事权掌握在由股东组织的董事会手里，而私有企业的人事权则掌握在私营企业主手里。

（三）权威性不同

人事行政的管理主体是拥有一定国家权力的政府机构，行使的是国家权力，而国家权力有高度的权威性、严肃性和约束力。这一点使其在与管理对象的关系中存在着一定的不对等性，以一种主权者的身份凌驾于管理对象之上，管理对象在任用条件、工作环境和报酬待遇等方面往往没有讨价还价的权利，必须服从管理主体的强制性安排。而企业人事管理的管理对象对这些方面有选择的自由。

（四）性质不同

企业人事管理的目的是通过调动员工的积极性，提高他们的技能水平，使他们更好地完成工作任务，最终实现企业的利益和自身的发展，因此，带有明显的"经济人"和"自利人"的性质。虽然它在客观上有利于社会的发展，我们也不否定一些企业的公益行为和贡献，但这些公益行为和贡献在企业的经营过程中不占重要地位。

而人事行政有明显的公益性,其目的是要为社会提供更多更好的公共产品和公共服务,除此之外,它不应有自私自利的企图。虽然我们不否定科学的人事行政可以促进政府工作人员个人生涯的发展和政府的良性运作,即实现个人利益和集体利益的统一,但归根到底,这种统一的最终目的也是为了提高政府的工作效率和工作效能,使政府更好地为全体民众服务,而不是谋求政府部门自身的利益。

公共部门的公益性特点要求政府工作人员在其职业生涯发展过程中,必须有公共精神,即为人民服务的精神。按人事管理的一般原则,管理者要根据人的内在需要的变化,实施有针对性的管理行为,健全各种管理制度,综合运用物质激励和精神激励,使员工的辛勤付出与合理回报之间相匹配,从而调动员工的积极性。这些原理在政府部门的人事行政中同样适用。

但我们同时也认为,制度的硬性约束在一定条件下作用往往有限,需要与一定的软约束相配合才能发挥最佳效果,尤其是对政府工作人员而言更是如此。这种软约束就是公共精神。如果没有公共精神,往往难以持久地保证政府工作人员的敬业精神。政府工作人员的权力来源于人民的授权,其享有的职业保障、物质回报和较高的社会地位都源自于人民,我们有充足的理由要求他们具备为人民服务的公共精神。

(五) 复杂性不同

政府组织是一个纵横交错、层级节制的科层组织结构体系,纵向有若干层次,横向有众多部门,不同部门和不同岗位之间的权、责、利关系各异,人员结构有不同专业和文化等背景,不同地区的经济社会发展水平和文化也存在差异,对这样庞大和复杂体系内的人员的管理,既要在法律框架内实现统一管理,如目标统一、事权统一和功能配置的统一,又要允许各部门、各层次和各地区有一定的自主权,形成特色化的管理模式,这显然是极为复杂的系统工程。如对几百万公务员进行分类管理就是纷繁复杂的工作,涉及诸如录用、培训、考核、薪酬等众多环节,其复杂性和难度不是企业组织所能比拟的。

再如政府的目标与企业的目标不同。企业更多的是关注效率问题,其人员业绩衡量标准比较刚性和显性,而政府不仅要关注效率,更要关注公平,因而对其行为的价值判断更难有确定标准,衡量起来就更加困难和复杂。

(六) 法律规范程度不同

政府部门依法管理其管辖范围内的工作人员，这是人事行政的又一大特点。虽然私营部门的人力资源管理也要依法进行，必须符合国家的劳动法，如支付给员工的工资不能低于法律规定的最低工资标准、企业在与员工签订劳动合同时不得有欺诈行为、企业必须为员工购买规定的社会保险等，但法律往往只是规定了最低要求和标准，因而企业拥有较大的自主权，可以自主设定招聘条件、自主加薪、灵活决定员工的职务升降、自主解雇员工等。

但在公共部门，法律对人事管理的各个环节都有严格规定，用人单位往往没有很大的自主权。例如，公务员享有的职业保障是众所周知的重要原则，只要公务员没有重大过错，谁都没有解雇他的权力；谁也不能随意克扣公务员的工资，否则就要承担相应的法律责任。

三、人力资源管理

人事管理这门学科随着时间的推移而不断变化和发展，从过去的劳动管理，到现代的人事管理，再到当代的人力资源管理，是这一变化的总体轨迹。人力资源管理的出现是"二战"后经济增长方式转变和社会形态变化以及由此出现的新理论的必然结果。

"二战"后，总体而言，发达国家的经济增长方式实现了从传统的粗放型向集约型的转变，传统的由增加外在要素的数量投入实现经济增长的模式，逐渐被依靠同样物质投入但通过要素的合理组合即提高劳动生产率实现生产的更快和更好的发展模式所代替，科学技术和信息的作用日益增强，而对科学技术和信息的掌握却完全取决于人的知识和能力。这样，人在经济活动和社会活动中的决定性作用日益明显，人类自身蕴含的资源特性具有的能量逐渐被人们发现，人力资源是第一资源这一对人自身价值的最终认识得以确立。对人的这一认识并非空穴来风，而是建立在扎实的理论基础上的，这就是人力资本理论。

人力资本理论的代表人物是美国经济学家西奥多·舒尔茨和加里·贝克尔等。舒尔茨是1979年诺贝尔经济学奖获得者，学术成就卓然，著作甚丰。他于1960年出任美国经济学会会长时的就职演说《论人力资本投资》在学术界引起轰动。他大胆提出和阐明人力资本的概念，并阐述它在经济增长中的重要作用。他认为，单纯从自然资源、实物资本和劳动力的角度，无法解释经济增长的全部原因。"二战"后的统计数字表明，国民收入的增长一直比物质资本投入的增长快得多。因此，除已知要素外，一定还有重要的生产要素被"遗漏"了，这个要素就是人力资本。①

对这个领域进行具体实证分析则是由爱德华·E. 丹尼尔完成的。他通过精细的分析计算，论证了美国 1929—1957 年间经济增长中，有 23% 的份额要单独归因于美国教育的发展。他还进一步论证，1909—1929 年间物质资本对经济增长的贡献是教育的 2 倍，而 1929—1957 年间教育对经济增长的贡献却超过了物质资本的贡献。

"二战"后，经济发展中持续出现上述的趋势，即在经济收益率方面，土地和资本的收益率下降，人力资本的收益率上升。专家们运用柯布—道格拉斯函数进行的经典分析表明，由实物资本存量增加带来的产量增加，只相当于由人力资本存量增加带来的产量增加额的 1/3。统计数据表明，由实物资本存量引起的收益率增长份额比率已缩小到由人力资本存量引起的收益增长份额的 1/4。②

贝克尔的贡献则表现在对人力资源的微观分析上。他对家庭生育行为的经济决策和成本—效用进行分析，系统地阐述了人力资本与人力资本投资问题，为人力资本的性质、人力资本投资行为提供有说服力的理论解释。

人力资本理论的创立和发展对实践领域的意义除了在宏观领域使许多国家把人力资源开发纳入国家经济社会发展规划外，在微观领域的意义涉及人力资本的吸引、选用、保值、增值和评价等方面。正是因为有人力资本理论，才使人力资源管理建立在更加坚实的基础上，从而有强大的实证解释力。

促使传统的人事管理向人力资源管理过渡的另一动力是社会形态的发展。20 世纪 60 年代，世界逐渐步入信息社会（或叫后工业社会）时代。由于信息快速变化和知识作用日益凸显，社会分群更加多样化，导致利益和价值的多元化，人们的个性化色彩浓厚，因此，信息时代又是个性化的社会。传统人事管理模式适应倡导标准化的工业社会，它重物不重人，实行命令式管理，人员没有自主权。而今天面临的是一个全新的世界：全球性的市场、以脑力为主的知识经济或人工智能经济、激烈的竞争压力、信息激增和快速

---

① 参阅［美］西奥多·W. 舒尔茨著《论人力资本投资》，吴珠华等译，北京经济学院出版社 1990 年版，第 22 页。

② 参阅陈宇、王忠厚等《人力资源经济活动分析》，中国劳动出版社 1991 年版，第 23 页。

变化的"媒介化"社会，人们渴望拥有更多的自主权、高质量的产品和服务、个性化的选择空间。这一切要求管理更多地依靠说服和激励而不是命令，给予人们更多的自主权而不是简单的服从，还要求简化工作流程以增强组织对社会的反应力。

人力资源管理是指对人力资源进行有效开发、合理配置、充分利用和科学管理等活动的总和。人力资源管理与人事管理两个概念并没有截然分开的界线，在实践中两者之间常常替换使用，在管理体制、功能、原理和方法等方面，两者都有许多共通之处，很多人也把两者当作一回事，我们也没有必要强求使用某一个名称而不准使用另一个名称，但如果从学科的高度去理解，两者之间却存在着很多不同之处。从发展趋势来看，人事管理必将过渡到人力资源管理，后者是人事管理发展的新阶段。

我们可以对人事管理与人力资源管理之间的区别做以下的总结：

1. 工作性质和地位不同

传统人事管理基本上属行政事务性工作，活动范围有限，短期导向，主要由人事部门职员执行，很少涉及组织高层战略决策，人事部门扮演的是控制人工成本的"成本中心"的角色。而人力资源管理重视对人的能力、创造力和智慧潜力的开发和发挥，扮演的是增加产出的"利润中心"的角色。由于人在生产和管理中的重要性日益突出，人力资源逐渐进入组织的战略决策领域。组织的战略规划如果离开了人力资源的因素，就会成为空中楼阁而难以实现。随着信息技术、大数据和云计算的发展，人力资源管理职能部门将事务性的工作标准化、自动化和程序化，而更注重于设计实施各种有利于提高员工生产力和组织整体绩效的方案，努力为组织创造价值。例如，结合组织战略，调整优化组织结构；通过准确的绩效考核、有效地激励来加强员工的团队协作，提高员工的满意度和忠诚度；通过培训和教育提高员工的能力和技术水平以及进行员工职业生涯设计等。

2. 内容不同

传统人事管理主要存在于雇佣关系从发生到结束的运动过程。人员招聘、录用、委任标志着雇佣关系的建立，考核、奖惩、职务升降、工资福利待遇、申诉控告等，构成管理阶段的主要内容，辞职、辞退、解雇、退休等则是雇佣关系的结束。

人力资源管理不仅涵盖了传统人事管理的基本内容，而且向纵深发展，大大拓宽了原有人事管理的内容，形成全方位的管理。例如，在西方国家流行的员工援助计划（Employee Assistance Plan，简称EAP），就是要帮助员工解决心理问题、家庭经济问题和法律纠纷问题等。此外，还有知识管理、文化管理、业务流程再造和学习型组织的构建等等。

3. 任务不同

传统人事管理以物为中心，把人看作是一种成本，管理的主要任务是尽可能减少人工成本。而人力资源管理则以人为中心，把人看作是一种资源，并且是最重要的资源，把开发这种资源的潜力当作重要的任务。

4. 职责分担不同

传统人事管理的职责主要由人事部门承担，造成管人与管事之间的脱节。而人力资源管理强调其放射性和渗透性，各部门主管承担人力资源管理的主要职责，实现管人与管事的统一。人力资源管理职能部门与其他业务部门之间形成战略同盟关系，并为它们提供智力支持。

5. 管理方式和手段不同

传统人事管理强调标准化的管理，管理手段较为刚性，主要运用行政命令的办法。而人力资源管理强调管理的人性化，理解员工的需要，采取柔性的参与式的民主管理，注重人文关怀。

第二节 国家公务员制度

一、西方国家公务员制度

在西方国家，政府人事管理领域的典型制度是公务员制度。西方国家通常把通过非选举程序产生而被任命担任政府职务的国家工作人员称为公务员，管理这类人员的制度称为公务员制度（又称文官制度）。

西方国家公务员制度是资本主义发展到一定阶段的产物，它源于中国古代科举制度，始于英国的文官制度。它的确立和发展存在两种类型：一是英美类型，是在同恩赐官爵制和政党分赃制的斗争过程中确立的；二是德、法、日等国类型，主要是在原有的帝国官僚制和封建制的基础上演变而来。

17世纪前，在封建制度下，英国国王集立法和行政大权于一身，官员都是国王的臣仆，必须听命于国王，国王掌握了官吏的任用和升迁权力，官吏的任用和升迁取决于个人的出身和对国王的忠诚，而不是才学和表现，这就是所谓的"恩赐官爵制"。

1688年后，英国确立了君主立宪制度，资产阶级的政治地位上升。至18世纪初，议会通过一系列法令，扩大议会权力，削弱王权。19世纪初，两党制度形成，因执政党更迭和内阁变迁经常导致政府人员的"大换血"，"政党分赃制"影响了政府工作的稳定性和连续性，最终也损害了后起的资产阶级的利益，要求变革政府人事制度的呼声高涨。

1853年，英国政府对东印度公司的人事制度着手改革，由国会委派麦考莱委员会提出改革方案。第二年，该委员会提出《关于建立英国常任文官制度的报告》（即《诺斯科特——屈维廉报告》），建议建立常任文官制度，为英国建立文官制度提供理论依据。该报告后来由英国政府以枢密院令的形式颁布，奠定了英国近代文官制度的基础。

1870年，英国政府又颁布了第二个关于文官制度改革的枢密院令，标志英国文官制度的正式建立。

1968年，英国对文官制度进行了一次重大改革，以富尔顿勋爵为首的12人委员会提出包括158项具体建议的改革报告，又称《富尔顿报告》，主要内容包括：精简文官层次，打破文官系统的封闭性，建立开放统一的分类制度；成立由首相直接领导的文官事务部，调整录用文官的原则，变"通才"为"专才"；成立文官学院，专门从事文官培训和继续教育工作等。

美国公务员制度是在反对政党分赃制和借鉴英国文官制度的基础上逐步建立和完善起来的。1853年，美国国会提出公务员的录用必须经过考试。1871年，国会授权总统颁布命令，规定公职人员录用的知识、能力、年龄、品德等条件。1883年1月，美国国会通过由议员彭德尔顿提出的《公务员制度法案》（即《彭德尔顿法》），规定公务员制度的主要原则和基本框架，标志着美国公务员制度的诞生。

1978年10月，美国国会通过由卡特总统提出的《文官制度改革法》，对联邦公务员制度进行重大改革，主要内容包括：确定功绩制九条原则；设立"高级文官系列"，实行"级别随人"的工资制度，打破过去由于工资随职务而定所造成的人员位置僵化、调动困难的局面；改革人事管理机构；增加录用候选人的人数；推行绩效工资等。

与英美公务员制度的渐进发展方式不同，德国、法国和日本靠强大的中央集权，由国家颁布法律，确立公务员制度。1946年，法国颁布统一的公务员法，把文官管理纳入法制化轨道。1947年，日本通过《国家公务员法》，开始实施国家公务员制度。1949年，联邦德国制定和通过《德意志联邦共和国基本法》，对官吏制度进行一系列改革，确立"考试用人""机会均等"等原则；1950年又颁布《德意志联邦共和国公务员法》，制定了相应的公务员管理文件，形成了一套比较完整的现代公务员制度。

概括起来，西方各国公务员制度主要有以下一些特点：

（一）严格区分政务官与事务官

政务官通过选举产生，承担政治责任，任期随着选举的胜负而进退。事务官通过公开考试、择优录用产生，不随政党进退，实行职务常任。一个人一旦进入公务员队伍，就像端上"铁饭碗"，"无过失不受免职处分"。职务常任制有利于政府工作的稳定性和连续性，也有利于使公务员认真钻研业务、提高技能水平和工作效率。

但职务常任制也有消极的一面，例如它使一部分公务员不思进取，不求有功，但求无过，捱年头论资历，办事拖拉推诿，形成官僚主义作风；某些部门的公务员凭借自己的专业技术，架空政务官，拥揽实权等。

（二）强调政治中立

它是指事务类公务员不参与党派斗争活动，不参加党派竞选，不得以党派偏见影响决策。坚持政治中立有利于公务员以超脱党派斗争的公正态度处理公共事务，保证政府工作的正常秩序。

当然，真正的政治中立在现实中难以做到，因为公务员毕竟生活在党派或集团政治的社会环境中，让他们完全摆脱其影响是不可能的。由于事务官会在一定程度上参与公共政策的制定过程，如利用自己的专业技能和实践经验提出政策建议、参与政策拟定和讨论，他们也可能会从自身或某些集团的利益角度去理解公共政策。在执行公共政策过程中这一问题也同样存在。公务员对一些公共政策的执行或消极怠工，或积极拥护，完全不偏不倚的超然立场是不存在的。

（三）公开考试，择优录用

事务类公务员都是通过社会公开招考形式，所谓"凡进必考"，按考试成绩由高到低的顺序排列，择优录用，排除过去"政党分肥"以党派倾向作为录用依据的弊端，保证录用的公正，克服用人中的不正之风。这一原则在西方国家都通过法律形式固定下来，使其成为一种制度化的安排，是人事管理制度的一大进步。

当然，以考试形式评价一个人有时也存在弊端，例如，它易于测定应试人员的文化知识水平，而对应试者的能力则较难测定。因此，西方国家在录用公务员时，不断改进测评方法，如运用心理测试、聘请一些心理学家担任面试考官，还引进演讲答辩、无领导小组讨论、情境测试等，以弥补考试方法的不足。

（四）实行功绩制原则

以公务员工作能力和实绩作为公务员工资、待遇和级别升迁的依据，这对提高公务员素质和工作积极性，提高政府行政效率都有积极作用。

（五）强调官风官纪和职业道德，重视公务员队伍的廉洁

不少国家都从法律上对公务员的工作纪律和职业道德做出明确和具体的规定，以保证公务员队伍良好的职业操守。

二、中国公务员制度

（一）中国公务员制度的建立和发展

我国公务员制度是在改革传统干部人事制度和借鉴西方国家公务员制度的经验基础上，适应经济体制和政治体制改革的需要而逐渐建立和完善起来的。

我国干部人事制度是在民主革命时期根据地和解放区的人事制度基础上适应社会主义计划经济体制要求而逐步建立起来的，虽然它保证了中华人民共和国成立初期大规模社会主义建设对干部队伍的需要，但也存在管理对象笼统庞杂、管理权限过分集中、管理方式陈旧单一、管理制度和法规不健全等弊端。1978年党的十一届三中全会后，随着改革开放基本国策的推进，迫切需要对这一制度进行改革。

1980年以后，我国开始对干部人事制度改革进行大量的理论探讨，确立了对干部进行分类管理的基本原则，把原有干部队伍分解为：中国共产党各级组织的领导人员和工作人员；国家行政机关的领导人员和工作人员；国家权力机关、审判机关和检察机关的领导人员和工作人员；群众团体的领导人员和工作人员；企事业单位的管理人员；等等。对干部的合理分解，为建立不同类型的人事管理制度提供了分类基础。此后，便着手探索实行公务员制度。这一探索过程大致分为五个阶段：

（1）从1984年至1986年，起草《国家行政机关工作人员条例》。1984年下半年，中央组织部和劳动人事部组织专家学者和实际工作者着手起草《国家工作人员法》，1985年更名为《国家行政机关工作人员条例》。经反复修改和补充，形成《国家行政机关工作人员条例》第十稿，即《国家公务员暂行条例》的前身。

（2）从1986年下半年至1988年4月，是《国家公务员暂行条例》基本形成阶段。党的十二届六中全会以后，中央专门成立政治体制改革研讨小组，下设干部人事改革专题组，将《国家行政机关工作人员条例》更名为《国家公务员暂行条例》，得到中央的原则同意。1987年10月，党的十三大召开，会议正式提出建立国家公务员制度的目标，并在1988年3月召开的第七届全国人民代表大会上得到确认。从此，国家公务员制度和公务员条例的起草工作得到国家最高权力机关的批准，公务员制度的建立进程加快。

（3）1988年5月至1991年，是公务员制度的试验阶段。从1989年初开始，公务员制度在国务院六个部门即审计署、海关总署、国家统计局、国家环保局、国家税务局和国家建材局进行试点工作，后又在一些地方进行试验。

（4）1992年至1993年8月，是公务员条例最后审定颁布阶段。1993年8月14日，《国家公务员暂行条例》正式颁布，并于1993年10月1日起生效，我国公务员制度进入正式实施阶段。此后，以《国家公务员暂行条例》为主，与之配套的几十个单项法规和实施细则相继颁布，如《国家公务员录用暂行规定》《国家公务员考核暂行规定》《国家公务员奖惩暂行规定》《国家公务员职务任免暂行规定》等，逐步形成公务员管理的法规体系，公务员管理被纳入法制化轨道。

（5）1993年8月以后，是公务员制度的逐渐成熟期。公务员制度的建立和推行，对推进干部人事管理的科学化、民主化和制度化，优化干部队伍，调动公务人员的积极性，提高政府工作效能等，起到了重要的作用。1995年，党中央颁布了《党政领导干部选拔任用工作暂行条例》，各地围绕"扩大民主，完善考核，推进交流，加强监督"的改革思路，积极探索和创新，获得许多新经验。随着人事管理制度改革的深化，原有的《国家公务员暂行条例》需要总结和完善，立法层次需要提高。对此，党中央于2000年颁发《深化干部人事制度改革纲要》，明确提出要抓紧研究制定公务员法。2002年党的十六大提出，要改革和完善干部人事制度，健全公务员制度。

2005年4月27日，第十届全国人大常委会第十五次会议审议通过了《中华人民共和国公务员法》（以下简称《公务员法》），该法于2006年1月1日起生效实施。《公务员法》是我国第一部属于干部人事制度管理总章程性质的法律，是新中国50多年来干部人事管理工作历史的重要里程碑，对于贯彻依法治国方略和推进社会主义民主政治建设都有重要意义。它以《国家公务员暂行条例》为基础，保证了制度的连续性和稳定性，又吸收了我国多年来干部人事制度改革的新经验，并借鉴了国外人事管理的有益做法，形成科学合理的规范，推进了干部人事管理的科学化、民主化和制度化。

（二）中国公务员制度的特点

1. 不搞政治中立

党管干部是中国人事管理的基本原则，公务员制度是我国干部人事制度的重要组成部分，是党的组织路线的体现。因此，与西方国家公务员制度所谓的"政治中立"截然不同，我国公务员法体现为按党的干部选拔和任用原则，对国家公职人员按公务员制度进行管理，不是为了摆脱、削弱或淡化党的领导，而是为了改善和加强党对政府人事管理的领导。

党管干部的原则主要体现在党制定与公务员制度有关的路线、方针和政策；党通过考察优秀党员向各级政权机关推荐和确定领导人员；党通过各级党组织对公务员中的党员干部进行教育和监督，提高他们的业务技能水平和其他素质，并使他们依法办事、廉洁奉公；由党组织通过特定的机构负责对公务员管理的部分事务。而公务员则必须坚决贯彻和执行党的路线、方针和政策，自觉接受党的领导和监督。

2. 分类管理与统一领导相结合

我国公务员不搞政务官与事务官"两官分途"制度，而是根据实际实施分类管理。前面讲过，实行公务员制度是我国干部队伍分类管理的结果，而公务员法又对公务员进行分类，把公务员分为领导职务系列与非领导职务系列两部分，分为综合管理类、专业技术类和行政执法类三个类别，分选任制、委任制和聘任制三种不同的任用方式，同时又实行统一的领导。所有公务员，不管职务高低，在哪个部门工作，其工作性质都一样，都是人民公仆，必须全心全意为人民服务，对人民负责，接受人民的监督；无论哪一类公务员，都是国家干部队伍的组成部分，都必须接受党的领导，按党制定的干部管理原则和方法管理；各类公务员间可以通过调任和转任等方式实现有序流动。

3. 公务员法的适用范围

在西方国家，公务员一般是指通过非选举程序而被任命担任政府工作的国家工作人员。而我国《公务员法》第二条规定，公务员是指"依法履行公职、纳入国家行政编制、由国家财政负担工资福利的工作人员"。根据这一规定，我国的公务员不仅包括行政机关的工作人员，而且还包括中国共产党机关、人大机关、政协机关、审判机关、检察机关和民主党派机关的工作人员，这一范围界定体现了我国现行政治制度的基本特点。因为在这些机关工作的人员都履行管理国家事务和社会公共事务的职能，把这些人员统一纳入公务员管理体系有利于保持机关工作人员的整体性和干部人事政策的统一性。

4. 宗旨是为人民服务

虽然西方国家公务员声称是"全体国民的服务员"，"在执行职务时，考虑的是普遍性的利益"，但实际上是为资产阶级利益服务，维护资产阶级的统治秩序和社会秩序。此外，西方国家的公务员通过组织工会等逐渐形成了一个独立的、特殊的利益集团，他们可就自身利益与政府形成对抗的关系，甚至可以要挟和架空政务类官员。而在我国，公务员的根本宗旨是为人民服务。人民赋予公务员执行公务的权力，公务员只能运用这种权力为人民谋利益，而不允许以权谋私。我国公务员没有、国家也不允许其为了自身利益形成所谓的"利益集团"。

（三）中国公务员制度的主要内容

1. 公务员的义务与权利

公务员既有作为公民享有和承担的宪法和法律赋予公民的各项权利和义务，又有作为公务人员因职业特点而负有的执行公务所需要的法定的特定义务与权利，并与国家机关之间形成一定的义务与权利关系。

公务员的义务指法律关于公务员在执行国家公务的活动中必须做出一定行为或不得做出一定行为的约束。根据公务员法的规定，我国公务员的义务包括：模范遵守宪法和法律；按规定的权限和程序认真履行职责，努力提高工作效率；全心全意为人民服务，接受人民监督；维护国家安全、荣誉和利益；忠于职守，勤勉尽责，服从和执行上级依法做出的决定和命令；保守国家和工作秘密；遵守纪律，恪守职业道德，模范遵守社会公德；清正廉洁，公道正派；法律规定的其他义务。

公务员的权利指法律关于公务员可以享受某种利益或可做出一定行为的许可和保障，它与公务员的义务之间是有机统一的关系。根据公务员法的规定，我国公务员的权利内容包括：获得履行职责应当具有的工作条件；非因法定事由、非经法定程序，不被免职、降职、辞退或者处分；获得工资报酬，享受福利、保险待遇；参加培训；对机关工作和领导人员提出批评和建议；提出申诉和控告；申请辞职；法律规定的其他权利。

2. 职位分类

《公务员法》规定："国家实行公务员职位分类制度。"职位分类制度主要有两方面：一是划分职位类别，二是职位设置。职务与级别设置一般也可归入职位分类制度的范畴。

《公务员法》规定，职位类别按照公务员职位的性质、特点和管理需要，划分为综合管理、专业技术和行政执法类等类别。

（1）综合管理类职位，指履行综合管理以及内部管理等职责的职位，即从事规划、咨询、决策、组织、指挥、协调、监督和机关内部管理工作的职位。

（2）专业技术类职位，是指那些从事专业技术工作，履行专业技术职责，为实施公共管理提供专业技术支持和技术手段保障的职位，如公安部门的法医鉴定、痕迹检验等，外交部门的高级翻译等。

（3）行政执法类职位，指直接履行监管、处罚、稽查等现场执法职责的职位，主要集中于公安、税务、工商、质检、环保、食品药品监督管理等政府部门的基层单位。

此外，《公务员法》还规定："国务院根据本法，对于具有职位特殊性，需要单独管理的，可以增设其他职位类别。"目前，法官、检察官职位由于在性质、特点等方面与其他职位存在明显区别，事实上已被划分为单独类别。

《公务员法》规定："各机关依照确定的职能、规格、编制限额、职数以及结构比例，设置本机关公务员的具体职位，并确定各职位的工作职责和任职资格条件。"

我国公务员的职务设置领导职务和非领导职务序列。领导职务层次分为：国家级正、副职，省部级正、副职，厅局级正、副职，县处级正、副职，乡科级正、副职。综合管理类的领导职务根据宪法、有关法律、职务层次和机构规格设置确定。综合管理类的非领导职务分为：巡视员、副巡视员、调研员、副调研员、主任科员、副主任科员、科员、办事员。专业技术类和行政执法类的公务员的职务序列由国家另行规定。

由中共中央组织部、前国家人事部颁布的《公务员职务与级别管理规定》规定，公务员级别应当根据其所任职务、德才表现、工作实绩和资历确定。公务员共分27个级别。职务等次高低与级别的高低相互交叉，每一职务对应1～9个级别，职务越高对应的级别越少，职务越低对应的级别越多。公务员在同一职务上，可以按照国家规定晋升级别。其职务与级别对应关系如表6-1所示。

表6-1 公务员职务与级别对应关系表

职务层次	级别
国家级正职	一级
国家级副职	四至二级
省部级正职	八至四级
省部级副职	十至六级
司局级正职、巡视员	十三至八级
司局级副职、副巡视员	十五至十级
县处级正职、调研员	十八至十二级
县处级副职、副调研员	二十至十四级
乡科级正职、主任科员	二十二至十六级
乡科级副职、副主任科员	二十四至十七级
科员	二十六至十八级
办事员	二十七至十九级

3. 公务员录用

公务员录用指国家有关机关按标准，通过法定方法和程序，从社会录用担任主任科员以下及其他相当职务层次的非领导职务公务员，并与其建立公务员权利和义务关系的行为。

公务员录用采取公开考试、严格考察、平等竞争、择优录取的办法。

报考的条件包括：具有中华人民共和国国籍；年满18周岁；拥护中华人民共和国宪法；具有良好的品行；有正常履行职责的身体条件；具有符合

职位要求的文化程度和工作能力;省级以上公务员主管部门规定的拟任职位所要求的资格条件;法律规定的其他条件。下列人员不得录用为公务员:曾因犯罪受过刑事处罚的;曾被开除公职的;有法律规定不得录用为公务员的其他情形的。

录用公务员,必须在规定的编制限额内,并有相应的职位空缺。公务员录用程序一般包括:发布招考公告、资格审查、对资格审查合格者进行考试、对考试合格者进行录用考察、体检、提出拟录用人员名单并予以公示、审批和备案、试用。公务员录用考试采取笔试和面试的方式,考试内容根据公务员应具备的基本能力和不同职位类别分别设置。

4. 考核、奖励、纪律与惩戒

公务员考核指有关机关按管理权限,对公务员进行的考察和评价活动。它既包括对公务员的综合性和制度化的常规考核,也包括对公务员的各类单项考核。考核的目的,一是为了全面了解公务员的基本素质、才能和贡献,以便发现和选拔优秀人才;二是通过考核对公务员的德才表现和工作情况做出公平合理的评价,为实施奖惩、培训和辞退等管理工作提供可靠依据;三是实现对公务员的合理使用,做到人尽其才,充分发挥每个人的作用。

公务员考核的内容是德、能、勤、绩、廉,重点考核工作实绩。考核分为平时考核和定期考核,定期考核以平时考核为基础。对非领导职务公务员的定期考核采取年度考核方式,先由个人按职位职责和有关要求总结,主管领导在听取群众意见后,提出考核等次建议,由本机关负责人或授权的考核委员会确定考核等次。对领导职务公务员的定期考核,由主管机关按有关规定办理,目前该类考核一般采用目标责任制的形式。定期考核结果分为优秀、称职、基本称职和不称职四个等次。定期考核结果作为调整公务员职务、级别、工资以及公务员奖励、培训、辞退的依据。

公务员奖励,指有关机关依照法律或有关章程的规定,对工作表现突出、有显著成绩和贡献或有其他突出事迹的公务员或公务员集体给予奖励。奖励坚持精神奖励与物质奖励相结合、以精神奖励为主的原则。公务员或公务员集体有下列情形之一的,给予奖励:忠于职守,积极工作,成绩显著的;遵守纪律,廉洁奉公,作风正派,办事公道,模范作用突出的;在工作中有发明创造或提出合理化建议,取得显著经济效益或者社会效益的;为增进民族团结、维护社会稳定做出突出贡献的;爱护公共财产,节约国家资财有突出成绩的;防止或消除事故有功,使国家和人民群众利益免受或者减少损失的;在抢险、救灾等特定环境中奋不顾身,做出贡献的;同违法违纪行为做斗争有功绩的；在对外交往中为国家争得荣誉和利益的；有其他突出功绩的。

奖励分为嘉奖、记三等功、记二等功、记一等功、授予荣誉称号五种形式。对受奖励的公务员或公务员集体予以表彰，并给予一次性奖金或者其他待遇。

公务员的纪律是各级公务员为保证管理工作的正常进行，维护机关的良好形象，促使公务员依法履行公务而制定的要求公务员必须遵守的行为准则。我国的公务员法以限制性规定的形式规定公务员的纪律，列举公务员不得有的行为，包括：散布有损国家声誉的言论，组织或者参加旨在反对国家的集会、游行、示威等活动；组织或者参加非法组织，组织或者参加罢工；玩忽职守，贻误工作；拒绝执行上级依法做出的决定和命令；压制批评，打击报复；弄虚作假，误导、欺骗领导和公众；贪污、行贿、受贿，利用职务之便为自己或者他人谋取私利；违反财经纪律，浪费国家资财；滥用职权，侵害公民、法人或者其他组织的合法权益；泄露国家秘密或者工作秘密；在对外交往中损害国家荣誉和利益；参与或者支持色情、吸毒、赌博、迷信等活动；违反职业道德、社会公德；从事或者参与营利性活动，在企业或者其他营利性组织中兼任职务；旷工或者因公外出、请假期满无正当理由逾期不归；违反纪律的其他行为。

公务员的惩戒是有关机关对公务员违法违纪的行为所实施的处分。公务员法规定，公务员因违法违纪应当承担纪律责任的，依照该法给予处分；违纪行为情节轻微，经批评教育后改正的，可以免予处分。处分的种类分为警告、记过、记大过、降级、撤职、开除。

5. 职务任免与升降

公务员职务任免是公务员任职和免职的统称。我国公务员法规定，公务员职务实行选任制和委任制。选任制是指按有关法律、章程的规定，通过民主选举方式确定任用对象的任用方式。

选任制适用的职务主要有：中国共产党机关按《中国共产党党章》产生的职务；人大机关按法律选举产生的职务；行政机关按法律选举产生的各级政府组成人员；审判机关和检察机关按法律选举产生的职务；政协机关按照《中国人民政治协商会议章程》选举产生的职务；民主党派机关按各民主党派章程选举产生的职务。选任制公务员在选举结果生效时即任当选职务，任期届满不再连任，或者任期内辞职、被罢免、被撤职的，其所任职务即终止。

委任制指由任免机关在其任免权限内，直接委派特定工作人员担任一定职务的任用方式。我国公务员制度规定，公务员中非政府组成人员的任用实行委任制，部分职务实行聘任制。

公务员职务升降指公务员机关根据工作需要以及公务员本人的工作表现和德才情况，在其法定权限内，依法定程序提高或降低公务员职务层级的行为。

公务员晋升职务，应具备拟任职务要求的思想政治素质、工作能力、文化程度和任职经历等方面的条件和资格。公务员晋升职务，应逐级晋升。特别优秀的或工作特殊需要的，可按规定破格或越一级晋升职务。

公务员在定期考核中被确定为不称职的，按规定程序降低一个职务层次任职。

6. 培训、交流与回避

公务员培训指国家有关机关根据经济社会发展的需要、职位的要求和提高公务员素质的需要，通过各种形式，有计划有组织地对公务员进行的政治理论、文化知识、科学技术和操作技能等方面的培养和训练。参加培训既是公务员的一项权利，也是公务员的一项义务。公务员培训的原则包括理论联系实际、学用一致、按需施教、讲求实效和注重能力建设等。根据公务员法的规定，公务员培训的种类包括初任、任职、专门业务、更新知识和提高工作能力的在职、专业技术培训。公务员培训情况、学习成绩作为公务员考核的内容和任职、晋升的依据之一。

公务员交流指有关机关根据工作需要或公务员个人愿望，通过法定形式，在公务员机关内部变换公务员的工作职位，或把公务员调出公务员机关任职，或将公务员机关以外的工作人员调入公务员机关担任公务员职务的活动。交流方式包括调任、转任和挂职锻炼。

调任指公务员机关根据工作需要，从其他机关或企事业单位选调工作人员到公务员机关担任领导职务或副调研员以上非领导职务，以及公务员调出公务员机关任职的活动，它涉及公务员职务关系的产生或消失。

转任指公务员因工作需要或其他正当理由在公务员机关系统内跨地区、跨部门的调动，或在同一部门内的不同职位之间进行转换任职。

公务员挂职锻炼指公务员机关有计划地选派在职公务员在一定时间内到下级机关或上级机关、其他地区机关以及国有企业事业单位担任一定的职务，经受锻炼，以丰富经验，增长才干。

公务员回避指为保证公务员机关公正和严格执法，当公务员在行使职权的过程中，与其所处理的事务存在一定利害关系时，使其回避的一种限制性规定。公务员回避有任职回避、公务回避和地域回避三种。

7. 工资、保险与福利

公务员的工资，指公务员以知识和技能为国家服务后所得的货币报酬。我国实行国家统一的职务与级别相结合的公务员工资制度。公务员工资制度贯彻按劳分配原则，体现工作职责、能力、实绩、资历等因素，保持不同职务、级别间的合理工资差距。

国家建立公务员工资正常增长机制，使公务员工资水平与国民经济发展相协调、与社会进步相适应，为此，国家实行工资调查制度，定期进行公务员和企业相当人员工资水平的调查比较，并将工资调查比较结果作为调整公务员工资水平的依据。

国家建立公务员保险制度，保障公务员在退休、患病、工伤、生育、失业等情况下获得帮助和补偿。

公务员按国家规定享受福利待遇。国家根据经济社会发展水平提高公务员福利待遇。

8. 公务员辞职、辞退、退休与申诉控告

公务员辞职指公务员根据本人意愿，依法律规定，在一定条件下辞去公务员职务，解除与公务员机关关系的行为。公务员辞去公职，应向任免机关提出书面申请。公务员有下列情形之一的，不得辞去公职：未满国家规定的最低服务年限的；在涉及国家秘密等特殊职位任职或离开上述职位不满国家规定的脱密期限的；重要公务尚未处理完毕，且须本人继续处理的；正在接受审计、纪律审查，或涉嫌犯罪，司法程序尚未终结的；法律、行政法规规定的其他不得辞去公职的情形。

公务员辞退指公务员机关根据法律规定的条件，通过法律程序，在法定管理权限内，解除公务员全部职务关系的行政行为。公务员有下列情形之一的，予以辞退：在年度考核中，连续两年被确定为不称职的；不胜任现职工作，又不接受其他安排的；因所在机关调整、撤销、合并或者缩减编制员额需要调整工作，本人拒绝合理安排的；不履行公务员义务，不遵守公务员纪律，经教育仍无转变，不适合继续在机关工作，又不宜给予开除处分的；旷工或者因公外出、请假期满无正当理由逾期不归连续超过15天，或者一年内累计超过30天的。

公务员退休指公务员达到一定年龄，或由于丧失工作能力而根据国家的有关规定，办理离开工作岗位的手续，并享受相关待遇。公务员法还规定公务员可以提前退休的条件：工作年限满 30 年的；距国家规定的退休年龄不足 5 年，且工作年限满 20 年的；符合国家规定的可以提前退休的其他情形的。

公务员申诉指公务员对公务员机关做出的涉及本人权益的人事处理决定不服时，向同级公务员主管部门或做出该人事处理的机关的上一级机关提出申诉，要求重新处理的行为。这些人事处理决定包括：处分；辞退或者取消录用；降职；定期考核定为不称职；免职；申请辞职、提前退休未予批准；未按规定确定或者扣减工资、福利、保险待遇；法律、法规规定可以申诉的其他情形。公务员认为机关及其领导人员侵犯其合法权益的，可依法向上级机关或有关的专门机关提出控告。受理控告的机关应按规定及时处理。

9. 职位聘任

职位聘任是公务员机关与所聘公务员按平等自愿、协商一致的原则，签订书面的聘任合同，确定机关与所聘公务员双方的权利、义务关系的一种任职方式。它是随着人事管理改革的不断深入，在总结经验的基础上出现的一种新的类似于企业那样的任用方式。我国公务员法规定，公务员机关根据工作需要，经省级以上公务员主管部门批准，可对专业性较强的职位和辅助性职位实行聘任制。聘任合同期限为 1 至 5 年。聘任合同可约定试用期（1 至 6 个月）。聘任制公务员按国家规定实行协议工资制，具体办法由中央公务员主管部门规定。

第三节 中国人事行政的变革

中国人事行政改革实践的基本趋势是借鉴市场化方法和当代人力资源管理的原理和技术，进入新世纪后这种趋势较为明显。

一、政府雇员制

由于公务员制度强调法制化管理和按法定权限程序办事，有时会显得柔性不足刚性有余。在中国那么大的国度里，各地情况千差万别，需要赋予用人单位一定的自主性才能满足人事管理的需要。于是，一种较为灵活的市场化用人制度便应运而生，这就是政府雇员制度。

2002年6月，吉林省出台了《吉林省人民政府雇员管理试行办法》，成为国内首个"吃螃蟹"地区，开始政府雇员制的探索。随后，上海、武汉、无锡、长沙、珠海、青岛、芜湖、深圳、广州等地纷纷效仿试行，引起了社会各界的广泛关注。

目前，我国政府雇员制的适用范围主要在专业技术领域。现代社会，信息技术在政府管理中的运用越来越广，许多国家和地区原来的公务员难以胜任相应的技术性工作。但由于公务员薪酬制度刚性强，用人单位不能随意给公务员加薪，而这部分人才在社会上又比较紧俏，他们很容易在社会上找到待遇较好的工作，如果仅囿于传统公务员制度，就有可能难以吸引这部分人才进入公务员队伍，因此，需要打破公务员制度的框框，以较高的报酬雇用他们，这就是政府雇员制施行的初衷。

目前，国家没有对政府雇员制度进行统一规范，各地的制度形式各不相同，但也有相似之处，是作为现行公务员制度的一种补充形式。政府雇员制度主要在以下五个方面有别于公务员制度：

（1）适用法律规范不同。国家公务员受公务员法的调整，政府雇员则是依照劳动合同来规范政府与雇员之间的权利义务关系，即按劳动法来约束雇用双方行为。

（2）用人方式不同。无论是选任制公务员还是委任制公务员，其任用方式都是刚性的，其身份也有长久性。而政府雇员制的用人模式与企业一样，是市场化的，政府雇员的任期按照合同规定，有一定的期限。

（3）管理方式不同。对公务员的管理，如录用、考核、奖惩等有法律法规为依据，政府雇员则完全按照合同管理，是一种企业化的管理模式。

（4）薪酬待遇不同。公务员制度有完整的工资体系，公务员按职务和级别享有不同的工资，受刚性薪酬体系约束。政府雇员制则是按岗定薪，薪资报酬参照人才市场行情和职业风险程度上下浮动。

（5）法律地位不同。公务员行使行政权力，占行政编制，而政府雇员不行使行政权力，也不占行政编制，主要从事一些专业性和技术性工作。

此外，在很多地方政府中存在临时雇员的用人制度，其任用形式与政府雇员制度相似，只不过被雇用者并不叫政府雇员。

二、竞争上岗和公开选拔领导干部

从20世纪90年代开始，一种新的人才选拔方式在较大的范围内得到运用,即竞争上岗和公开选拔领导干部。

竞争上岗的程序一般包括公布职位状况、公开报名、资格审查、考试、演讲答辩、民主测评、组织考察、决定任命等。与传统委任制相比,竞争上岗的一个最大变化或优点在于它的公开性,只要具备报名条件的人都可参与竞争,大大增强透明度,打破用人制度中的神秘色彩,有利于社会和民众的监督。一些地方在运用竞争上岗时,组织大量人力,如聘请专家研制测评的技术和方法,并且通过媒体等大力宣传,在一定程度上保证了选拔过程的公开、公平和公正,从中选拔了一批人才,有利于克服传统用人制度带来的不正之风。

与竞争上岗相类似的任用方式是公开选拔领导干部,两者在选拔程序上并没有根本差别,都强调公开透明,竞争者均要经过多个考试和测评环节,只不过两者在适用范围上有一定的差别。竞争上岗一般是单位内部的人员选拔方式,公开选拔领导干部则突破单位局限,在更广大范围内选拔。公开选拔领导干部有两种情况:一种是对非政府组成人员的公开选拔,其选拔程序与竞争上岗大致相当;另一种是对一些政府组成人员的选拔,程序上增加群众推荐和人大选举的环节,又称"公推公选"。

三、绩效考核创新

传统的公务员考核在"德、能、勤、绩、廉"统一框架下,由自我鉴定—小组评议—领导审核决定这样简单的程序完成,存在的问题主要有:考核内容和标准不明确不具体,缺乏针对性;出现考核结果的平均主义和优秀人员"轮流坐庄"的现象;考核方法过于简单;考核结果难以作为任用等的客观依据。

于是,一种更能体现考核客观公平的目标责任制便在20世纪八九十年代在一些地方政府中得到运用,它主要是针对主要党政领导干部而实施的考核。后来,这种形式又演变为各式各样的"一票否决"。1998年6月,中共中央组织部颁发了《党政领导干部考核工作暂行规定》,规定要"建立健全领导班子任期目标和领导干部岗位职责规范"作为对党政领导干部的考核的重要依据。此后,很多地方党组织都出台实施了党政领导干部绩效考核的规定和办法,它在一定程度上有利于克服传统考核方法的弊端,促进我国干部考核工作的规范化、制度化和科学化建设。

除对领导干部实行目标责任制考核外,一些地方对普通公务员考核也进行很多改革探索，较有代表性的有：一是利用现代管理技术（如ISO9000族认证）和信息技术（如电子政务），实现考核标准刚性化，并由电子政务系统自动生成考核结果，大大提高了考核结果的客观性和准确性；二是引入企业界的成功和有价值的考核方法，如360度考核、平衡计分卡、关键业绩指标法等，使公务员考核方法日益科学化和多样化。

四、公务员职务与职级并行制度改革

长期以来，公务员工资待遇的提高主要靠晋升职务，级别的激励作用没有得到充分发挥，特别是在县以下机关，公务员受机构规格等因素限制，职务晋升空间小、待遇得不到提高的矛盾更为突出。为此，中共十八大提出要深化干部人事制度改革，中共十八届三中全会明确提出推行公务员职务与职级并行、职级与待遇挂钩制度，以切实解决上述问题。2015年1月，中共中央办公厅、国务院办公厅印发了《关于县以下机关建立公务员职务与职级并行制度的意见》（以下简称《意见》），决定在县以下机关实行职务与职级并行制度。《意见》提出，将对县以下机关公务员设置5个职级，由低到高依次为科员级、副科级、正科级、副处级和正处级。办事员任满8年未提拔的，可享受科员级待遇；科员任满12年未提拔的，可享受副科级待遇；副乡科级、副主任科员满15年未提拔的，可享受正科级待遇；正科级干部15年未提拔的，可享受副处级待遇；副县处级干部15年未提拔的，可享受正处级待遇。职级晋升后，可以享受相应职务层次非领导职务工资待遇，但工作岗位不变。

建立公务员职务与职级并行制度，形成职务与职级两个晋升通道，是对干部人事制度的重要调整和改革，也是对公务员制度的创新和完善，施行该制度，可以鼓励公务员立足本职工作，勤勉奉献，同时有利于淡化官本位思想。县以下机关公务员是做好基层工作、服务人民群众、巩固基层政权的骨干力量，在县以下机关实施公务员职务与职级并行制度，对于调动和发挥基层公务员的积极性，将起到促进作用。

第七章

公共预算

习近平提出:"人民对美好生活的向往,就是我们的奋斗目标。"①为了实现这一目标,国家必须能够汲取资源,并且高效地分配和使用这些资源。财政是国家治理的基础和重要支柱,科学的财税体制是优化资源配置、维护市场统一、促进社会公平、实现国家长治久安的制度保障。②毫不夸张地说,"治国即理财"。

早在土地革命期间,中国共产党就建立了集中统一的财政管理制度,建立了财政收入和分配制度,为革命的胜利奠定了良好的经济基础。③ 1949年中华人民共和国成立后,集中统一的财政管理制度进一步得到巩固和完善。1978年实行改革开放后,为适应社会主义市场经济建设的需要,我国进一步完善了财政制度,例如,重建税收制度,完善中央与地方的财政管理体制。毫不夸张地说,如果没有这些与时俱进的财政预算制度创新,无论是新民主主义革命还是社会主义建设都无法取得成功。

随着社会主义市场经济改革的不断深化,社会分层加速,社会利益也变得越来越多元,国家治理面临越来越多的挑战。如何建立更加负责有效的政府,不断推动经济和社会发展,已是国家治理的核心议题。在此背景下,财政预算管理的地位也越来越重要。1994年,国家制定了第一部《中华人民共和国预算法》(以下简称《预算法》)。1998年,国家明确提出建立公共财政体制的改革目标。1999年,启动了全方位的预算改革(包括部门预算、政府采购、国库集中收付制度、预算绩效管理,等等),建立了现代公共预算制度。这些改革不仅改变和重构了政府间、部门间的权责关系,改变了政府的行为方式,也改变着国家与社会的关系。2014年,我国顺利完成了预

---

① 习近平:《习近平谈治国理政》,外文出版社2014年版,第4页。
② 同上书,第80页。
③ 参见王明前《中央革命根据地财政体系演变新探》,载《中国经济史研究》2011年第2期。

算法的修订，建立了更加完善的预算法律制度。

本章首先对公共预算进行简要概述，然后梳理中国过去近 20 年的预算改革，接下来重点介绍中国政府预算过程的参与者，以及编制、审批、执行、决算四个过程。中国政府预算制度的分析反映了中国建立现代国家、提升国家治理能力的独特路径。

第一节 公共预算概述

一、公共预算的历史

自国家出现之日起，就有了财政管理活动。如果仅仅将"预算"理解为财政收支记录，则"预算"古已有之。任何国家都需要对财政收支进行测算和记录，并对其进行监控。印度孔雀王朝（公元前 322 年—前 185 年）甚至有了正式预算，规定哪些税收的多大比例用于什么开支项目。中国古籍《礼记·王制》也这样表述国家的理财："冢宰制国用，必于岁之杪，五谷皆入，然后制国用。用地小大，视年之丰耗，以三十年之通制国用，量入以为出。"这在很多方面已颇似今天的预算。①

然而，现代公共预算是 19 世纪时期的产物。在 19 世纪前，尽管所有前现代国家都有财政管理活动，但都处于没有现代公共预算的"前预算时代"。这一时期国家的财政管理基本上都存在两大问题：一是在政府内缺乏集中统一的行政控制，无论是收入管理还是支出管理都非常分散；二是没有一种制度来确保政府财政收支活动对社会负责。由于缺乏有效的监督和控制，不仅资金征收与使用效率很低，而且经常出现贪污、腐败与浪费等现象。进入 19 世纪后，在政治民主化浪潮的推动下，经济（尤其是金融）发展也进入了新的历史时期，现代国家纷纷开始进行财政改革，建立现代公共预算制度，标志着国家财政管理开始进入"预算时代"。②

19 世纪确立的现代公共预算是"控制取向"的，主要通过建立两种基本控制机制来构建对公民负责的政府：一方面在政府内建立集中统一的行政

---

① 参见王绍光《从税收国家到预算国家》，见马骏、侯一麟、林尚立主编《国家治理与公共预算》，中国财政经济出版社 2007 年版。

② 转引自马骏《中国公共预算改革的目标选择》，载《中央财经大学学报》2005 年第 9 期。

控制，另一方面由立法机构从外部监督政府的收支活动。其目的是通过这两种控制机制既确保政府各部门对政府首脑负责，又使得政府整体对立法机构负责，进而确保整个政府对公民负责。因此，政府预算就变成一个必须经法定程序批准的、政府及其部门在一定时期的财政收支计划。它不仅是财政数据的记录、汇集、估算和汇报，而且是一个计划。这个计划由政府准备，提交立法机构审查批准。它必须全面、分类清晰、标准统一、信息准确、编制严密、有明确时效和约束力；它必须经立法机构批准与授权后方可实施，并公之于众。19世纪以来，现代公共预算制度已发展成为现代国家进行国家治理的基本制度，是建立廉洁、经济、高效、负责的现代国家的基本条件。

从预算编制方式上看，19世纪的现代公共预算最后形成一种基数加增长的预算资金分配模式，即在详细分项列出预算开支项目的基础上，每年的预算编制以上一年度的预算作为基数，并在此基础上加上彼此"公平"的增长份额。这种预算资金分配模式不利于及时调整项目的优先性排序，不利于将公共资金从低效率的项目转移到高效率的项目。随着政府职能越来越复杂，对公共预算管理的要求也越来越高，这种基数加增长的方法越来越不适应政府管理的需要。20世纪50年代以来，出现了一次次的预算改革，这些改革都希望能更加理性地分配稀缺的公共资金。现代公共预算也因此在控制之外发展出新的功能。例如，20世纪50年代的绩效预算将资源分配与产出绩效联系起来；60年代的计划—项目预算将战略计划引入资金分配，使公共预算开始以长远的视野考虑问题，也为运用政策引导资金分配创造条件；70年代的零基预算直接挑战预算基数对资金分配的影响，希望通过财政资金的再配置，改进资源配置效率；80年代以来出现的新绩效预算改革充分吸收以前预算改革有价值的成分，将预算资金分配的重点转到最终结果，因而也被称为结果导向预算。

二、公共预算的目标

公共预算的目标可以从以下三个层次来理解：在宏观层次上，公共预算制度对政策制定构成财政总额约束；在中观层次上，公共预算制度影响财政资源的配置；在微观层次上，公共预算制度影响资金的使用与管理，进而影响公共服务生产和供给的效率。因此，公共预算包括三个层次的目标，即加强对财政收支总额的控制、高效率地分配财政资金、提高财政资金的使用或运作效率。①归根结底，公共预算必须实现问责，即公共资金的汲取、分配和使用必须确保对公众负责。

（一）总额控制

总额控制是指对财政收支总额的控制，既确保日常财政平稳运行，又实现财政长期可持续性和财政健康。总额控制不只是支出总额的控制，还必须考虑收入与支出的互动关系。总额控制意味着预算参与者不能随意增加收入和追加支出的限额。这当然不是说政府的支出不能增加。即使政府的支出年年增加，但这种增加应当与收入的中长期正常增加相称，如此，财政才能可持续。总额控制之所以必要，是因为相对于对资源的需求而言，可用的资源总是稀缺的。如果所有的预算资金申请者都能根据正常收入的增长来申请资金，那就没有必要进行总额控制。然而，现实中预算申请的支出总额总是会超过政府能够或者愿意支出的总额。如果不实行总额控制，总是尽力满足每个资金申请者，政府将逐渐耗尽当年财政收入以及政府的借贷能力，公共支出就可能失去控制，税收和支出在国内生产总值中的比重就会不断上升，高额赤字和债务会累积起来，财政的可持续性就会降低，并最终导致财政风险。②

从19世纪直到20世纪50年代，由于大多数国家至少在形式上坚守预算平衡原则，要求预算年度内支出不能超过当年财政收入，所以，财政支出膨胀并没有大到足以威胁整体财政健康。然而，从20世纪50年代开始，随着预算平衡原则被赤字财政理论所取代，很多国家开始采取灵活的财政态度。无论是在预算编制还是在预算执行过程中，总额控制都被放松，这就导致了公共支出膨胀。面对赤字高企、债台高筑和支出难以为继等问题，从80年代中期开始，越来越多的发达国家开始集中预算决策权，重建总额控制机制。然而，2008年金融危机以来，希腊、西班牙等国爆发债务危机，美国、日本等国的政府债务进一步膨胀，总额控制仍然面临非常巨大的挑战。

（二）配置效率

相对于人类的需求，社会资源总是稀缺的。因此，提高资源配置效率非

---

① 参见［美国］艾伦·希克《现代公共支出管理方法》，王卫星译，经济管理出版社2000年版，第11～12页。

② 同上书，第46～47页。

常重要。在实行市场经济的国家,有两大基本资源配置机制:市场机制和公共预算。为实现资源配置效率,不仅需要一个能够有效率地配置资源的市场机制,还必须有一个理性的、负责的公共预算制度,对稀缺资源进行有效率的配置以实现公共利益,增进人民福祉。对于财政资金短缺的发展中国家来说,提高配置效率更是意义重大。①

在此,公共预算需要回答一个基本问题:当政府将一定数量的财政资金配置给一项活动而不是另一项活动时,是否有一个理性的依据?这就是资源配置效率。如果不谈配置效率,资金分配很简单。只要财政资金没有被用于私人目的,给哪一个部门或项目都合法。但是,实现资金配置效率绝非易事。要实现资源配置效率,从根本上讲,需要政府制定合理的战略计划,并能运用这个计划引导资金分配,将资源从低效率项目转向高效率项目。为此,需要一个理性的预算资金分配模式,需要整合计划、政策和预算。19世纪的预算改革通过建立行政控制和立法机构监督来确保公共资金用于公共目的。20世纪50年代以来出现的绩效预算、计划项目预算、零基预算、新绩效预算则进一步探索改进资源配置效率的道路。一个大趋势是,提高资源配置效率,必须能够战略性地配置资源。早在20个世纪50年代,邓小平同志就提出了运用战略观念来加强财政管理。在当时的全国财政厅局长会议上,他指出:"财政部门要看到大事,要有战略观念。"②

(三)运作效率

运作效率是在预算执行过程中通过有效率地组织和管理财政交易,防止资金被贪污、挪用和浪费,确保立法机构通过的预算能严格而有效地执行,提高收入和支出管理的效率。改进运作效率需要考虑四个问题:控制、灵活性、协调与激励。在预算执行中,基本控制机制是必要的;否则,就会出现贪污、挪用与浪费。不过,在加强控制的同时,必须确保各部门拥有一定的灵活性,否则就会失去效率。同时,也需要将节约与创新的激励植入财政管理,因为如果控制过度,就可能会产生负激励,例如年底突击花钱导致的巨大浪费。最后,在预算执行过程中,还必须考虑协调问题。这种协调既包括负责控制的预算机构与支出部门和收入征收部门间的沟通协调,包括现金流

---

① 参见[美国]艾伦·希克:《现代公共支出管理方法》,王卫星译,经济管理出版社2000年版,第37页。
② 《邓小平文选》第1卷,人民出版社1994年版,第200页。

入和流出间的协调,也包括政府与立法机构间的沟通协调,等等。

(四) 财政问责

公共预算的最终目标是财政问责。它是公共预算应承担的受托责任,是指政府的财政活动应履行其对公民和社会的承诺,真正做到财政收入"取之于民,用之于民"。在19世纪建立现代公共预算时期,财政问责的重点是防止决策者将公共资金用于私人目的,确保公共资金全部用于公共目的。为此,在预算过程中建立了各种严格的监督与控制机制。从20世纪50年代开始,随着越来越多的国家开始探索新的预算模式,以提高支出绩效,财政问责被提升到一个更高的水平,要求政府及其部门对财政资金的支出绩效负责。

总之,财政问题是国家最大的政治,是关乎国家治理的大问题。正如邓小平指出的:"财政工作一定要有财有政,切不可有财无政。要懂得数字中有政策,决定数字就是决定政策。数目字内包括轻重缓急,哪个项目该办,哪个项目不该办,这是一个政治性的问题。"① 正因为如此,财政预算不仅是政府工作,更是执政党、立法机构和公众都要着重关心和投注精力的事情。在过去200年中,公共预算体制已逐步发展成为现代各国治理国家的基本制度。公共预算这四大目标就是衡量国家治理水平的最好指标。如果一个国家能有效地进行总额控制,能有效率而且负责地配置资源,并在预算执行过程中能有效地控制腐败与浪费,提高运作效率,向公民提供公共服务,那么,它的治理水平就很高。从这个角度看,提高国家预算能力是加强执政能力的重要途径。

第二节 现代公共预算制度的建立

一、1999年前的预算管理

从1949年中华人民共和国成立到1978年启动市场经济改革,我国一直实行高度集中的计划经济体制。计划在资源配置中起决定性作用,预算是计划的反映,是实施计划的管理工具。尽管计划经济体制存在各种广为人知的

---

① 《邓小平文选》第1卷,人民出版社1994年版,第193页。

问题和弊端,但这种资源配置模式对于特定历史和经济环境下的国民经济发展起到了至关重要的作用。时至今日,很多发展中国家仍然设立经济计划部门,专注国民经济发展规划。改革开放以来,随着社会主义市场经济体制逐步建立和完善,中国政府的职能发生重大变化,财政职能也相应地调整。20世纪80年代以来,我国不断进行财政改革,以适应经济体制改革和政府职能转变的需要。通过80年代的税制改革,再经过1994年建立增值税,我国已建立起现代税收体制。同时,适合我国国情和体制的国债市场也逐步发展和完善。1994年的分税制改革又初步理顺中央和地方的收入分配关系。同年,第一部预算法出台。然而,直至20世纪末,我国财政改革的重点一直在财政收入方面。在支出管理方面,旧体制所造成的预算不够统一、缺乏规范、预算软约束、支出效益不高等问题却日益突出。[1] 关键是,缺乏一个预算体制将整个收支都规范性地管理起来。[2] 归纳起来,这一时期的财政收支管理存在三方面的问题:

第一,预算资金分配权分散,预算编制模式简单,导致政府内部缺乏集中统一的行政控制。除财政部门外,还有其他部门拥有资金分配权,财政部门作为核心预算机构的地位非常不明确。此外,随着预算外财政的膨胀,各支出部门也拥有可自主支配的预算外资金。在资金分配权分散的同时,我国预算编制继续采用原来的功能预算模式。一方面,这使得财政部门无法编制出包含所有财政收支、反映全部政府及部门活动的政府预算。每年的政府预算实际上只包括财政预算内资金,而对包括预算外资金、各种基金、各项事业收入在内的大量政府性资金,基本上仍由单位自行安排,游离于财政预算管理之外,并没有用预算的形式将其制度化、法制化,每年编制的预算只涵盖部分预算收支。另一方面,传统的功能预算编制模式比较简单、粗糙,即将支出按它们在经济建设中所起的功能进行汇总,将收入按其经济性质分类进行汇总,这使得预算编制不能将资金细化到部门和具体项目。由于预算编制不能细化,导致财政部门不能及时批复预算到部门,使部门无法准确地把握预算下达时间,进而无法统筹安排年度事业发展计划,影响预算资金效益的发挥,同时也使部门获得大量的资金二次分配权,进一步加剧资金分配权

---

[1] 参见财政部预算司《中央部门预算编制指南(2008年)》,中国财政经济出版社2007年版,第1页。

[2] 参见财政部预算司《中央部门预算编制指南(2007年)》,中国财政经济出版社2006年版,第1页。

的分散。①

第二,财政管理体制比较分散,导致在预算执行中缺乏集中统一的行政控制。我国长期实行分散的财政管理体制,具有的主要特征是:

(1) 现金余额分散。没有财政单一账户体系,一方面,各支出部门都在商业银行开设账户,现金余额被分散;另一方面,在收入征收过程中,存在很多过渡性账户。

(2) 采购分散,付款分散。各部门自行采购商品或服务,并直接通过自己在商业银行的账户向商品和服务的供给者支付款项。

(3) 财政交易监管和会计控制分散。我国政府会计包括相互分割的三套体系,即行政单位会计、事业单位会计和代表政府整体的总预算会计,它们分别对发生在不同领域的财政交易进行记录和处理。在这种模式下,没有任何一个会计体系能对发生在整个支出周期的财政交易进行完整记录和监管,财政资金一旦以拨款形式离开财政部门,财政部门就无法对之施以监督与控制。这就使预算执行过程缺乏集中统一的行政控制,不仅影响财政资金的运作效率,而且助长各种违规行为。②

第三,由于预算编制不完整、不细化,人民代表大会无法有效地行使宪法和预算法赋予的预算审查与监督职能。由于政府预算只涵盖财政预算内资金,纳入人民代表大会预算监督的也只是这部分资金。而且,这部分资金的编制非常粗略,报送人民代表大会审批的预算草案按功能汇总,其预算口径不直接对应预算部门,且一个科目涉及多个部门,不仅外行看不明,内行也看不透,人民代表大会根本无法从中央预算草案中看出经费预算与中央部门工作间的对应关系,也就无从发挥监督作用。③ 而且,预算只编制到类一级,没有落实到具体部门和项目。部门在预算年度的支出预算,是由财政部门根据人民代表大会批准的总预算,参照上一预算年度的预决算数以及本预算年度的变化情况等因素分解确定的,并由财政部门下达,这就使人民代表大会批准的预算意义不大。表面上,看起来每年都有预算,但实际上没有,而是在预算执行过程中频繁追加和变更预算。

---

① 参见财政部预算司《中央部门预算编制指南 (2007 年)》,中国财政经济出版社 2006 年版,第 1~2 页;马骏:《中国公共预算改革的目标选择》,载《中央财经大学学报》2005 年第 9 期。

② 参见王雍君《中国国库体系的改革》,载《财贸经济》2003 年第 5 期。

③ 参见财政部预算司《中央部门预算编制指南 (2007 年)》,中国财政经济出版社 2006 年版,第 1~2 页;王清秀《民主理财之路》,中国金融出版社 2002 年版,第 107~108 页。

二、1999 年以来的预算改革：迈向现代公共预算

我国现代公共预算制度的建立始于 20 个世纪 90 年代末。1999 年 7 月 24 日，财政部向国务院报送《关于落实全国人大常委会意见改进和规范预算管理工作的指示》。经国务院批准，财政部在广泛征求部门意见的基础上，提出《关于改进 2000 年中央部门预算编制的意见》，开始着手实施部门预算改革。[①] 随后，其他预算改革逐步展开。

部门预算改革的基本思路是政府预算以部门为基础编制预算，实现"一个部门一本预算"。

（1）采取综合预算方法编制部门预算。要求部门将所有收支统一纳入部门预算中反映，这就改变了以前政府预算只反映预算内收支，大量预算外资金只报账甚至不报账的粗放管理方式。

（2）规范预算编制方法，改进政府预算收支科目体系，细化部门预算，建立规范、科学的预算分配模式，提高资源配置效率。部门预算将支出分为基本支出和项目支出两大类，分别采用不同的模式进行管理。对于基本支出，建立和完善定额管理体系，不断细化定额项目、完善定额测定方法。同时，为提高基本支出预算编制的准确性，推进实物费用定额试点，探索定员定额与实物资产占用相结合的定额标准体系。对项目支出预算，采取项目库方式进行管理，将项目按重要程度和轻重缓急排序，使项目经费的安排与部门事业发展和年度工作重点紧密结合，同时，推动项目支出滚动管理。

（3）为进一步实现预算管理的科学性、规范性和透明度，积极稳妥地推进政府收支分类改革和行政事业单位国有资产的管理体制改革。从 1999 年开始，财政部一直在探索建立新的政府收支分类体系，经国务院批准，2007 年 1 月 1 日正式实施《政府收支分类方案》。这是中华人民共和国自成立以来财政收支分类统计体系最为重大的一次改革，新的政府收支分类体系将有助于更为全面、准确和清晰地反映政府收支活动，编制出能够全面、准确地反映政府活动的政府预算。2006 年 7 月 1 日，《行政单位国有资产管理暂行办法》和《事业单位国有资产管理暂行办法》开始实施。这一改革不仅有助于提高预算编制的科学性，将预算管理建立在资产管理的基础上，而

---

① 参见财政部预算司《中央部门预算编制指南（2008 年）》，中国财政经济出版社 2007 年版，第 2 页。

且有助于防止国有资产流失，推进综合预算管理，将部门的资产收入纳入预算管理或实行"收支两条线"管理。

在部门预算改革的同时，国库集中收付体制改革和政府采购改革也在稳步推进。2001年，中央财政启动国库集中收付体制改革，建立以国库单一账户为基础、资金缴拨以国库集中收付为主要形式的现代国库管理制度。这一改革建立了相对集中的财政管理体制来取代原来过度分散的财政管理体制，有利于财政部门对资金流动进行动态监控，建立起实时监控、综合核查、整改反馈、跟踪问效的运作机制，既能确保财政资金的安全性，又能提高预算执行的运作效率。同时，政府采购改革建立起集中的政府采购体系来取代原来分散的部门采购体系。

为了进一步建立现代公共预算制度，加强预算编制的完整性。从2007年1月1日起，将土地出让金全额纳入地方基金预算管理，实行彻底的"收支两条线"。2008年，中国开始编制国有资本经营预算，将国有企业利润部分纳入预算。2011年，开始全面取消预算外资金，预算外收入或被纳入一般预算管理，或被纳入政府性基金管理。随着这些改革的推进，纳入预算的政府资金越来越多，预算编制越来越完整。

此外，从2002年开始，各级政府相继开展了财政支出绩效评价的试点。财政部于2002年印发《中央本级项目支出预算管理办法（试行）》，要求对中央本级项目的实施过程和结果进行绩效考评。与此同时，从2003年开始，广东、河北、浙江等省份也开始摸索项目支出绩效评价等试点。[①] 2012年，财政部《预算绩效管理工作规划（2012—2015年）》将中国的绩效预算改革界定为"预算绩效管理"，明确了预算绩效管理的总体目标，即"绩效目标逐步覆盖、评价范围明显扩大、重点评价全面开展、结果应用实质突破、支撑体系基本建立"。全过程预算绩效管理，即"预算编制有目标、预算执行有监控、预算完成有评价、评价结果有反馈、反馈结果有应用"，在各级财政的大力推进下取得了明显的成效，这极大地提升了政府各个部门的预算管理水平。

通过这些改革，新的预算制度在政府内建立起集中的行政控制，主要体现在：部门预算改革在预算编制环节建立起集中的行政控制；国库集中收付体制改革和政府采购改革则在预算执行过程中建立起外部控制体制。这有助

---

① 参见王海涛《推进我国预算绩效管理的思考与研究》，经济科学出版社2014年版，第147～149页。

于改进预算的资源配置效率和运作效率,规范部门的收支活动,为建立责任政府创造了条件。在加强政府预算的内部控制的同时,外部问责机制也逐步得到加强。这主要体现在三个方面:

(1) 为了加强人大预算监督,各级人大常委会在内部组织上进行了改革。1998年,全国人大常委会成立预算工作委员会,作为常委会的工作机构,它和财政经济委员会一起成为全国人大常委会预算监督的"两驾马车"。1999年,全国人大常委会通过《关于加强中央预算审查监督的决定》,提出要编制部门预算和单位预算,而且要求预算要详细,科目要编到类,重要的列到款,以方便人大进行预算审查。此后,地方人大也纷纷效仿,成立了地方预算工作委员会,并且制定了加强地方人大预算监督审查的办法,推进预算监督制度化。经过全国人大多年的不懈努力,2014年《中华人民共和国预算法》(以下简称《预算法》)得以修订,并在2015年正式实施。这是人大预算监督审查的里程碑。这部新修订的《预算法》把过去20年预算改革的多项成果纳入相关的法律条文。

(2) 预算公开取得了可喜的进步。2009年,广州市率先在网络上向社会公开了114个部门的预算。与此同时,中央政府开始推进财政预算决算公开,要求各级政府财政总预算和总决算、部门预算和决算,以及政府性基金、国有资本经营等方面的预算和决算都向社会公开。2014年修订后的《预算法》总则中的第一条就提出建立健全"全面规范、公开透明的预算制度",并明确要求:"经本级人民代表大会或者本级人民代表大会常务委员会批准的预算、预算调整、决算、预算执行情况的报告及报表,应当在批准后二十日内由本级政府财政部门向社会公开","经本级政府财政部门批复的部门预算、决算及报表,应当在批复后二十日内由各部门向社会公开","各级政府、各部门、各单位应当将政府采购的情况及时向社会公开"。①

(3) 自2005年起,一些地方试点了公民参与式预算。由于此项改革的制度环境、目标和发起者都有所不同,各地公民参与预算的模式也不尽相同。从参与的阶段上看,既有在政府部门预算编制环节实行的公民参与,如浙江温岭市泽国模式、哈尔滨模式,也有在人大预算审批环节的公民参与,如浙江温岭市新河模式;从参与内容上看,既有对政府预算总盘子的讨论,如浙江温岭市新河模式,也有聚焦在基建项目预算上的,如浙江温岭市泽国模式、云南盐津模式。在参与者的选取方式上,各地的差异也比较大,有些

---

① 《中华人民共和国预算法》(2014年修正),第十四条。

地方采取广泛邀请,自主参与的方法,如浙江温岭市新河模式;有的地方通过严谨的随机抽样确定参与的公民,如浙江温岭泽国模式;还有的地方采用推举和分层抽样并用的方式,如云南盐津模式。无论具体的参与方式如何,参与式预算的兴起和发展不仅有利于提高财政资金的配置效率,而且在我国基层建立起一种"共同治理"的模式,是国家治理现代化的一种有益探索。①

第三节 预算过程的参与者、职责和预算周期

公共预算过程涉及很多参与者,他们分别履行不同的职能。有的主要是资金申请者,有的主要是资金审批者,有的主要是资金使用者,有的主要是资金使用的监督者。预算参与者在法律规定的职责范围和特定的预算周期内开展预算管理活动。这些内容的具体规定构成了政府预算体系的基本框架。

一、预算参与者及其职责

《预算法》规定:一级政府,一级财政。也就是说,任何一级政府都拥有自己独立的预算管理体系。因为各级政府预算的参与者和职责类似,本节以省级预算为例,介绍我国预算过程的主要参与者及其履行的职责(参见表7-1)。

表7-1 预算参与者及其职责

参与者	主要职责
省人民代表大会	1. 审查本级总预算草案及本级总预算执行情况的报告; 2. 批准本级预算和本级预算执行情况的报告; 3. 改变或者撤销本级人民代表大会常务委员会关于预算、决算的不适当的决议; 4. 撤销本级政府关于预算、决算的不适当的决定和命令

---

① 参见马骏《盐津"群众参与预算"》,载《公共行政评论》2014年第8期,第8~34页。

续表 7-1

参与者	主要职责
省人大常委会	1. 监督本级总预算的执行； 2. 审查和批准本级预算的调整方案； 3. 审查和批准本级决算，撤销本级政府和下一级人民代表大会及其常务委员会关于预算、决算的不适当的决定、命令和决议
省人大相关专门委员会及工作委员会	对本级预算草案初步方案及上一年预算执行情况、本级预算调整初步方案和本级决算草案进行初步审查，提出初步审查意见
省政府	1. 编制本级预算、决算草案； 2. 向本级人民代表大会做关于本级总预算草案的报告； 3. 将下一级政府报送备案的预算汇总后报本级人民代表大会常务委员会备案； 4. 组织本级总预算的执行； 5. 决定本级预算预备费的动用； 6. 编制本级预算的调整方案； 7. 监督本级各部门和下级政府的预算执行； 8. 改变或者撤销本级各部门和下级政府关于预算、决算的不适当的决定、命令； 9. 向本级人民代表大会、本级人民代表大会常务委员会报告本级总预算的执行情况
财政厅	1. 具体编制中央预算、决算草案； 2. 具体组织中央和地方预算的执行； 3. 提出中央预算预备费动用方案，具体编制中央预算的调整方案； 4. 定期向国务院报告中央和地方预算的执行情况
各支出部门（一级预算单位）	1. 编制本部门预算、决算草案； 2. 组织和监督本部门预算的执行； 3. 定期向本级政府财政部门报告预算的执行情况
各单位（一级预算单位下属各单位）	1. 编制本单位预算、决算草案； 2. 按照国家规定上缴预算收入，安排预算支出，并接受国家有关部门的监督

资料来源：《中华人民共和国预算法》，1994 年 3 月 22 日颁布，2014 年 8 月 31 日修订。

二、预算周期

我国公共预算体制的预算周期包括四个阶段：预算编制、批准、执行、决算及审计。我国的财政年度为 12 个月，从每年的 1 月 1 日起至同年 12 月 31 日止。但是，这个时间指的是年度预算的执行周期。预算执行只是预算周期的一个阶段，而预算周期通常是跨越财政年度的。预算编制和批准应该先于预算执行，财政年度结束之后，仍然需要时间汇总去年预算执行的情况，既要根据预算执行情况编制决算，并对决算进行审批，也要进行审计。① 通常情况下，一直要到下一个财政年度的中期甚至到八九月份，审计报告和决算报告才能编制出来，再报同级人大审批。以 2018 年度省级政府预算为例，表 7-2 展示了我国预算周期的时间安排和各阶段的参与者及其主要职能活动。

表 7-2　省级政府预算周期（以 2018 预算年度为例）

阶段	时间	参与者	主要工作
预算编制	2017.5—2017.12	1. 省政府 2. 财政厅 3. 各部门	1. 省政府制定下一年度工作计划和政策目标； 2. 财政厅负责收支预测，制定预算指导； 3. 各支出部门编制预算建议数并上报财政厅； 4. 财政厅将所有的部门预算草案汇总并编制统一的预算草案，并于人代会召开 30 天前，上报人大常委会进行预算初审
预算审批	2018.1	1. 财政经济委员会 2. 省人民代表大会	1. 省财经委开展预算初审； 2. 省人代会期间，人大代表根据相关程序审查并批准政府预算

---

① 事先审批是现代预算制度的一个基本原则。各国的普遍做法是在立法机构批准预算后才正式启动预算执行。如果不能在特定的时点完成预算的审批，可以考虑通过先批准临时预算的形式，来授权政府开展预算执行。我国各级人民代表大会每年召开人代会的时间通常在 1 月至 3 月，这就导致预算执行会先于预算批复。根据《预算法》，有三类支出可以在人大批复前予以执行：上年度结转的支出；参照上一年同期的预算支出数额安排而必须支付的本年度部门基本支出、项目支出，以及对下级政府的转移性支出；法律规定必须履行支付义务的支出，以及用于自然灾害等突发事件处理的支出。

续表 7-2

阶段	时间	参与者	主要工作
预算执行	2018.1.1—2018.12.31	各部门、各单位	1. 人大批准预算的 20 日内，财政厅将预算批复到各个部门，开始预算执行； 2. 部门执行预算，财政厅负责监督预算执行，必要时人大也会介入对预算执行的监督
审计与决算	2019.1—2019.7	1. 审计厅 2. 财政部门及各个部门 3. 人大常委会	1. 财政厅及各个部门编制决算； 2. 审计厅负责对上一年度的预算执行情况进行审计； 3. 人大常委会审议审计部门的审计工作报告，审批政府的决算

第四节 预算编制与审批

预算编制是预算过程的第一步，是指各支出部门在财政部门的指导下进行收入和支出测算，编制本部门预算，再由财政部门汇总编制政府预算草案的过程。预算审批是指同级人民代表大会审查批准政府预算，赋予其合法性的过程。

一、我国政府预算编制原则

政府预算的编制必须遵循一定的基本原则。1994 年颁布的《预算法》只提到了收支平衡的原则，实践中各级政府均按照年度收支平衡的原则执行。2014 年修订的《预算法》明确要求"各级预算应当遵循统筹兼顾、勤俭节约、量力而行、讲求绩效和收支平衡的原则"。关于预算平衡，其要求是"各级政府应当建立跨年度预算平衡机制"。这一规定将年度预算平衡的要求延伸到中长期的预算平衡，这对于降低财政风险、财政可持续是非常重要的举措。

除了《预算法》对一级政府总预算编制原则的规定，在实践中，各地政府还纷纷出台了部门预算的编制原则。例如，财政部对中央部门预算编制

的原则界定如下：①

1. 合法性原则

政府预算资金从哪里筹集，筹集多少，分配到哪里去，每一项预算收支的安排，都要有其法律依据和政策制定依据。

2. 真实性原则

部门预算收支的预测必须以国家社会经济发展计划和履行部门职能的需要为依据，对每一收支项目的数字指标都应认真测算，力求各项收支数据真实准确。

3. 完整性原则

部门预算编制要体现综合预算的思想。严格执行"收支两条线"管理，应将所有收入和支出全部纳入部门预算。

4. 科学性原则

部门预算编制要具有科学性，包括预算收入的预测和安排预算支出的方向科学、程序设置科学、方法科学，以及测算的过程要有理有据、预算标准的核定科学。

5. 稳妥性原则

部门预算的编制要做到稳妥可靠，量入为出，收支平衡，不得编制赤字预算。

6. 重点性原则

要先保证基本支出，后安排项目支出；先重点、急需项目，后一般项目。

7. 透明性原则

减少预算分配中存在的主观随意性与"暗箱操作"，使预算分配更加规范、透明。

8. 绩效性原则

部门预算应建立绩效考评制度，对预算的执行过程和完成结果实行全面的追踪问效，强化对部门预算资金使用过程的监督和使用效益的考核分析，

---

① 参见财政部预算司《中央部门预算编制指南（2008年）》，中国财政经济出版社2007年，第34~36页。实践中，各地不同预算年度的编制原则会有差异。这个版本是相对比较全面的。

促使预算资金的安排由"重分配"向"重管理"转变。

二、我国预算的编制、审批程序

部门预算改革以来,我国预算编制审批程序主要遵循被称为"两上两下"的预算程序。其具体过程如下:

"一上":支出部门在收到财政部门的年度预算编制通知后,对本部门下一年度预算收支进行测算,然后报送财政部门。

"一下":财政部门收到各支出部门的预算申请后,由职能处室对各部门预算进行审核,然后将审核意见反馈给各部门。在下达反馈意见的同时,财政部门根据往年预算情况和对未来年度预算收入的预测,给各部门下达支出预算控制数,要求各部门在控制数内修改本部门预算。

"二上":各支出部门在财政部门下达的控制数内重新编制本部门预算,报送财政部门。财政部门再次审核各部门预算后,汇总编制本级政府预算,报政府常务会议讨论通过后,然后报同级党委讨论。通过后,财政部门将政府预算草案报同级人大常委会的财经委初审。最后,同级人大常委会初审后形成的政府预算在人代会召开时提交大会审议通过。

"二下":同级人大的人代会审议通过预算后,当年政府预算由财政部门批复给各支出部门,开始预算执行。

图7-1展示了"二上二下"的预算过程。

三、部门预算编制方法

预算编制过程即资金分配过程。在过去200年的预算实践中,形成了多种资金分配模式和预算编制模式。19世纪直到20世纪50年代,预算编制的主要模式是分项列支预算。20世纪50年代出现绩效预算,60年代出现计划项目预算,70年代出现零基预算,80年代至今,许多国家都开始推行结果导向的新绩效预算。[①]由于我国现代预算制度的建立还处于起步阶段,其编制方法并没有完整地应用上述某一种编制模式,而是从实际出发,综合了上述各种模式的优势,发展出一套有特色的符合中国国情的预算编制方法。

---

① 参见牛美丽《美国公共预算改革:在实践中追求预算理性》,载《武汉大学学报》(社科版)2003年第1期。

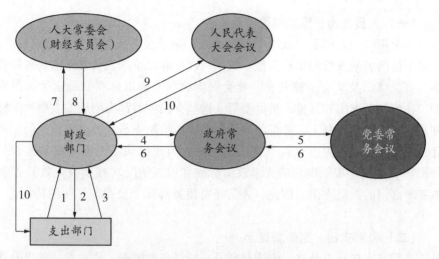

图 7-1 "二上二下"的预算过程

注释：1－支出部门向财政提交预算申请（"一上"）；
2－财政部门向支出部门反馈审核意见并下达控制数（"一下"）；
3－支出部门向财政部门提交修改后的部门预算申请（"二上"）；
4－财政部门编制政府预算草案提交政府常务会议讨论；
5－政府预算草案提交党委常务会议讨论；
6－政府和党委常务会议的意见反馈；
7－财政部门将政府预算草案提交人大财经委员会进行初审；
8－人大财经委员会将初审意见反馈给财政部门；
9－财政部门将最后的政府预算草案提交每年的人代会审批；
10－人代会通过的政府预算由财政部门批复给各个支出部门予以执行（"二下"）。

1999年预算改革以来，各级政府都非常重视运用零基预算方法来编制部门预算，但是，正如一些研究发现的，零基预算主要适用于专项经费预算而不是所有预算，而且即使在专项经费预算领域，由于一些体制方面的原因，零基预算也并未发挥预期的效果。①

目前，部门预算支出主要包括人员支出、公用支出和项目支出，每部分支出采用不同的方法编制。

---

① 参见马骏《中国的零基预算改革：来自某财力紧张省份的调研》，载《中山大学学报》2005年第1期；牛美丽《中国地方政府零基预算改革：理性与现实的冲突与选择》，中央编译出版社2008年版。

（一）人员支出：据实核算

一个部门的人员支出取决于两个要素：一是公务人员的工资福利标准，二是单位的编制人数和实有人数。我国行政事业单位的人员支出主要包括基本工资、津贴及奖金、福利费、社会保险缴费、离退休费、助学金、医疗费、住房补助支出和其他人员经费等。这些支出项目都有明确的人事政策标准。在人员编制控制上，各部门的编制数是由编制委员会办公室核定的。因此，部门并没有权力决定人员支出的总额，因而也谈不上需要权衡比较的"预算"，而只是根据现行的人事政策标准和编制情况（或实有人数）据实核算本部门的人员支出。因此，人员经费预算具有"公式预算"的特征。

（二）公用支出：定额管理

公用支出包括办公费、专用材料及一般设备购置费、水电费、邮电及通信费、取暖费、交通费、差旅费、维修及租赁费、物业管理费、会议费、专项业务费和其他费用。定员定额是编制基本支出的基本方法。定员指根据行政事业单位的工作性质和业务量确定的机构人员的编制数，定额指各部门履行职能和开展业务工作所需的公用经费的人均额度标准。因此，它们的预算实际上是一种公式预算，即根据核定的人员数和固定的标准按特定的公式计算，即：

$$公用经费 = 定员 \times 定额$$

公共部门的职能千差万别，如何确定每个部门的公用定额标准呢？目前，政府确定定额标准的依据主要包括：

（1）部门的职能和工作量。财政部门根据其职能将各部门分成若干档次，不同档次适用不同标准。例如人大、政府等重要部门通常属于一类一档，综合职能部门以及公、检、法部门的经费标准通常也会较高。

（2）财力。财力是制定定额标准必须考虑的。在实际中，受财力限制，常常不能完全按部门实际需要来核定定额标准。

（3）往年支出标准。这些通常作为确定定额的重要依据及确定公用定额的基数来使用。

（4）其他地区标准。

在定额管理中，定额标准的核算过程有一个难点问题：如何将部门的公用经费预算和部门的实物资产直接挂钩。日常办公经费中的大部分是和部门的实物资产相关的，如水电费、取暖费、修缮费、物业管理费直接和部门所拥有的办公楼的结构和面积等相关，车辆使用费直接和车辆的燃料费、保险费、养路费、停车费等相关。为了科学合理地核定定额标准，实物资产的费用定额标准是一项关键的内容，很多地方开展了行政单位实物费用定额改革。

公用经费和人员经费都是基本支出①，都具有公式预算的特点。人员经费除受工资调整影响外，通常具有较强的稳定性。虽然公用经费的可变性比人员经费要高，但是由于部门支出总额限制，定额标准通常也不会频繁变动，年度间只做微调，实际上仍是基数加增长的渐进预算模式，而不是绝对地根据每年工作量重新测算。总的说来，由于基本支出具有比较固定化和公式化的特点，各部门在编制基本支出预算时，并不需要做太多的支出测算，而且在定员和定额两个变量的确定上，支出部门与财政部门讨价还价的空间也很小。因此，定员定额管理方法极大地加强了财政部门对部门基本支出的控制，规范基本支出的安排和使用。

（三）项目支出

项目支出是部门预算的重要组成部分，是指部门为完成特定的工作任务或事业发展目标，在基本支出预算之外的年度支出计划。中央部门的项目按照部门预算编报要求分为国务院已研究确定项目、经常性专项业务费项目、跨年度支出项目和其他项目四类。按《中央本级项目支出预算管理办法》（财预〔2007〕38号），项目支出预算管理包括如下基本原则：综合预算的原则；科学论证、合理排序的原则；追踪问效的原则；等等。同时，各级政府都对项目支出实行了滚动的项目库管理。

项目的申报、审核和批复是部门预算编制的重要环节，也是预算管理的一个重要组成部分。下面以中央部门预算中的项目预算为例进行说明。

为了规范项目支出的申报，财政部制定了统一的项目申报文本，对项目申报过程做了明确规定，并特别要求：国家发展和改革委员会等有预算分配权的部门通过财政拨款安排的基本建设项目和科学技术项目，要按照有关规定进行申报；新增项目中预算数额较大或者专业技术复杂的项目，应当填报

---

① 基本支出一般都实行按实批复，主要包括两种情况：一是按照核定编制数批复；二是在某些地方，有些部门的实际工作人员可能少于编制数，在"短编"的情况下，财政部门按照实际人数批复人员经费。

项目的可行性报告、项目评审报告;延续项目中项目计划及项目预算发生较大变化的,应当重新填写项目可行性报告和项目评审报告。

中央部门对申报的项目审核后,将符合条件的项目纳入中央部门项目库。根据年度部门预算编制的要求,中央部门对其项目库中的项目,按照轻重缓急统一排序后才能向财政部申报。财政部对中央部门申报的项目进行审核后,对符合条件的项目,排序纳入财政部项目库。排序时,对前三类支出项目中的延续项目予以优先安排,其他项目按照项目的轻重缓急择优遴选后进行排序。

按照财政部的有关规定,项目库要实行统一规划,分级管理。统一规划是指由财政部统一制定中央部门项目库管理的规章制度、项目申报文本,统一设计计算机软件。分级管理是指中央各部门和财政部分别按照规定对各自设立的项目库实行管理。此外,项目库要实行滚动管理,在当年部门预算批复后、下一年度部门预算编制开始前,中央部门要按照部门预算编制规程规定的要求,先对上年度预算批复的项目进行清理,即从上年度预算已批复项目中,确定下年度预算需继续安排的延续项目。对延续项目,严格按照立项时核定的分年度预算逐年编报。编报延续项目预算时,项目的名称、编码、项目的使用方向不得变动,如发生变动,视同其他项目类的新增项目,按照规定程序重新申报。中央部门年度预算项目清理后的延续项目,在报经财政部批准后,滚动转入以后年度项目库,并与下年新增项目一并申请项目支出预算。

(四)财政支出绩效评价

财政支出绩效评价(以下简称绩效评价)是指财政部门和预算部门(单位)根据设定的绩效目标,运用科学、合理的绩效评价指标、评价标准和评价方法,对财政支出的经济性、效率性和效益性进行客观、公正的评价。[①]在学术上,把中国在预算编制、执行和事后监督中应用于财政支出绩效评价的工具,以及改善预算分配、加强预算执行和财政问责等方面的努力都归结为绩效预算。财政部这种贯穿预算全过程的绩效评价叫作全过程预算绩效管理。全过程预算绩效管理强调"预算编制有目标、预算执行有监控、预算完成有评价、评价结果有反馈、反馈结果有应用"。这和理论上的绩效

---

① 《财政部关于印发〈财政支出绩效评价管理暂行办法〉的通知》(财预〔2011〕285号),第二条。

预算有很大的差别。绩效预算的核心理念是通过战略规划引导预算资金的分配，根据项目在未来计划达到的效果来测算资金需求。因为它把传统预算编制模式众多强调的对财务规则的遵从转化为对结果的遵从，是一种放权型的管理模式，鼓励通过管理创新来提升预算管理，改善项目绩效。① 我国仍不具备全面推行绩效预算的条件。② 中国的预算绩效管理强调通过绩效评价这个工具来提升全过程的预算管理，因而是控制和结果双重导向的。③

同时，地方政府也陆续开展了财政支出绩效评价的改革。这些改革的特点包括：①财政部门主导；②引入专家和第三方评价机构；③大部分从项目执行后的支出绩效评价开始；④重视绩效指标体系的构建；⑤逐渐培育绩效导向的管理文化；⑥通过大量培训提升评估技术；⑦人大积极参与支持。④

经过十几年的改革，预算绩效管理的观念已经深入人心，财政绩效评价正在逐渐覆盖到所有的项目支出和预算管理的全过程。在此基础上，财政部和部分地方财政部门也在试点部门整体绩效评价和特定政策的绩效评价。财政支出绩效评价逐渐从预算管理的技术性改进演进到通过绩效导向的全过程预算管理来提升预算责任。

四、政府性基金预算、国有资本经营预算和社会保险基金预算

我国政府预算还包括政府性基金预算、国有资本经营预算和社会保险基金预算。⑤

---

① 参见牛美丽《中国地方绩效预算改革十年：成就与挑战》，载《武汉大学学报》2012年第6期，第85～91页。
② 参见财政部预算司《中央部门预算编制指南（2007年）》，中国财政经济出版社2006年版，第148～152页；马骏《中国公共预算改革的目标选择：近期目标与远期目标》，载《中央财经大学学报》2005年第10期。
③ 参见吴少龙、牛美丽《理解中国公共预算改革的方向》，载《武汉大学学报》（哲学社会科学版）2010年第6期，第1～9页。
④ 参见牛美丽《地方政府绩效预算改革》，格致出版社2012年版。
⑤ 参见马骏、牛美丽等《公共预算读本》，中国发展基金会2008年版，第61～65页；杨志勇《现代财政制度探索：国家治理视角下的中国财税改革》，广东经济出版社2015年版，第29～30页。

(一) 政府性基金预算

政府性基金是指按规定收取、转入或通过当年财政安排，由财政管理并具有指定用途的政府性基金以及原属预算外的地方财政税费附加收入和支出。从预算级次划分上看，基金划分为中央基金预算收入、地方基金预算收入和中央与地方共享基金收入。地方财政部门按国家规定收取的各项税费附加，也视同地方政府的基金收入，预算级次为地方预算收入。2010年，财政部颁布《政府性基金预算管理暂行办法》，明确将政府性基金收支纳入预算管理，要求各级政府每年编制政府性基金预算，并报同级人大审批。同时，地方财政部门应于预算年度开始后的10日内，将汇总的地方政府性基金预算报财政部，由财政部汇总后编制全国政府性基金预算草案，经国务院审定后报全国人大审批。

基金预算内容包括年度基金收入预算与基金支出预算，以前年度基金结余也应在基金预算中反映。从具体的内容上看，根据2008年的政府收支科目，按收入来源划分，基金预算的收入包括非税收收入和转移性收入两大块。其中非税收收入中的政府性基金收入包括三峡工程建设基金收入、农电网换代净收入，能源建设基金收入等共51项收入；转移性收入包括政府性基金转移收入、上年结余收入和调入收入三款。基金预算的支出科目主要是按照支出用途划分，包括教育、文化体育与传媒、社会保障和就业、城乡社区事务、农林水事务、交通运输、工业商业金融等事务，转移性支出共9类27款。

基金预算和一般预算的最大不同之处就在于收入通常都是来源于特定领域，支出通常也是用于特定用途，而且基本上都是专款专用。因而，虽然原则上要求基金实行收支两条线管理，实际上，基金收入的征收部门和使用部门通常是一致的，这给基金预算管理带来很大的困难。基金收入通常由各征收部门根据上年度征收任务完成情况和本年度征收任务及征收标准调整变化情况等确定，一般采用的是基数加增长的方法测算。基金的支出预算也是由各征收部门和使用部门在每年第四季度根据财政部门的部署，汇总编报下年度的分项基金预算。分项基金预算经财政部门按规定程序批准后执行。基金支出预算根据基金收入情况，按规定的用途、支出范围和支出标准编列。对于基本建设项目，要按基本建设投资管理的有关规定编报基本建设支出预算。

(二)国有资本经营预算

国有资本经营预算是国家以所有者身份依法取得国有资本收益,并对所得收益进行分配而发生的各项收支预算,是政府预算的重要组成部分。1994年,财政部、国家国有资产管理局与中国人民银行颁布了《国有资产收益收缴管理办法》,将国有企业应上缴利润纳入了国有资产收益范围,并要求各类国有企业及时全部上缴国有资产收益。但是,这一法规实际并未得到实施,国有资产收益上缴并未实现。1994年《预算法》的实施条例也明确提出,各级政府要编制国有资产经营预算。2003年3月,我国成立国有资产监督管理委员会,国有资产管理体制进入一个新的阶段,国有资本经营收益应该如何管理和支配的问题也开始凸现。

2007年9月,国务院出台了《关于试行国有资本经营预算的意见》(以下简称《意见》),要求从2008年预算年度开始编制国有资本经营预算,这标志着我国将开始编制国有资本经营预算。《意见》规定,试行国有资本经营预算应坚持以下三条原则:

(1)统筹兼顾,适度集中;
(2)相对独立,相互衔接;
(3)分级编制,逐步实施。

根据《意见》的规定,国有资本经营预算的收入主要包括:国有独资企业按规定上交国家的利润;国有控股、参股企业国有股权(股份)获得的股利、股息;企业国有产权(含国有股份)转让收入;国有独资企业清算收入(扣除清算费用),以及国有控股、参股企业国有股权(股份)分享的公司清算收入(扣除清算费用);其他收入。国有资本经营预算的支出主要包括:资本性支出;费用性支出;其他支出。《意见》还规定,国有资本经营预算单独编制,预算支出按照当年预算收入规模安排,不列赤字,并且明确了财政部门和国资部门的职责权限:各级财政部门为国有资本经营预算的主管部门;各级国有资产监管机构以及其他具国有企业监管职能的部门和单位,为国有资本经营预算单位。在试行期间,各级财政部门、国资监管、发展改革等部门编制国有资本经营预算草案,报经本级人民政府批准后下达各预算单位。各预算单位具体下达所监管(或所属)企业的预算,抄送同级财政部门备案。

2009年5月,我国实施《中华人民共和国企业国有资产法》。该法要求:"国家建立健全国有资本经营预算制度,对取得的国有资本收入及其支出实行预算管理。"同时要求,国有资本经营预算按年度单独编制,纳入本级政府预算,报本级人大审批。2010年,中央国有资本经营预算首次提交全国人大审议。2012年,财政部首次汇总编制地方国有资本经营预算并上报全国人大。

(三) 社会保险基金预算

2010年,国务院决定试行社会保险基金预算。它是根据国家社会保险和预算管理法律法规建立起来的,反映各项社会保险基金收支的年度计划。社会保险基金预算按照统筹地区编制执行,其预算编制需遵循以下原则:

(1) 严格按照有关法律法规规定的收支内容、标准和范围,实行专款专用;

(2) 坚持收支平衡,适当有结余;

(3) 按险种分别编制预算,包括企业职工基本养老保险基金、失业保险基金、城镇职工基本医疗保险基金、工伤保险基金、生育保险基金等。

社会保险基金预算每年单独编报,经本级政府审核后报同级人大审批。2013年,财政部首次向全国人大报送社会保险基金预算。

社会保险基金预算与部门预算、基金预算、国有资本经营预算既相互独立,又有机衔接。一方面,社会保险基金预算不能用来平衡以部门预算为主的一般公共财政预算;另一方面,国有资本经营预算和一般公共财政预算可以用来补助社会保险基金预算。

五、人大审查、批准政府预算

在现代公共预算中,"钱袋子"的权力是属于立法机构最重要的权力。我国1982年《宪法》规定各级人大有权审批本级政府预算及其预算执行情况报告。1994年《预算法》进一步明确了人大的预算分配和监督职能。但是,直到部门预算改革以后,人大审查批准政府预算的职能才得到落实。部门预算改革从以下几方面为人大履行预算监督职能创造了条件:

(1) 每个部门编制一本部门预算,并将部门预算提交人大审议;

(2) 实行综合预算,将预算外资金纳入部门预算,从而纳入人大预算审批的范围;

(3) 细编预算,这使得提交人大审查的预算包括了详细的各个部门收支的预算信息;

（4）早编预算，使得人大能够提前介入预算。预算改革以来，各级人大开始以部门预算为重点和突破口开展预算审查监督，并逐步扩展到其他政府预算领域，例如基金预算、社保预算、国有资本经营预算等。

同时，各级人大常委会也纷纷采取措施加强人大的预算监督力度和范围。

（1）加强组织能力建设，提高人大常委会的预算审查能力。各级人大对内部组织进行了改革，明确人大常委会财经委的预算审查监督职能，不少人大常委会甚至同时成立预算工作委员会。例如，1998年，全国人大常委会成立预算工作委员会。

（2）加强人大预算监督立法，强化人大及其常委会在预算监督中的法律地位。例如，1999年，全国人大常委会通过《关于加强中央预算审查监督的决定》，提出要编制部门预算和单位预算，而且要求预算要详细，科目要编到类，重要的列到款，以便人大进行预算审查。同时，对报送全国人大审查批准的预算草案的内容和时间也做了规定，例如要求农业、教育、科技、社会保障预算资金的调整，必须经过全国人大常委会审批。目前，绝大部分有立法权的地方人大都制定了预算审查监督条例，以利于依法审查监督。这些制度为进一步加强人大的预算监督审查提供了制度保障。2014年《预算法》的成功修订，成为人大预算监督的里程碑。

通过这些年的探索，我国人大预算监督的基本程序已经成型，形成了包括初审和大会审两个主要阶段的预算审查监督程序。前者是指人大常委会在其财经委和预算工委的协助下，对政府预算进行审查监督，后者是指每年人代会对政府预算的审查批准。这是一种将初审和大会审结合的预算审查监督。根据《预算法》规定，全国人大的预算初步审查在每年人代会召开前的45天启动，地方人大的预算初步审查在每年人代会举行前的30天启动。

2014年修订的《预算法》对人大审查的预算草案及其报告、预算执行情况报告的重点内容做了更加具体的规定，具体包括以下8项：

（1）上一年预算执行情况是否符合本级人民代表大会预算决议的要求；

（2）预算安排是否符合本法规定；

（3）预算安排是否贯彻国民经济和社会发展的方针政策，收支政策是否切实可行；

（4）重点支出和重大投资项目的预算安排是否适当；

（5）预算的编制是否完整，是否符合《预算法》第四十六条的规定；

（6）对下级政府的转移性支出预算是否规范、适当；

(7) 预算安排举借的债务是否合法、合理，是否有偿还计划和稳定的偿还资金来源；

(8) 与预算有关重要事项的说明是否清晰。

此外，人代会期间，在人大代表对预算草案及其报告表决前，财政经济委员会（全国人大）或人大常务委员会（各级地方人大）需要向人大主席团提交关于总预算草案即上一年总预算执行情况的审查结果报告，这份报告必须涵盖以下内容：

(1) 对上一年预算执行和落实本级人民代表大会预算决议的情况做出评价；

(2) 对本年度预算草案是否符合《预算法》的规定以及是否可行做出评价；

(3) 对本级人民代表大会批准预算草案和预算报告提出建议；

(4) 对执行年度预算、改进预算管理、提高预算绩效、加强预算监督等提出意见和建议。

人大预算审查的重点内容和预算审查结果报告内容的法制化为人大的预算审查和监督建立了制度基础。但是，现阶段的人大预算审查更加重视和依赖人大常委会的初审。虽然大会审允许人大代表直接对政府预算草案进行投票来决定资金的分配，但在我国现行的人民代表大会制度下，初审比大会审更重要，也更有效。一方面，人大代表是兼职的，其审查和监督政府预算的动机不足，即使部分代表有强烈的监督动机，因人大代表大会每年只召开一次，而且会期比较短，所以代表们根本没有足够时间充分研究和讨论政府预算。另一方面，《预算法》对人大的预算修正权并未做出明确规定，即使代表们审查预算时对个别项目支出有意见，也没有相应的制度安排对政府预算进行相应的修正。

第五节 预算执行

预算批准后，财政部门批复给各支出部门，预算执行开始。预算执行是各个部门根据批复的预算筹集财政收入，进行财政支出，开展各项活动，履行其职能的过程。预算执行通常涉及预算收入执行、预算支出执行和预算变更。预算执行中的主要挑战是控制与灵活性的权衡。

一、控制与灵活性的权衡

严格执行预算是现代公共预算的基本要求。所以,政府在预算执行中设置了各种各样的控制机制,确保预算严格执行。然而,由于预算环境是复杂多变的,在制定预算时,很难事先预测到未来发生的可能影响预算执行的所有事件,所以,在预算执行中,预算变更是不可避免的。因此,在预算执行的过程中,赋予政府及其部门一定的灵活性和机动性是必要的,各国在严格预算执行的同时也都允许对批准的预算进行变更。

然而,如果赋予政府及其部门变更预算的自主权过大,就会降低预算对政府活动应有的约束力,降低预算的权威性和严肃性,最终使得预算不能成为一个确保政府履行其责任的工具。所以,在预算执行中,控制和灵活性一直存在着冲突。预算执行的悖论在于:政府及其部门一般倾向于认为它们应该有更多的灵活性来执行预算,而立法机构和财政部门则倾向于认为如果不对预算执行进行严格控制,其就不能很好地履行宪法和法律赋予的监督、管理财政的权力。

关于预算调整的主流观点是:"应设置适当的约束以确保无论发生怎样的调整都不会威胁到公众的接受能力或预算的会计责任。"① 实践中根据各国的经验,一个基本的底线是:无论如何,灵活性和机动性的赋予不能以损害财政问责为代价。从这一原则出发,许多预算体制比较成熟的国家一般都坚持以下两大原则:

(1) 尽量减少预算变更的需要和程度。这主要是因为,预算变更改变了立法机构体现在批准的预算中的政策意图。目前,大部分国家都对预算变更采取严格的限定。而且,在通常情况下,都采用这样的预算变更顺序:先进行预算调剂,调剂不成,再进行预算调整,最后才考虑进行预算追加。

(2) 在制度上明确规定,哪些预算变更必须事先报立法机构审查批准,哪些则不用。对于前者,一般都建立了相应的审查批准程序,非经立法机构同意,不得进行任何预算变更。

---

① Pitsvada, B. T. Flesibility in Ferderal Budget Execution. *Public Budgeting and Finance*,1983,3(2),转引自亨德利克、弗雷斯特《预算执行》,见梅耶斯等著《公共预算经典——面向绩效的新发展》,苟燕楠、董静译,上海财经大学出版社 2005 年版,第 483 页。

二、财政管理周期

预算执行包括一系列循环的周期,也称为财政管理周期。这一周期包括了预算执行过程中的主要财政管理活动(见图7-2)。这些活动的相对重要性会随着国家和预算环境的不同而不同,但是,一个完整的财政管理周期都应该包括这些主要内容。这个财政管理周期对实行资金授权和支出控制具有重要影响。

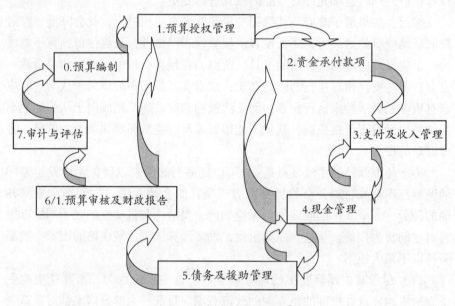

图7-2 财政管理周期①

财政管理周期可以从三方面来理解:

(1)政府授权周期。这一周期结束于图中的6/1步骤,它表明月/季度账户的信息在年内得到复核,并被作为重新复核预算授权的基础。当然,在复核过程中也许会出现补充的预算授权请求或由议会批准的预算增减。

(2)与现金管理相联系的控制过程。例如,国库部门或许会基于流动性约束而在一定时期内对承付款项采取限制,如图中步骤4到步骤2的反向

---

① 转引自马骏、赵早早《公共预算:比较研究》,中央编译出版社2011年版,第十六章。

箭头所表示的。如果该时期被延长，那就会使得预算授权被削减。此外，在不正常运行的支出管理中，财政部门还可能采取拒付应付账款，即图中的步骤4到步骤3的反向箭头。不过，一般情况下，财政很少使用这种支出控制办法。

（3）现金和债务管理之间的配合，即步骤4和步骤5。在这一阶段，对政府现有和预测的流动性资金需求的监督和控制将与政府债务管理紧密地结合起来。一个整合的现金管理和债务管理是良好的财政管理的基石。

有效的财政管理需要建立国库单一账户体系。目前，我国已初步建立起以国库单一账户为基础、资金缴拨以国库集中收付为主要形式的现代国库管理制度。在这一制度下，每级政府只能设一个账户，所有的财政资金都必须直接缴纳进这个账户，所有的支出都必须从这个账户拨出。在实际支付发生之前，所有的资金都不能离开国库单一账户。这不仅有助于确保资金的安全性，而且为进行有效的现金管理、债务管理、政府采购等奠定了基础。在建立国库单一账户的基础上，我国开始实行财政直接支付，即由财政部门直接将财政资金拨付到那些为政府部门提供商品和服务的供给商，而不由各个部门直接处理资金拨付的业务。政府采购中许多大型的采购目前都采取这种资金拨付模式。同时，还有财政授权支付，即在财政部门授权的条件下由各个部门根据财政部门批复的用款额度自行拨付资金。

三、预算执行中需要关注的主要问题

我国在建立现代预算制度的过程中，除了不断完善预算编制和加强人大的预算审批外，提升预算执行管理也是预算改革的重心之一。在预算执行阶段，需要关注以下几个问题：

1. 人大批准预算前的预算执行问题

根据《预算法》，我国的预算年度始于每个自然年度的1月1日。但是由于每年的人代会滞后于这个时点，此时的政府预算尚未经过人大审批。2014年修订的《预算法》规定，各级预算草案在本级人民代表大会批准前，可以安排下列支出：

（1）上一年度结转的支出；

（2）参照上一年同期的预算支出数额安排必须支付的本年度部门基本支出、项目支出，以及对下级政府的转移性支出；

（3）法律规定必须履行支付义务的支出，以及用于自然灾害等突发事件处理的支出。

上述规定之外的支出，都必须在人大批准后才能执行。

2. 预算执行进度慢一直是中国政府财政预算管理被诟病的问题

其中主要的原因之一是预算下达晚，财政部门的预算批复和部门对下属单位的预算批复不及时。为了解决这个问题，2014年修订后的《预算法》规定，各级预算经本级人民代表大会批准后，本级政府财政部门应当在20日内向本级各部门批复预算。而且，各部门也应当在接到本级政府财政部门批复的本部门预算后15日内向所属各单位批复预算。此外，由于政府间转移支付的执行进度也比较慢，《预算法》还规定了县级以上地方各级预算安排对下级政府的一般性转移支付和专项转移支付，应当分别在本级人民代表大会批准预算后的30日和60日内正式下达。

对于那些的确未能及时支付的资金，以往的做法是直接结转至下一预算年度。这样的做法十分不利于改善预算执行，因为资金还是由相应的部门来使用，导致部门花钱的动力不足。为了解决这个问题，《预算法》规定，各级政府上一年预算的结转资金，应当在下一年用于结转项目的支出；连续两年未用完的结转资金，应当作为结余资金管理，由财政部门来统筹安排。而且，各级一般公共预算的结余资金，应当补充预算稳定调节基金。同时，为了减少单位的结余资金，在财政支出绩效评价中，预算执行进度作为衡量项目绩效和部门预算管理绩效的重要指标。这些措施在一定程度上解决了预算执行进度慢、结余资金过多的问题。

3. 预算执行中预算的调整问题

预算执行中是否可以调整，如何进行调整，也是一个非常重要的议题。预算中的频繁变更是长期困扰我国财政预算管理的问题之一。因为政府预算必须由人大批准授权才能执行，严格来讲，预算中的任何变更都应该经由人大审批。但是，由于原《预算法》只将有影响财政收支平衡的预算变更界定为预算调整，所以大部分的预算变更都没有经过人大的审批。现行的《预算法》对预算调整的内容做了新的规定，具体包括

（1）需要增加或者减少预算总支出的；

（2）需要调入预算稳定调节基金的；

（3）需要调减预算安排的重点支出数额的；

（4）需要增加举借债务数额的。

此外，2015年新的《预算法》实施后，预算调整的程序也得到了细化，

增加了人大财经委或预算工委对预算调整草案的初审环节，而且要求必须在常委会召开前的30天启动预算调整草案的初审。这一规定大大强化了人大在预算调整中的审批权力。

4. 预算执行中的超收和短收问题

长期以来，由于经济运行良好，财政超收是常态，而且规模相当大。超收收入的使用通常由政府自主决定，不经过人大审批。根据新的《预算法》的要求，各级一般公共预算年度执行中有超收收入的，只能用于冲减赤字或者补充预算稳定调节基金。如果省、自治区、直辖市一般公共预算年度执行中出现短收，通过调入预算稳定调节基金、减少支出等方式仍不能实现收支平衡的，省、自治区、直辖市政府报本级人民代表大会或者其常务委员会批准，可以增列赤字，报国务院财政部门备案，并应当在下一年度预算中予以弥补。

第六节　政府决算[*]

政府决算指经法定程序批准的年度政府预算执行结果的会计报告，是各级政府年度预算的收入和支出的最终结果，也是下一年预算编制的重要依据。政府决算由各级政府有关部门编制，再报同级人大常委会审批。审批政府决算就是对政府预算执行的最后情况进行一次总体的事后审查。

一、政府决算的主要内容

一个财政年度结束后，政府决算的编制就开始了。政府决算由财政总决算和部门决算组成。总决算反映的是一级政府在上一个财政年度内的预算收支执行的结果，由财政部门负责编制。各级政府层层上报决算，最终汇总为全国的财政总决算。部门决算反映的是一个行政事业单位（含其下属二级预算单位）在上一财政年度的预算收支执行的结果。部门决算是一级政府财政总决算的重要组成部分。

严格来说，政府决算报告应该包括政府预算的四大部分，即一般公共预

---

[*] 转引自马骏、牛美丽等《现代公共预算手册》，中国发展出版社2008年版，第六章。

算、政府性基金预算、国有资本经营预算和社会保险基金预算。但是，由于目前社会保险基金预算编制还在完善中，各级政府的决算报告尚未涵盖此部分内容。

一般来讲，财政总决算主要包括两部分内容，即决算报表和决算说明书。决算报表全面反映预算收支的执行结果，具体包括预算数字（含"预算调整数"）、会计数字和基本数字。决算说明书是在各决算报表的基础上，对上一财年的预算执行结果进行的文字总结。

部门决算的格式与部门预算的编制比较相似。除了列出单位基本情况（例如职能、机构和人员组成等）、收支总表和明细表之外，对于如政府采购、"三公经费"、非税收入等重要事项也会单独列表。部门决算同样也要撰写决算说明书。

二、政府决算的编制程序和方法

我国决算的编制程序是从执行预算的基层单位开始的，在做好年终清理和结算的基础上，自下而上编制，层层审核和汇总。

为了保证决算工作的顺利进行，统一决算口径，每年年底前，财政部会发布政府决算编审通知，规定决算编制的具体要求，指导各级政府的决算编制参与者，包括财政部门和行政事业、企业、基本建设单位，对预算收支、会计科目、财产物资等情况进行全面核对、清查和结算。

不同于预算编制需要根据特定的方法对收支进行预测，政府决算的主要工作是对年度的收支数字进行汇总统计，确保真实完整地反映预算执行的结果。因而年终清算是最重要的一环，具体工作包括：①核对年终预算收支数字；②清理本年应收应支款项；③结清预算拨借款；④清理往来账项；⑤清理财产物资；⑥进行决算收支的对账。

政府决算表格一般包括正表、基本数字表和附表三大类：

1. 正表

正表即决算收支表和资金活动情况表，是主要用来反映预算收支的实际执行结果和年终预算资金活动结果的会计报表，根据总预算或单位预算会计账簿编制。

2. 基本数字表

基本数字表是指用于反映各项行政事业单位的机构、人员、开支标准等定员定额执行情况和事业成果的财务统计报表，由各单位预算机关根据财务统计和业务统计资料整理编制。

3. 附表

附表部分是决算表和决算说明书的必要补充资料。包括决算各表的明细资料和一些与预算收支有关的财务收支情况。

中央总决算由财政部根据中央主管部门汇总的所属行政、事业单位决算，企业财务决算，基本建设财务决算，以及国库年报、税收年报等汇编而成；地方总决算的汇编从乡镇开始，自下而上逐级汇编。地方各级财政部门汇编的总决算一般包括预算数、决算数和基本数字三项内容。同时，财政部门还要编写总决算说明书，一般包括以下内容[①]：

（1）预算收入情况，主要分析各项收入预算执行情况及其超收短收的原因；

（2）预算支出情况，主要分析定员定额的执行情况和各项主要支出的结余或超支的主要原因；

（3）预算结余情况，分析全年总预算收支结余的情况、原因以及决算收支平衡情况和存在的问题；

（4）预算变动情况，主要说明预算的追加追减、上划下划、预算科目之间的经费留用以及动用预备费和上年结余安排支出等预算调整情况；

（5）总结一年来贯彻执行各项财政方针政策和规章制度的情况以及存在的问题，总结在组织收入、掌握支出、管好用好资金、提高经济效益方面的主要经验以及今后加强预算管理监督等方面的意见；

（6）其他变动因素，例如调整工资和物价，经济体制、管理体制的改革，以及制度办法的变动等对预算收支的影响；

（7）编制决算工作的主要经验和问题。

部门决算的编制程序是：基层单位完成决算编制后，连同单位决算说明书经单位负责人审阅盖章后正式报送主管部门，变成汇总的部门决算。然后由主管部门报送财政部门，作为财政部门编制本级财政总决算的依据。基层单位决算报表按数字内容可分为预算数字、会计数字和基本数字三类。

1. 预算数字

预算数字是用来考核预算执行和事业计划完成情况的依据，根据年终清

---

① 参见楼继伟《中国政府预算：制度、管理与案例》，中国财政经济出版社2002年版，第268～269页。

理核对无误后的年度预算数填列。

2. 会计数字

会计数字也叫决算数字，反映全年预算执行结果的决算数，各级单位在年终结账后根据决算表格的内容要求分别将有关科目的年终数或全年累计数字填入决算表格的有关栏内。

3. 基本数字

基本数字是反映行政事业单位的机构数、人员数以及完成事业计划的成果数字，用来考核事业规模和预算资金的使用效果。

除此之外，支出部门还必须编写部门决算说明书，说明各项事业发展的成果和费用开支水平，定员定额的分析比较情况，重要支出项目的结余、结转及绩效情况，预算管理、财务管理等方面采取的主要措施、取得的经验和存在的问题，以及今后提高管理水平的改进意见，等等。

三、政府决算的审查和批准

《预算法》规定，各级财政部门编制政府决算草案后报送各级人民代表大会常务委员会进行审查和批准。具体的审批过程如下：

1. 部门决算草案审核、汇总及报送

各部门对所属各单位的决算草案审核并汇总编制本部门的决算草案，在规定的期限内报本级政府财政部门审核。

2. 各级政府决算草案的审核、编制

各级政府财政部门开始对本级各部门决算草案进行审核，如果发现有不符合法律、行政法规规定的，要及时予以纠正。审核无误后，编制本级政府决算草案。

3. 政府决策草案的审定

政府决算草案需要经由本级政府审计部门审计后，报本级政府审定。这是2014年新的《预算法》增加的规定。这条新的规定强化了政府内部的审计监督。

4. 政府决策草案的审查和批准

本级政府审定后，提请本级人民代表大会常务委员会审查和批准。《预算法》规定，各级政府决算草案应在人民代表大会常务委员会举行会议审查和批准的一个月前，提交财政经济委员会或专门委员会/专门机构，由财政经济委员会或专门委员会/专门机构结合审计工作报告进行初步审查。根据《中华人民共和国各级人民代表大会常务委员会监督法》（以下简称《监督法》），国务院在每年 6 月，将上一年度的中央决算草案提请全国人民代表大会常务委员会审查和批准。县级以上地方各级人民政府在每年 6 月至 9 月期间，将上一年度的本级决算草案提请本级人民代表大会常务委员会审查和批准。《监督法》还规定，各级政府在编制决算草案时，要按照本级人民代表大会批准的预算所列科目编制，按预算数、调整数或者变更数以及实际执行数分别列出，并做出说明。

《预算法》对人大的决算审查重点做了进一步细化：①预算收入情况；②支出政策实施情况和重点支出、重大投资项目资金的使用及绩效情况；③结转资金的使用情况；④资金结余情况；⑤本级预算调整及执行情况；⑥财政转移支付安排执行情况；⑦经批准举借债务的规模、结构、使用、偿还等情况；⑧本级预算周转金规模和使用情况；⑨本级预备费使用情况；⑩超收收入安排情况，预算稳定调节基金的规模和使用情况；⑪本级人民代表大会批准的预算决议落实情况；⑫其他与决算有关的重要情况。

此外，各级人大常委会每年审查和批准决算的同时，还要听取和审议本级人民政府提出的审计机关关于上一年度预算执行和其他财政收支的审计工作报告。我国目前采用的是行政审计模式，人大对政府决算的审查，主要是以审计工作报告为基础开展的。当然，在审查期间，各级人民代表大会及其常务委员会有权力针对决算中的重大事项或者特定问题组织调查，有关的政府、部门、单位和个人有义务如实反映情况并提供必要的资料。在人民代表大会或其常务委员会举行会议期间，人大代表或者常务委员会组成人员可以依照法律规定程序就决算中的有关问题提出询问或者质询，受询问或者受质询的有关的政府或者财政部门必须及时给予答复。

5. 政府决算的批复及备案

各级政府决算经批准后，财政部门应当在 20 日内向本级各部门批复决算，并且报上一级政府备案。而且，各部门也应当在接到本级政府财政部门批复的本部门决算后 15 日内向所属单位批复决算。如果国务院和县级以上地方各级政府认为下一级政府报送备案的决算与现行的法律、法规相抵触或者有其他不适当之处，需要撤销批准该项决算的决议的，应当提请本级人民代表大会常务委员会审议决定；经审议决定撤销的，该下级人民代表大会常务委员会责成本级政府依照本法规定重新编制决算草案，提请本级人民代表大会常务委员会审查和批准。常务委员会审计工作报告的审议意见交由本级人民政府研究处理。人民政府应当将研究处理情况向人民代表大会常务委员会提出书面报告。人民代表大会常务委员会认为必要时，可以对审计工作报告做出决议；本级政府应当在决议规定的期限内，将执行决议的情况向人民代表大会常务委员会报告。同时，政府对审议意见研究处理情况或者执行决议情况的报告，应向本级人民代表大会代表通报并向社会公布。

第八章

行政信息

行政信息是公共信息资源的重要组成部分，对行政信息的管理和开发利用是大数据时代行政管理领域的新探索。随着移动互联网、大数据、云计算等现代科学技术应用的普及，行政信息在促进行政管理模式转换、实现政府再造、促进信息资源开放共享、提高行政决策的科学化水平和公共服务能力、推进网络问政等方面发挥越来越积极的作用。党的十九大明确提出了"推动新型工业化、信息化、城镇化、农业现代化同步发展"的新发展理念，强调要"善于运用互联网技术和信息化手段开展工作"。这表明了行政信息管理的理论、管理过程、开发利用和法制建设是行政管理亟待深入研究的新课题。

本章重点论述行政信息管理及其研究视角、行政信息管理标准化、行政信息管理的具体内容、行政信息开发利用及网络问政、互联网+行动计划。

第一节 行政信息概述

一、行政信息的内涵

（一）信息资源与行政信息

1. 信息资源

"信息资源"这个术语最早由罗尔科（J. O. Rourke）在《加拿大的信息资源》（*Information Resources in Canada*）一文中提出，该文刊载于美国《专业图书馆》（*Special Libraries*）1970年2月号（61卷2期）第59～65页。[①]

[①] 参见陈畴镛《信息资源管理》，浙江大学出版社2004年版，第14页。

关于信息资源的含义，目前国内外还没有形成统一的概念。具有代表性的含义有：

美国里克斯（Betty R. Ricks）和高（Kay F. Gow）在《信息资源管理》一书中认为，信息资源包括所有与信息的创造、采集、存储、检索、分配、利用、维护和控制有关的系统、程序、人力资源、组织结构、设备、用品和设置。

随着信息化的发展，霍顿（F. W. Jr. Horton）提出了不同的信息资源的含义。他在1974年提出的含义是：信息资源包括各种信息的生产者、供应者、处理者、传播者，各种形式的信息，文献化与非文献化的，原始数据，经过评价的信息，图书馆的库藏，信息中心的库藏，信息系统和数据库中的数据、记录，报刊、录音带和电影以及其他存储和处理媒介中的信息。他1979年提出的含义是：信息资源包括所有的信息源、服务、产品和各种信息系统。他1985年提出的含义是：从政府文书管理的角度看，信息资源具有两层意思。一是当资源为单数（resource）时，它指某种内容的来源，即包含在文件和公文中的信息内容；二是当资源为复数（resources）时，信息资源是指支持工具，包括供给、设备、环境、人员、资金等。

1986年，霍顿与P. A. Marchand提出的含义是：对于整个社会和国家来说，信息资源包括，四个方面的内容，即具有与信息相关的技能的人才、信息技术中的硬件和软件、信息机构（如图书馆、计算中心、通信中心和信息中心等）、信息处理服务的提供者。

列维坦（K. B. Levitan）1982年提出了著名的信息生产生命周期说。他认为，无论从字面上讲还是从具体角度来看，信息资源就是已经建立的，因而能够再使用的信息源。也就是说，信息资源是一系列已经制度化了的，为一个或多个用户集团反复使用的信息。

德国的斯特洛特曼（K. A. Stroetmann）认为，信息资源包括信息内容、信息系统和信息基础结构三部分：信息内容包括产生于信息服务或从外部信息源获取的信息，也包括与内容活动有关的理论和方法论信息、管理和操作信息、与决策相关的信息，还包括与外部活动有关的交易信息、用户信息和市场信息；信息系统包括系统目标、操作人员、信息内容、硬件、内部规则等；信息基础结构是指一个组织的信息基础设施，它由各种可共享的数据库、计算机硬件设备、数据库管理系统和其他软件、局域网等构成。信息内容、信息系统、信息基础结构形成了一个组织的信息管理的三位一体结构。

中国学者孟广均等人从广义和狭义两个角度提出了信息资源的含义，认为：狭义的信息资源仅指信息内容本身；广义的信息资源是指除信息内容本身外，还包括与其紧密相连的信息设备、信息人员、信息系统、信息网络等。①

上述国内外学者关于信息资源概念的含义，我们可以归纳为狭义的信息资源概念和广义的信息资源概念：

狭义的信息资源仅仅指信息内容，是指限于信息本身的文献资源或数据资源，或者说各种媒介和形式的信息集合，包括文字、声像、印刷品、图形、图像、电子信息等。信息资源狭义的理解，突出了信息本身这一信息资源的核心和实质。

广义的信息资源是以信息本身为核心的，包括与信息相关的人员、设备、技术、资金和信息资源管理体制等各种要素的总称。也就是说，信息资源是一个贯穿于人类社会信息活动中从事信息生产、分配、交换、流通、消费的全过程的多要素集合，包括信息劳动的对象——信息（数据），信息劳动的设备——计算机等工具，信息劳动的技术——网络、通信和计算机技术等信息技术手段，信息劳动者——信息专业人员，如信息生产人员、信息管理人员、信息服务人员、信息传递人员，以及信息资源管理体制等。广义的信息资源概念把信息活动的各种要素都纳入信息资源的范畴，这更有利于全面、系统地管理和开发利用信息资源。

狭义信息资源与广义信息资源的关键区别在于是否将与信息有关的设备、技术、人员和管理体制也纳入信息资源的范畴。信息内容、信息内容的表达和组织方式、信息表达所依附的载体以及信息资源管理体制，都信息资源的构成要素。

本书从管理的角度出发，采用了广义的信息资源的含义。信息资源不仅具有经济学意义上的需求性、稀缺性和可选择性特征，而且还包括共享性、时效性、动态性、不可分性、不同一性、支配性等独有特征。

2. 行政信息

行政信息作为信息资源的组成部分，是政府部门及其授权的公共组织等在依法履行职能过程中制作或获取的、以一定形式记录与保存的信息，以及制作或获取信息的技术、设备、网络、人才资源和信息化管理体制。具体来说，行政信息包括以下六个方面：其一，政府部门及其授权的公共组织等行

---

① 参见孟广均《信息资源管理导论》，科学出版社 2003 年版，第 29 页。

政管理主体为履行职能而采集、加工和使用的各类信息；其二，政府部门在办理业务和事项过程中产生与生成的各类信息；其三，政府部门直接管理的各类信息；其四，各政府部门投资建设的行政信息；其五，与行政信息的制作和获取有关的技术、设备、网络、人才等信息资源；其六，信息化管理体制及其运行机制。

因此，行政信息是指行政管理活动所涉及的、对行政管理活动产生影响作用的各类信息的集合，它包括行政信息内容资源以及与信息采集、处理、储存、分级分类、交换共享和开发利用活动有关的信息人员、信息设施、信息技术、信息资金和信息管理体制。行政信息是信息资源中最核心的资源，在人类社会经济发展和行政管理中具有特殊的重要地位。

(二) 信息资源管理

1. 信息资源管理的含义

信息资源管理（Information Resources Management，IRM）作为一种社会实践，起源于20世纪中期；作为一种学科理论，形成于20世纪70年代后期，并成熟于80年代中后期和90年代。1979年，美国学者迪博尔德（J. Diebold）发表论文《信息资源管理：新的挑战》(*Information Resource Management: The New Challenge*)，首先提出了信息资源管理的概念。自此，经过30多年的发展，其理论和实践研究已影响和扩展到世界许多国家和地区。

目前学术界对"信息资源管理"概念的含义尚未形成统一的认识。概括起来，有以下几种学说：一是管理哲学说，认为信息资源管理是一种哲学或思想；二是系统方法说，将信息资源管理看成是一种方法或者技术；三是管理过程说，认为信息资源管理是一种管理过程；四是管理活动说，认为信息资源管理是一种管理活动。

我国学者认为，信息资源管理是人类管理活动的组成部分，是为了确保信息资源的有效利用，以现代信息技术为手段，对信息资源实施计划、预算、组织、指挥、控制、协调的各种管理活动的总称。

综合上述，信息资源管理的含义可概括为：信息资源管理是一种系统的管理思想和方法，是一种基于信息技术的、为满足信息需求而实施的集约化管理活动，包括对信息活动要素（信息、人员、技术设备、资金等）的规划、组织、控制和协调，以实现资源的最佳配置和提高信息资源的开发利用水平。

2. 信息资源管理的层次

信息资源管理是一个结构复杂的系统工程，涵盖经济、人文、技术等多种因素，因而信息资源管理活动必须实行合理的分层、分级和分类管理。信息资源管理包括微观、中观和宏观三个管理层次。

微观信息资源管理是最基层的信息资源管理，以基于政务部门、信息机构等具体组织层面的信息资源管理为对象，以分析组织内部各类人员对信息资源的需求，采用综合的管理手段对信息资源实施规划、开发、集成和控制为主要任务。

中观信息资源管理是介于宏观和微观之间的一个管理层次，是以地区、行业的信息资源管理为对象，以制定地区或行业政策法规和条例来组织及协调本地区、本行业内部的信息资源开发和利用活动，及本地区和本行业与其他地区或行业间的信息资源交流、协作，实现本地区或本行业的信息资源的利益最大化为主要任务。

宏观信息资源管理是一种战略管理，由国家信息资源管理部门通过经济、法律、有关政策、法规以及相应的技术手段，从总量和结构上组织、协调信息资源的开发利用的活动，管理效果带有总量和全局的性质；确定目标、进行投资决策，并为各行政管理主体的中观层次的信息资源管理提供条件；确定信息资源管理的标准、保密和保存制度，协调与他国之间的信息资源交流合作关系；以资源的最优配置原理确定信息资源分布。

3. 信息资源管理的要素

信息资源管理的核心任务就是在兼顾信息资源现有配置与管理状况的条件下，让分散异构信息资源系统实现无缝整合，并在新的信息交换与共享平台上开发应用，实现信息资源的最大增值。信息资源的管理过程，如图 8-1 所示，一是基于信息用户的业务过程而产生的信息需求，通过需求分析从而实施的对信息资源的采集、加工、存储、检索、交换共享及其使用的全过程；二是基于信息资源用户、信息技术、信息资源设备、信息资源再开发以及知识资源开发等一切与信息资源有关的提升和增值信息资源的管理过程。因此，信息资源管理包括架构、组织、环境、服务、技术五大要素。

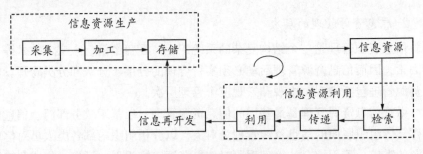

图 8-1 信息资源管理过程

（1）信息资源管理的架构。信息资源规划是以架构设计为主线而不是以进程计划为主线，总体架构的设计是信息资源管理的关键。信息资源管理的总体架构如图 8-2 所示。

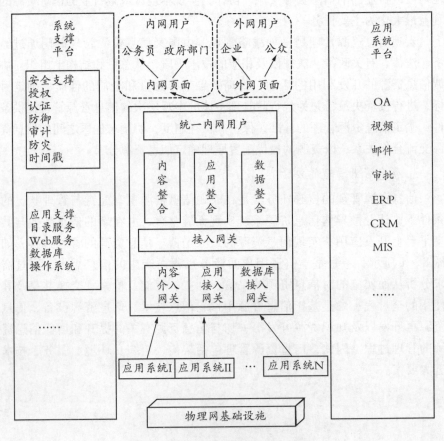

图 8-2 信息资源管理的总体架构

从图 8-2 中可以看出,信息资源管理的架构包含了门户体系架构、数据体系架构、应用体系架构。这些架构从不同的层次和角度入手,对信息资源管理设计了一套合理的框架。只有在这个框架下进行系统的设计与布局,才能有效满足信息资源管理的需求。

(2) 信息资源管理的组织。这是信息资源管理的基础。CIO(chief Information officer,即信息主管)① 作为信息资源管理系统高级主管,其代表了信息资源管理的整个组织体系,包括管理组织体系、管理组织规则、管理组织授权等。在信息资源管理中,CIO 作为信息资源管理系统高级主管,其地位必须从在信息资源建设阶段的一个简单甚至是附属性的职能部门上升为战略性的部门,从行政管理的大局与战略出发,来全盘统筹信息资源的整合与提升。

(3) 信息资源管理的环境。这是指通过制定统一、强制、自上而下的法规、标准以及规范以明确与信息资源管理有关的各种技术框架与规范。在相应的组织上,E-GIF(E-Government Interoperability Framework,即"电子政府互操作框架")也设立了电子政务领导小组、技术顾问组、协同工作小组、元数据工作小组、政府流程工作小组、政府标准工作小组等,以有效保障 E-GIF 的执行。

(4) 信息资源管理的服务。这是指通过服务记录数据库、服务知识库、服务管理对象资源目录库、服务管理规则库,搭建服务管理平台,在这个平台上,实现求助响应管理、变更管理、资产管理、服务等级协议管理等多项功能。鉴于服务技术性与专业性的不断提升,一些单位越来越不能胜任服务管理的要求,因此催生了外包式系统服务管理。把服务管理外包出去是信息资源管理阶段的新趋势,外包式系统服务管理也必将成为一个新兴产业。

---

① CIO 是各部门中的最高信息资源管理者,是基于信息资源的战略管理者,而非一般技术管理者。CIO 职位的设立起源于美国,按照美国学者史密斯和梅德利的观点,CIO 的职责包括:一是提供技术。信息主管负责为组织中所有层次的管理者提供必要的计算机技术资源。二是与用户有关的职责。包括为用户提供设备、软件和培训等。三是与提供者有关的职责。包括与硬件、软件和服务提供者发展伙伴关系,参与制定产业标准、契约谈判、不同硬件和软件的集成,支持层次的谈判、制定影响商业的战略等。四是与管理有关的职责。包括推广技术、提供软件、对外代表单位、教育员工和发展信息价值观等。五是与技术有关的职责。包括理解信息技术的发展现状,预测信息技术的发展及其对组织机构可能产生的影响,了解基本的技术因素对未来信息系统的影响等。笔者认为,CIO 的职责主要有:参与本部门的管理决策、组织制定本部门的行政信息政策和信息基础标准、组织开发和管理信息系统、协调和监督本部门的信息工作、负责组织和领导本部门行政信息管理的具体业务工作等。

(5) 信息资源管理的技术。这是信息资源管理的支撑平台。信息资源管理实现信息资源整合的技术就是基础架构平台软件技术，它包括整合平台、安全平台、系统支撑平台。基础架构平台位于硬件网络平台和系统平台之上，应用平台与应用软件之下，用于实现门户整合、数据整合、应用整合、内容整合及流程整合。

(三) 行政信息管理

1. 行政信息管理的含义

行政信息管理（Government Information Resources Management，GIRM）是一种集成性和综合性的管理活动，是政府部门为了实现行政目标，以现代信息技术为手段，对行政信息进行采集、加工、存储、交换共享、开发利用和服务，对信息活动各要素（信息、组织机构、人员、设施、资金、技术等）进行规划、预算、组织、协调、指导、培训和控制，以实现行政信息的合理配置、有效地满足政府部门自身和社会信息需求的活动过程。

行政信息管理的这一含义包括了以下三个方面：

(1) 管理覆盖着行政信息开发和利用等环节和全过程。

(2) 行政信息内容是行政信息管理的核心对象，加强行政信息的管理，最集中的要求就是要提高政府部门对行政信息的采集、处理、利用和交换共享的能力。

(3) 行政信息管理是一种集成性和综合性的管理。因此，行政信息管理具有了广泛性、综合性、复杂性、管理性、共享性、技术性、人文性和多学科知识交叉的特点。与这种特点相联系，信息化实现了政府部门从分散的、各自为政的方式进行行政管理和提供公共服务向集中的、整体和无缝的方式进行行政管理和提供公共服务转变。①

2. 行政信息管理的目标

行政信息管理是当代行政管理的一项重要职能，具有战略意义。行政信息管理的目标包括四个方面：实现行政信息的科学管理，是基础性目标；实现行政信息的有效利用，是根本性目标；实现行政信息的合理开发，是直接目标；促进行政管理正常运转、经济良性运行和社会和谐发展，是终极性目标。

---

① 参见蔡立辉《电子政务：信息时代的政府再造》，中国社会科学出版社2006年版，第15页。

二、行政信息管理的产生、发展及其研究视角

(一) 行政信息管理的产生与发展

1. 行政信息管理的产生

20世纪中叶是信息革命的起点。可以说,信息管理就是在信息革命发生并兴起的特定背景条件下产生的。信息革命的两个主要标志:一是信息论①的提出被视为科学发展的一大突破,它对众多研究领域产生了重大影响,奠定了理论基础;二是计算机的诞生提供了技术条件,以计算机技术和通信技术为代表的信息技术为信息革命奠定了技术基础。

信息技术的迅速发展,从客观上为信息资源管理提供了有力的工具和手段。正是在信息革命的时代背景下,政府部门和工商企业开始把注意力投向信息资源的科学管理、合理开发和有效利用。20世纪70年代末,以美国为代表的西方发达国家开始从工业经济向知识经济(Knowledge-based economy)②转化,知识成为支撑经济增长的最重要因素。为了更好地发挥信息对经济发展和社会进步的作用,必须在对信息进行深刻认识的基础上,再对信息进行管理。在这样的社会背景条件下,GIRM这一概念在美国被提了出来。20世纪80年代,GIRM的研究得到了迅速的发展,90年代,信息高速公路概念的出现,更进一步带动了GIRM的发展。

行政信息管理着眼于对行政信息过程的综合性、全方位控制和协调,强调以自动化信息处理和信息系统建造为主要内容,着眼于信息流的控制。显然,今天人们所说的行政信息管理,是在纯粹的技术手段不能实现对行政信息的有效控制和利用的情况下提出的一种新兴管理模式,在当代社会经济发展使信息成为一种重要的经济资源的背景下,需要从经济角度思考问题,对这种资源进行优化配置和管理。

2. 行政信息管理的发展阶段

从世界范围来看,源自美国政府文件管理的政务信息资源管理从20世

---

① 信息论是一种研究信息的定义、实质、度量以及有关信息传输、处理、存取和利用规律的科学理论,最重要的代表人物有美国数学家申农和维纳。

② 知识经济是信息社会发展的必然产物,是建立在知识和信息的生产、分配和使用之上的经济,它以信息化为基础,以全球化、网络化、知识化为其基本特征。信息社会为知识经济的产生和发展创造了不可或缺的前提条件。

纪中叶起步,其发展经历了萌芽、形成和成熟三个阶段,各阶段均有鲜明的特点。

(1) 从20世纪40年代中期至70年代中期,是行政信息资源管理的萌芽阶段。政府文件数量剧增的现实压力迫使美国等西方发达国家开始关注文件的管理和利用问题。政府文件管理的起步和发展揭开了行政信息资源管理的序幕。在行政信息资源管理的萌芽阶段,政府文件管理是行政信息资源管理的核心对象。

(2) 从20世纪70年代中期至80年代末期,是行政信息资源管理的形成阶段。在这个阶段,行政信息资源管理从狭隘的政府文件管理中独立出来,演变成为一种管理对象有明确概念、管理地位有法律保障、管理主体有明确机构和职能界定、管理内容有理论指导的专门管理活动。1980年,美国国会通过关于联邦政府的信息收集、维护、使用和传递服务的《文书削减法》($The\ Paper\ Reduction\ Act\ of$ 1980),首次明确提出了"信息资源管理"的概念和实施的具体框架。1985年,美国联邦政府管理与预算局发布了A-130号通报,即《联邦政府信息资源管理通报》,首次从政府的角度对行政信息资源管理的概念进行了界定,标志着现代行政信息资源管理思想已经形成。

在学术界,霍顿和马钱德(D. A. Marchand)是信息资源管理理论的奠基人,也是最有权威的研究者和实践者。威廉·德雷尔(William Durell)在1985年出版了《数据管理》一书,论述了信息资源管理的基础标准。行政信息资源管理形成的四个标志:一是提出了"信息资源管理"的概念;二是确立了行政信息资源管理的法律地位;三是设立了行政信息资源管理的专门机构,并配置专门职能;四是形成了行政信息资源管理的理论,大量出版了有关行政信息资源管理的著作和研究成果,阐述了行政信息资源管理的基本原理和方法。

(3) 从20世纪90年代开始,行政信息资源管理进入成熟发展阶段。负责信息资源管理的职位——信息主管(Chief of Information Officer,CIO)开始在公共部门中设立。这一时期的特点主要表现为:一是行政信息资源管理由美国蔓延到世界各国,发展成为一种世界性的潮流和世界各国普遍重视并推行的一项管理活动,显示了全球化的特点;二是在现代信息技术发展的推动下,各国延伸和扩展了20世纪70—80年代产生和应用的"办公自动化",实现了现代信息技术的应用与公共部门组织结构、管理方式、管理体制和服务方式变革的一体化融合;三是行政信息资源管理开始向电子化政府迈进，逐步形成了面向社会的"一站式"互动服务、面向公共部门的跨部门"一体化"业务集成和"流程化"的协同办公、面向业务应用的"统一平台"信息交换与资源共享、面向数字化管理的"可持续发展"公共管理体制和运行机制；四是以移动互联网、云计算、大数据①和"互联网＋"为时代特征的行政信息资源高度整合和集中。2011 年以来，美、英等国政府制定政府云战略、大数据建设等规划，推动行政信息资源的高度整合与信息资源开放共享。这些西方国家还充分利用大数据优化政府服务提供方式，提高政府效能和政府公信力，以解决长期以来政府信息化基础设施使用效率低、资源需求分散、系统重复建设等问题。

到目前，世界各国把搞好行政信息资源管理置于极其重要的战略地位，行政信息资源管理都朝着政务信息化和开放共享的方向发展。一方面，促使公共管理公开、高效、透明、廉洁和资源共享，促使提高服务质量；另一方面，为政务信息资源管理提供新的手段和机会。

（二）行政信息管理的研究视角

行政信息管理可以从多个视角开展研究，行政信息的管理过程是行政信息管理的主线，组织与人员资源是行政信息管理的关键，信息资源内容是行政信息管理的核心和重点，技术资源是行政信息管理的基础。因此，行政信息管理研究的视角归纳起来包括内容视角、技术视角、经济视角和人文视角。

1. 内容视角

内容视角研究行政信息管理，主要是从行政信息生命周期出发，以行政信息生成后收集、加工整理、储存、交换共享、开发利用和服务的一系列环节为主要对象，研究如何高效、高质地开展信息资源管理活动，它与信息管理科学、情报学、传播学等学科内容密切相关。美国信息管理专家霍顿认为，基于人类需求的信息生命周期是由需求定义、收集、传递、处理、存储、传播、利用七个阶段组成的。②

---

① 2015 年 8 月 31 公布的《关于促进大数据发展行动纲要》中将大数据的概念界定为：大数据是以容量大、类型多、存取速度快、应用价值高为主要特征的数据集合，正快速发展为对数量巨大、来源分散、格式多样的数据进行采集、存储和关联分析，从中发现新知识、创造新价值、提升新能力的新一代信息技术和服务业态。

② 参见冯惠玲《政府信息资源管理》，中国人民大学出版社 2006 年版，第 20 页。

2. 技术视角

技术视角研究行政信息管理，主要研究如何在行政信息的获取、传输、存储、处理和检索，以及利用行政信息进行决策、控制、指挥、组织和协调等方面合理地运用信息技术。行政信息管理的技术应用领域主要有各种计算机行政信息系统建设、行政信息网络建设和数据库建设等，它与管理信息系统、信息技术等领域的研究密切相关。

3. 经济视角

经济视角研究行政信息管理，主要是将行政信息作为一种资源和社会财富，研究内容涉及：行政信息价值问题；行政信息生产与信息服务的投资问题；行政信息的成本与利用效率；行政信息活动的经济机制和经济规律；行政信息活动的经济管理；行政信息、行政信息系统、行政信息服务的经济效益，如何提高行政信息的开发利用水平；行政信息供求及影响因素；行政信息配置的经济手段。

4. 人文视角

人文视角研究行政信息管理，主要是研究行政信息管理活动中人的作用、行为和心理，包括行政信息管理以及开发利用的有关政策问题、法律问题、管理过程中涉及的伦理道德和心理认同问题、行政信息的用户需求以及供求双方的关系问题、行政信息管理的标准化问题。

三、行政信息管理标准化

（一）行政信息管理标准化概述

1. 标准的分类与分级

中国颁布的国家标准（GB3935.1—1996）给出的标准化（standardization）含义是：在经济、技术、科学及管理等社会实践中，对重复性事物和概念通过制定、发布和实施标准来达到统一，以获得最佳秩序和社会效益。

常见的标准分类方法包括层次分类法、性质分类法和对象分类法三种。层次分类法，就是按照标准发生作用的有效范围进行分类，把标准区分为不同的层次，通常又称为标准的级别。从世界范围来看，标准层次区分为国际标准、区域标准、国家标准、行业标准、地方标准与企业标准。① 中国目前将标准分为国家标准、行业标准、地方标准和企业标准四级。

2. 行政信息管理标准化内容

行政信息管理标准化的内容十分丰富，大体上可分为标准化技术、标准化设施、标准化术语和标准化管理过程四部分。

信息技术标准化是整个行政信息管理的重点，是行政信息开发利用的基础和保证。信息技术标准化是围绕信息技术开发、信息产品的研制，以及信息系统的建设、运行与管理而开展的一系列标准化工作，主要包括信息资源的生产、识别、提取、检测和分类编码、交换或传输、处理、存储、显示、打印、控制以及信息资源的利用等技术。信息技术标准一般包括：信息采集、编码与记录标准，中文信息处理标准，数据通信与开放系统互联标准，软件工程标准，信息的安全与保密标准，声像技术标准，文献标准等内容。

标准化设施是行政信息活动的物质基础，其内容包括：学习和执行有关国际标准、国家标准、行业标准和地方标准；制定和贯彻设施操作规程和制度等。标准化术语是指术语的标准化，对信息活动中某一事务或过程的称谓或代号的标准化和国内术语的统一，避免术语的二义性。标准化管理过程是使行政信息管理工作的全过程按规范化的程序进行，包括学习和贯彻标准、制定标准，以及制定工作流程、管理制度等。

3. 行政信息管理标准化的方法

行政信息管理标准化的方法主要包括简化法、统一法、组合法、综合法

---

① （1）国际标准。由国际标准化或标准组织制定，为大多数国家认可并公开发布的标准是国际标准，例如信息技术领域的 ISO/IEC/IEEE 标准。（2）区域标准。由某一区域标准化或标准组织制定并公开发布的标准，如欧洲标准化委员会（CEN）发布的欧洲标准（EN）就是区域标准。（3）国家标准。由国家标准团体制定并公开发布的标准（ISO/IEC 第 2 号指南）。如 GB、ANSI、BS、NF、DIN、JIS 等分别是中、美、英、法、德、日等国国家标准的代号。（4）行业标准。由行业标准化团体或机构制定并发布的、在某行业的范围内统一实施的标准是行业标准，又称为团体标准。如美国的材料与试验协会（ASTM）标准、石油学会标准（API）、机械工程师协会标准（ASME）、英国的劳氏船级社标准（LR），都是国际上有权威性的团体标准，在各自的行业内享有很高的信誉。中国的行业标准是"对没有国家标准而又需要在全国某个行业范围内统一的技术要求所制定的标准"，如 JB、QB、FJ、TB 等就分别是机械、轻工、纺织、铁路运输行业的标准代号。（5）地方标准。由一个国家的地方部门制定并公开发布的标准。中国的地方标准，是指对没有国家标准和行业标准而又需要在省、自治区、直辖市范围内统一制定的标准，它由省级标准化行政主管部门统一组织制定、审批、编号和发布。（6）企业标准。又称为公司标准，是由企事业单位自行制定并发布的标准，是对企业范围内需要统一协调的技术要求、管理要求和工作要求所制定的标准。

和程序化法。

简化法是在一定范围内缩减对象事物的类型，使之在既定时间内满足一定领域需要的标准化方法；统一法是把同类事物的不同表现形态归并为一种的标准化方法，强调归一；组合法是将两个以上具有特定信息资源功能的单元，按照预定的要求，有选择地结合起来，形成一个具有新功能单元或系统的标准化方法；综合法是对系统标准化对象的整体及其相关要素进行有目、有计划的制定和贯彻某一标准系统的标准化方法；程序化法是将信息资源管理工作的全过程按照严格的逻辑关系形成规范化程序的标准化方法。

（二）行政信息管理的基础标准

行政信息管理基础标准，是指那些决定信息系统质量的，因而也是进行信息资源开发利用的最基本的标准，包括数据元素标准、信息分类编码标准、用户视图标准、概念数据库标准和逻辑数据库标准。

1. 数据元素标准

数据元素（Data Elements）是最小的不可再分的信息单位，是一类数据的总称。统一数据元素标准，可大幅度减少数据处理系统中所使用的数据元素的总数，并可大大简化其结构。数据元素的质量是建立坚实的数据结构基础的关键。数据元素标准包括数据元素命名标准、标识标准和一致性标准。

2. 信息分类编码标准

信息分类编码（Information Classifying and Coding）的对象是一些最重要的数据元素，它们决定着信息自动化处理、检索和传输的质量与效率。信息分类编码是标准化的一个领域，信息分类编码标准是信息标准中的最基础的标准。

信息分类是把具有某种共同属性或特征的信息归并在一起，以便与不具备这种共同属性或特征的信息区别开来，对某一类信息赋予代码的过程叫编码。信息编码是将表示信息的某种符号体系转换成便于计算机识别和处理的另一种符号体系，或在同一体系中，由一种信息表示形式变为另一种信息表示形式的过程。

一个编码系统的代码应具有唯一性、可延展性、稳定性、简短性和可操作性等。在对信息资源进行规划时，应采用已颁布的标准代码，采用顺序为国际标准、国家标准、行业标准、地方标准和个别标准。进行信息分类编码的步骤：一是确定分类编码对象；二是制定编码规则，即对每一编码对象要制定码长、分层和各码位意义的取值规则；三是编制编码表，即每一编码对象按既定的编码规则编制出该编码数据元素的所有可能的取值表。在有些情况下，要考虑多组代码的兼容性，必要时，要进行多组代码的转换。数据元的长度应尽可能简短，以便节省空间，缩减数据传送时间，减少冗余。

3. 用户视图标准

用户视图（User View）是一些数据元素的集合，它反映了最终用户对数据实体的看法。用户视图是数据在系统外部的样子，是系统的输入或输出的媒介或手段，常用的用户视图有纸面的（单证、报表等）和电子的（屏幕格式、表单等）。

用户视图名称是用一短语表达用户视图的意义和用途，用户视图分类编码是标识和分析处理的根据，用户视图组成是指顺序描述其所含的数据元素，一般格式是：序号—数据元素名称—数据元素定义。对于规范化的存储类用户视图应该标出主关键字。在 EDI 标准中，格式化报文是一种规范化的用户视图，在采用 UN/EDIFACT 国际标准时，必须按其数据元、段、格式化报文来设计标准的业务单证。

4. 概念数据库标准

概念数据库（Conceptual Database）是最终用户对数据存储的看法，反映了用户的综合性信息需求。概念数据库一般用数据库名称及其内容（简单数据或复合数据）的列表来表达。

5. 逻辑数据库标准

逻辑数据库（Logical Database）是一组规范化的基本表（Base Table）。把概念数据库演化为逻辑数据库的主要工作是采用数据结构规范化原理与方法，将每个概念数据库分解成三范式的一组基本表，一个逻辑数据库就是这一组三范式基本表的统一体。逻辑数据库标准涉及各基本表的命名标识、主码、属性列表及基本表之间的结构关系。

（三）中国行政信息管理标准化

从国际社会其他国家信息化发展的历史来考察，信息资源标准化的发展先于计算机和网络技术的发展，这成为信息化发展的一般规律。但是，中国信息化发展采取的是技术优先的路径，在发展过程中明显表现出重技术轻标准规范和管理、缺乏有效的标准维护机制、各部门各自为政和没有统一信息资源标准等问题。例如，各部门对组织机构名称的描述各不相同，工商部门使用企业名称（qymc），银行部门使用单位名称（dwmc），组织机构代码库使用组织机构名称（jgmc）等，直接导致系统间不能进行互联互通、信息资源无法共享。

行政信息管理的标准化建设问题是中国行政信息化建设和开展行政信息管理的重要问题。2002年1月，国务院信息化工作办公室和国家标准化管理委员会在北京成立了电子政务标准化总体组，负责电子政务标准化工作的总体协调，以及电子政务所涉及的重要标准研究和制定专项的组织和推进工作。

2002年5月，电子政务标准化总体组编写了《电子政务标准化指南》第一版。2003年2月，国务院信息化工作办公室和国家标准化管理委员会联合向全国发出了《关于〈电子政务标准化指南〉和六项电子政务标准试用和征求意见的通知》。《电子政务标准化指南》的第二版包含工程管理、支撑技术和信息安全三部分内容，以及六项标准：基于XML的电子公文格式（第一部分总则）；XML在电子政务中的应用指南；电子政务业务流程设计方法通用指南；信息化工程监理规范（总则）；电子政务数据元（第一部分设计和管理规范）；电子政务主题词表编制说明。管理标准主要是软件工程标准、验收与监理标准、系统测试与评估标准、行政信息开发利用功能性评价标准和行政信息开发利用实用性评价标准。

同时，中国还注重制定符合中国国情的行政信息标准化发展战略，将培养高水平、复合型人才，制定完善的政策法规体系和标准规范体系，建立对标准的指导、监督和执行机制，制定标准化评价体系等等，都纳入到标准化发展战略的高度。

第二节 行政信息管理的内容

一、行政信息管理体制

建立和完善行政信息管理体制，包括明确行政信息管理的主体、职能配置及其运行机制，主要解决"谁来管"的问题，以及制定相关的法律法规和政策，主要解决"如何管"的问题，这是实现行政信息有效管理的途径。

（一）行政信息管理的机构

健全行政信息管理机构、组织落实，是西方发达国家完善行政信息管理体制的重要特点。例如，在美国，行政信息化建设基本上是由联邦政府统一发起、组织和协调的。美国联邦政府设立了"联邦信息委员会（Federal Information Council）"，联邦预算与管理局局长为联邦信息委员会主席。在加拿大，行政信息管理的职能部门主要有财政部秘书处（TBS）、国家档案局（NAC）、国家图书馆（NLC）和统计局（SC）等。TBS是财政部属下的一个中央政府机构，统一领导政府的人力、财力、信息和技术资源管理。在TBS中，设有信息主管（CIO）及其办公机构（CIOB）。

为实现行政信息管理的宏观和微观管理职能，中国也建立了相应的组织机构，基本形成了自上而下的建立由政府主要领导牵头和各相关部门负责人共同参与的信息化管理机构，统一领导和协调行政信息管理工作。但是，严格来说，在行政信息管理机构的设置上，中国目前的机构设置（特别是大部门制改革之后）还不能适应行政信息化建设从技术导向到政务、管理导向的发展需要，缺乏自上而下的管理行政信息化建设的、具有综合和指挥协调能力的部门设置。已经设立的一些机构在协调能力、综合职能定位及其相应的职权赋予方面都有严重的局限，在统筹规划、组织协调、监督控制方面缺乏能力和具体措施，无法行使组织、指挥、协调和控制的职能。因此，应改善行政信息管理机构设置，将其纳入政府组成部门系列，在性质上确定为综合部门，赋予其组织、指挥、协调和控制的职能。

（二）行政信息管理职能

科学合理地配置职能，是完善行政信息管理体制的重要内容。行政信息管理职能主要包括宏观管理和微观管理两个方面。

1. 行政信息宏观管理职能

行政信息宏观管理，主要是从宏观层次上通过国家、地方或系统有关政策、法规、管理条例等来组织、协调国家、地区或系统内部信息资源管理工作，使信息资源按照宏观调控的目标，在不影响国家的信息主权和信息安全的前提下得到最合理的开发和有效利用。行政信息宏观管理职能主要包括统筹规划职能、组织协调职能、业务指导职能和监督控制职能。各项职能相互联系、相互作用，从而达到管理目的。

2. 行政信息微观管理职能

行政信息微观管理职能主要是指各政府部门内部管理机构对本部门行政信息实施具体管理和开发利用工作的职能。行政信息微观管理的主要职能是在行政信息宏观管理的指导下，根据本部门行政信息利用需求，合理开发信息资源管理系统，通过对行政信息的采集、组织、检索、开发、传播和服务等，实现行政信息的有效利用。

（三）行政信息管理人员

行政信息管理人员是指在行政信息管理部门从事行政信息管理规划、信息系统研发与管理、信息系统运行与维护、信息资源管理具体业务工作等活动的行政信息管理专业人员，主要包括信息技术专业人才和信息管理专业人才。

信息技术专业人才是在行政信息管理中从事信息系统研发、运行、维护、信息安全等相关信息技术工作的人员，例如信息系统程序设计员、网络技术人员、信息安全技术人员。信息管理专业人才是从事信息资源规划、信息资源组织等管理工作的人员，例如各部门内部的信息主管。

二、行政信息采集管理

（一）行政信息采集的含义

行政信息采集是指各政务部门在各自的职责范围内根据行政信息用户的需求，从有关信息源或载体内对各种形态的信息进行选择、采出、提取并加以聚合和集中的过程，即在"需求驱动"下，根据目的和要求将蕴含、分布在不同时空域的涉及政治、经济、社会、文化领域的各种行政信息采掘和积聚起来的过程。行政信息采集是实现行政信息交换共享、提高行政信息开发利用水平的前提和基础。

行政信息的采集应当遵循职能原则、目的性与及时性原则、真实性与可靠性原则、时间上的连续性和空间上的完整性原则、计划性与预见性原则。

（二）行政信息采集的过程

按照上述采集原则，行政信息采集的过程，如图 8-3 所示，包括以下阶段：

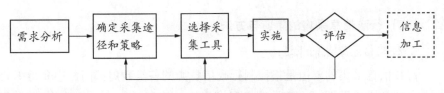

图8-3 行政信息采集的过程

1. 行政信息采集的准备阶段

在行政信息采集的准备阶段，行政信息管理主要是：进行行政信息需求分析、明确采集目标、确定行政信息采集源、选择采集方法和采集工具及制定行政信息采集策略。

行政信息需求分析是行政信息采集的起点，决定行政信息采集工作的效率及成败。行政信息需求分析过程可划分为问题分析、需求描述和需求配置三个阶段。需求分析过程所要做的工作包括：一是确定行政信息的服务对象。政府部门、企业以及其他组织和个人对行政信息的需求都是不同的。二是明确行政信息采集的内容。根据服务对象的不同，兼顾重点原则和全面原则，合理确定采集的内容。三是明确行政信息采集的范围和量。四是明确行政信息的语种要求等。

2. 行政信息采集的实施阶段

在行政信息采集的实施阶段，行政信息管理主要是：识别信息，根据采集的要求、目标，先予以识别、筛选；提取信息，将采集所需要的行政信息运用不同的方法、采取不同的途径从行政信息源中提取出来；汇集信息，将提取的行政信息进行汇合、集中。

3. 行政信息采集的评估阶段

这一阶段是对行政信息采集成败得失的一个全面总结，并为以后的采集工作积累经验，吸取教训；可以衡量行政信息采集过程前半部分的采集方法、采集策略和采集工具的选择是否恰当，从而使其得以及时调整和修改，以期更好地满足信息用户的需求。对于通过评估的行政信息采集，将进入信息加工阶段。

评估的核心是确定评估指标体系，一般主要包括采全率、采准率、采集的及时率、费用和劳动耗费等。采全率、采准率用于衡量采集的质量和水平；及时率、费用、劳动耗费则用于衡量信息采集的效率和效益。

(三) 行政信息采集的渠道与方法

1. 行政信息采集的渠道

行政信息采集的渠道是指控制行政信息源的各类政府部门、中介组织与个人，如各级政府部门、各类信息咨询组织、信息经纪人、各类基层组织、学会、协会、信息发布组织、决策组织和行政信息管理机构等。行政信息采集的渠道包括行文渠道、媒体渠道、机构性渠道、制度性渠道、政府部门交流渠道和个人渠道。

2. 行政信息采集的方法

行政信息采集的方法，是获取行政信息过程中各个环节所要求的基本操作和特有方法。信息源不同，采集的方法也有所不同。比如，原始信息的采集，基本方法有观察、调查、走访、实验、检测和科学研究等；文献信息的采集，基本方法有索取、交换、检索、咨询、复制、购买、网络查询等。行政信息采集有观察法、调查法、阅读法、检索法、交换法、索取法、与会法等基本方法。

三、行政信息存储

(一) 行政信息存储的含义

行政信息存储是行政信息管理中继加工之后的重要内容或环节，是指将加工处理后的行政信息（包括文件、图像、数据、报表、档案等）按照一定的规定记录在相应的信息载体上，并按照一定的特征和内容性质将其组织成系统化的检索体系的过程。行政信息存储是行政信息检索和有效利用的基础。

因此，行政信息存储包括两层含义：一是将加工后的行政信息按照一定规则记录在相应的信息载体上；二是将这些信息载体按照一定的特征和内容性质组成系统有序的、可供自己或他人检索的集合体。科学合理的行政信息存储有利于方便用户检索，有利于延长使用寿命，有利于资源共享，有利于行政信息管理。行政信息存储是行政信息管理中重要的一环，它是信息采集与信息利用之间的纽带。行政信息存储应遵循统一性原则、记录准确原则、编排有序原则、便捷性原则和安全原则。

（二）数据仓库

从存储介质的形式来看，行政信息存储有纸张印刷存储、缩微（胶片）存储、声像存储、磁盘存储、光盘存储和基于数据仓库存储。数据仓库是基于现代技术发展起来的大容量、高效率的新材料载体存储方式。

数据仓库（Data Warehouse，DW），是对来自于异地、异构的数据源和各种数据库的数据经加工后在一种称之为数据仓库的存储地存储、提取和维护的一种存储方式。数据仓库的相关技术包括联机分析处理、决策支持系统和数据挖掘。因此，数据仓库既是一个信息资源的存储机制，也是一个信息资源分析、处理的支持决策系统，基于数据仓库的行政信息存储将会成为主流的存储方式（如图8-4所示）。

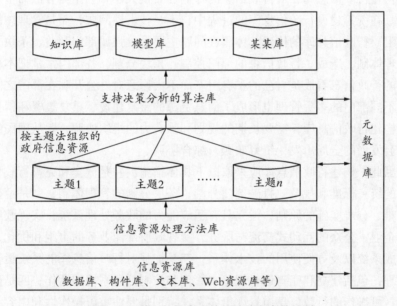

图8-4 基于数据仓库的行政信息存储机制

目前常见的数据库类型有关系数据库、事务数据库、面向对象数据库、对象—关系数据库、空间数据库、时间数据库和时间序列数据库、文本数据库、多媒体数据库。

(三) 行政信息库的构建

1. 行政信息库构建的目标

政务资源信息库归根结底是以服务于行政管理和社会为宗旨，目的是促进提高行政信息开发利用水平。具体地说，行政信息库构建的目标是：有利于实现行政信息公开和面向社会服务的原则，提高社会服务质量；有利于提高行政管理能力、回应社会需求的能力，做到科学、高效的宏观管理和决策；有利于对社会及时发布大量有价值的行政信息，引导企业自主走向市场，对经济发展和社会进步进行导向，减少盲目性。

2. 行政信息库的构建措施

构建行政信息库，对行政信息的存储、交换共享和利用具有极为重要的意义。在统筹建设行政信息库的过程中，不是技术性问题，而是管理体制问题会阻碍行政信息库的构建。体制性问题主要是：强调部门利益、条块分割的管理体制，造成了行政信息的部门控制、条块分割，各部门常常把本部门拥有的行政信息看成是自己的私有财产而不大愿意对外公开和在部门之间共享，不同部门的多头管理也形成了信息资源的重复建设、重复投资和信息不畅。构建行政信息库，需要长期的规划和强有力的组织协调，要从国民经济和社会发展的全局出发，统筹兼顾，综合协调。

因此，构建行政信息库应采取以下具体措施：一是健全和完善行政信息管理的统一标准和规范，打破部门分割、条块分割的管理体制；二是遵循由易到难、分步实施的原则，建立具有适应能力的政务处理系统，实现政府部门与企业、公众的互动式交流与服务，实现政府部门业务的重组和优化，建立集成系统以及方便使用的技术体系；三是加强对行政信息库的系统运行规范管理，包括建立和完善运行规范来管理和控制信息系统的运作；四是建立高效、可操作的行政信息质量评价体系，特别是要注重可操作性和内容实用性评价。

四、行政信息分级分类

(一) 行政信息分级

行政信息分级，是指根据行政信息的不同性质来确定行政信息公开与保密的级别。明确哪些信息是可以向社会公众公开的、哪些信息是只可以在政府部门之间进行共享的、哪些信息是局限于部门内部自用的,这是行政信息分级的重要内容。行政信息分级是实现行政信息公开和交换共享的基础。

1. 社会公开类行政信息

依法应当向社会公开的行政信息,根据公开的程度不同可划分为完全向社会公开的行政信息和依据申请向特定对象公开的信息。完全向社会公开的行政信息没有任何密级;依据申请向特定对象公开的行政信息应该根据申请向特定的对象公开,并且有特定的用途。

与社会公开类行政信息相对应的是国家秘密信息。国家秘密信息不向社会公开,具有最大的密级。涉及国家秘密的信息不得直接或间接在国家互联网络或其他公共信息网络上传播。如果政府部门的国家秘密信息需要进入计算机系统进行处理、传递,则要单独建一个设密的计算机系统,而且设密系统与互联网系统之间应实行物理隔离。

2. 部门共享类行政信息

部门共享类行政信息是指根据各部门职能行使的需要在政府部门之间进行交换共享的行政信息。部门共享类行政信息是基于职能行使的需要,各部门都具有向其他部门提供本部门拥有的行政信息的责任和从其他部门获得本部门所需要行政信息的权利。从其他部门所获得的行政信息只能用于本部门履行职能的需要,未经信息提供部门的许可,不得自行向公众发布,不得转给第三方,也不得用于商业目的。

3. 依法专用类行政信息

依法专用类行政信息是指依据法律法规的规定只与本部门职能行使有关、只在本部门内部专用而不对外的行政信息。在行政信息的分级管理方面,西方国家的经验值得我们借鉴。例如,俄联邦根据开放程度对国家信息资源进行分级:一是可公开的和人人都能获取(询索)的国家信息资源;二是限制获取的文件信息。为了避免一些政府部门以"限制获取"为理由而侵蚀公民的知情权,俄联邦还以列举的方式明确"禁止列入限制获取的信息"。①

我国许多地方政府所制定的有关行政信息公开的地方性规定,虽然对不予公开的信息也做了列举,但却没有对除外事项以及配套制度加以明确,这些除外事项在实践中往往成为行政机关公开或不公开的自由裁量。

---

① 参见俄罗斯的《联邦信息、信息化和信息保护法》。

（二）行政信息分类

行政信息分类是以政务的知识内容为主要依据，把具有某种共同属性或特征的行政信息归并在一起，将海量无序的信息变成可利用的有序信息，为实现行政信息管理、交换共享、服务和提高行政信息开发利用水平奠定了基础。

行政信息分类通过采用不同的分类方法，以满足行政信息使用者、行政信息提供者和行政信息管理者等从不同角度去组织、揭示、识别和使用行政信息的需要。因此，行政信息分类应满足归类正确、归类一致、充分揭示和方便检索等要求。

行政信息分类要以有利于行政信息的组织和管理为出发点，根据政府部门业务和信息资源特点来进行。国家电子政务标准化总体组制定的电子政务标准草案——《行政信息目录体系》提出了主题类、行业类、服务类和资源形态类四种分类体系标准。

五、行政信息公开

（一）行政信息公开的含义

行政信息公开是指政府部门以及法律法规授权的具有管理公共事务职能的公共组织主动或根据公众的申请公开行政信息并方便社会公众获取的各种活动与制度的总称。

现代意义的信息公开制度产生于 18 世纪的欧洲。1766 年，瑞典颁布了《出版自由法》（*The Freedom of the Press Act*），规定了行政信息的公共存取（public access）原则，这是世界上最早的信息公开法。此后，行政信息公开制度并未受到世界各国的重视。直到 20 世纪 60 年代，现代信息技术和通信技术的飞速发展及其广泛应用，引起了新的信息公开和保护的问题，行政信息公开制度开始得到世界各国政府的重视。1967 年，美国颁布了《信息自由法》（*The Freedom of Information Act*），规定各联邦政府有将其拥有的信息资料向公众公开的信息义务。这部法律被认为是世界上第一部现代意义上的信息公开方面的法规。强调政务信息公开、最大限度地共享行政信息资源，已经成为当今世界政府信息化发展的共同趋势。

2009 年，奥巴马一上台就签署了《透明和开放政府法案》，120 天之后，Data. gov 上线发布。其主要目标就是开放联邦政府的数据，通过鼓励新的创意，让数据走出政府，得到更多的创新性应用。Data. gov致力于政府透明，全力把政府推向一个前所未有的开放高度。2013年，美国《政府信息的默认形式就是开放并且机器可读》行政命令，把数据开放上升到了法规层面。命令要求联邦政府全面开放数据，而且明确规定：未来的政府信息一经产生，其默认形式就应该是开放的、机器可读的。政务数据的开放"巩固了民主制度，提升了公共服务的效率和效果，并促进了经济的增长"。2013年6月18日，奥巴马总统和其他七国集团（G7）领导人签署了《开放数据宪章》。① 这标志着美国的数据开放又上升了一个台阶，迈入政务数据开放3.0时代。

就我国而言，推行行政信息公开，是提高科学执政、民主执政、依法执政的能力和水平，深化行政体制改革，健全权力运行制约和监督体系的必然要求；是推进社会主义民主，建设法治政府的重要举措，是人民知情权、参与权、表达权、监督权和公共权力正确运行的重要保证；是建立行为规范、运转协调、公正透明、廉洁高效的行政管理体制的重要内容。

（二）行政信息公开的原则

行政信息公开必须按照一定的原则来进行。行政信息公开的原则是政府部门在行政管理过程中必须遵守的准则，在效力上它高于具体的行政信息公开操作规则，并对具体的行政信息公开操作规则起着宏观指导和控制作用。

概括起来，行政信息公开原则包括六个方面：一是合法性原则，行政信息公开的范围、内容、程序和途径等都必须有法可依、有章可循；二是及时性原则；三是真实性原则；四是利益平衡原则；五是不收费原则；六是责任原则，公开行政信息是政府部门的一种责任。

（三）行政信息公开制度

1. 行政信息公开制度的主要内容

行政信息公开制度的主要内容包括：一是确立和强化行政信息公开是政

---

① 2013年6月18日，奥巴马总统和其他七国集团（G7）领导人签署了《开放数据宪章》。该宪章提出了五个战略原则：(1) 默认开放数据：开放政府数据的公布，并继续维护隐私。(2) 注重质量和数量：发布高质量、及时、完善的开放数据。(3) 让所有人都可以用：发布尽可能多的数据，并尽可能多地支持不同的数据格式。(4) 为改善治理发布数据：共享知识并使数据的采集、规范和发布过程透明化。(5) 为创新发布数据：与用户协商，并为未来创新的一代授权。

务部门的义务和责任；二是明确行政信息公开的范围，包括明确政务部门应主动公开的行政信息范围、依申请公开的行政信息范围和不予公开的行政信息范围；三是确立行政信息公开的监督和保障制度，包括健全与完善对政务部门实施行政信息公开的考核、评议、监察制度，公众的举报、投诉制度，行政复议和行政诉讼制度，责任追究制度等。

2. 行政信息公开的措施

根据实际，采用多种方式公开行政信息，具体措施包括：

（1）及时、准确地公开政府信息，发现影响或可能影响社会稳定、扰乱社会管理秩序的虚假或不完整信息，政务部门要在其职责范围内发布准确的政府信息予以澄清；

（2）建立健全行政信息发布协调机制，发布的行政信息涉及其他政府部门的，要与有关部门进行沟通、确认，保证发布的行政信息准确一致；

（3）通过公报、网站、新闻发布会以及报刊、广播、电视等便于公众知晓的方式和大众传播媒介公开行政信息；

（4）在国家档案馆、公共图书馆设置行政信息查阅场所，配备相应的设施、设备，为公众查阅、获取行政信息提供方便；

（5）根据需要设立公共查阅室、资料索取点、信息公告栏、电子信息屏等场所或设施，公开行政信息；

（6）编制、公布行政信息公开目录和行政信息公开指南，并及时更新。

在大数据时代，数量巨大、来源分散、格式多样的大数据对政府服务和治理能力提出了新的挑战，也带来了新的机遇。行政管理既要高度重视信息公开和信息流动带来的安全问题，也要充分认识推进信息公开、整合信息资源、加强大数据运用对维护国家统一、提升国家治理能力、提高经济社会运行效率的重大意义。充分运用大数据的先进理念、技术和资源，是提升国家竞争力的战略选择，是提高政府服务水平和政府能力的必然要求。

六、行政信息交换共享

（一）行政信息交换共享的含义

行政信息交换共享一是全社会交换共享，二是各政府部门之间的交换共享。本章所研究的行政信息交换共享是各政府部门之间的行政信息交换共享。

行政信息交换共享是指一个部门为其他部门履行行政管理职能的需要而

提供行政信息，以及为履行行政管理职能的需要从其他部门获取行政信息的行为。实现行政信息交换共享是充分开发利用行政信息的有效途径。一个部门从另一个部门获取的行政信息，只能用于本部门履行职能的需要，不得转给第三方和用于商业目的。行政信息交换共享要避免出现过度的、不合理的交换共享要求和现象。行政信息交换共享包括两个阶段，如图8-5所示。

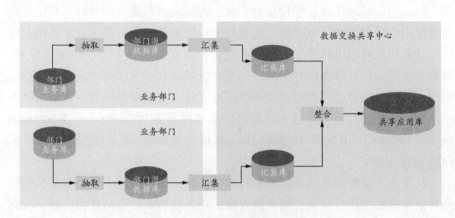

图8-5　行政信息交换共享过程

第一阶段：数据抽取汇集阶段。在这个阶段，首先，充分掌握各部门现有数据情况，了解各部门的需求和可供共享的数据，明确各部门的数据格式、业务表结构详细说明、字典表等。其次，根据实际需求和数据格式制定数据抽取规则，从业务系统中进行数据抽取，形成部门可供交换共享的源数据库。最后，通过数据交换将源数据库汇集到数据交换共享中心，形成各部门的业务数据的汇集库，从而完成第一阶段的数据的抽取汇集工作。

第二阶段：数据整合共享阶段。通过数据共享交换中心，进一步将汇集库的数据进行清洗、整合等处理，形成共享应用数据库。在此基础上，编制共享数据目录，注册后通过行政信息交换共享平台对各部门提供数据目录查询、数据共享等服务。

（二）实现行政信息交换共享的管理措施

1. 编制行政信息交换共享目录体系

由于行政信息产生于行政管理活动的各个环节和部门，它的存在和分布是多行业、多部门、多地域的，行政信息由相关机构分权管理，储存地点分散，搜寻不易，因此，为实现行政信息的共享，就需要一种可分可合的工具——行政信息目录体系来管理行政信息。

行政信息目录体系是以元数据为核心,以政务分类表和主题词表为控制词表,通过规范的元数据与政务分类表和主题词表,运用 XML 标识语言以及资源描述框架 RDF,对行政信息进行网状组织,满足从分类、主题、应用等多个角度对行政信息进行管理、识别、定位、发现、评估与选择的工具。行政信息目录体系是管理信息资源、实现共享和服务的一种工具,是向信息使用者提供行政信息查询、检索和定位的服务工具。借助目录系统,可以对政务信息资源进行识别、导航和定位,以支持公众方便、快捷地检索、获取和使用公开的政务信息资源,以支持公共部门之间共享政务信息资源。例如,美国为整合公共部门的公共性信息资源,为公众提供单一窗口的政务信息导航、检索与定位服务,将政府信息定位服务(Government Information Locator Service,GILS)① 作为联邦政府信息处理标准(FIPS192),形成 GILS 检索系统。

行政信息交换共享目录体系是行政信息目录体系中的一个子系统,是借助目录系统和按照行政信息的密级程度,将各政府部门应向社会公开和应在部门之间进行共享的行政信息进行汇集所形成的体系。交换共享目录体系为部门之间提供与获取行政信息的行为提供了查询、检索和定位的服务工具——可称之为一个智能合约,对行政信息的共享起标引、检索和导航作用,并在规定的安全机制下,通过交换体系来实现行政信息的提供与获取。编制交换共享目录体系,具体包括:

(1)科学构建行政信息目录体系框架。如图 8-6 所示,行政信息、目录体系包括资源层、目录层、服务层、应用层四个部分,是向信息使用者提供行政信息查询、检索和定位的服务平台,并在规定的安全机制下,通过交换体系获得信息资源,向信息使用者提供信息访问服务。

(2)科学构建目录体系服务模型。目录体系主要包括目录体系生产系统、目录体系管理系统和目录体系查询系统三个部分。其使用者包括元数据生产者、目录体系管理者和信息查询者三类用户,如图 8-7 所示。

---

① 政府信息定位服务是一种支持公众检索、获取和使用政府公开信息资源的分布式目录管理及利用体系。1994 年 12 月,美国商务部将政府信息定位服务计划作为联邦政府信息处理标准(FIPS192)颁发,正式建立 GILS,并在 1995 年 12 月 31 日前正式使用 GILS 检索系统。各政府机构利用 GILS 标准描述自己拥有的信息资源(包括数字化和非数字化资源),建立相应的信息资源目录和检索系统。如果信息资源本身是数字化资源,则在资源目录和实际资源之间建立链接。公众可以通过互联网直接检索这些目录数据,并通过链接直接获得有关数字化资源。

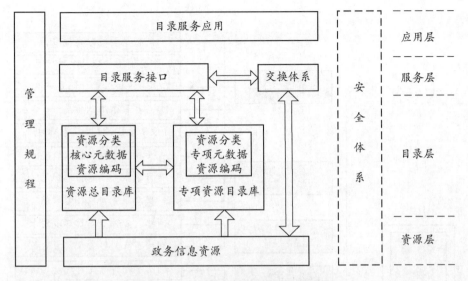

图8-6 行政信息目录体系的总体框架

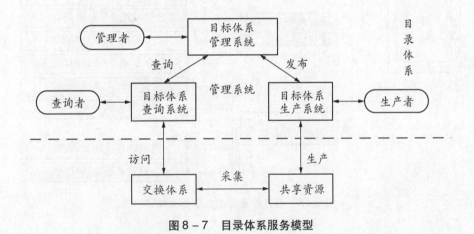

图8-7 目录体系服务模型

(3) 明确行政信息交换共享目录的具体内容,包括政务基础信息共享目录、应用信息共享目录、数据库管理目录与行政信息采集责任公开目录。

2. 健全与完善行政信息交换共享标准规范

标准规范为信息资源一致性和技术平台的互联互通互操作提供了基本的保证,是实现行政信息交换共享和规范化运行的有力支撑和可靠保障。如图8-8所示。

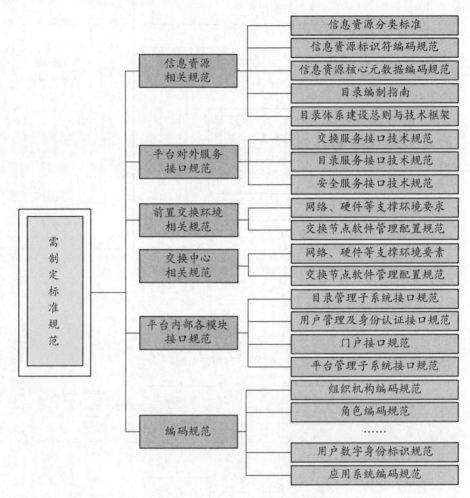

图8-8　行政信息交换共享标准规范

行政信息交换共享标准规范包括信息资源相关规范、技术平台对外服务接口规范、前置交换环境相关规范、交换中心环境相关规范、技术平台内部各模块接口规范和编码规范。

3. 健全与完善行政信息交换共享管理制度

行政信息交换共享涉及信息资源提供方、信息资源管理方、信息资源使用方、技术平台管理运营方、技术平台建设方等其他相关部门及人员，管理对象包括行政信息、技术平台。实现行政信息交换共享，应在部门间建立起通畅的内部信息交换制度,各政府部门应当树立行政信息属于公共资源和"信息越流通,大家都受益"的观念,强化信息交换共享意识,确保行政信息准确、全面、及时。健全与完善行政信息交换共享管理制度是形成行政信息交换共享机制、确保行政信息长效交换共享的重要制度条件。如图8-9所示,行政信息交换共享管理制度包括政务信息资源管理维护制度、技术平台管理维护制度和政务信息资源分级管理制度。

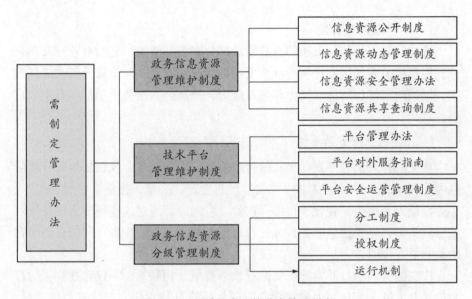

图8-9 行政信息交换共享管理制度

4. 加强行政信息交换共享平台和共享库的建设

行政信息交换共享平台是实现行政信息共享共用、形成跨部门网络化协同办公环境和提供及时有效的便民服务的基础和重要技术支撑。加强行政信息交换共享平台建设,应本着"资源整合、集约建设"的原则,统筹建设。

行政信息共享库的建设是一项复杂的系统工程,需要科学地整合各类业务应用系统,实现条块结合,形成有效的数据报送和查询功能;需要对行政信息采用标准化的方式进行管理,制定和施行严格的、统一的信息资源管理标准,并监督该标准的执行;需要建立行政信息共享库的管理、维护、更新和使用的长效机制;采取集中与分布式相结合的建设模式进行具体的分级部署和实施,基础性数据库集中建设、各部门共享,基础数据采集由业务主管部门一家采集后提供给各部门共享以保证数据源头单一性及数据的准确性,专业业务性的数据库分布建设，各部门依据履行职能的需要有条件共享。

第三节 行政信息开发利用

一、行政信息开发利用概述

（一）行政信息开发

行政信息作为信息资源的重要组成部分和公共资源，它的有效开发和充分利用直接关系到国家经济与社会发展的状况和水平，对于提升行政管理效率、增强政府部门的应变能力和创新能力、提高公共服务质量都具有十分重要的意义。

1. 行政信息开发的含义

狭义的行政信息开发与狭义的行政信息概念相联系，仅仅是指对行政信息内容资源的开发，主要包括行政信息的生产、表示、搜集、整理、组织、存储、检索、重组、转化、传播、评价、应用等。通过这些环节来提升行政信息的质量，完善信息服务，方便行政信息利用，有效挖掘行政信息的潜在价值和显在价值。

广义的行政信息开发与广义的行政信息概念相联系，不仅包括狭义的行政信息开发的一切相关内容和含义，还包括信息技术研究、信息系统建设、信息设备制造及信息机构和管理体制的建立、信息规则设定、信息环境维护、信息人员培养等活动，具有系统性、复杂性和交叉性等特点。

2. 行政信息开发评价

行政信息开发评价就是运用评估指标体系，按照严格的评估程序对行政信息开发行为与开发成果本身及其社会效应进行检测的活动。行政信息开发评价包括行政信息开发成果质的评价、量的评价和社会效应评价。

行政信息开发成果质的评价，是对行政信息开发成果（典型的成果形式有管理信息系统、业务应用系统、数据传输网络、Web网站、数据库、业务数据库、决策支持系统、检索系统、搜索引擎、信息服务组织等）是否达到开发目标和期望价值等结果，从开发深度、使用满意度等角度所进行的评价。常用的评价指标包括提高行政管理决策水平与质量、改善行政管理效率、规范行政管理行为、提高公众满意度等。

行政信息开发成果量的评价，是对行政信息开发成果从开发广度、数量等角度所进行的评价。常用的评价指标包括是否增加了行政信息量和丰富了行政信息内容、开发的行政信息满足公众以及行政管理需求的程度、投入与产出的比例等。

行政信息开发成果的社会效应评价，是对行政信息开发行为与开发成果所产生的社会效益、经济效益进行的评价。

专家评价方法是行政信息开发评价最常用的评价方法，包括定性评价、定量评价、定性和定量相结合的评价三种手段。

（二）行政信息利用

行政信息管理过程，是一个从行政信息采集开始，经过信息加工、信息存储，形成符合需要的信息产品的信息开发过程。但行政信息开发本身不是目的，其最终目的是为了更加充分有效地利用行政信息。

1. 行政信息利用的含义

行政信息利用，是政府部门、企业、其他社会组织和个人有意识地利用行政信息实现自身的需求、解决各自问题的过程。行政信息利用的主体非常广泛，目的非常明确，利用的结果就是实现行政信息的价值。行政信息利用的着眼点是利用效率、利用水平、利用过程的评价和维护等。行政信息的使用价值是由行政信息的真实度、时效性和适用性所构成的。根据行政信息利用的主体及其信息需求的不同，行政信息的利用可分为社会利用、组织利用、个体利用三个层次。

2. 行政信息开发与利用的关系

行政信息开发是手段，行政信息利用是目的，二者是相辅相成、互相促进的辩证统一关系。行政信息的开发是指对行政信息进行采集、加工、传输、存储、转换、分析等生成有用信息的过程以及人们智力创意活动生成信息的过程。行政信息的利用是指将信息用于管理、决策、生产、学习以及文化娱乐等活动以实现信息价值的过程。行政信息开发是行政信息利用的前提，行政信息利用为行政信息开发提供了动力和方向。开发是为了更好地利用；反之，用户强烈的利用欲望和行动，必将促使开发工作的进一步推进，利用是开发的延续。任何开发行为的最终目标都是能够在其利用过程中产生社会效益和经济效益。

二、互联网+政务服务

随着行政审批制度改革的日益深入，各级政府及部门积极推进网上政务服务平台建设，开展网上办事，有效优化了政府服务，方便了公众办事，优化了政务发展环境；但同时也存在网上政务服务内容不规范、服务不便捷，网上政务服务平台不互通、数据不共享，线上线下联通不畅，政务服务的标准化规范化程度不够高等问题。为此，2016年9月25日，国务院发布了《国务院关于加快推进"互联网+政务服务"工作的指导意见》（国发〔2016〕55号），明确提出：推进"互联网+政务服务"，是贯彻落实党中央、国务院决策部署，把简政放权、放管结合、优化服务改革推向纵深的关键环节，对加快转变政府职能，提高政府服务效率和透明度，便利群众办事创业，进一步激发市场活力和社会创造力具有重要意义。

（一）指导思想

依据创新、协调、绿色、开放、共享的发展理念，以促进简政放权、放管结合、优化服务改革措施落地为目标，进一步规范行政权力运行，优化政务服务供给，降低制度性交易成本，解决影响企业和群众办事创业的难点，进一步激发社会和市场活力；以运用现代信息技术创新行政审批和公共服务方式为手段，坚持问题导向，强化顶层设计，注重资源整合，优化各地区各部门网上政务服务平台建设，不断简化优化企业和公众办事流程，促进网上政务服务运行规范、程序严密、过程透明、结果公开、监督有力，切实增强政务服务的主动性、精准性和便捷性，为推进政府治理创新提供有力支撑和保障。

（二）总体目标

2017年年底前，各省（自治区、直辖市）人民政府、国务院有关部门普遍建成网上政务服务平台。2020年年底前，建成覆盖全国的整体联动、部门协同、省级统筹、一网办理的"互联网+政务服务"技术和服务体系，实现政务服务标准化、精准化、便捷化、平台化、协同化，政务服务流程显著优化，服务形式更加多元，服务渠道更为畅通，公众办事满意度显著提升。

(三) 重点任务

围绕构建统一、规范、多级联动的"互联网＋政务服务"技术体系，以服务驱动和技术支撑为主线，重点建设"互联网＋政务服务"业务支撑体系、基础平台体系、关键保障技术体系、评价考核体系四个方面内容。以服务事项标准化提升规范化发展能力，以互联互通和信息共享提升协同化治理能力，以一体化政务服务平台建设提升整体化服务支撑能力，以强化权力运行监督提升流程化约束能力，以政务数据开放和应用提升智慧化服务能力。

(四) "互联网＋政务服务"的主要内容

"互联网＋政务服务"的主要内容是指各级政务服务实施机构运用互联网、大数据、云计算等技术手段，构建"互联网＋政务服务"平台，整合各类政务服务事项和业务办理等信息，通过网上大厅、办事窗口、移动客户端、自助终端等多种形式，结合第三方平台，为自然人和法人以及其他组织提供一站式办理的政务服务。

"互联网＋政务服务"平台主要实现政务服务统一申请、统一受理、集中办理、统一反馈和全流程监督等功能，逻辑上主要由互联网政务服务门户、政务服务管理平台、业务办理系统和政务服务数据共享平台四部分构成。如图8－10所示。

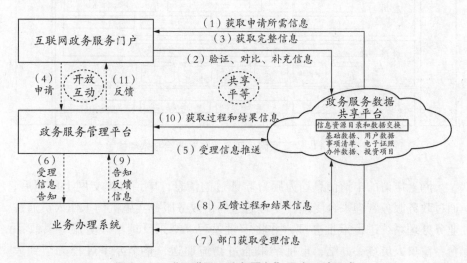

图8－10 "互联网＋政务服务"平台系统组成

互联网政务服务门户是政务服务实施机构为自然人、法人提供互联网政务服务的入口。政务服务管理平台是承担政务服务管理职能的机构（政务服务中心或审批局等）进行政务服务事项管理、运行管理、监督考核等工作的平台，是政务服务门户信息的来源，是业务办理系统接入的通道。业务办理系统是政务服务实施机构进行内部审批的专业系统，分为国务院部门业务办理系统、省级政府统建业务办理系统及其部门业务办理系统、地市级统建业务办理系统及其部门业务办理系统。政务服务数据共享平台是支撑互联网政务服务门户、政务服务管理平台、业务办理系统运行的基础数据平台，包括集中汇聚的政务服务事项库、办件信息库、社会信用等业务信息库和共享利用的人口、法人、地理空间信息、电子证照等基础信息库，以及政务服务数据交换共享的支撑系统。

"互联网+政务服务"平台技术架构由基础设施层、数据资源层、应用支撑层、业务应用层、用户及服务层五个层次组成，如图 8-11 所示。

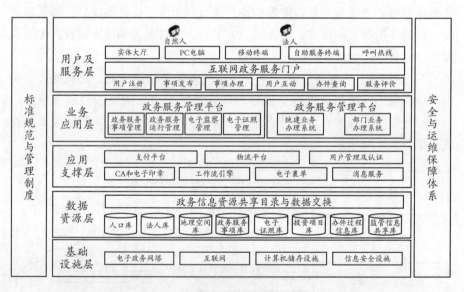

图 8-11 "互联网+政务服务"平台技术架构

网上申请的申请信息均为用户验证过的信息，申请人提交网上申请后，通过政务服务管理平台受理，受理通过后由政务服务实施机构工作人员通过业务办理系统进行审批办理，并将审批过程、结果反馈给政务服务管理平台，窗口人员统一办结，审批结果通过物流递送，整个办事过程无须到大厅。政务服务业务办理全过程依托政务服务数据共享平台支撑，业务数据在互联网政务服务门户、政务服务管理平台、业务办理系统之间流转，全程网办流程如图8-12所示。

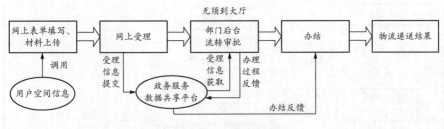

图8-12 全程网办流程

政务服务运行管理包括网上预约、受理、审核、审批、收费、送达、评价等环节的管理，集成大厅各类智能化设备，实现线上线下融合的一体化办理。办理流程如图8-13所示。

三、行政信息法制建设

行政信息法制建设是信息社会健康发展和提高行政信息开发利用水平的重要保障，法制化成为行政信息管理的发展趋势。运用法律手段调整行政信息管理过程中新出现的法律关系，并通过制定和完善相关的法律法规、严格的司法与执法，来建立信息资源管理和开发利用的新秩序，是行政信息管理的重要组成部分。

（一）国外信息资源法制建设的基本概况

现代信息资源法制建设兴起于20世纪。西方一些发达国家法制历史悠久、信息技术水平高、信息化发展快，因此较早地形成了较为完善的行政信息管理政策、法律体系，在促进信息产业和信息环境发展，知识产权保护，信息的生产、处理、传播和利用等信息活动过程中的诸多方面，都形成了较完善的法制。

有关信息资源的法制，在最初建立时，各个国家都是从各国的国情出发，因此对同一问题各个国家的法制带有明显的本国特色。但在全球经济一体化和信息经济全球化发展的影响下，信息资源法制建设也开始逐步形成全

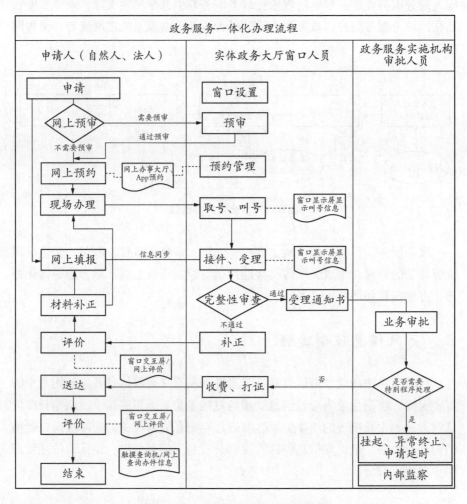

图 8-13 政务服务一体化办理流程

球一体化的规范和标准,并逐步由发达国家向发展中国家和落后国家推延,许多国际性的组织,如欧盟、世界贸易组织等也在信息资源法制建设方面取得了具有重要参考和借鉴意义的经验。

西方发达国家行政信息法制建设主要集中在信息公开、信息自由、信息交换共享、信息安全和知识产权保护等方面,形成了诸多信息政策、法律和"公约",对于促进信息技术发展、推动信息化进程、规范信息市场等方面都起到了巨大的作用,值得我国借鉴与参考。

（二）我国行政信息法制化建设概况

为积极促进社会信息化的发展，我国制定、颁布了大量调整信息活动行为的法律规范和信息政策，其内容涉及信息获取、信息传播、信息加工处理、知识产权保护、信息市场行为规范和信息安全等方面。但我国行政信息法制化建设仍然不能满足信息化发展的需要，归纳起来，我国行政信息管理法制化建设存在的问题主要有：

第一，分散性。我国还没有一部专门针对行政信息管理的统一法典。关于行政信息管理的法律法规大多散见于其他若干法律、法规条文中。

第二，不配套性。对行政信息的采集、处理、存储、分类分级、交换共享和利用等方面的权利、义务不衔接、不配套，缺乏完整的、功能上互相支持补充的法律条文，更没有形成对行政信息管理的法律、法规体系。

第三，间接性。对行政信息管理的法律规定主要是通过其他法律、法规中的有关条文表现出来，其中有些条款并不专门针对行政信息，而是针对所有的信息或信息系统。因此，在调整和规范信息的采集、处理、存储、交换共享、利用和保护行政信息方面的行为时，常常需要援引相关法规中的相关条文，针对性不强，有的根本不符合行政信息管理的要求。

第四，模糊性。对行政信息管理的一些基本理论，如概念的界定、分类分级的规定、保护行政信息的权利与义务的规定、违法行为的惩处与法律救济等问题，均无明确的规定，从而难以对行政信息管理产生有针对性的规范约束作用。

（三）行政信息管理法制建设的内容

行政信息管理法制建设的关键是要调整行政信息管理过程中所形成的一系列社会关系，包括对"管什么""谁来管"和"如何管"的问题进行规范。

1. 确定信息资源法作为独立法律部门的地位

依据法学理论，法是用来调整社会关系的。具有相同的社会关系或者说具有相同的调整对象，就由同一类法律规范来调整，就构成为同一个法律部门。因此，社会关系或者说调整对象是划分独立的法律部门的最重要标准。在我国现行法律部门中，尚无信息资源法这一独立的部门法，这并不是因为信息资源法没有自己独特的调整对象，而是因为信息资源立法和司法的实践环节不完善、信息资源法理论不成熟和人们对信息资源法的认识不够充分。

信息资源法是一个独立的、新的法律部门,也就必然形成信息资源法体系。信息资源法体系是指信息资源法的结构及分类,也就是国家制定的调整信息的采集、加工处理、分级分类、交换共享、公开、开发利用等信息活动过程以及信息技术活动领域中所形成的各种社会关系、利益关系和安全问题的全部法律规范的总和。

信息资源法体系是由各种信息资源法律规范所构成的有机整体,信息资源法体系按不同的标准,可由不同的部分构成。① 与我国社会信息化发展进程相适应,信息资源法也必将成为一个独立的法律部门,信息资源法具有独特的调整对象,即信息资源关系,它不仅包括围绕信息技术所进行的信息活动在人们之间产生的社会关系,也包括围绕信息资源所进行的各种信息活动在人们之间产生的社会关系。

信息资源法体系应包括哪些具体法律规范或制度,取决于信息技术及信息活动过程中产生的一系列社会关系所形成的法律需求。从信息化发展的现阶段来考察,主要有信息技术发展问题、信息产业发展问题、信息流通问题、信息资源管理问题、信息人员问题、信息机构组织问题、信息物资管理问题、信息安全保密问题、信息产权问题、国际信息交流与合作问题等社会关系问题需要信息资源法加以规范。②

2. 行政信息管理法制建设的内容框架

信息法体系决定行政信息管理法制化建设的内容,内容框架主要包括:

(1) 行政信息管理法律制度。行政信息管理法律制度就是通过规范各信息活动主体的行为,来避免权利纠纷的产生,维持秩序和促进行政信息的合理配置和充分的开发利用。行政信息管理法律制度主要包括:规定行政信息保护和开发的基本原则、调整范围和对象;各参与主体的权利、义务,侵权责任的承担;行政信息安全等基本问题,涉及包括行政信息的采集、加工处理、存储、分级分类、交换共享、公开、开发利用等各项专门法律或法规。

(2) 行政信息机构组织管理法律制度。行政信息机构组织管理法律制度主要包括档案馆法、行政信息管理机构组织工作条例,以及各类信息机构组织管理条例,例如信息协会、信息网络组织、信息咨询服务机构组织条例等。

---

① 参见周庆山《面向21世纪的信息法学》,载《情报理论与实践》1998年第1期。
② 参见黄瑞华《信息法》,电子工业出版社2004年版,第52页。

(3) 行政信息安全、保密法律制度。随着信息技术的普及和信息系统的扩大以及互联网的普及，行政信息的安全、保密日益困难。如何利用法律保护国家秘密和个人隐私，如何在保证行政信息公开的基础上，保障计算机信息系统和信息网络的安全，维护行政信息安全，已成为行政信息法所要解决的棘手问题。行政信息安全、保密的法律制度主要包括国家秘密法、档案法、隐私法、计算机信息系统安全保护条例、信息加密与解密管理条例、信息网络安全保护条例和身份认证条例等。

(4) 国际信息合作与交流法律制度。随着网络技术的迅猛发展，信息活动已超越国界表现出国际化的倾向，信息跨国自由流动变得极为容易，这引起了一系列的新问题。例如，在利用境外信息资源、信息产品进出口、科技人员对外联系和通信等涉外信息流通过程中，有可能泄露国家秘密或商业秘密，侵害国家主权、政治和经济利益，同时还伴随着发达国家利用现代信息技术和信息资源进行文化侵略和经济侵略以及损害知识产权的行为。因此，在进行国际信息合作与交流的同时，必须运用信息法律法规进行必要的法律限制，以防止这些情况的发生。

国际信息合作与交流法律制度主要包括涉外信息交流法、信息产品出口管理条例、科技人员对外联系和通信问题的规定、关于各国合理使用太空资源的国际公约、关于各国利用人造地球卫星进行自接电视转播的国际公约、跨国数据传输管理规定、国际信息交流合作协议、信息技术引进和设备进口标准化管理条例等。

第九章

政策过程与政策分析方法

公共管理的重要任务之一是制定和执行政策,以解决各种问题。因此,提高政府决策能力,加强决策的科学性和民主性,改善政策的质量与效果,提高执行政策的能力等等,都是公共管理的重要课题。《中国共产党第十八届中央委员会第四次全体会议公报》指出:"健全依法决策机制,把公众参与、专家论证、风险评估、合法性审查、集体讨论决定确定为重大行政决策法定程序,建立行政机关内部重大决策合法性审查机制,建立重大决策终身责任追究制度及责任倒查机制。"[①]这些要求,首先是针对重大行政决策而言的,但是对于各项公共政策的制定也具有普遍的指导意义。

第一节 政策过程

政府制定和执行公共政策是一个复杂的过程。其中存在许多机构、部门、个人间的相互作用,可能在若干阶段上渐次展开,不同阶段环环相扣,构成政府行动与社会问题之间的往复循环。因此,"政策过程"这个概念就是要求用动态观点认识和分析行政决策,并揭示其中的复杂性。大多数学者将政策过程分为五个阶段,即政策议程建立、政策方案形成、政策决定、政策执行与政策评估。这些阶段是逻辑上的区分,实际过程受各种环境条件的影响,不一定表现出完美的线性。阶段与阶段间可能跳跃、重合,也可能中断。但政策过程概念可帮助我们形成分析角度,并将各种现象和知识纳入完整的分析框架中。

---

① 《中国共产党第十八届中央委员会第四次全体会议公报》,载《人民日报》2014年10月24日第2版。

一、政策议程建立

议程建立是政策过程的第一阶段,决策者需要辨认什么是政策问题,并依据某种标准,对问题的轻重缓急做出排序。初看似乎并无需要讨论的价值,总是出现了问题,才需要决策,因此,决策者必然清楚要解决什么问题。但实际情况可能比想象的要复杂得多。从不同的角度看问题可能完全不同。把什么问题纳入议程,把它看作什么性质的问题,这对后面的决策阶段有重要影响。因此,议程建立实际上是整个政策过程中最重要的阶段。

(一) 政策问题的确认

政策所要解决的问题是那些带有普遍性和共性的社会问题或公共问题,是人们的价值、观念、利益或生存条件遭到威胁或损害而出现的问题。社会问题是由于社会关系或环境失调,使社会全体或部分成员的正常生活乃至社会进步发生障碍。也有人解释为,政策问题是那些引发部分或全部公民需求或不满的条件和状况,而这些公民追求的是状况的改善或矫正。由此来看,成为政策问题的问题都必须具备一定范围和强度的影响力。问题的强度和影响力,以及渴望解决问题的强度在很大程度上决定了该问题能否进入议程和在议程中的排序。

然而,有些问题带有相对清晰的利益边界,或较易做出价值判断,这时政策问题的确认较易。如很少有人否认政府应努力打击犯罪,维护良好的社会秩序。但在另一些问题上,却可能存在不同的价值判断,社会各界难以达成一致的态度。如经济发展重要,环境保护也重要,怎样对待一个经济效益巨大,但可能带来污染的项目?又如,怎样看待艾滋病?传统的观念会把它看作社会道德问题,从这个角度来看,消除艾滋病就必须对某类社会行为和相应的人群进行谴责、打击与控制,但另外一种观点主张将艾滋病首先或主要看作公共卫生问题,解决问题的措施则是清除歧视给予社会关爱,实行必要的公共卫生措施和积极的治疗措施。可见,不同角度和不同理解会有不同的问题定义,有时甚至会形成冲突。实际决策过程中大量问题都是边界模糊的复杂问题,不同角度有不同看法。因此,所谓政策问题的确认和政策议程的建立,必然充满各种意见间的争论。对此,要有充分的认识。

(二) 建立议程的途径

政策议程的建立是复杂的过程。各种问题能否进入正式的政策议程，取决于各种力量的交互影响力。一般来说，公众关心和讨论的各种问题叫公众议程，进入决策程序并被正式提出来讨论的各种问题，则是制度议程或政府议程。综观各国情况，进入制度议程的途径大致有三种：

（1）外在发动型。这是指发生重大突发事件时，要求政府迅速地将特定问题作为急迫问题优先处理。主要包括重大的自然灾害事件、重大的经济与社会突发事件等等。例如，恐怖袭击的发生，使安全问题在政策议程中的地位迅速上升。在互联网日益普及的情况下，有些问题首先引起网民的高度关注，甚至酿成舆情危机，这时候就需要政府迅速将相关问题纳入正式的政策议程中，以使问题得到恰当处理。

（2）政治动员型。常由执政党和国家的最高领导集团或政治领袖系统性地提出基本原则与根本问题，自上而下地形成各级政府的政策议程，再向外动员，使社会公众接受和认可。

（3）内在发动型。通常指的是政府内部的机构部门在调查研究的基础上提出要解决的重要问题，并经过相应的批准程序被采纳为政府的正式议程。

不同的制度背景、环境条件、历史传统，以及不同的问题性质，会导致不同的途径，它们本身并无优劣之分。需要重视的是，政府与决策精英有特定的看问题的角度和决策考虑，普通民众也会有特定的看问题的角度，两者有差异是正常的。但如差异很大，且长时间存在，则是不正常的。它表明政府与社会间存在基本价值观上的断裂，缺乏共识。因此，决策机构要充分了解民意，要有能力在社会公众中形成对重要问题的共识。否则，决策过程从一开头就会困难重重。

二、政策方案形成

当问题被列入议程后，围绕着如何解决问题，常常会形成多种多样的政策方案。政治生活的复杂性决定了政策问题必然牵涉很多方面的利益和行为。在不同的立场看问题，就有不同的理解和利益计算方法，并形成不同的解决方案。方案的多样性为决策者提供更大的选择范围，有利于促进决策科学化和民主化水平。随着政府部门决策水平的提高，智库和研究机构的蓬勃发展,以及公众有序参与决策,围绕着特定问题出现多种政策方案,是越来越常见的现象。不同的政策方案之间存在相互竞争的关系,例如,在2006年关于新医改的政策制定过程中,一共出现了九套医改方案,最后才形成综合性的政策文件。①一般来说,好的政策方案会有以下6个特征。

1. 清晰陈述政策目标

政策方案要明确提出希望达到的目标。目标必须符合党和国家的大政方针和发展大局,因此,需要对具体问题所处的国情环境和制度环境有充分的了解。同时,目标要有足够的针对性,因此也需要对具体问题的性质有充分的分析。

2. 提供充分的信息与数据

好的政策方案要围绕着特定问题提供尽可能充分的信息,包括历史发展状况、与问题相关的各项数据,以及未来的发展趋势。此外,可用于认识和解决问题的主要知识,从比较的角度来看,其他国家或其他领域可资借鉴的经验教训等,也是重要的信息。在当代,通过统计分析和大数据分析来揭示相关因素之间的关系,并以可视化的方式来展现,也越来越重要。

3. 设计关键步骤与策略

制定政策是为了解决问题,因此,政策方案不能停留于一般性的原则陈述,而要求具体设计规划步骤、策略、程序等等,并且强调可行性或可操作性。

4. 确定政策相关部门的职责与权限

在常规条件下,政府部门的设置对应于政策领域,例如教育部门主管教育政策的制定和执行。但是,越来越多的政策问题需要跨部门协调与合作,甚至要求相关部门升格或设立新的部门。政策方案需要对此有明确的设想和说明,并应该说明权限范围和责任追究的程序。

5. 计算用于政策的资源

一项政策方案若被采纳并实行,必然需要有人力、物力、财力等方面的配套。高质量的政策方案设计,应当提供这些方面的计算或预估。创新的方案通常带有开源节流方面的新设想或新设计。

---

① 参见王绍光、樊鹏《中国式共识型决策——"开门"与"磨合"》,中国人民大学出版社2013年版,第90页。

6. 预测可能有的风险与代价

政策如果涉及新方法和新技术的推广运用，要考虑到可能有风险。政策也涉及利益格局的调整，因此难免有代价。好的政策方案应当对风险有所预测，并说明承担代价的理由，以及可能有的救济途径。

决策的科学化和民主化，应从政策方案的形成阶段上就充分强调和贯彻。一般来说，最终决策权需要集中，但为使这种集中不走向偏颇，就要有一个对各种方案进行广泛讨论、咨询的过程。首先划定政策涉及的对象和范围，一方面公开咨询，另一方面把政策方案交由负责任的团体和组织制订，然后通过公开、公正的程序提交决策部门。理解政策问题、搜集信息是政策方案形成的基本阶段，通过这个过程，起码有两个好处：

（1）参与讨论和咨询的各方会从各自的角度和利益出发，主动承担制订方案的成本，从而降低政府的信息和时间成本；

（2）公开讨论政策问题以及解决方案能让公众，包括政策对象更好地理解问题和相关的解决办法，有利于意见的收集和政策宣传、执行。

但这也有可能造成两种困境：

（1）由于多元社会的高度发展，利益代表者不计其数，如果利益过于分散，那他们之间的博弈过程会非常复杂，难以形成获得普遍同意的政策方案；

（2）由于政策参与者的积极性被高度地调动起来，政策问题的利益关系会比较清晰，因此，如最终决策不能协调成功，利益受损者的行动将可能被激化，造成不稳定。

政策方案的来源是可以多元化的，它可能比政府某部门独立操作更能产生效益和权威，也是政策过程民主化的一种措施。针对政策形成，我们强调的是解决办法之间的选择性。不同的参与者，包括政府主管部门，提出相应的政策方案，然后通过协商、讨论、说理来解释最后决策的理由。为每一个方案提出理由，是程序民主的体现。如果政策方案的理由被接受，那么公共政策实行起来会事半功倍。为了避免前面提到的两种困境，政府要提高决策的公正性和协商能力。

三、政策决定

各种政策方案提出后，需要有一个最终的选择，于是就进入政策过程的第三个阶段：政策决定。在这一阶段，决策者要对备选方案进行淘汰，要明确选择的理由并下政治决心。很多时候，还需要对较粗略方案进一步细化，或将各种方案予以综合。此外，还要尽可能地确定实现政策目标的具体途径、措施和手段，包括政策界限、权限的规定和相关的机构设置、人员配备、财政资金的保障等。

最终的政策方案容量是非常有限的。供选择的政策方案各因素之间往往是互斥的、相互替代的，不同的利益立场的政策选择可能很不一样。因此，政策制定要综合很多要素来考虑，制定者所必然拥有的权威和资源就应该投入到决策阶段，即尽量做出符合政策目标和现状的、可行的、恰当的决策。

决策机关最终做出政策决定（广义来说，还包括"政策不决定"，即否定所有方案），本质上是一种政治性的决断。因为它最终会涉及核心价值观的坚持、路径的选择、时机的判断、权力关系的调整以及相关利益的权衡问题。这些问题常常超出一般的技术层面的分析，需要有政治上的考虑。从这个意义上说，政策决定也就是使特定的政策方案合法化的过程。所谓政策合法化，主要是指政治上具有正当性和程序上具有合法性。具有正当性和合法性的政策，才能为广大的民众所接受，付诸施行时，才会比较顺利。具体来说，政策合法化过程有以下几方面的内容。

1. 决策者及其权力的合法化

这是政策合法化的前提，只有具备合法性的决策主体在其权限范围内颁布的政策，才有合法化的可能。决策者的地位及权限是由宪法和法律规定的，决策者必须按照法律规定，在其权限范围内做出决策并使相应的政策方案合法化。公共政策具有权威性，对社会具有普遍约束力，只能由法定的决策者依照法定的权限制定，不具有法定政策决策权力或超越权限范围的，都不能使政策取得合法性。

2. 政策决策程序的合法化

程序是对决策行为的普遍规范和制度化，是以形式合理去抑制可能产生的实质不合理，防止随意决策和个人专断，提高了决策的可预测性。公正的程序强化了决策的内在化、社会化效果，人们很难抗拒程序所带来的后果。

许多国家设有专门规范决策过程的程序性法规，如审查、听证制度等。而政策的内容、形式和效力范围不同，其合法化的主体和程序也不同。一般来说，立法机关强调公平、民主，其政策合法化的程序就相对烦琐、复杂。行政机关强调效率，其政策合法化程序就比较简单。同一国家机关，不同的政策也可能有不同的合法化程序，如我国国务院制定重大政策，应由国务院常务会议或全体会议讨论决定后由国务院总理签署发布，而一般性政策，国务院总理有权直接签署发布。

3. 政策内容的合法化

决策的政策方案必须与国家的宪法和现行法律保持一致，不能发生抵触，不仅要符合有关的立法精神和法律原则，而且要符合法律的具体规定和相关的司法解释。同时，还应注意与行政法规、地方性法规等进行配合调适。随着中国日渐融入全球化并越来越多地发挥领导作用，决定一项政策的时候，还需要考虑国际条约与国际惯例。所有这些，都要求把备选方案与相关法律法规进行对照。目前，各级政府在重大决策过程中，都有专门的法律审查程序。这方面的工作应当坚持并不断完善。

4. 政策内容法律化

就是把政策向法律转化，按《中华人民共和国立法法》的要求，由拥有立法权的国家机关依立法权限和程序，把经实践检验较为成功的、成熟稳定的、确有立法必要的政策转化为法律，提升这些政策的法律效力。这无疑是一项立法活动，必须满足相应的要求才能进行，是政策合法化特殊的表现。

四、政策执行

正式决定了的政策方案，还需要经由执行机构的努力转化为实际效果。因此，政策执行是整个政策过程中的又一个重要阶段。对于那些需要长时期、大范围实施的政策来说，政策执行本身就是一个复杂的过程。执行的效果如何，牵涉到多种机构与力量的协调，牵涉到许多主客观条件的配合。

（一）政策执行的主体及其对象

1. 政党及其各级组织

政党的基本功能就是制定和执行公共政策。在当代中国，中国共产党是执政党，党不仅领导和协调立法机关与行政机关制定重大的公共政策，而且是执行政策的最重要的力量。中国共产党依靠四个方面的优势，形成政策过程中强大的执行力：第一个是从中央到地方建立了完整严密的组织系统；第二个是党员领导干部在整个政策过程中处于枢纽地位，并在整体上具有优秀的素质和领导能力；第三个是党内严格的组织纪律性；第四个是具有密切联系群众的优良传统。在改革开放的进程中,党的领导机关和各级党组织所具有的这些优势,保证了重大政策得以高效率地执行。

2. 政府行政部门

在各项具体的政策领域中,各级政府行政部门是高度制度化和专业化的政策执行者。政府部门依靠专业的公务员队伍、专门的公共管理知识以及长期积累的行政工作经验,维持着政策执行的日常工作与程序。从中央和地方的角度来看,中央制定全国性的政策,地方政府则根据本地情况制定相应的"执行细则",这是政策执行中特别重要的一个环节,因此,地方政府在政策执行中也同样具有特别重要的地位。在最基层的窗口部门,政府工作人员的素质、能力和经验,对于政策执行的效果有很大的影响。基层执行人员的行为规范和自由裁量权,也是影响政策执行效果的重要因素。

3. 立法与司法机构

立法机关对政策执行的行动赋予合法性,使之在法律框架下进行。在这个意义上,立法机关也承担政策执行功能。它监督政策执行的情况,并对执行偏差做出纠正,这也可以看作参与政策执行。司法机关则是政策实施的强力保障,也会纠正政策执行的过失。所以它们均是非常重要的政策执行主体。

4. 共产党领导的群众团体

在中国的政治制度框架下,工会、青年团和妇联是共产党联系群众的枢纽和桥梁。它们在各自所代表的群体组织当中,也是执行政策的主体。例如,在发展社会主义市场经济的进程中,工会在建立工资集体协商制度方面发挥了积极的作用,在就业保障、工人权益维护以及工伤、劳保、退休等具体政策的执行中,也同样起着积极的作用。

5. 社区组织

社区组织是指村民委员会、居民委员会等机构。它们既是社区自治组织,同时也是最基层的管理和服务部门。在中国的国情条件下,许多政策是通过基层社区组织执行的,例如农村社区的治安、人口统计和生育政策的具体工作、网格化管理等等。所以,它们也是重要的政策执行主体。

与政策执行主体相对应的是政策对象。一般来说,每项政策都有其适用的范围和对象,但也会有一些复杂情况。例如,某些大型设施的建设做环境影响评估,多大范围内的公众属于受影响群体?哪些人有资格获得补偿?目前,加上网络舆情这个因素后情况就更复杂,例如,非本地的网民是不是与这项建设相关的利益群体？这些方面存在争议。可见，政策执行的对象群体问题，也出现了一些新的变化，需要做更多的研究。

(二) 影响政策执行的因素

政策执行过程与成效受到许多因素影响，这些因素可分为三大类，即政策决定、资源和执行环境。三方面因素的性质、构成及相互间的关系，决定政策执行的效果，即是否能实现预定的政策目标，或能达到什么样的程度。

1. 政策决定因素

所谓政策决定，是指经由完整的法定程序，由法定的公共权力主体用自然语言表述出来并昭示公众的、关于某一特定政策问题的具有社会公共权威性的规定。这种规定的合法性、合理性、可行性直接影响政策执行的效果。

(1) 政策的合法性：一方面是指符合法律或法规的条款性规定，通过合法程序获得合法性；另一方面是指符合法律或法规的原则和精神，坚持正义的法律原则。不言而喻，合法的政策具有执行难度较小、具有权威性等特征。

(2) 政策的合理性：这是一个广泛的概念。首先，一项合理的政策要建立在明晰理论基础之上；其次，要有理性的分析判断。一般来说，制定政策要以社会收益作为判断的标准，这也是最容易操作的分析方法。但有些时候也要考虑非理性的因素，比如在民族宗教政策上。

(3) 政策的可行性：政策的可行性是指制定的政策具备执行所需要的基本的客观条件，且能够应付客观条件的约束。

2. 政策资源因素

政策资源可等同于执行条件，是指政策执行中所必须具备的主客观条件。政策资源的运用贯穿于政策过程，从制定到执行，都面临着如何配给资金和人力资源的问题。因此，政府在特定政策执行项目上提供的公共资源的种类和数量，即构成有效执行政策的条件，又构成检验政策执行的政策效果的价值评判标准之一。政策执行所形成的投入—产出比例是政策执行乃至政策制定的效率的体现。大体可把政策资源因素分为执行经费、执行人员、执行机构、执行保障。

3. 政策环境因素

政策执行环境是指除政策执行机构自身外的社会和自然因素的总和，是公共政策分析研究的一个重要角度。其中社会因素主要有公众关系和对政策执行的整合程度，以及国内国际形势的变化；自然因素主要有自然条件的突发性变化，如关于环境保护问题会改变环境政策的执行力度。公众态度、执行机构的态度、政府的整合程度、公共管理部门的威信，都是影响政策执行效力的主要因素。还有一些如利益集团的多少和国际势力干预的因素，不仅使政策制定，也会使政策执行发生调整和变化来应对。它们共同构成政策环境，可能它们中单独的任意一项不是决定性的，但是它们的合力的作用将是巨大的。

总之，政策执行应该改变单方面的强制管理态度，尽管管理属性是必然存在的，但是执行政策是为了解决问题，而不是引发问题。因此，通过执行政策接受公众和政策对象的意见，政策主体应该有完善政策的使命，这是一个互动的过程。

五、政策评估

作为政策过程的最后一个阶段，政策评估有两个很重要的任务。首先，确认政策到底产生了什么样的影响，并对其进行描述；然后，用一系列科学的方法和衡量标准去评价政策是失败还是成功。不同的评估方法和评估者标准会不同，因此，无论是采取科学的实证方法，还是价值分析方法，政策评估的可信性和作用也需要看谁的评估里有更充分、更合理的标准。

（一）政策评估的主体和标准

政策评估要从内部和外部进行。相应地，政策评估主体也有两大类。

1. 内部评估者

政策过程主要发生在政府或公共管理部门内部，主导政策过程的主要是具备政策能力和权力资源的政府官员。他们被委托解决上升为政策的公共问题，由于决策由他们做出，信息、资源、权威等高度集中在这部分人手中。作为最直接的决策者，他们对政策问题的实质、争论有信息优势；作为执行者，他们清楚政策执行的困难、存在的漏洞，因此，他们必然是评估的主体之一。

2. 外部评估者

外部公众作为政策的目标对象或受政策影响的对象，同样有权利评估相应的政策。政策评估要为政策对象反馈意见提供制度化的平台，保证他们这项权利。另外，政策的影响面可能很大，但是因受到影响的人的社会地位不同，其中的利害关系的程度也有所区别，所以评估之前需要划分政策受影响者的范围和程度，注意有区别地吸收建议。由于外部评估者可能会产生很杂乱的意见或建议，因此更要求有负责任的态度。尽管不能保证满足外部评估者所有的要求，但是评价的渠道应该是开放的、畅通的。

将政策评估主体分为内部和外部两大部分，目的是提倡政策评估的民主化。在评估过程中，管理者的声音很容易得到扩大，相反，被管理者的声音可能由于弱小，往往会被忽略，因此需要有意识地给予倾斜。特别是牵涉面广泛的复杂政策，更要予以注意，多角度的评估才有利于真正理解政策和政策问题。因此，政策评估主体应该有意识地扩大，要有足够多的类型的代表。虽然评估主体增多会导致评估标准多样化，达成一致意见的可能性会降低，但大多数情况下仍然是值得的。有机会参与评估，表达意见，最终会促进决策者、执行者和社会公众之间的良性互动。

(二) 政策评估的类型

从评估组织的活动形式上看，可将政策评估分正式与非正式评估；从评估机构所处的地位上看，可以将政策评估分为内部评估与外部评估；从政策评估在政策过程中所处的阶段来划分，则可以将政策评估分为事前评估与事后评估。

1. 正式评估与非正式评估

（1）正式评估。正式与非正式评估是从评估组织的活动形式上划分的。正式评估是指采用描述性的方式来获取关于政策运行结果方面可靠而有效的信息的一种评估方式。它对运行结果的评估是建立在政策计划目标已经被政策制定者和计划管理人员正式宣布的基础上的。它的主要假设是：正式宣布的目的或目标是这些政策或计划价值的恰当测度。正式评估主要针对评估者、评估形式和评估内容而定，它要求有正式的评估人员、经费和设施方面的保证，能够掌握较为充分的评估程序，采取科学严谨的评估手段进行评估。正式评估中需要按照事先制订的完整的评估方案，严格按规定的程序和内容执行。

正式评估的主要形式包括总体评估和形成评估两种。总体评估适用于原本就结构良好的政策问题，其目的在于检测政策方案实行一段时间之后的结果；而形成评估则是对政策方案进行持续的监控。我们可以通过表9-1比较总体评估与形成评估两者间的区别。

表9-1　总体评估与形成评估的区别

	总体评估	形成评估
性质	非干涉性	干涉性/改善你的做法
问题	发生了什么事情？你采取了什么行动？	事情为何发生？你怎样做？
评价	独立性评价	参与性与联合研究者进行评价
时间性	回顾性	前瞻性
聚焦点	政策效益的成本	政策的过程
目的	推动政策继续执行	发现政策执行问题
结果期望	客观公正的评价	改进提高的评价
结果	解释性的结果	改良性的结果
核心问题	政策是否有效？它值得投资吗？	我们想要达到什么目标？它能继续改进吗？

表9-1中，我们列出了总体评估和形成评估的主要区别，在这两种评价的范例上，哪个是研究者所追求的评估知识的本质和最为适当的方式，这存在一定争议。但是，总体评估是建立于实证主义的基础上的，而形成评估则是以建构主义为基础，它着重于世界的社会性建构和历史习俗上的可能性知识。

在实际应用上，研究者关注的不仅仅在于收集政策效果的有关影响的数据，而且更在于收集政策过程中导致这些效果产生的有关数据。这些数据就不只是已经发生的数据了，还包括那些怎样发生的，给政策过程带来怎样的影响，甚至导致政策的成功抑或失败的相关数据。

为了获得这些数据，形成评估必须拓宽其方法，并且包括让他们获得一个更加详细的有关政策执行的定性方法。因而，形成评估研究是基于一个知识并非绝对确定的，其关注点不完全在于提供一个客观公正的可执行方式作为公共政策执行的帮助手段，而在于一种学习和分享知识及经验的对公共政策执行的改进过程。

（2）非正式评估。非正式评估指对评估者、评估形式和内容不做严格规定，对评估的结论也没有必须的要求，团体和个人可根据本身所掌握的情况和信息，对政策的各方面加以分析和评价。非正式评估一般不占主导地位，但它可视为是对正式评估的必要准备，也是对正式评估的重要补充。

在政策评估中，正式和非正式评估不分上下，各有高低，将二者结合，在正式评估的同时给予非正式评估足够的重视，才能使政策评估的结果更加客观公正。

2. 内部评估与外部评估

（1）内部评估。将政策评估分为内部评估与外部评估是依据评估机构的地位而定的。内部评估主要是指政府内部行政机构的评估者对公共政策进行的评估。它可分为两类：一是政策运行机构由操作机构及其人员自己对自己施行的政策进行评估；二是由另外专设的专职评估组织和人员对政策实施进行的评估。内部评估由于处于政府内部，对政府所制定的公共政策各项信息较为了解，能够比较全面、直接地掌握政策活动的第一手资料，获得有关政策制定、执行的各方面信息。但是，由于内部评估作为政府政策制定和评估的局中人，其评估观念、思维方式、部门利益等等均受到很大的限制，各种来自政府的制约因素会导致内部评估的结果可能偏离真实的政策实施效果，影响评估的质量。

（2）外部评估。外部评估主要是针对非政府部门，特别指政府部门以外的诸如专业的学术研究机构、营利性或非营利性的咨询机构、专家学者等等对公共政策所进行的评估。外部评估也可分为两类：委托评估和不委托评估。一般而言，委托评估是外部评估的主要形式，即专业团体等等非政府部门受托于政府部门进行政策评估。这种外部评估的形式使外部评估在经费、信息获取等评估条件方面具有一定的优势。此外，外部评估也包括那些由新闻媒体、民间团体等等自发组织的对政策的评估。由于政府外部评估团体较多比较规范，相对政府内部部门更具有相关知识的专业性，也更加具备评估方法的科学性，因此，专业理论知识和科学方法技术对外部评估产生了很大的影响，使外部评估可以针对公共政策得出相对客观公正的政策评判，并且提出具有建设性的政策意见，从而使评估结论往往能够引起政府部门的高度重视。

在政策评估中，同样，内部评估和外部评估各有利弊，因此，在实践中，应把内、外评估结合起来，取长补短，以保证政策评估的质量。

3. 事前评估和事后评估

（1）事前评估。从所处阶段看，政策评估可分成事前和事后评估两种。事前评估又名预评估，它是在政策执行之前进行的一种可预测的评估，它的评估内容必须包含几个方面：一是对政策实施对象的发展趋势做出预测；二是对政策可行性进行评估；三是对政策执行后可能产生的效果和影响预先评估。事前评估的主要特点是将评估从单纯的事后检测变成了事前的预测和控制，这种提前预测的做法对公共政策的实施能起到一种凡事先预的效果，先把政策想周到，有利于政策在执行过程中产生更好的效果。

（2）事后评估。事后评估是在政策执行完后，针对政策施行产生的效果和影响对政策进行评估。事后评估是政策评估的主导形式，旨在鉴定人们执行政策对所确认问题确定达到的解决程度和影响程度，以及政策在执行时发生的作用，并判断政策原初设想的目标是否达成，辨别政策效果的成因，以求通过优化政策运行机制的方式，强化和扩大政策效果。不管一项公共政策在执行前经过了多么详尽的事前评估，在政策执行过程中，依然会遇到一些事前没有料到的各种各样的问题，事后评估就是针对这些问题的产生和影响所做的，它试图以一种更为优化的政策运行方式，对已经实施的政策所产生的影响做出有效的分析和判断，期望能够帮助实现原初的政策目标。

第二节　政策分析的方法

决策的科学化和民主化要求高度重视方法论。从科学性角度看，要借助多种知识和方法，以求正确把握问题，预测和分析复杂因素的变化趋势，才能制定较好的政策。从民主性角度看，同样要借助各种方法和手段，才能引导和归纳多种利益表达。但在行政决策过程中，并不存在绝对正确与唯一的方法。以有利于解决问题为导向，从历史经验和比较研究中学习，灵活掌握和运用多种方法，是加强决策科学化和民主化的基本要求。本节对一些重要的方法做简单介绍。

一、定性分析与定量分析

哲学上的量变、质变关系，延伸向方法论就是定量和定性两种分析方法。它们不相互排斥，只提供相对独立、客观的比较分析方法。另外，性质和数量是观察和分析、判断事物的两个基本着眼点。一般而言，能进行量化分析的东西，尽量采用量化分析。这样可获得更为直观、精确的结果。但社会科学领域并不像自然科学领域那样，能用客观的数字来说明所有问题。涉及价值、意识等的主观方面的东西，往往难以量化。因此，定性分析方法的把握显得非常必要和重要。政治领域中，要对事物、现象的性质做准确把握非常困难，除借助量化技术外，更重要的是洞察事物间的内在联系。如能抓住事物的根本属性，则对公共政策的分析就是成功的，就能揭示当中的价值问题和矛盾。

但是，定量分析是定性分析的基础。包括经济效益和投入产出的计算都是定量分析所考虑的范畴，通过这样的计算可以进行决策，也就反映了具体政策的利益之所在，是性质上的问题。可见，两种基本的分析方法是统一的。

二、专门的分析方法

过去的学科研究基本办法就是按照定性和定量来划分，可以说，完全就是纯粹的方法，并不足以帮助解决专门的公共政策问题，为此，下面将介绍一些政治学领域的几种专门分析方法。

政策分析有很多专门的方法，有的重视整个政策过程的某个环节或者执行措施，有的则关注比较客观可见的环境因素，还有的喜欢通过精确的统计测量等更直观的方法来进行分析。每一种方法都有它自己的优点，所以最好的办法是综合运用。

（一）过程方法

过程方法是最常见的分析方法，它把公共政策的形成、决策及实施各阶段看作循环过程，各个阶段之间密切联系。顺序上，后一个阶段是接着前一个阶段的结果所产生的，因此形成链条式的环环相扣。与系统理论讲的输入、输出、反馈的模型不同，政策过程方法把系统内部的运作分为更为明显的阶段，并且明确各阶段间是相互关联、起着承前启后作用的。

因此，运用政策过程方法来进行分析要求历史地、整体地看问题。尽管当中某些阶段尤为复杂，对它的研究也比较多，但是我们不能割裂地进行观察，必须清楚它在整个过程当中的地位和影响。

从另一个角度看，政策过程中的各个阶段又是有其相对独立性的。比如政策方案在形成阶段，可能是针对存在的社会问题产生的解决方案，但也可能是政治家和官僚们为了达成某种目的或者价值所促成的结果。这样一来，常见的"目标—问题—方案"的逻辑就有可能是相反的，即"目标—方案一问题",由此导致的政策过程的具体变化便不能僵死地运用过程理论。既要看到各个阶段的联系,也要分析它们的独立地位。

(二)实体方法

实体研究方法,和抽象的政策研究相对应,都是针对某一特定政策领域进行研究的方法。通过把握客观的、具体的政策实体来发现问题作为研究的对象,可以是某一政策,如福利政策、卫生保健政策、教育政策、能源政策等等,也可以是政策过程中的某一阶段,如政策方案的形成、政策环境、政策的执行和转换等。这样的一种研究方法是非常具体和客观的,比较容易仔细地把握尽可能多的信息,因为它可以针对政策研究中某个或者某些实体展开研究,对象非常明确,所以也被称为实体研究方法。

实体研究是政策科学领域必不可少的,它比普遍性的政策分析更能提供直接、可把握的信息,在现实生活中有非常重要的意义。对具体政策的分析评估也需要很多技术性手段,比如准确的数字统计、回归分析、投入产出的效率分析等,因此也被称为"客观方法"。

然而,学界也存在另外一种意见。毕竟实体分析方法针对的是具体的政策,甚至是具体的案例分析,所以变数非常多,不稳定的因素导致研究的结果失去普遍意义和推广意义。不断变化的情况使得这样的政策研究方法只是一种指导性框架,并不能为良好的政策分析提供根本性原则。基于经验性的分析缺乏稳定性,这是更为一般的政策分析提出批判的依据。但是,我们认为,公共政策分析既然是问题导向的,决不能放弃对实际情况的具体分析,所以实体分析方法一定要发扬,只是值得注意的是要善于发掘其中更为普遍的内涵,把价值规范和意识形态的东西一同纳入考虑,做到理论和实践、主观和客观相结合。

(三)逻辑实证方法

逻辑实证方法,也称作行为主义方法或者科学方法,主要运用理论演绎、模型、假设验证、客观数据、比较方法和严谨的统计分析的方法,是一套非常清晰明了的操作方法。这一套方法有几点重要的要求:

(1)要对关键性的概念有清晰的定义和划分。因为如果定义含糊,界限不清晰,所谓"科学的方法"就失去准确性,必然影响结果及其预测效果。然而,有些随着认识和实践的不断深化,新概念的产生和旧概念的修正也会影响逻辑实证研究方法的运用。要根据实际情况更新概念体系,才能保证研究的进步性。

（2）要重视研究的前提假设，必须在符合条件的情况下运用各种理论和模型，避免导致自相矛盾或者循环论证的研究结论。

（3）运用客观数据和严谨的统计手段一定要具有解释的作用，"二战"后流行的这种行为主义研究方法统治了超过50年，是非常重要的分析方法。

逻辑实证方法的缺点就是后来导致后实证主义、后行为主义的原因。尽管数据资料是客观的，但是选择数据搜集的方法、取样以及对数据阅读的角度则是主观的，所以逻辑实证方法也不可能完全做到"价值中立"，因而对价值规范和意识的影响又被唤回到研究中来。实际上，有不少社会现象也不能用理性和绝对数字来解释。逻辑实证研究可能会失败，这是我们必须明确的。

（四）计量经济学方法

计量经济学方法，即公共选择理论，是以经济学理论为基础，讨论政治领域里面的"理性选择"理论。研究的起点是个体的利益计算，从此出发讨论策略的选择及其最终对整体决策的影响。这种方法首先是"理性人"假设，认为每一个个体都会无视集体利益，而追求自身利益偏好的最大化。

由于理性人是目光短浅的，通过博弈方法的计算，理性人各自的最优选择并不能达到整体的最优结果。也就是说出现了"$1+1<2$"的次优结果。过去认为只要每个人的偏好能够获得实现，那么整体的利益就是最大化。但是公共选择理论告诉我们，面对公共资源，理性人都会选择"搭便车"或非合作的策略以便使自己能够以最低的成本获得最大的利益，结果就出现了"公共资源的悲剧"——谁都不愿意吃亏。因此，我们需要公共政策和权威来组织个体，同时监督个体的行为，这就是公共政策产生的一种理解，同样我们可以用这样的路径来分析政策问题的产生和变化。

这只是经济学方法的一个非常简单的例子，对它的运用非常复杂。但经济学所具备的穿透性很强的分析方法很有说服力，因此，在政策领域已成为非常重要的分析方法。然而它的缺点也非常明显。由于把任何行为都归结为利益驱动和计算，排除了宗教信仰、个人偏好等非理性的因素，所以并不能完全准确地预测和解释所有事情。在感情、宗教信仰等因素面前，人也有可能把利益放在次要的位置上，这时候利益前提假设就不起作用了。因此，必须认识到这种方法的局限性并加以警惕，其中，正确把握理论模型的假设条件具有决定性意义。

（五）后实证主义方法

作为一种方法，后实证主义的特点在于，非常强调政策本身是有价值取向和价值目标的。如果排除价值因素来谈所谓"客观"的数据和利益算计，将降低研究结果的解释性和预测能力。

后实证主义者主张以价值为基础，包含更符合直觉和意识的分析方法，再结合实证研究。他们并不绝对地排斥实证方法，只是强调价值观、信仰、情感等因素对于政策制定和实施有非常重要的影响，对这些因素需要重新重视，并将其作为分析的基础。

从方法论上讲，实证主义擅长把社会现象拆分成各种系数、指标，单纯对某事件本身进行研究和预测。而后实证主义则主张理解各种社会现象，找出其背后的价值目标和变化，从社会环境中的相互联系和影响来解释现象的产生，强调互动和实例研究。总之，它们最基本的差别是对价值和意识的定位。实证主义要求价值中立，后实证主义则肯定价值前提。

价值判断是非常抽象的东西，不同分析者有不同理解。与严谨的实证分析比起来，后实证主义的主张可能导致不稳定性和不确定性，也遭到了不少的批判。因此，采用后实证主义研究方法必须防止陷入纯粹的抽象价值讨论中。

（六）意识形态方法

意识形态是政策环境的重要因素，它的影响力贯穿整个政策过程，有时候甚至具有决定性意义。例如，国家的意识形态是政策制定的一种导向，由于权威资源都掌握在政府或者统治阶层内部，而公共政策的制定涉及资源的分配，社会主义和资本主义所追求的价值就截然不同。又例如自由主义和保守主义，由于意识形态的不同，对政府干预市场的态度也截然相反。政府对经济的干预程度可以体现在具体的经济政策的制定上。反过来讲，如果政策制定不符合主流意识形态，那么政策执行将遭受巨大的阻力，甚至被撤销。

在评估公共政策时，政策目标应结合意识形态来讨论。虽不能说以意识形态为导向的目标一定是最佳的、最正确的，但由于政策是在意识形态框架下制定的，如不符合原有框架的目标，则绝对不能说公共政策是符合预期目标的。价值和意识都是非常抽象的东西，意识形态可被驯化或强加，但有的价值有普遍意义，要加以区分才能更好地运用意识形态的分析方法来评估公共政策。

(七) 历史方法

历史的研究方法是加入时间维度去考虑政策问题。政策过程并不是静止的，从政策问题进入议程、形成解决方案、制定政策、政策执行到评估和改变，这些阶段都是一环扣一环的，在时间上是纵向发展的。另外，政策与政策之间是相互联系的，某一项政策可能是另一项政策所引起的，也可能是问题发展到不同程度产生的相对应的政策方案。所以从一个历史的角度去观察政策的发展和政策方案的选择可以帮助我们更好地理解政策。

比如我们过去对流浪者采取强迫收容遣送制度，在出现"孙志刚事件"后，对流浪和乞讨者的管理转变为以无偿、自愿为原则的救助管理政策。这项转变体现了国家福利、政府服务理念。国家与政府的服务对象是全社会公民，收容遣送制度更多的是管理控制公民，而新的政策摒弃了这种理念，倡导亲民、助民和益民观念。这就要求政府救济帮助流动中的弱势群体，保障他们的基本生活权益。当这些群体生活无着时，政府应为他们走向新的生活提供一定的帮助。另外，这也是责任政府观的体现。收容遣送是一种权力的强制，而对生活无着的流浪乞讨人员实行自愿救助，是对他们生命、健康和安全负责的表现。由此体现的是新的政策制度下政府敢于负责，敢于承担救助弱势群体的责任，把救济帮助弱势群体作为政府的一项工作制度，对社会、对公民高度负责的态度。

如果单单从救助管理条例本身，我们不可能获得如此多的信息，只有把政策置于发展过程中才能看到它的变化，以及变化所意味的价值尺度转变。历史方法要求我们跳出具体政策本身，从一个长时期、大范围来考量。

第十章

行 政 沟 通

第一节 行政沟通的概念和要素

一、行政沟通的概念

行政沟通是指行政过程中上下级间、各部门间行政信息的传递、交流与分享。沟通是与行政过程紧紧相伴的行为，是行政管理活动中最具共性的东西。政治学家们指出，发挥信息传播作用的沟通网络，可被称为"政府的神经"，并指出整个政治学的内容都可从交流出发，据信息以及产生信息和决定其影响力的因素来重新认识。① 行政沟通的基本要素包括沟通的主体（信息源）、内容、渠道、对象和效果。

二、沟通主体：行政组织和组织化了的个人

（一）行政组织作为传播源的缺陷

狭义的行政组织是政府机构，其主要特征是：有相对明确的权责划分，有较严格的层级界限，存在权力运用、命令与服从关系。按沟通规律，从高层到低层因有从上至下的"压差"，信息传递可保持连续不断，但从低层到高层间的反馈回路，由于层级差别，明显表现动力不足。这是行政沟通中不可回避的问题。国外学者指出："由于传统的官僚制在观念上是等级制的、职位定向的和权力主义的，因此缺乏在以科学为基础的文明环境中追求效率

---

① 参见［美］阿尔蒙德、小鲍威尔《比较政治学：体系、过程和政策》，曹沛霖等译，上海译文出版社1987年版，第166页。

所需要的参与气氛。"① 国内行政学家也指出:"反馈并非自然发生和自发作用的,反馈机制的形成与作用有赖于管理。"② 从下至上的信息反馈渠道、基层和下级的意见表达渠道,是由管理者设计和建立并为管理服务的。像建立加压站一样,只有合理的反馈机制,才能使低层的行政信息有效地向高层流动。如高层管理者缺乏沟通意识,不在体制内建立完善的信息上行通道,或经常关闭这些通道,低层信息就无法有效回馈,或只能在体制外表达(如小道消息)。

从静态角度来观察行政组织,其实质"就是把组织的动态活动过程中有效合理的相互作用关系相对固定下来而形成的组织结构形式",③ 行政组织的这种结构特征,对行政过程有深刻影响。管理学家巴纳德在对组织系统的分析中指出,为保证指令在传达过程中不走样,应减少层次。组织层次越少,指令下达越直接,差错也越少。④ 可见,建立层级尽可能少的平板式而非金字塔式的组织结构,将有利于信息收集与扩散,有利于决策的制定、执行、控制与监督。

(二) 行政沟通把关人

在行政沟通中,真正的沟通行为者是行政机关的工作人员,他们在沟通过程中负责搜集、整理、选择、处理、加工和传递信息,是行政沟通的把关人。需要指出,行政沟通中的把关人有双重角色,他们既是行政信息的传播源,又是行政信息沟通的接受者。在沟通过程中,把关人不仅通过对文字、语言的加工处理对信息进行把关,更重要的是用行动进行把关。行政管理要求领导带头执行、率先垂范,是这种把关作用的另一种体现。反之,若把关人口头上、表面上维护行政沟通的正常进行,实际行动又与行政沟通的目的相背,整个行政过程就会因此而受到影响。

把关是任何沟通必然发生的行为。施拉姆认为:"信息渠道越长,沿渠道就有越多的点,在这些点上,某个人有权声称,某个信息将被接收和转发,是照原样转发还是修改了以后再转发。因此,在信息的流动中,操纵这

---

① [美] 菲利克斯·A. 尼格罗等:《公共行政学简明教程》,郭晓来等译,中共中央党校出版社 1996 年版,第 107 页。
② 夏书章:《行政管理学》,中山大学出版社 1991 年版,第 207 页。
③ 王沪宁、竺乾威:《行政学导论》,上海三联书店 1988 年版,第 70 页。
④ 参见 [美] C. I. 巴纳德:《经理人员的职能》,孙耀君等译,中国社会科学出版社 1997 年版,第 139~140 页。

些'门'的力量和操作规章或实施操纵的人员就成为至关重要的。"① 行政沟通需要把关主要是因为：

（1）信息内容要求把关。行政沟通不同于科技或教育沟通，后两者主要以知识信息传播为主，有一个普及的问题。而行政沟通涉及行政信息，对信息的控制和"把关"问题较突出，诚然，如没有"把关"，不分轻重，事事都传递，行政沟通渠道将无法负荷。反之，如行政信息的内容应公开，而行政沟通采取不适当的控制手段，则容易影响相互间的了解，影响群众对政府政策和行为的理解。

（2）沟通者自身因素影响把关。沟通者的行为都在一定的目的支配下进行的，目的不同，对信息的理解就有差异，对信息的取舍也有差别。行政沟通由于其特殊性——沟通与职位相连的层级性，使把关人在行政信息的传递中带有较为明显的功利倾向。"报喜不报忧"正是功利性的表现。而"上有政策，下有对策"则是行政沟通把关人的另一种功利表现。此外，沟通者自身的社会经历、文化素质、工作能力等也影响沟通者的把关。

三、沟通内容：行政信息

行政沟通内容的实质就是行政信息。通常，行政信息涉及的范围，以行政机关管理国家事务、社会公共事务和机关内部事务的活动为其限定。但在一定条件下，自然的或行政事务之外的人类活动因其与行政管理活动的关联，在一定程度上会成为行政信息的反映对象。行政信息包括反映行政管理活动及其对象的状态发展与变化对行政主体有新意义的消息、情报。

（一）沟通内容与行政活动

行政信息是整个行政活动的基本元素，也是重要软资源。从整个行政活动过程看，行政信息对我们了解行政事务的过去、分析现状、预测未来有着重要作用。

行政信息是科学决策的依据。决策是否正确，关键在能否以有效、及时、真实、全面的行政信息为依据。如行政沟通内容是空泛、非本质的，行政决策的结果就不能把握住事物的要害，从而造成浪费；如行政沟通的内容

---

① ［美］韦尔伯·施拉姆：《大众传播媒体与社会发展》，金燕宁等译，华夏出版社1990年版，第88页。

失效、失真，行政决策的结果将可能有缺陷，甚至完全错误。这不可避免地给行政管理造成损失。只有在行政信息沟通过程及时发现问题，确立目标，选择最佳方案，才能确保决策的可靠性，为实现预期的行政效率提供有效保证。

行政信息是确保行政执行顺利推进的重要前提。行政执行是通过反馈不断与决策层保持联系的过程。行政信息内容连续和反馈，整个行政执行过程就能得到有效控制，始终与决策指令保持一致，达到预期目的。

(二) 不同层次的沟通内容对行政过程的影响

行政沟通内容非常复杂，包罗万象，划分方法也多，按沟通层次可分为上层、中层和基层信息三个层次。

上层信息多是指令性的和指导性的，如命令、指示、决议、通报、通告等。因此，沟通内容应明白、清楚，用词、定性和目的明确。试想，如果一个决议写得晦涩难懂，或模棱两可，下级如何执行？上层信息对中层和基层来讲十分重要，最忌在沟通中人为地干扰，所以，沟通内容必须准确清楚，前后不矛盾。上层信息也十分严肃，应减少非文字的表达。巴纳德认为，要建立和维持信息交流畅通的系统，所有指令应见诸文字，内容简明扼要，避免任何误会。① 这样才有利于行政管理工作的开展。

中层信息指中层领导为贯彻上层指令制定的各种措施和实施办法。这类信息多属执行性质，内容应紧密联系实际，有较强可操作性。

基层信息包含社会环境中的各种情况，如随时可能出现的问题、人民的呼声、各种批评和建议等。如果没有基层信息，那么行政传播将不能连续进行，行政过程也将中断。由于基层信息多是反映情况和问题的，作为决策依据之一，其内容必须真实和全面、言之有据、言之有理，否则，不仅会影响决策质量，还会影响渠道传递信息的可信度，给今后的反馈造成障碍。

显然，在行政过程中，处于不同层次的信息，其内容要求应有所侧重。

---

① 参见 [美] C. I. 巴纳德《经理人员的职能》，孙耀君等译，中国社会科学出版社 1997 年版，第 139~140 页。

第十章　行政沟通

第二节　沟通的机制和方法

一、沟通渠道：质量与选择

沟通渠道是沟通过程的基本组成部分，也是行政过程得以实现的物质手段之一。行政沟通渠道对行政过程的影响主要体现在渠道质量上——渠道容量和长度，当质量一定时，渠道形态的选择也很重要。

（一）沟通渠道的容量与长度

沟通渠道的容量指渠道能传递的信息量，或是渠道传递传播源发出信息的能力。据信息沟通基本原理，所有的渠道容量都有限度，当行政沟通信息接近容量限度时，沟通就会达到最佳状态。否则，信息渠道内由于空闲，易生噪音。如果行政信息超出渠道容量限度，就会产生堵塞或外溢。所以，行政沟通必须重视建立稳定性好、容量适当的沟通渠道，以确保信息传递的顺畅、无干扰。沟通渠道的长度指从传播源到对象间的距离，它是沟通所耗费的时间与速度的乘积。渠道长度对行政效率有直接影响，一般来说，"渠道越长，原始信息完全通过的就越少"。[①] 渠道沿线的损失会因渠道长度增加而增大。此外，信息本身有时效，如沟通渠道太长，等信息到达，良机已失，时效已过。人们常批评的政府机关公文旅行现象，往往就由于沟通渠道过长而引起。

（二）行政过程中的沟通渠道选择

根据传播学原理，不同沟通渠道沟通的节奏与频率、沟通内容与规模都不同，以人际沟通、组织沟通和大众传播渠道为例，人际沟通渠道带有一定的偶然性，最没有规律，随时随地都可能发生。如社交场合的寒暄、来访接待等。组织沟通渠道有一定的规律，如每隔多少时间开一次会、做一次报告等。大众传播渠道最有规律，因媒体必须严守纪律，定期发送信息。如报纸有日刊、周刊，广播电视各栏目也有规定的播出时间。从沟通速度来讲，大

---

① ［美］韦尔伯·施拉姆：《大众传播媒体与社会发展》，金燕宁等译，华夏出版社1990年版，第85页。

众传播渠道的传递速度十分快捷,而且传播覆盖范围广。由于行政沟通有些内容需要控制沟通范围,因此,行政沟通以组织沟通渠道为主,组织的结构与性质不仅决定内向沟通的方式与速度,也决定组织如何把握外向沟通方式。官僚制组织结构是金字塔式的,其内向沟通也只有依赖于金字塔式的结构。其从上至下的传递速度,取决于金字塔的层级(高度)。当行政沟通内容不宜扩散时,政府必然会对大众传媒封锁消息。行政沟通这种有意识的控制不仅起到对信息的分界与限定作用,而且对信息传递方向、步骤及速度起着强制性的保障作用。行政信息由于内容的特殊性,哪些可公开传播,哪些不能公开传播,哪些要在时机成熟时才公开传播,这是涉及国家主权和民族利益的重大问题,必须对传播渠道做出慎重选择。该保密的就不能泄漏,不该封锁的就不要控制,这种选择也是行政管理的内在要求。

二、沟通对象:受众心理与状态分析

行政沟通存在传播者和受众。从动态沟通过程看,传播者和受众的位置在一定的条件下可以互换;从静态传播原理看,受众是传播行为的接受者,是行政沟通活动产生的动因之一。离开受众对传播的反映,行政沟通只能是单向的,是被动的、消极的、缺乏持续性和生命力的。

(一)信任度与认同感:一般受众心理状态分析

一般受众指除政府内部工作人员外,与政府行政管理活动有关的组织和个人。从行政过程的角度考察和分析行政沟通过程中的受众,最关键的问题是要减少受众在接受行政信息时的心理障碍,让受众主动积极地参与执行并及时反馈。

影响受众接受行政信息的因素很多,如传播者宣传的方式方法、受众自身素质等。但从受众心理来看,首先有对传播者信任度的问题。换句话说,在行政沟通中,有一个政府形象问题。政府必须关心受众的切身利益,切实为他们办实事。只有树立良好的政府形象,才能使政府的政策、措施在传播过程中得到广大受众的理解与支持。

其次是受众对传播内容的认同感。传播学认为,由于受众的选择性心理,"从传播内容来讲,受众一般选择能够支持其信念和价值观的信息,以减轻认知上的不和谐"。① 这实质上表明受众对传播内容有认同感时,传播就较易顺利进行。事实确是如此。中华人民共和国成立后,人民政权能迅速巩固和发展,正因新生政权的政策得到广泛认同,人民才积极踊跃地参与到政府组织和发动的各项工作中去。"在政策方面的认同,可以使政治过程获得更多人的参与和支持,使政治组织的方针、政策得到贯彻落实",② 政治过程如此,行政过程也不例外。

(二) 主动性和积极性:双向不对称沟通模式对工作人员的影响

行政机关工作人员是特殊受众。其特殊性表现在,就行政沟通的传播源来讲,行政机关工作人员是一级受众,而作为行政组织的一员,相对于一般受众而言,他们又是传播者。行政机关工作人员的言行不仅关系到公民能从政府得到什么样的服务,而且也直接影响公众如何看待和评价政府。曾任英国首相的撒切尔夫人认为:直接与市民打交道的人更知道怎样提高效率。③所以,行政机关工作人员又是重要受众。他们作为政府机构的细胞,不仅与政府的利益目标息息相关,而且也是政府与一般受众联系的触角。然而,行政是国家意志的执行,它要求行政机关工作人员忠实贯彻国家意志。因此,行政信息在自上而下的沟通时,传者与受者间有明显的说服与被说服的关系,即"传播者试图通过一系列组织过的信息,影响接受者的态度与行为",④ 这是行政内向沟通受众角色非常显著的特点。美国传播学者格鲁尼格教授将这种劝服性沟通,定义为双向不对称沟通。他认为,双向不对称沟通模式与双向对称模式一样都含有反馈。但双向不对称沟通中的反馈仅是为劝服人们接受目标和保证实现目标服务的。显然,行政在整个国家机器中的地位与作用,决定行政以执行为主的特征,也导致沟通以说服为主的不对称模式。有学者在总结西方改革动因时指出:"传统公共行政强调统一规制(包括科层制的等级制和部门化)和监控,抑制了公职机构和文官的创造力,已陷于形式化和僵化,并导致人际关系的冷漠。"⑤ 当然,用"冷漠"

---

① 胡正荣:《传播学总论》,北京广播学院出版社1997年版,第268页。
② 陶东明、陈明明:《当代中国政治参与》,浙江人民出版社1998年版,第262页。
③ 参见龚禄根《英国社会服务承诺制提高了公共服务质量》,载《中国行政管理》1998年第11期,第26页。
④ 沙莲香:《传播学》,中国人民大学出版社1990年版,第220页。
⑤ 参见国家行政学院国际合作交流部《西方国家行政改革述评》,国家行政学院出版社1998年版,"前言"第9页。

来形容沟通双方的关系可能不恰当,但不对称沟通对工作人员的工作状态,包括工作自觉性、主动性和积极性所产生的负面影响不可避免。

三、沟通效果对行政过程的影响

沟通效果既是沟通质量的体现,也是行政过程是否连续和达到预期目标的必不可少的标准。如果行政沟通效果好,表明行政信息的传递快捷而连续,行政部门与外界环境的交流具有持续性,行政部门内部的工作衔接有连贯性,工作协调有一致性;反之,若沟通效果不好,说明行政沟通存在障碍,行政沟通的执行、控制与监督将受到影响。

"传播学者对效果的普遍取向集中于大众传媒对个人、群体、社会和文化的影响"。[1] 行政沟通作为组织沟通的效果分析也离不开微观和宏观两方面。

从微观看,正如前面已分析的,行政沟通是一种组织沟通,行政组织特有的层级结构,决定行政沟通是多级沟通。"舆论领袖"的介入,虽然有利于增强沟通的效果,但由于沟通"节点"的增加,也使得沟通质量下降。行政沟通是劝服性沟通,传者与受者间的多级性以及各层级间的"级差",在一定程度上影响沟通效果。换句话说,从微观角度分析,行政沟通效果有限。在行政过程中,这种沟通效果的有限性可表现为:当政府的某个政策出台后,个人与组织在表面上没有很大反响,但在政策执行过程中,会出现很大偏差。

从宏观看,行政沟通的效果直接受制于思想观念、行政体制与传播手段。首先是思想观念。组织沟通是以人际沟通为主的沟通,人们的思想意识、观念与态度对沟通效果有直接影响。就传播源——行政组织和组织化的个人而言,高度集权的等级制度强化人们头脑中以权力为中心的身份意识,难以建立以权利为中心的服务意识。就受众而言,在儒家传统思想的影响下,中国人习惯"忍",普遍较含蓄,缺乏积极参与精神,形成一种"臣民—参与者"的政治文化。其次是行政体制。我国现有行政组织机构重叠、部门林立、层次过多、职能交叉,既容易因推诿扯皮造成时间延误,又容易因层次过多引起信息损失或失真,还可能因"政出多门"而使沟通受到干扰。最后是传播手段。施拉姆曾说过:"传播的新发展影响着社会,而社会

---

[1] 胡正荣:《传播学总论》,北京广播学院出版社1997年版,第319页。

在别的方面的新发展也影响着传播。重要的是，在一般情况下，传播发展的某种水平与阶段也必须伴随着社会发展的某一水平和阶段。"①当中国人引以为自豪的四大发明之一——活字印刷术为人类的传播注入新的生命时，中国古代也创造了灿烂辉煌的文明史。而当瓦特的蒸汽机引起了西方工业革命时，中国的传播手段开始落伍，中国也变得更加封闭。改革开放后，面对瞬息万变的社会和信息化浪潮，行政管理单靠经验和传统文书、通信技术已越来越不适应形势要求。当今各国非常重视运用现代网络技术加强行政管理，运用电子计算机信息系统、电子邮件、短信平台、遥距会议、电子传真设备、视频设备等，来处理公文、传递和存贮信息，提高办公速度和质量。然而，"不发达国家的传播系统一定也是不发达的"。② 我国经济落后的状况，严重制约传播手段的发展和行政效率。

通过对沟通要素的分析，可以动态地、全方位地剖析行政过程，有助于深刻把握行政沟通对行政决策的制定、执行和监督的影响，从而自觉地完善行政沟通行为，以提高行政质量和效率。

第三节　政府对外传播

为政府对外传播下一个明确的定义十分困难。政府对外传播在广义上可以理解为"国家对外传播"。根据研究内容的不同，关于政府对外传播的界定会有所差异，如将政府外交行为本身看作政府对外传播的一个重要组成部分，或借助大众传媒的对外传播。所以，政府对外传播是一个动态性的概念，其本质是传播主体与收受主体之间的信息互动和精神交往，即政府依赖各种媒介对外传播政府信息、解释政府行为，以争取预期效果；受众通过获取"政府信息"，分享政府实惠，实现精神满足，从而促进政府外交关系和谐度的升值，及外交利益的顺利实现。政府对外传播，既是一种政府行为，又是一种传播行为，或者说，它既不完全属于政府外交管理范畴，也不完全属于大众传播范畴，而是处于二者的交汇点。

---

① ［美］韦尔伯·施拉姆：《大众传播媒体与社会发展》，金燕宁译，华夏出版社1990年版，第41页。

② 同上。

一、政府对外传播的外部环境

政府对外传播所面临的外部环境主要有硬环境和软环境,其中政府对外传播的硬环境包括政府在内外互动过程中所面对的硬性背景、硬性关系与硬性牵扯、硬性压力和阻力等。一些学者将国际或国家间的信任和认同作为政府对外传播的软环境进行探讨。软环境"看不见摸不着"但可以感觉到,而硬环境"看得见摸得着"也能感觉到。无论是硬环境还是软环境都是动态的,是一种变量。中国政府对外传播面临的硬环境大致是:一方面,经济上相互依存,与多国结为战略合作伙伴;另一方面,经济摩擦、能源争执、在政治和军事领域"中国威胁论"不断。硬环境来自与中国打交道的不同国家,中西方进入互相不确定性时期,遇到方方面面的抵触,中国处于自身快速发展的关键期和与外部世界的磨合、碰撞期,以及非传统危机多头并发时期,甚为敏感和险峻。中国有时被西方国家制造的话题牵着鼻子走。西方遏制中国的能力时强时弱。中国对外交往当前面临的形势比以往复杂、困难,战略环境严峻。

二、政府对外传播的两种表现形态

对政府(外交)行为的理解有广义与狭义之分。就广义而言,既包括一个国家的外交行为,又包括外国公众感兴趣的内政行为,还包括其他组织和全体国民展示给国际公众的言行。就狭义而言,国家外交行为,除政府的对外交往外,还包括外交动员、公众外交、民间外交等。在外国公众感兴趣的内政行为里,他们对负面事件的关注度远高于对正面事件的关注度。政府(外交)行为对衡量政府对外传播的效果有很大影响,如一些国民走出国门的种种不文明现象、出口他国的劣质产品等都会影响政府对外传播的效果。

解释政府(外交)行为,除政府解释其行为外,还有政府智囊团、公关部门、大众传媒等对政府的行为进行解释。为扩大政府对外传播的影响,后者的运作和结果,在很大程度上还要透过大众传播展示给国际公众。专门机构的公关、游说、劝服,就是政府智囊团、政府喉舌、公共关系部门或政府聘请、委托境内外公关机构等,借助元首峰会、国际论坛、演讲、院外游说等通道,以及国内外大众传播媒体,或者一个国家的大众媒体,在适当的时间、适当的地点将政府(国家)适当的行为传播或解释给适当的目标公众，从而对政府外交决策的传播、扩散起到积极的作用。大众传媒对政府（外交）行为的"解释"，就是在国际社会范围内，对"政府（外交）行为"的"扩音"和"放大"，以及对外国政要、社会精英就政府行为的解读、评价的"扩音"和"放大"。大众传媒与政府的关系影响其对政府行为的传播，二者关系的理想状态是政府应保持对媒体的影响力，以赢得媒体和公共舆论对政府的支持。有时候政府的解释与政府行为是相互脱节的，如美国政府捏造情报出兵伊拉克，结果不仅难以向国内民主党和美国老百姓交代，也难以向国际社会自圆其说，而且成功地孤立了自己。可以说，政府对外传播学内在地将"政府（外交）行为"包含在了"解释政府（外交）行为"之中。

在全球化浪潮推动下，非政府组织发展迅猛，它们提供各种各样的服务和发挥人道主义作用，向政府反映公民关心的问题，监督政策制定和鼓励在社区水平上的政治参与。在政府对外传播主体的认识中，非政府组织与政府同样重要。如西方非政府组织或配合政府的行为，为政府拉高声势，或补充、代替政府去完成政府不便出面或难以完成的使命。非政府组织还会提供分析和专门知识，发挥早期预警作用，帮助监督和执行国际协议。在政府对外传播中，如何借助国际非政府组织力量，是中国急需补修的一门课程。

要以务实的眼光，既要看到其中的意识形态方面的价值追求，又要看到其中的利益纽带关系。在全球化时代，中国追求的目标应是将国际NGO（非政府组织）对华的积极影响发挥到最大，将其负面影响控制到最小。

当今社会政治家及其团队的主要任务之一是严格管理信息的生产和流动。信息不仅可以用来提升自身影响力，巩固政治权威，进而帮助自身实现政治目标，还可以用来破坏对方的政治基础，甚至可以从心理和生理上彻底摧毁对手。权力正从"拥有雄厚的资本"向"拥有丰富的信息"转移，如果一个国家"拥有最多的传播渠道"，那么，它对"如何解释问题拥有更大的影响力"。

三、政府对外传播中的"软销"与"硬销"

政府对外传播中的"软销"和"硬销"，是两种不同的政治传播哲学。"硬销"是一种仅从自身出发、考虑自己目标如何实现、给人以气势逼人或强大压力的传播；"软销"则是一种兼顾对方感受、顺应其个性风格、满足其需求或助其达成目标、赢得信任的"合作式"传播。一方面，"硬销"更偏重物质的、有形的、行为的传播，"软销"更偏重精神的、无形的、话语的传播。另一方面，物质的、有形的、行为的传播中，也有属于"软销"的成分。无论"硬销"还是"软销"，所追求的都是国际威望的树立。国际威望又称国际声望或国际名望，是指一个国家透过本国的道德、知识、科学、艺术、经济或军事等成果向他国投射而形成的一种国际形象。有的时候，有些事情既可"硬销"，又可"软销"，"软销"与"硬销"同样重要。有时"硬销"可能比"软销"效果更好，有时则只可"软销"不可"硬销"。不能简单地说"软销"是百分之百的好，"硬销"是百分之百的差。有时"硬销"也是不可或缺的。

"软销"与"硬销"往往相互渗透、相辅相成、相得益彰。有研究通过解释克林顿和小布什政治营销的优劣，了解"软销"与"硬销"间相辅相成的关系。克林顿通过公开演说树立美国信誉，强化外交政策的说服力，争取国际社会的认同与支持。可见，面对复杂的国际事务，对外传播者最明智的做法是用对方的思维和体验解释自己的想法与做法，尽量将自己的政策清楚无误地置于可以被理解的框架内。而小布什在推行自己的政策、追求自己的外交目标时，往往居高临下，其推行政策的风格与方式，使得其无法获得国际社会的认可与支持。口号式的政策表述以及充满意识形态色彩的语言与外交政策没有直接关系，但影响了人们对于美国外交政策的看法。外交言行的风格与方式不是实质，却能够影响外界的反应模式，能够决定外交政策的成败。当一国处于强势时，一味耀武扬威而不懂"软销"，其"硬销"是令人畏惧和生厌的，也往往是蹩脚的。实力雄厚又善于"软销"，则如虎添翼。当一国处于极端弱势时，"硬销"是没有资本和底气的，而"软销"的戏码也没有观众，因为没有实力做后盾的"软销"是没有内涵的。

"软销"与"硬销"又是相互消解和相互排斥的。经济实力迅猛增长，无疑会不自觉地给他国形成一种"硬销"的心理压力。然而，善于"软销"则会为国家形象起到加分的功效。比如，曾经报道中国游客在"全球最差游客"中位居前列，游客们在其他国家留下了修养差的形象。这种认为中国游客不懂文明形象的"软销"，在一定程度上助长了"中国威胁论"的盛行。

政府对外传播分为"软销"与"硬销"在一定程度上具有内在局限性。另外，不只是"软销"可以对他人产生吸引力，"硬销"也可以产生极大的吸引力（如经济实力）。譬如对外援助，从现实主义理解可能更像"硬销"，从理想主义理解也许更像"软销"。现实主义认为，通过对外援助，可在援助国扩大战略要地，建立并巩固同盟，抵御对手的扩张；或为本国开辟市场，使本国获取更多的资源，以及扩展本国政治文化的影响。理想主义者强调对外援助中的道德因素和慈善含义，注重国际行为中道德的力量和作用。从道德与人道主义出发的援助不强调回报，不主张将援助与特定商业利益、战略利益挂钩，这体现在一些援助国援助的赠予成分往往比例较高，援助分布也不是集中于特定地区，而是集中于贫困的后发展中国家。

第四节 新媒体背景下的政府传播

一、什么是新媒体

"新媒体"一词从21世纪初开始在我国流行，近几年来随着新媒体产业的迅猛发展，越来越多的传媒研究人员开始关注新媒体的现状与趋势、发展与创新，整个学术界对于新媒体的探索与争论也在持续升温。"新媒体"是相对传统媒体而言的，传统媒体主要包括报纸、杂志、广播、电视尤其是电视媒体等。新媒体亦是一个宽泛的概念，它是指以数字技术、网络技术、信息技术为基础，以互联网为核心以及由互联网延伸出来的各种新兴媒体的组合，通过互联网、宽带局域网、无线通信网、卫星等渠道，以及电脑、手机、数字电视机等终端，向用户提供信息和娱乐服务的传播形态。严格地说，新媒体应该称为数字化新媒体。

依据其理念或者形式上的差别简单区分如下。就其理念而言，可分为：细分受众类的，如楼宇媒体、社区媒体、医院媒体、娱乐场所媒体、手机短信彩信手机报媒体等；相对广众的，如公车视频、地铁视频、网络媒体、卖场视频、人口聚集处互动网络媒体终端机等。就其形式上而言：有室外媒体，楼宇、社区、公车视频等均在此列，有无线形式的，如彩信类、手机报、网络。就其关注度区分：有强制性关注的，如楼宇广告、电梯广告、短信等；有选择性关注的，如网络博客、网络互动、电视购物等。新媒体具有交互性与即时性、海量性与共享性、多媒体与超文本个性化及社群化等特点，具有传播与更新速度快、内容丰富信息量大、低成本全球传播、检索便捷等优势。

互联网和移动增值作为新媒体最重要的两个领域，在2007年得到了快速发展。2007年互联网市场规模超过400亿元，并保持超过40%的年均增长速度,各细分市场如网络游戏、B2B①、网络教育、搜索引擎是当前盈利的主流,占59%的市场比例。2007年移动增值市场规模达到733亿元,同比增长23%。2006年移动互联网规模不到70亿元,2007年达到111亿元,同比增长超过70%,市场格局也发生变化,腾讯、三讯门户和空中网占领先地位。

此外,在发展迅速的新媒体市场中,还有一类户外电子屏广告市场,2007年这块市场规模达到41.8亿元,同比增长91%。2007年,新媒体产业快速发展,广阔的市场与日渐凸显的影响力,吸引资本大规模流入,营销价值加强,国际化竞争加剧,整体产业向纵深挺进。

2008年北京奥运会,新媒体首次作为奥运会独立传播机构与传统媒体一起被列入奥运会的传播体系。互联网等新媒体平台被正式纳入赛事转播渠道,充分表明新媒体作为一种新传播渠道的社会价值和商业价值。奥运的巨大商机推动新媒体布局和发展,新媒体版权保护受到重视。2013年6月25日,中国社会科学院新闻与传播研究所、社会科学文献出版社在北京联合发布了新媒体蓝皮书《中国新媒体发展报告(2013)》,提出,2012年以来,移动化和融合化成为中国新媒体发展与变革的主旋律。在移动互联网和网络融合大势的促推下,中国新媒体用户持续增长、普及程度进一步提高,新媒体应用不断推陈出新、产业日趋活跃,新媒体的社会化水平日益提升,频频引发热点。

二、新媒体对政府传播方式的影响

新媒体带来了传播方式的革命,这不仅迎合了社会发展的潮流,还迎合了新的时代人们新的信息取舍标准。传播过程中的每一个个体既是传播者又是接受者,充分体现了网络的互动性。每一个个体都具有平等的地位,都能充分依靠网络发出自己的声音,体现自己的传播诉求。于是,在我国新媒体发展的相当长的一段时间内,新媒体的突出特点表现为个性化和去中心化的特征,如网络媒体的论坛、博客等总是存在多元的思想碰撞、不同利益主体的诉求等。

在新媒体背景下,政策关系也发生了变化。伴随着新媒体的发展,公众

---

① B2B是指企业与企业之间通过专用网络或因特网进行数据信息的交换、传递,开展交易活动的商业模式。

已不再甘心处于公共决策中的边缘化状态，试图更多地参与到权力分享的过程中去。新媒体去中心化的沟通系统，相对开放的传播模式，一方面成为自下而上建立公民草根性政治参与的便利通道，另一方面又提供了公民直接参与公共决策的机会，为"协商民主"从理想到现实提供了实现途径。对于政府机构而言，由新媒体重构的传播方式、传播格局以及借此广泛增强的社会公民意识，已经对其旧有的执政理念和工作方式带来巨大的挑战，应对不当或调整过慢不仅会影响眼下的工作成效，而且可能进一步损害自身的形象和长期执政能力。基于这一情形，排除自身对新媒体的"恐惧"与"轻视"，主动地学习和了解新媒体的相关知识，认识到新媒体在获取社情民意、有效引导舆论、加强社会监督、汇聚民计民智等方面所具有的积极意义，对于政府创新社会管理、向服务型政府转型和推动民主法制建设就变得非常关键。

三、新媒体在政府传播中的应用

随着科学技术的发展，政府传播的媒介由原始的口口相传演变到现代广播、电视、报纸的信息传递，而在现今数字技术、网络技术和移动通信技术不断升级的时代，互联网、手机、数字电视以及其他网络衍生品的出现不仅改变了人们的生活，也在很大程度上改变了政府服务方式。大众传播媒介的发展，不但改变了政治活动的方式，也改变了政治传播的性质，政府工作人员利用新媒体等传播媒介上传下达、发布政治新闻、宣传政治主张、引导舆论导向、构建与公众沟通交流的平台使民众问政议政等。

（一）网络问政

随着网络的日益普及，互联网在中国民众的政治、经济和社会生活中扮演着日益重要的角色。中国公民以网民的身份通过互联网行使知情权、参与权、表达权和监督权，这就是网络问政。

网络问政，就是政府通过互联网做宣传、做决策，了解民情，汇聚民智，以达到取之于民，用之于民，从而实现科学决策、民主决策，真正做到全心全意为人民服务。随着网络的日益普及，互联网在中国民众的政治、经济和社会生活中扮演着日益重要的角色，成为中国公民行使知情权、参与权、表达权和监督权的重要渠道。从高层领导在人民网与网友在线聊天，到各省官员通过各种形式在网上与百姓沟通，中国官员越来越多地通过网络问政于民，使得政府的信息更加透明畅通。

网络民意的凸显，一方面在于网媒的发展、公民意识的成长，另一方面更在于执政者对于网络民意的日益重视。据相关调查，超七成公众认为网络表达将成为中国民主建设的新通道，近六成人认为网络表达有助于拉近政府与民众的距离。依托互联网的大平台，网络问政风生水起，网络监督亦风起云涌。一项调查显示，87.9%的网民非常关注网络监督；当遇到社会不良现象时，99.3%的网民会选择网络曝光。回看过往，从当年的"孙志刚事件"到一波三折的"虎照丑闻"，从黑砖窑官员的撤职、复职、再撤职到"天价香烟局长"被立案调查，从公务员出国"考察门"到"一夫二妻"区委书记被曝光后半月成为阶下囚，网络一次又一次展示出巨大的能量。在网络面前，人人都是新闻记者，一个全民反腐的时代已经到来。

网络问政于民已经成为政府工作重要的组成部分。例如，中央组织部从2008年起，委托国家统计局每年在全国31个省（自治区、直辖市）以及中央和国家机关、中央企事业单位开展组织工作满意度民意调查，这实际上就是充分发挥网络这一优势，加大对干部工作作风、工作能力与工作态度的考核力度和监督力度，让人民群众通过这一方法，为官员当参谋。

传递民意，建言献策，正在成为普通民众参政议政的新型民主表现形式。网民普遍认为，网民问政议政蔚成风气，创新民主形式，诠释"以人为本"的执政理念，彰显了中国民主政治建设的巨大进步。

（二）政务微博

政务微博，主要指代表政府机构和官员的、因公共事务而设的微博，是用于收集意见、倾听民意、发布信息、服务大众的官方网络互动平台。其目的主要在于通过与公众的良性互动，搭建一个社会化参政、议政、问政的网络交流模式与平台。2008年6月，时任国家主席胡锦涛在人民网强国论坛与网民进行在线交流，此后，各地官员纷纷开始主动从网络中了解民意，各地政府和公共机构也顺应潮流开通网络渠道以倾听民声，处理问题。2010年的"两会"期间，各政协委员、人大代表开始通过微博平台与网友互动，讨论提案，这使得微博问政这一政治参与意见表达机制真正走入人们生活。因此，2010年被称为"中国微博问政元年"。微博问政在网络问政发展的基础上开启了以微博为平台的微博问政的新时代。相较于其他网络平台如BBS等，微博平台的匿名性、信息碎片化、客户端的可移动性等特点加快了我国微博问政发展的步伐。各地政府机关逐渐意识到发展政务微博的重要性，也有地方率先发布了有关政务微博发展的规定。2013年10月15日，国务院办公厅发布了《关于进一步加强政府信息公开回应社会关切提升政府公信力的意见》，要求各地区积极探索利用政务微博等新媒体，及时发布各类权威信息，着力建设基于新媒体的政务信息发布与公众互动交流新渠道。根据人民日报和微博联合发布《2014年度政务指数报告》的显示，2014年经过新浪平台认证的政务微博达到130103个，其中政务机构官方微博94164个，公务人员微博35939个，基层政务微博所占比例高达80%。全国有7个省的政务微博数量超过6000个。越来越多的网民参与到微博问政的过程中来，越来越多的党政机关开始开通政务微博，这些都预示着我国微博问政的发展达到了一个前所未有的新阶段。政府如何科学合理地运用政务微博问政于民，是政务微博这一新兴媒体对政府执政能力的考验。公民如何通过政务微博合理地表达政治诉求，是政务微博这一新兴事物在公民参政问政中发挥作用的重要体现。

政务微博的发展有重要意义，主要包括以下几点：

1. 政务微博为政务公开提供了新平台

传统政务公开的平台有官方网站、官方论坛、新闻发布会等。而政务微博为政务公开提供了新的平台。政府机构通过政务微博，可利用图文结合等多媒体形式公开发布政务信息。这种政务公开新方式比传统的政务公开方式更具时效性，还可以把微博自媒体和传统媒体的信息进行整合统一，全方位地对政务信息进行解读。

2. 政务微博为民意表达提供了新渠道

微博问政具有门槛低、草根性等特点，使得人人都可以通过电脑，甚至通过手机发表意见，参与决策。政务微博作为微博问政最主要的实现方式，满足了我国公民日益强烈的参政意识，使得无渠道参政的消极被动，转换为随时随地参与政治、经济、文化各方面政务决策的积极主动。

3. 政务微博为官民沟通提供了新方式

政务微博提供了一个透明的、公开的接受信息和发布信息的官民沟通新方式，比传统的市长电话、问答记者会更直接更有效率。公众甚至可以通过手机来评论、转发表达意见，政务微博代表政府对公众质疑进行回复。政府也可通过政务微博微话题、政务微博微访谈的形式主动邀请公众参政议政。政务微博和公众的这种良性互动，能舒缓公众在网络舆情中的对政府的不满，提升政府形象和公信力。

4. 政务微博更好地体现了服务型政府的要求

开通政务微博的根本目的即政府和公共机构为公众提供更好的服务。政务微博粉丝服务平台和政务微博发布厅的建立为政务微博和用户之间构建了一种新型服务方式。目前已有上千家政务微博开始使用粉丝服务平台和政务微博发布厅平台，将信息公开、知识科普、专业服务搬到了微博粉丝服务平台和政务发布厅平台。政务微博已经超越单纯发布信息的阶段，正在阔步迈入灵活使用微博产品、提高服务效能的新阶段。

政务微博是微博媒介传播新形势下的产物，它在信息掌握度、应急反应速度和处理反馈率等方面正在取得更有效的效果。政务微博的活跃度日渐提高，在收集意见、倾听民意、发布信息、服务群众等职能上取得了越来越大的进步，为社会公共管理打下了坚实的基础。不仅如此，各层级各部门政务微博的建设运营逐渐扭成一股绳，形成了一个全新的、完备的、严谨的网络舆情管理体系，它们正在成为政府信息的"喉舌"，成为解决问题的"传声筒"，从而更好更快地为人民服务，为社会公共管理贡献力量。

第十一章

行政伦理

第一节 行政伦理概述

行政伦理（Administrative Ethics）是现代公共行政学科的一个重要分支。随着公共管理流派的兴起，人们也将之称为公共管理伦理。行政伦理是实践性很强的现代学科。作为理论学科，它形成于20世纪70年代的美国。行政伦理的兴起，是伦理学与行政学跨学科研究的理论发展成果。在公共行政领域，各种伦理问题非常突出，需要同时在理论与实践结合的层面上加以解决。

作为行政学和伦理学的交叉学科，行政伦理在学科性质上，一方面体现伦理学的反思从单纯理论构造、规范、论证到关注行政管理实践的历史性转变；另一方面反映出公共行政领域从单纯注重技术和科学管理到关注伦理自主性的历史性转变。因此，行政伦理学的产生是伦理学学科发展和公共行政管理实践发展相互回应的过程。作为实践学科，它帮助公共行政人员认识行政权力的公共属性，自觉形成公权公用的伦理观念，努力提高公共服务的伦理品质。

一、行政伦理的兴起背景与发展态势

什么是行政伦理，国内外的学者从不同角度对其做出了界定。各种定义侧重点不同，但核心要素是一致的。从基本共识的角度讲，行政伦理是关于调整国家公务员与社会、与行政机构间，国家公务员间，以及行政机构间相互关系的行政行为规范的总和。这一界定包括以下几个方面的含义：

（1）取决于现代民族—国家中政治—行政的紧密关联性，国家意志的

执行（行政）和国家意念的表达（政治）有其内在的一致性，所以行政伦理在本质意义上也是一种政治伦理。

（2）就行政主体的有机构成讲，公共行政伦理由行政组织伦理和行政人员伦理构成。

（3）在行政伦理的规范表现形式上，行政伦理由主观伦理意识、习俗化的伦理规则和制度化伦理法则等构成。

从行政伦理学发生、发展的历史演变上看，行政伦理的理论研究首先出现在美国。这是由美国社会的发展状况决定的。

在美国建国初期，行政实践中就包含了丰富的行政伦理思想。国家在建立行政机构的同时，便确定了公务人员的行为标准和道德准则。开国初期的美国总统都相信，国家政策必须依赖个人道德的原则，而且都在宗教上寻找道德根源。华盛顿在第一次国会会议上就为行政伦理确立了基调："我国的政策将会以纯洁而坚定的个人道德原则为基础。"[1] 托马斯·杰弗逊也认为，道德行为的普遍的宗教原则不仅是可接受的，而且是必不可少的。他们坚信，只有具有良好道德品质的管理者才能维持顺畅的政府运转和良好的政府形象。他们给美国后来的行政伦理学提供了道德规范和伦理秩序的基本准则。

19世纪后半期，美国社会完成了从农业文明向工业文明的转变。工业革命带来的社会化大生产和科学技术的进步，对社会各个领域产生了广泛、深刻的影响。一个世俗化社会的出现，使上帝的律法逐渐消退，道德的观念逐渐淡漠，科学和效率观念深入人心。尤其是四年内战后，国家面临重建的任务，如何使庞大的行政机构高效、合理地运转是当时面临的重大问题。

1877年，美国著名的行政学家、政治家伍德罗·威尔逊发表《行政学研究》，提出"政治行政二分法"。他指出，政治和行政存在重大差别，而"公共行政的研究目标在于：一是政府应如何适当而成功地运作；二是政府如何能在花费最少的金钱与资源的条件下，以最有效率的方式来从事各种活动"[2]。换言之，公共行政的意义在于追求效能、效率以及经济利益的最大化。行政人员是不是具有道德，需要从他的工作绩效上判断。后来，古德诺在《政治与行政》中进一步阐发政治与行政的区分，竭力论证政治是国家

---

[1] 华盛顿：《华盛顿文集》，吴承义等译，辽宁教育出版社2005年版，第625页。

[2] Woodrow Wilson. The Study of Administration, *Political Science Quarterly* 56, December 1941: 481.

意志的表达，行政是国家意志的执行，两者承担两种完全不同的功能，要由不同的独立机关来分别执行。

随后，韦伯提出的科层制结构理论，在美国发生重大影响。韦伯系统地证明行政是个专门化的系统领域；决策和行政被进一步分离，行政管理的体制功能、组织结构等要素得到强化。为实现行政管理目标，韦伯认为"非人性化"（dehumanization）是官僚组织的特殊德行，组织中的每个人员都被视为如同机器中的一个螺丝钉，人们没有任何自主控制权可言。这意味着非理性的情绪、情感、欲望不会对组织人员的工作绩效产生影响。于是，非人性地对待行政组织与行政人员成为观察行政组织及其人员绩效高低的定式。围绕行政管理的效率目标，科学化、技术化的工具理性的追求被推向极端，而伦理的、道德的等价值因素在公共行政中的作用遭到忽视。

直到20世纪70年代，政治与行政二分的行政学理论框架遭到猛烈抨击，以价值中立的眼光审视行政执行的思维定式开始动摇，它对行政问题的现实解释力受到质疑。来自两方面的"发现"促使人们重新思考问题：

一是看到行政人员自由裁量权的存在。在决策中，由于专业知识在治理中的优势，使行政人员实际上参与甚至主导了法律的制定和重大决策的出台；在政策执行中，由于法律固有的不完备性，需要行政人员在很多情况下进行价值判断和决策。正如肯尼斯·迈耶指出的，"大部分立法建议都出自行政机构，而且在贯彻实施过程中也受到行政机构多方面的影响"。①

二是对行政职业重新进行角色定位。由于社会对行政在治理中的决策职能越来越认同，行政职业的政治色彩不断强化，这就突出了行政伦理问题，即行政人员需要面临不同层面的价值判断和选择，包括职业准则与价值、组织准则、个人准则与价值、社会道德规范等，也就是说，职业意识的增强与变迁增加了行政人员伦理选择的困难程度。正如登哈特所说："公共行政人员仍然在努力寻求对职业伦理的理解，之所以会这样，并不是因为职业刚刚兴起，而是因为对这个职业及其在政府中扮演的角色的理解已经在这些年中发生了急剧的变化。"②

从政治实践角度来看，"水门事件"成为行政伦理学科产生发展的关键推动力。1974年，美国国会启动了对尼克松进行弹劾的程序，参议院总统

---

① Kenneth Meier. *Politics and Bureaucracy*, Boston: Duxbury, 1979.
② Kathryn G. Denhardt. The Management of Ideals: A Political Perspective on Ethics, *Public Administration Review*, March/April 1989, pp. 187 – 193.

竞选活动特别委员会邀请美国公共行政学会成立专门小组研究"水门事件"。该小组的研究报告题为《水门：对负责政府的含意》。报告指出：造成"水门事件"的隐患无疑在多届政府中就已埋下，这些隐患最终发展成为对美国政府民主形象有严重损害的事件，要求人们必须对政治和行政体制的道德性进行重新评价，并采取适当的补救措施。

这篇关于"水门事件"的权威研究报告，"结束语"题为"伦理和公职"，其中就指出：报告的大部分内容已直接或间接地涉及公共服务中的伦理主题。对于行政伦理来讲，"水门事件"的重要性之一，就是推动人们对政府作用和权力责任的重新认识。正是基于这种认识，研究报告建议，美国国会和美国政府应当采取有效措施，切实加强行政伦理建设。

以美国公共行政学会专门小组为代表的一批专家从行政伦理角度研究"水门事件"的众多报告，在美国行政伦理建设中发挥了巨大作用。其直接成果，就是推动卡特政府于1978年提交并由国会通过的《美国政府伦理法》。卡特总统在签署该法案时表示，这个法案将进一步有助于使美国联邦政府变成一个公开的、诚实的、不为利益冲突困扰的政府。根据《美国政府伦理法》，联邦政府设立政府伦理办公室，并颁布《美国行政官员伦理指导准则》。

20世纪后期至今，随着新公共行政理论与实践的全面发展，行政伦理研究显示出越来越重要的意义。公共行政实践中出现了几个新的迹象，对于行政伦理研究具有直接的推进作用：

（一）从控制导向转化为服务导向

人们将行政类型区分为"统治行政"与"公共行政"两类。统治行政为了秩序目标而实施对整个社会的控制。因此统治行政是"完全的"控制导向的行政。其实，不仅统治行政如此，管理行政也是控制导向的，只不过它发展了一套科学的、严密的控制技巧。特别是管理行政发展到公共行政阶段，有了专门的科学即公共行政学来对其进行设计和规划，使它无论是在行政体系内部还是外部，都达到极高的控制水平。管理行政所依赖的是科学的规划和技术性的操作，因而也与伦理无涉。

当公共行政走出控制导向时，即用服务导向取代控制导向时，它虽然还要得到科学和技术的支持，这使得它一方面从属于公共行政的科学化、技术化所需要的必要研究，但另一方面服务行政所内含的伦理问题已被提了出来。所以，公共行政从控制导向向服务导向转化，实际上是在科学化、技术化的基础上增加了伦理化的含义,服务导向注定的"关系"格局是这种转变最强有力和直接的动力。这样一来,公共行政通过自身的发展而提出了行政伦理研究的要求。在公共行政向服务导向转化的过程中的一切积极建构,都要通过行政伦理研究来拓展空间。

(二) 从效率导向转化为公正导向

管理行政基本上是效率导向的行政。从 19 世纪 80 年代管理行政开始成为公共行政的主流以来,效率的问题渐渐掩盖了公正的问题。在 20 世纪的大多数时间里,公正与效率并提以及思考公正与效率的关系问题似乎完全成了学术界的事情。行政学家们把它联系起来考虑,而公共行政的实际运行完全从属于效率导向。公共行政实践中的这一定势,使公正与效率成为区隔开来的两个领域——公正往往变成政治问题,而效率则完全成了脱离政治制约或影响的行政问题。政治家考虑公正,政府官员考虑效率。显然,公正与效率的这种区隔割裂了两者的紧密联系。因此,20 世纪后期,公共行政的公正问题又被人们重新提出,这在一定程度上是对公共行政实质含义化的有效矫正,它引导公共行政致力于恢复其公共性的本质。

重新提出的公共行政的公正问题,既在政治的意义上促使公共机构和公职人员担负公正责任,也在伦理意义上促使公共行政机构和从业人员担负公正责任。这样一来,行政伦理或公共管理伦理研究也就肩负起重新完整解读公共行政的公正责任的使命。

(三) 在工具研究中引入价值视角

20 世纪前半期,公共行政学沿着科学化、技术化的方向发展,突出工具研究的意义。到 20 世纪后期,这种状况开始发生改变,人们越来越注意在相应研究中引入价值视角。人们意识到,社会科学与自然科学的不同之处,在于它必须考虑人的因素。公共行政的作用对象是由人构成的社会,公共行政的主体是理性与情感兼具的行政人员,他们的思想观念、认识能力、个人处境与道德素质等,都是公共行政实践中发挥不同作用的重要影响因素乃至于是决定性因素。只有致力于在公共行政研究中引入价值视角,才足以保证工具理性与价值理性的健全视角,也才是真正保证公共行政研究的合理化方向。正是由于价值视角的引入,使致力发掘公共行政价值内涵的行政伦理研究的意义鲜明凸显出来。

（四）确立合作和信任的新型整合机制

在管理主义的思维中，分工与合作具有决定性的意义；在政治视角看公共行政，则需要把合作和信任理念引入公共行政领域。事实上，公共行政自觉地确立合作和信任的整合机制，已成为它的发展趋势。公共行政的基本功能在于实现对社会资源的优化整合。一方面，它要实现对自身体系的优化整合；另一方面，通过自身的优化整合而实现对整个社会的有效整合。统治行政和管理行政基本上都是通过控制的方式来整合社会的，但公共行政完全可以拥有另一种自身整合以及整合社会的方式，那就是以合作建立行政机构、从业人员与社会各种机构、人士的关系结构，以信任建立起相互合作者之间的牢固互动结构。

（五）在治理变革上谋求德治与法治的结合

在法治的框架下建立和完善公共行政的体系和行为，是现代政治文明的伟大成就之一。法治将国家权力体系严格规范起来，使公共权力，尤其是政府系统的运作高效而廉洁地发挥功用。但从20世纪后半期开始，工业社会向后工业社会转型，囿于法治的公共行政呈现出自身的不足，它需要得到德治的补充。德治作为法治的一种补充，将公共机构与从业人员主动履行公共责任放在重要的位置，将外部的制度约束与内在的工作动机贯通起来，从而将公共机构及其人员履行公共职能变成高度强化的自觉诉求，将使公共行政发生重大转变。如何保证这一转变顺利进行，把德治的愿望变成公共行政实践的现实，需要行政伦理研究进一步提供切实可行的方案。

二、行政伦理的功能

行政伦理的功能是在行政管理活动中，对行政结构与行政者自身完善和进步所具有的功效和意义。概括研究者们的各种表述，行政伦理的功能大致可以归纳为中介、规范、约束、教育、激励、凝聚等。

（一）中介功能

在公共行政中，行政机构为了形成一定的行政行为规范、维护行政管理秩序、保障行政绩效，必须制定各种法制规章去约束成员的行政行为。这些法制规章包括法律、法规、组织纪律和伦理道德规则。法律法规的任务是

"硬性"约束行政行为的规范类型，但它实际发挥作用，并不能脱离作用对象的工作动机与心理状态，因此必须借助行政伦理这个中间环节。

换言之，法律法规要起约束和控制行政行为的作用，必须通过社会化的过程，把法律法规转化为行政人员的心理观念、道德标准、价值倾向，形成人们心理的内心准则。如不经过内化过程，不经过心理的接受和选择，再好的规范也是外在的，不可能起好作用。行政伦理作为行政行为的"软性"约束规范，有效地将行政约束硬规则传递给行政行为的实施者。

（二）规范与约束功能

行政伦理以一定的概念、范畴和一系列的伦理规范反映并作用于行政过程和行政行为。其特点是：行政角色自身道德意识和人格追求通过外在舆论评价和内心信念体验，以及一定的道德约束，形成强大的规范场，对其自律品质的形成起指导、监督和自我评价作用。

在行政系统的运行和行政行为的实施过程中，一方面，行政伦理对符合其要求的情感、信念和行政行为予以激励和强化，对不符合其要求的情感、欲望和行为则予以纠正或弱化。这是行政伦理促成行政行为者进行好坏是非的道德判断的双重功能。另一方面，在行政管理过程中出现认识错误、方式或方法失当时，行政伦理能纠正行为者某种自私的念头和偏颇的情感，使其改变自己的行为方向和方式，以避免产生违背行政责任要求的后果。这是行政伦理对于行政行为者进行行为矫正的功能。

由于人的行为总处于不断变化的过程中，当行政行为发生变化，需要重新做出选择的时候，人们总是从某种动机出发，依照某种伦理理念进行行为选择。行政伦理此时对行政管理行为就起着类似"检察官"的作用，检验行为者的动机纯正与否、是否履行了行政责任，通过伦理意识规范、限定并调整行政管理的活动范围、行为模式、行为选择，使行政管理行为趋于程序化、规范化。

（三）教育与塑造功能

公共行政伦理的基本价值理念是公平、正义。以公平、正义引导行政系统及其工作群体，使其同心同德，为共同的目标奋斗，并且通过评价和激励手段，造成社会舆论，形成政风官德，树立道德榜样，塑造理想人格。行政伦理依据国家和社会公认的、共同的道德观念和理想所倡导的共同原则和基本精神，构成现实社会中的主体道德。

行政伦理的基本价值具有社会层面的公共性和道德实践的示范性。因此，它对社会具有教育范导功能。同时，由于行政人员掌握凭借国家行政权力而有的社会政治资源，其行为和风貌不仅为社会大众所关注，而且渗透到社会生活的方方面面，产生巨大影响，直接塑造社会大众的公共行为规范。

（四）保证与激励功能

坚持什么样的行政伦理规范，直接影响公共行政管理的绩效高低和行为成败。坚持公共、公平、公正、公开的行政伦理价值准则，并以之引导公共行政行为，是使行政组织既具有认同感，又有强大行动力的内在保障。它能将效益观念转化为行政人员的价值追求，从而为行政职能的有效实现提供根本性保证。因此，要实现行政成本低下而行政绩效高企，就必须具有与之相适应的行政心理模式和行政伦理。

行政伦理通过激发人的主动性和积极性，鼓励行政个体或组织不断发展，逐步完善，以达到道德追求与行政目标的一致。行政伦理的激励功能有两种基本方式：一是外在的道德激励，由行政伦理的理想、榜样、批评三要素构成；二是内在的道德激励，包含行政伦理上的成就感、认同感、尊严感、荣誉感等因素。两种方式相比，前者主要表现为社会对激励对象的作用，后者主要表现为激励对象的自我作用。个体与群体、内在与外在相互作用，最足以显示出行政伦理的社会价值。

（五）国家认同和民心凝聚功能

行政伦理是赢得民心和民意的重要砝码。从某种程度上讲，行政伦理以其显示的官员群体的状态，决定性地影响公民对国家的认同，进而影响统治的稳固和国家的兴衰。因为公共行政伦理是整个社会的主体道德，对社会有强大的示范作用，其伦理取向昭示社会的伦理状况。假如一个社会的行政官员奉行的价值理念是腐败奢靡、损公肥私、欺压百姓，这个社会要想国家长治久安、百姓安居乐业，绝对是不可能的。反之，如行政管理者能真正倡导和身体力行地落实公权公用，切实对人民的利益负责，为人民办实事，就一定能得到人民拥护。

同时，现代行政伦理使行政系统内部各个子系统之间、个人之间达成广泛充分的认同、信任关系，使行政主体和行政对象间形成沟通合作的局面，其向心力和凝聚力也足以使行政运作既显高效，又显稳定，从而进一步强化国家认同和长期发展。

第二节 行政伦理的结构与内容：
组织伦理与个体伦理

行政伦理根据行政行为主体确立。从主体性角度分析，行政伦理由两个层面构成。"从国家公务员个体作为行政伦理主体的意义上，行政伦理是指国家公务员的行政道德意识、行政道德活动以及行政道德规范现象的总和；在行政机关群体作为行政伦理主体的意义上，行政伦理是指行政体制、行政领导集团以及党政机关在从事各种行政领导、管理、协调、服务等事务中所遵循的政治道德和行政道德的总和"。①

就行政组织伦理和行政组织成员的个体伦理相关性角度来看，新公共行政学派关注公共组织的四个基本过程，即分配过程（与公共政策相关）、整合过程（主要是人力资源开发）、边际交换过程和情感过程，并把公共行政从宏观到微观分成六个伦理层面：

(1) 对法律的基本遵守和忠诚；
(2) 对利益冲突的解决；
(3) 服务方面和程序方面的公正合理；
(4) 有关民主责任的伦理；
(5) 政策制定的伦理；
(6) 妥协和社会整合的伦理。

其中，第一、二项和第三项服务方面偏重公务员个体伦理，第三项程序方面和第四、五、六项偏重行政组织伦理。无疑，行政组织伦理与行政从业人员的个体伦理是高度相关的，不能将两者切割开来对待。

一、行政组织伦理

行政组织伦理是针对行政建制的伦理规范。作为一种有效的外部控制力，行政组织伦理的作用对象不是行政成员而是行政机构。因此，在某种意义上，行政组织伦理可以被看作是注重客观性的伦理规范。行政组织伦理的

---

① 王伟、车美玉、[韩] 徐源锡：《中国韩国行政伦理与廉政建设研究》，国家行政学院出版社1998年版，第73页。

基本内涵有：

（一）程序公正的基本准则

程序公正非常重要，是公共伦理的核心。传统组织设计重视程序，但程序的人性化程度较低，因此导致官僚傲慢和自大的弊端。当代行政组织程序设计，不能仅考虑个人控制、效率追求，而要更多地考虑公共目的。公共目的可避免不公正和腐败行为，也能够在公正的基础上提高行政效率。因此，强调程序公正并不伤害以人为本的原则。

（二）民主责任的伦理导向

现代政府是责任政府，政府责任为民主政府的性质所规定。习近平总书记特别强调，"权为民所赋"，由人民授权的政府，才具有履行责任的强大动力。正是因为如此，行政责任既是政治责任，又是道义责任。科学地划分责任与民主地确立责任之间存在某些矛盾，往往出现顾此失彼的现象。民主责任在于求得二者的平衡。公开化就是强化民主责任的一种手段。公共组织不坐实民主责任，就缺乏伦理资源和道义支持。

（三）行政组织信任

从构成上讲，行政组织信任包括行政组织间、行政组织与公务员间、行政组织与公民间的信任。从影响上讲，缺乏信任的组织无伦理可言，因为信任是组织有效活动的基础。按照美籍日裔著名学者弗朗西斯·福山的分析，信任构成现代西方崛起和发达的伦理道德基础。这是因为信任能降低交易成本，提高活动效率。[①]行政组织的运转与改革应该与信任联系在一起。依靠信任，行政组织的运转才能顺畅；通过改革，使信任度得到改善，避免组织与组织、组织与成员、组织与公众之间拉开距离，从而保证社会相互信赖，有效支持低成本、高效率的组织运作绩效。

相互信赖的组织伦理离不开组织的改革，这就涉及制度安排问题。通过制度安排实现有道德的公共管理，是行政组织改革的导向性目标。要正确处理组织与个人间、道德与效率间的关系。制度安排不能见事、见物不见人，只求事情成功，不考虑人的情感。要创造有道德的管理模式，需要寻求组织

---

① 参见［美］福山《信任——社会美德与创造经济繁荣》，彭志华译，第一部分"信任的理念"，海南出版社2001年版。

与个人需要间的各种平衡关系。道德与效率有相容的一面，也有不相容的一面。追求经济高效率，更好地为社会提供福利，本身赋有道德的价值。但片面追求效率有可能忽视公平、公正的道德原则。组织改革应避免在两者之间发生偏差。

二、行政个体伦理

行政人员的个体伦理就是公务员的行为规范伦理，它是行政伦理的关键组成部分。其本质特征是主观与客观、美德与公德、自律与他律的统一。

1. 主观与客观的统一

公务员行为规范是主观与客观的统一。一方面，公务员行为规范是一定社会的经济、政治、伦理关系的反映，是一定社会政治制度以及行政体制、行政机构对公务员提出的伦理要求的反映，因而它是客观的，不以公务员个人意志为转移；另一方面，公务员行为规范作为客观的社会关系的反映形式，又必然包含公务员作为伦理主体的抽象、概括等主观思维活动，并需要以主观形式（伦理概念、伦理判断等）固定下来。

2. 美德与公德的统一

公务员遵守的行政伦理规范是美德与公德的统一。其一，行政伦理首先是公权公用的保障性规范，因此不论行政人员内心是不是谨守这样的规范，他都必须在公共道德的制约范畴内，将个人的行为规范约束在公德要求的水平上；其二，公务员的公共道德不是绝对外在于公务员内在道德诉求的外部性德性规范，只有内化为公务员的道德规范，才足以保证个人美德与公共道德的积极呼应状态，也才足以保障公务员既受威慑性的外部道德制约，也受内心的德性观念的引导。公务员遵守行政伦理，也就成为自觉自愿的行为。

3. 自律与他律的统一

公务员行为规范的他律性，主要指公务员赖以行动的标准或动机，首先要受到来自社会、政府、行政机构、行政职责等外在要求的支配和制约；公务员行为规范的自律性是其伦理性的最显著特征。公务员行为规范是自律与他律的统一。因为停留在他律阶段的行为规范，无论公务员怎样尽职地去遵守，但它仍是外在于公务员的"异己"力量；只要公务员尚未将行为规范内化为自己的品格，那么公务员行为规范的伦理性就不完全。

公务员行为规范的他律性向自律性转变，主要表现为公务员行政行为的动因由最初的外在约束和导向转变成内在自我意志的控制。具体地说，就是表现为公务员对行为规范的认同，表现为公务员自己给自己的行为立法，表现为公务员的自我意念对自身行政行为的把握。

行政人员的伦理规范通过法律、法规加以明确化、固定化。因此，必须为公务员设定他律意义上的行政伦理规范。恰如习近平总书记所强调的："人民是历史的创造者，群众是真正的英雄。人民群众是我们力量的源泉。我们深深知道，每个人的力量是有限的，但只要我们万众一心、众志成城，就没有克服不了的困难；每个人的工作时间是有限的，但全心全意为人民服务是无限的。责任重于泰山，事业任重道远。我们一定要始终与人民心心相印、与人民同甘共苦、与人民团结奋斗，夙夜在公，勤勉工作，努力向历史、向人民交出一份合格的答卷。"[①] 这就是行政伦理必须严格遵守的人民中心原则。"必须坚持人民主体地位，坚持立党为公、执政为民，践行全心全意为人民服务的根本宗旨，把党的群众路线贯彻到治国理政全部活动之中，把人民对美好生活的向往作为奋斗目标，依靠人民创造历史伟业。"[②]

习近平总书记还强调指出，各级领导干部要以身作则、率先垂范，说到的就要做到，承诺的就要兑现。要坚持勤俭办一切事业，坚决反对讲排场、比阔气，坚决抵制享乐主义和奢靡之风。要大力弘扬中华民族勤俭节约的优秀传统，大力宣传节约光荣、浪费可耻的思想观念，努力使厉行节约、反对浪费在全社会蔚然成风。各地区各部门要不折不扣执行改进工作作风相关规定，把要求落实到每一项工作、每一个环节之中。作风是否确实好转，要以人民满意为标准。要广泛听取群众意见和建议，自觉接受群众评议和社会监督。群众不满意的地方就要及时整改。这就将公务员从政道德提到了基本制度要求的高度。

其实，2005年4月中华人民共和国第十届全国人民代表大会第十五次会议通过的《中华人民共和国公务员法》已将以上行为规范通过法律形式加以具体化并规定下来。公务员应履行的伦理道德义务具体包括：

（1）模范遵守宪法和法律；

（2）按照规定的权限和程序认真履行职责，努力提高工作效率；

（3）全心全意为人民服务，接受人民监督；

---

① 《习近平谈治国理政》，外文出版社2014年版，第5页。

② 习近平：《决胜全面建成小康社会，夺取新时代中国特色社会主义伟大胜利——在中国共产党第十九次全国代表大会上的报告》，人民出版社2017年版。

(4）维护国家的安全、荣誉和利益；
(5）忠于职守，勤勉尽责，服从和执行上级依法做出的决定和命令；
(6）保守国家秘密和工作秘密；
(7）遵守纪律，恪守职业道德，模范遵守社会公德；
(8）清正廉洁，公道正派；
(9）法律规定的其他义务。

此法所称公务员是指依法履行公职、纳入国家行政编制、由国家财政负担工资福利的工作人员，包括中国共产党、人大、政府、政协、审判、检察、民主党派七类机关工作人员。这里所说的公务员义务，即公务员必须遵守的行政伦理规范。中国的公务员属于所谓广义的公务员，不仅仅指政府部门的工作人员，因此使公务员的伦理规范发生作用的范围更为广泛，作用也就更为巨大。这对中国杜绝公权私用、保障公权公用的状态具有积极作用。

第三节 行政伦理的基本问题：责任及其履行

如前所述，行政伦理问题包含两个基本内容：一是政治体制、政府体制及其运行机制中包含着什么样的伦理内涵；二是国家公务员个体的伦理状况。这表明公共行政伦理没有只属于自己的独特领域，但它渗透在政治、行政过程的方方面面，体现在诸如政治体制、行政体制的制度安排中，包含于领导、决策、监督的执行过程中，体现在动机、过程、效率、素质诸制约行政绩效的结构要素上，贯穿于行政惯性运转与行政改革举措之中。

正是因为如此，经过人类数千年行政历史的陶冶和现实社会公共行政实践的千锤百炼，行政伦理已有十分丰富的内涵、鲜明的特色和独特的功能。主导所有行政伦理规范、体现行政伦理特质的核心理念是责任。责任的结构较为复杂、内涵非常丰富，必须具体、深入分析。

一、主观责任与客观责任

这两个基本方面始终围绕着一个核心性的问题，即"如何维持公共组织中的负责任行为"。"责任"是行政伦理的关键性原则之一。1999 年 7 月 12—15 日在英国文官学院召开的国际行政学会第一次专门国际会议的主题是"公共行政责任：协调民主、效率和道德"。大会分四个主题详细讨论"责任"于政治组织和行政人员的重要意义：

第一，责任与民主：满足政治权威和公民的需要。第二，责任与效率：正规控制与绩效管理。第三，责任与道德：伦理价值和法律程序在提高道德标准上的作用。第四，政府各层面的交叉责任：全球化和非集权化。这四个主体包含的内容可以区分为两个方面，那就是行政人员的主观责任与面对公权公用诉求的客观责任。

客观责任的具体形式是与职责相关且应尽的义务。所有客观责任既包括对某人或某组织目标负责，也包括对某一任务、下属员工人事管理和实现某一工作目标负责。客观责任可概括为三个层次：

（1）公共行政人员最为直接的责任是对他们组织的上级负责，贯彻上级指示，同时也要为他们下属的行为负有领导责任。

（2）公共行政人员要对法律、公共政策负责，必须能说明其行为以及对资金的使用与法律的意图和公共政策的意图相一致。相对于第一种对上、下级的负责而言，这是更为基本的义务，公共行政人员对政策的义务超过对组织上级的义务。

（3）公共行政人员要对公民负责，洞察、理解和权衡公民的喜好、要求和其他利益。行政人员必须能向公民解释，其行为是符合公民的意志的或者符合广大公众的利益的。这是一种最根本的义务关系，因为公民是主权者，公共行政人员是他们的受托人。法律政策责任是基础，上下级责任是杠杆，公众责任是社会体现，三者相互关联构成了公务员客观责任不可分割的有机整体。

与源于法律—组织机构规定、社会对行政人员的角色期待这些外部"强加"的客观责任不同，主观责任是根植于公务员自己对忠诚、良知、认同而产生的伦理信念，它与那些自己认为应为之负责的事务相关。主观责任也可以概括为三个层次：

（1）政治意识形态抉择居于主观责任的核心地位。对意识形态的决断，制约行政人员对国家政治生活的基本看法和价值界定。公务员的意识形态决断，属于和平时期的基本价值与基本制度选择，战争状态中不存在相应的选择需要。对于和平状态中掌握国家权力的公务员来讲，"公共"观念是最重要的意识形态理念。只有在公务员把握住公共观念的基础上，才能保证将手中的公共权力公共使用，从而保证公民对于国家权力公信力的信任。

（2）价值观层次。政治价值观一般指的是行政人员对政治问题的基本看法，包括他们看待、评价某种政治系统及其活动的标准，以及由此形成的政治主体的价值观念和行为模式的选择标准。一方面，行政人员在总体上存在一种基本一致的政治价值观念，它直接影响政治行为主体的政治信念、信仰和态度。另一方面，这些价值观念影响着公务员的政治行为。政治行为准则是对政治行为和政治活动的价值评价标准和行为规范，以及人们在长期共同的社会生活中逐渐形成的道德规范和习俗，它们往往成为规定行政人员价值观念和行为模式的基本要素。

（3）心理层次。行政心理是行政伦理中的深层因素，主要是指行政人员在日常工作中对具体的行政组织、行政人员以及行政事务等的具体看法和态度。这些看法和态度不仅首先受到意识形态和价值观的制约，而且民族历史、民族文化、民族风俗、习惯和信仰以及个人政治经验等因素也对行政心理的形成有重要作用，它是社会政治文化环境长期作用的产物。但比较起来，行政心理的可变性会比意识形态、政治价值变化得快一些。行政心理因应于具体行政人员的不同显示出趋同的和相异的两种心理状态，从而对公务员履行行政责任产生不同的心理影响。

二、内部控制与外部控制

与行政责任的两种类型相对应，负责任的行政行为也区分为两种控制方式，即内部控制与外部控制。这两种控制观点在行政思想渊源上与弗里德利奇和芬纳间的争论联系在一起。

弗里德利奇认为，现代政府的事务日益繁杂，许多问题的处理无先例可循，上级指示又未必切合实际。因此，在行政过程中，因循守旧、墨守成规已行不通。行政官员在执行公务时，要有新意、富创见，要更多地依靠自己的专业知识和对"公众感受"的个人理解。在各种新环境下，一些传统的制约机制便很难奏效。所以，提倡行政官员的专业精神和专业标准，当是监督行政官员行政行为的主要途径。也就是说，要注重"主观责任感"（subjective responsibility）和"内在的制约"（inner check）。

芬纳对此却有不同看法。他主张通过外部的监督来保证行政官员的操守。他认为，既然政府雇员是大众的公仆，他们在执行公务时就应服从外界（主要指民选官员）的指示，接受外界的监督，而不能自以为是、擅做主张。只有通过民选官员对行政部门的监督和控制，才能确保他们对选民即社会大众负责。换言之，芬纳的着眼点在强调"客观责任感"（objective responsibility）和"外部制约"（external check）。所谓的"主观责任感"就是对自己负责，而"客观责任感"则是就自己的一言一行向自己的上级和上级部门负责。前者讲的是良心，是自我判断；后者讲的是组织图，是上下级关系，是下级服从上级。①

这类不同主张，在今天的行政人员和学者中仍然十分流行。不过需要强调，两人争论的核心不在于对两种控制方式加以对峙性的取舍，而是在将两个方式融合成一个方案的前提下，哪一种方式更加重要的问题。

（一）外部控制：制度化伦理

1. 外部控制的行政伦理特质

外部控制是探讨行政伦理原则、精神和规范如何转化为相应的行政制度形式的问题，实质是行政伦理规范的文献化、法律化和常规化过程。行政伦理制度化的指向是从行政制度本身基本构成方面解决公共行政领域中的伦理道德价值实现问题。库珀把外部控制的形式归结为两种：法律（即所谓的伦理立法）和道德规范。而从具体措施上看，外部控制通常从以下几个层面铺开：针对公共行政人员的普遍的伦理立法；对公共行政人员的道德规范要求；对伦理立法和道德规范实施情况的监督；伦理立法和道德规范运行环境的建设；等等。

芬纳对政府行政角色的认识则建立在民主制政府三个信条的基础上：

首先，公共统治要求政客和公共雇员为公众的需求而工作，而不是为他们所认为的公众的需求而工作。其次，公共统治要求建立起以地方民选组织为中心的社会公共机构。最后，公共统治包括政府反映自己需求的能力和严格服从命令的能力。②

因此，根据这三个信条的含义，行政人员的责任就是服从外部政治控制。政府只有执行完全控制权才能对公众负责。依赖和信仰行政人员的良知或主观道德责任感总会导致权力滥用。所以，没有惩罚性的外部控制，公共机构雇员就难免会出现渎职或者越权等行为。

---

① 见 Carl J. Friedrich. *Public Policy and the Nature of Administrative Responsibility* 以及 Herman Finer. *Administrative Responsibility in Democratic Government*.

② Finer. Administrative Responsibility in Democratic Government. In F. Rourke. *Bureaucratic Power in National Politics*. (2nd ed.). Boston：Little, Brown, 1972. p. 329.

第十一章 行政伦理

正是因为如此,当今世界各主要国家都对行政伦理的制度化予以高度重视:

美国1978年通过的《政府道德法》,适用于总统、副总统、内阁官员、候选人以及国会、十六薪级以上的文职官员和七级以上的军官。其规定十分详细,如超过200美元的演讲费、各类酬金及来源,金额超过250美元的交通、食宿、娱乐、招待费用及来源,非亲友赠送的价值超过100美元的礼物,配偶及未成年子女的财产、红利、租金或资本所得,配偶工作所得超过1000美元的来源等都要上报。公务员如被控有收受贿赂或被控有共谋受贿,就得辞去公职并被法院判罪入狱。这在很大程度上抑制了腐败,保证了公权公用,维护了政府机构的公共权威。

英国早在19世纪就确立了文官制度,并对文官行为规范进行了明确的规定。《荣誉法典》中规定所有的公职人员必须忠于政府,随时为国效劳,并明确规定文官一律不得经商和从事同本专业有关的任何营利活动,也不得参加赌博和各种商业、金融性投机活动。从而为英国称雄世界奠定了较为坚实的权力作用的伦理基石。

日本于1947年和1950年分别颁布《国家公务员法》《地方公务员法》,对公务员的行为规范有详细规定。主要有:所有公务员就职时,都要向录用机关进行服务宣誓,并在宣誓书上郑重签字;自觉遵守政令,忠实地执行上级的命令;专心致志地完成本职工作,不得谋取私利;在职或退职,均不得泄露工作中的机密;克己廉洁,在职时不得兼任商业、工业、金融业等以营利为目的的私营企业公司和其他团体的负责人、顾问等,更不许自办营利企业;举止庄重,不得进行有损公职人员形象和玷污全体官职名誉的任何行为。虽然日本政府系统雇员被披露的腐败案不少,但总体上讲日本维持了较好的行政伦理状态。

《瑞士联邦公务员法》规定,公务员不得利用职权非法索取、接受或让人答允给他本人或给别人各种馈赠或其他好处。法国的《公务员总章程》也规定禁止兼职和涉足营利事务。印度规定,公务员不得进行贪污腐化活动;不得接受与自己有公务交往的私人或工商业者的馈赠和款待;不得接受任何单位(含政府部门)的兼职聘用;除非获得政府批准,不准公务员子女和亲属受雇于与该公务员有个人交往和公务交往的私人商行;对自己的财产变动,公务员须做出令人满意的解释。奥地利规定,有夫妻、亲属关系的公务员不得在同一个单位安排具有管理钱财账目关系的职位,也不得安排在有直接指挥或监督关系的单位里工作。

从发达国家对于行政伦理的制度化规定可以看出，要让一个国家行政权力发挥出社会认同的效用，必须制定明确而系统的制度化伦理规则，刚性的制度化伦理是发达国家保证国家权力公共运用的基础。缺乏刚性的制度保证，伦理规范就会变成软弱无力的道德呼吁，难以贯彻到行政的实施过程之中。

2. 外部控制的利弊

外部控制的优点在于：为公共行政人员的行为确立刚性标准。当公共行政人员对上级的意见持不同看法时，可以对自己的看法做出坚持还是放弃的合理决定；在发生利益冲突时，也可以比较利益的等级以做出选择，避免自己的自由裁量成为一种个人的任意行为。伦理立法还为义务性道德责任的实现奠定基础，它确立道德责任的底线，由制度明确什么是应做的和什么是不应做的。它不能告诉你还应做什么，但起码可以告诉你不应做什么，尤其是不能做出严重的不负责任的行为。外部控制凸显的是行政伦理的底线原则，它是一切公职人员绝对不能突破的伦理界限。

外部控制的优点同时是它的缺点。法制的普遍性必然不能解决特殊问题，只能解决一般问题。库珀转引福里茨·莫尔斯坦·马克斯的论述进行说明："即使行政责任在立法决策中获得了指导，但法律条文和预算案仍不能概括出具体的行政行为途径。法律从来不能处理具体的问题。"因为法律解释本身取决于先前大量判例和解释者自己的知识水平。本意不坏的公共行政人员容易误解法律，想把政府组织雇员的明显违法行为举报出来的人也很可能会对"法律是否适用某一具体情形"不太有把握。[①]伦理立法是对理想性道德责任的放弃，这是道德规范演化来的规章制度所涵盖的范围，而规章制度涵盖了理想性道德责任，就不能对义务性道德责任做出明确界分。

归根到底，法律制度不能自己发挥作用，最终仍然必须依赖人的活动，才能赋予法律制度生命力。法律制度的解释是人为的，法律制度的漏洞也要靠人弥补，更重要的是，法律制度的实施就是一个人的活动过程。因此，单纯外部控制自身的效果比较有限，而这种有限性需要用内部控制来弥补。

---

① ［美］库珀：《行政伦理学：实现行政责任的途径》，张秀琴译，中国人民大学出版社2001年版，第138页。

(二) 内部控制：制度伦理化

1. 内部控制的特质

治理好一个国家，仅依靠法律不行。法律是刚性的、僵硬的，它将社会的主体无数活的灵性、激情、创造力收缩为一，将具有恶习、恶念的人也同样置于硬性规定的条文之下。这注定了基于普遍原则的法律不能有效地运用到千差万别的现实具体事件之中。在人的具体行为和社会生活中，有许多行为不是靠法律可以解决的。法律是人设定的，并约束人去遵循它、执行它，但条件是它要得到人心深处的认可。如人心不接受它，它就可能成为一纸空文。况且代表国家来行使权力的公职人员也是有七情六欲、喜怒哀乐的活生生的人。人的诸多情欲难以用法律统统约束起来。法律也不可能将人的行为动机、行为后果的评价都囊括进来。古人云"无法不足以治天下，而天下非法所能治也"，即是此意。于是，在强调法治基础作用的同时，也必须重视伦理道德的作用，加强对公务人员的道德教育、约束、考核。源自外部力量的法律与源自内部道德支持的交互作用，才足以支撑起良好的行政伦理状况。

"新公共行政运动"中的理论家们强调内部控制的重要性。他们认为勇气、尊重人类价值和正直等等，是公共行政人员最重要的品质。没有基本的对价值的尊重，外部的审查或者其他制约因素就不可能使现代政体中的官僚制权威向人性化方向发展。官僚制权威必须以获得人类尊严为导向，这其中起导向作用的不是制度性控制系统的制约，而是内心的道德敏感性。因为"仅仅依靠外部控制手段，是无法对官僚制度进行长期限制的"。①

自从"新公共行政运动"出现以来，强调内部控制的重要性已在公共行政的基本观点中达成共识。1998年的第二届"米诺布鲁克会议"的主题是纪念"新公共行政"诞生20周年，大会指出价值观和伦理学现已被视为公共行政领域的核心。这与西方国家20个世纪伦理学界掀起的美德伦理运动是联系在一起的。当规则伦理学在西方发达国家发挥整合伦理资源、收摄人心的外部秩序化效用之后，美德伦理的兴起对于人们发现内在秩序力量开始发挥积极作用。正是这一伦理运动的整体趋势，引发了公共行政领域的美德运动。著名行政伦理学家库珀就是这个领域里试图为美德伦理光复地盘的

---

① ［美］库珀：《行政伦理学：实现行政责任的途径》，张秀琴译，中国人民大学出版社2001年版，第145页。

代表人物。内部控制引导的伦理是上限伦理,它需要自控者极强的道德自觉感和行为自控力。

2. 内部控制的利弊

内部控制的优点是双重的:在法律制度缺位、酌情处理事务时它能发挥作用,在法律制度存在的情况下它也能够发挥作用。就前者看,当法律制度缺位时,公共行政人员的内心控制仍起作用,他可以诉诸内心的伦理规则,当我们明白法律制度总是缺乏预见性,是在类似的事情不断发生后才产生对法律制度的需要,而包括行政在内的人类活动总是在不断地向前发展,也总是不断地带来新的法律制度的空白地带时,公共行政人员的内部控制使我们不至于绝望透顶。

就后者看,在法律制度发生作用的领域里,内部控制"有助于产生一个更为负责任的和更具有创新性的官僚制度"。从韦伯的官僚制不一定能产生实现义务性道德责任的官僚制,更不能产生实现积极道德责任的官僚制。一般来说,法律制度所确立的责任,是最低限度的责任,是作为基准而存在的。但这种责任是相对于法律制度的底线而言,即使是依道德规范上升而来的法律制度,也是就特定组织的道德规范而言,而不是相对社会道德的底线而言。

当艾克曼的责任突破了社会道德的底线时,以原有的法律制度作为道德责任的底线立刻变得不合时宜。所以我们说韦伯的官僚制不一定能产生出义务性道德责任的官僚制。积极的道德责任要求公共行政人员超越法律制度对岗位责任的一切限制和规定,使他的岗位责任得到最充分的承担,并在履行岗位责任的过程中,使法律制度的不充分性和不适宜性得到补充和纠正。

内部控制的弊端可用库珀的结论简单描述:在多元化的社会中,很难就公共行政人员应取哪一种价值观的问题达成共识。对强调内部控制重要性的观点最常见的批评之一是:现代社会中的价值观是相对的。内部控制也不完全可靠,如行政人员个体将他的价值观运用于进行具体问题的决策时,我们不能保证他不会以满足自我利益的方式行事,因为价值观是隐秘的。在对抗性的价值观之间,也存在冲突的可能性。[①]

---

① 参见[美]库珀:《行政伦理学:实现行政责任的途径》,张秀琴译,中国人民大学出版社2001年版,第163页。

第十一章 行政伦理

第四节　当代中国行政伦理：
　　　　规范建构与行为约束

我国当代行政伦理规范既有行政伦理的一般特征，又较为充分体现出我们国家的民族性、时代性特征。当代我国行政伦理规范是指执政的中国共产党、国家机构和国家公务员在公共行政领域，在实践立党为公、执政为民，在坚持科学执政、民主执政、依法执政，在履行经济调节、市场监管、社会管理、公共服务等职能的过程中，所形成的一种应然关系。调节这种应然关系的伦理规范，以及执政党、国家机构和国家公务员由于内化伦理规范而形成的伦理品格与规范行为，则显示出我们国家公共机构和公职人员实然的伦理状态。

一、当代中国行政伦理规范的来源

（一）历史渊源

这里主要指古代为官从政者的优秀道德规范，如较为公认的奉法循理、仁民爱物、正己修身、忠言直谏、任人唯贤、居以廉平、为官清正等伦理准则。这些规范被史学家用以臧否人物、褒贬政绩，成为中国古代社会评价官德的普遍标准，并与仁、义、礼、智、信等儒家道德体系的一般规范相结合，成为统治阶段治理国家的思想工具。历史上的优秀官德，往往以"清官""忠臣""良相"等人物形象显示其理想化的面目，在人民群众中具有深远影响。因此，优秀的古代行政道德传统，不论是在道德评价，还是在道德功用及道德影响上，都对现当代的行政道德发挥着积极的作用。

应当指出的是，在新时代中国特色社会主义的条件下，这些积极作用必须经过现代道德观的"扬弃"才可实现。但对我国历史上形成的优秀行政道德传统应予继承和发扬则毫无疑义。对此，习近平总书记明确指出："要继承和弘扬我国人民在长期实践中培育和形成的传统美德，坚持马克思主义道德观，坚持社会主义道德观，在去粗取精、去伪存真的基础上，坚持古为今用、推陈出新，努力实现中华传统美德的创造性转化、创新性发展。"①

---

① 《习近平谈治国理政》，外文出版社2014年版，第160页。

(二) 政治基础

这是当代中国行政伦理的主要来源。当代中国的执政党中国共产党及其领导下的中国社会实践总结概括出可行的行政伦理规范。从其历史线索上分析，包括新民主主义革命以来，每一重大历史时期中各社会领域的重大实践的总结和概括。

如第二次国内革命战争时期，以毛泽东为代表的中国共产党人在革命根据地建设中形成的"三大纪律八项注意""实行军队内的民主主义"，以及反对个人主义和绝对平均主义的思想。又如抗日战争和解放战争时期，以毛泽东、刘少奇、周恩来为代表的中国共产党人，结合中国革命的实践，对共产主义道德的实质和内容、革命功利主义和革命人道主义、道德阶级性和全民性、道德教育与道德修养以及道德遗产的批判继承等方面的论述。再如社会主义建设时期，广泛掀起的向雷锋、焦裕禄、孔繁森等典范人物学习的热潮。

如社会主义改革开放时期，以邓小平为代表的解放思想、勇于开拓、反腐保廉、讲政治和重法治的理论与主张。又如全面建设小康社会，开创中国特色社会主义事业新局面时期，以江泽民为核心的党中央提出的"我们党必须始终代表中国先进生产力的发展要求，代表中国先进文化的前进方向，代表中国最广大人民的根本利益"的重要思想。21 世纪以来，执政党抓住重要战略机遇，努力建成小康社会，坚持以人为本、全面协调可持续发展，提出构建社会主义和谐社会，加快生态文明建设，形成中国特色社会主义事业总体布局，着力保障和改善民生，促进社会公平正义，推动建设和谐世界。

以习近平为核心的中央领导集体，明确指出中国发展出现的崭新特点，强调"我国社会主要矛盾已经转化为人民日益增长的美好生活需要和不平衡不充分发展之间的矛盾"。[1]因此，将国家建设的重点落到民主、法治、公平、正义、安全、环境的建设上来，由此更为自觉地凸显了行政伦理在其中应当发挥的重大作用。

---

[1] 习近平：《决胜全面建成小康社会，夺取新时代中国特色社会主义伟大胜利——在中国共产党第十九次全国代表大会上的报告》，2017 年 10 月 18 日。

（三）现实动力

改革开放30年，是近代以来中国发展最迅速、局面最良好、前景最可观的时期。这一时期，从执政党到政府机构、从政府机构到整个社会，都为中国从传统到现代的转型而努力，既以经济的疾速发展为中国"现代"行政伦理奠定了坚实的物质基础，也以民族精神状况的改善为官德改善和大众德行升华提供了氛围条件，更以国家—社会—市场的积极互动提供了宽松的道德转型环境。因此，变革社会生机勃勃的局面带来了一个从信念伦理到责任伦理、从理想主义到现实主义、从单一伦理到多元规范的全新伦理状态。由这一局面所决定，整个掌握国家权力的领导阶层既积极有为地运用手中的权力谋取公共福利，又逐渐意识到限制权力保证公权公用的必要性与重要性。反腐与保廉双向展开的行政伦理建设，为大致基于内在控制的传统儒家官德转变为法德共治的现代行政伦理提供了强大的现实动力。

社会主义核心价值观即富强、民主、文明、和谐、自由、平等、公正、法治、爱国、敬业、诚信、友善，正构成当代中国建设行政伦理的价值基础。① 在中国站起来、富起来与强起来的历程中，行政伦理的建设越来越具有深厚的现实动力。

二、当代中国行政伦理规范的内容

在我国，近年来相继通过的《中共中央政治局关于改进工作作风、密切联系群众的八项规定》《建立健全惩治和预防腐败体系2013—2017年工作规划》《中国共产党廉洁自律准则》《中国共产党纪律处分条例》等相关规章制度，既有效促进了具有中国特色的党风廉政和反腐败法规制度体系的逐步建立，也从根本上推进了中国建立健全有效的行政伦理体系。制度伦理与美德伦理同时着手，促使当代中国行政伦理迅速实现现代转轨。将两种类型的伦理规范进行统一的归纳，大致可以概括如下：

（一）从私人德性转变为公德主导

对于我国各级国家机关人员，尤其是负有领导职责的工作人员而言，需要将自己手中的权力用来为公众服务。在长期的儒家传统官德思想浸润中，

---

① 参见《习近平谈治国理政》，外文出版社2014年版，第169页。

官员们习以为常地认为，这种谋求大众幸福的为官原则，是基于自己内心的道德自觉。所谓"当官不为民做主，不如回家卖红薯"就是流行的为官准则。但在今天的中国，仅仅基于个人德性修养的为官清廉原则，不足以保持官员和公共机构对于行政伦理规范的谨言慎行。今天中国行政伦理必须建立在公权公用的现代政治基准之上。公德的优先性与主动性远远胜于私德的绝对性与内省性。这是中国行政伦理从传统到现代变迁最为显著的标志。公平正义之作为行政伦理的核心价值就此鲜明地凸显出来。

公务员信守公德至上的准则，一要坚信和实行法治原则，严格将自己的言行约束在宪法之下。"全面贯彻实施宪法，是建设社会主义法治国家的首要任务和基础性工作。宪法是国家的根本法，是治国安邦的总章程，具有最高的法律地位、法律权威、法律效力，具有根本性、全局性、稳定性、长期性。全国各族人民、一切国家机关和武装力量、各政党和各社会团体、各企业事业组织，都必须以宪法为根本的活动准则，并且负有维护宪法尊严、保证宪法实施的职责。任何组织或者个人，都不得有超越宪法和法律的特权。一切违反宪法和法律的行为，都必须予以追究。"[①]

二要对公众负责，秉承为人民服务的宗旨，承担社会责任。"我们要依法保障全体公民享有广泛的权利，保障公民的人身权、财产权、基本政治权利等各项权利不受侵犯，保证公民的经济、文化、社会等各方面权利得到落实，努力维护最广大人民根本利益，保障人民群众对美好生活的向往和追求。"[②]

（二）从为民众服务发展到为公民尽责

在传统范畴里，掌握国家权力的人们总是以自己为大众服务而占据高尚的道德平台。对于今天的国家公务人员而言，不论职位高低或功劳大小，都必须努力实践全心全意为公民服务的行政宗旨。从整体角度看，为公民尽责的原则现实地体现为为人民服务的精神实质。

忠于人民利益，排除个人私利，其内涵主要体现在四个层次上：一是关心人民疾苦，扶鳏助寡，恤孤赡独，广泛联系群众，尤其是工农群众；二是尊重人民权利，甘做人民公仆，认真倾听、搜集、分析、接受和采纳群众意

---

① 习近平：《在首都各界纪念现行宪法公布施行30周年大会上的讲话》，载《人民日报》2012年12月5日。

② 同上。

见；三是注重人民利益，将人民利益摆在首位，不损害人民群众利益，并自觉、主动地尽一切努力为人民群众谋利益；四是维护人民利益，始终不渝地与人民群众站在一起，同一切危害人民利益的人与事做不调和的斗争，甚至不惜献出自己的生命。总之是要坚持群众路线，真诚倾听群众呼声，真实反映群众愿望，真情关心群众疾苦，多为群众办好事、办实事，"坚持以人民为中心"。①

（三）从信念责任转变为职业责任

中国传统的行政伦理规范推崇的责任形态是信念责任。信念责任的特点就是重视道德动机，不问或不重视在某种德性理念促成的实施行为的后果。因此，一个非常高尚的国家权力掌握者常常因为高尚动机驱动下的行为，却对治理对象带来灾难性的后果。

现代责任形态是一种职业责任形态，它需要的不是掌权者的高尚动机，需要的是他们对行为后果承担一切责任。为此，职业责任显示出虽不高尚却很实在的道德特质：一是诚实守信，言行一致，即做老实人，办老实事，讲老实话；二是坚持真理，守正不挠，即重事实，守原则，讲道德；三是解放思想，积极探索，即一切从实际出发，以实践为本；四是勇于改革，善于开拓，恪守必须履行的道德责任。

此外，实事求是的原则还要求反对形式主义、官僚主义，反对弄虚作假。一切基于虚无缥缈的高尚却不切实际的伦理幻想，都必须被杜绝在实操的行政伦理之外。对公务员而言，公权公用不是高尚表现，而是职业要求。

（四）从清廉的理念下落为清正廉洁的实际行为

清正廉洁的实质是公权公用的问题，核心是清除腐败。国家行政人员的清廉有十分重大的意义，在古代社会，清廉大致是一种政治道德理念，实际上实现为官清廉的难度是非常之高的。这是古代制度疏密缺乏保障所必然导致的现象。在现代社会，为官清正廉洁不是官员或公共机构的信念定位，而是权力维持其公信力的基础。缺乏公信力的权力，就难以维持自己的公共权威，无法长期聚集掌握权力必需的社会资源。

在 2015 年 10 月颁布的《中国共产党廉洁自律准则》中有系统的规定，

---

① 习近平：《决胜全面建成小康社会，夺取新时代中国特色社会主义伟大胜利——在中国共产党第十九次全国代表大会上的报告》，人民出版社 2017 年版。

党员及党员干部必须谨守的廉洁自律规范是坚持公私分明，先公后私，克己奉公；坚持崇廉拒腐，清白做人，干净做事；坚持尚俭戒奢，艰苦朴素，勤俭节约；坚持吃苦在前，享受在后，甘于奉献；廉洁从政，自觉保持人民公仆本色；廉洁用权，自觉维护人民根本利益；廉洁修身，自觉提升思想道德境界；廉洁齐家，自觉带头树立良好家风。这正是一个将公私德性高度概括起来的行政伦理规范，对党内党外的公务人员都具有道德约束力。在知行合一的行政伦理实践中，这些廉洁自律规定将会发挥显著提高行政伦理水准的积极作用。

第十二章

行政法治

近代以来,随着法治主义的兴起和行政权力的发展,公共行政与法律的关系日益紧密起来。如何通过法律使行政权力不被滥用,同时促使行政权力有效发挥作用以适应积极行政、服务行政的发展要求,已成为现代公共行政的重要课题。在现代社会,公共行政与法律的结合是维护公民权利和实现公共利益的根本保障,是公共行政走向法治化的重要标志。因此,党的十九大提出的"全面依法治国是中国特色社会主义的本质要求和重要保障",要"坚持法治国家、法治政府、法治社会一体建设","建设法治政府,推进依法行政,严格规范公正文明执法",具有非常重要的意义。

第一节 行政法治概述

一、行政法治的含义

行政法治就是行政组织结构法治、行政职权法治和行政行为法治的总称,具体包括:

(1) 行政组织结构法治。依据《中华人民共和国地方各级人民代表大会和地方各级人民政府组织法》和编制管理的有关要求来管理政府行政机构的设置、职能和职权配置,处理各级政府之间、各政府部门之间的关系。

(2) 行政职权法治。政府职权来源于法,政府的各项职权都是由法律明文规定的,政府自身不能为自己设置任何权限。行政权力是国家公共权力的组成部分,坚持政府职权法治就是要从根本上杜绝国家公共权力部门化、部门权力个人化的做法。

(3) 行政行为法治。就是要坚持依法行政,具体做到:一是行政权的作用不得与法律相抵触;二是行政权没有法律依据,不得使人民负担义务,或分割其权利;三是行政权没有法律依据,不得免除特定人在法律上应尽的义务,或为特定人设定权利;四是法律经各个行政机关自由裁量时,其裁量权的界限仍须受法律限制。一切行政权力的行使都必须根据法律、服从法律、遵守法律。

因此,行政法治的含义主要包括三个要点:行政权力的取得必须由法律设定;行政权力的行使必须依据法律;违法行政必须承担法律责任。将行政权严格置于法律的约束之下,正是依法行政的本质所在。

二、公共行政的法律逻辑

(一)行政权力需要法的约束与规范

行政权力从产生起就具有双重性,是一把"双刃剑",这就产生了如何对其加以约束的问题。将行政权力列入法律裁判范畴,强调法对行政权力的规范和约束,是人类经过长期专制主义统治后做出的理性选择,并已成为判断法治国家是否建立的主要标准。

在现代社会,只有政府严格按照法律行使权力,并为自己的所有违法行为承担责任,真正的法治社会才能形成。这一目标的实现,首先有赖于在宪法上明确划定行政权力与公民权利各自的界限,确立行政权力的运行边界,并把其目的限定于实现公民的权利和自由。

现代行政管理的根本目标,就是更有效地提供公共物品或公共服务,促进公共利益的最大化。如何保障行政管理者不偏离其根本目标、不以权谋私,而致力于促进社会公共利益的实现,这就需要法律加以保障。在现代法治社会中,法律的功能一方面是使行政部门受到严密的控制,体现出有限的特征;另一方面就是保障行政权力的正确运行,使行政部门能够增进社会公共利益,体现出有效的特征。

行政管理走向法治化是现代行政管理方式的重大变革,更是现代行政管理模式的一场深刻革命。建设法治国家,首先要建立法治政府,把行政管理纳入法制化的轨道。法治通过预先制定的规则来划分政府和个人的权利范围,建立决策和解决纠纷的程序。当然,行政管理的法律从属性特征,并不是对一切行政管理行为特征的概括;相反,这只是现代民主体制下行政管理的特征。在专制政体下,公共权力结构是行政权高于立法权和司法权,甚至立法权、司法权同时寓于行政权之中,形成行政专权和专横。在这种专制体制下就不存在行政管理行为对法律的从属性特征。因此，行政管理的法律从属性是现代民主和法治的基本要求，任何行政管理行为都必须有法律根据，都必须根据体现人民意志和利益的法律办事。

西方国家从"自然法"假设出发，提出国家权力归属于人民。马克思主义从社会主义的国家本质出发，提出了国家一切权力属于人民。但权力所有者与权力行使者的脱离，必然要有权力所有者对权力行使者的制约与约束。因此，一切权力属于人民的宪政原则必然导致行政管理的法律从属性。[①] 党的十八大明确提出"全面推进依法治国""法治是治国理政的基本方式""推进依法行政"，充分表明了行政管理需要法的规范和约束。

（二）公共行政研究的法律途径

1. 公共行政的研究途径

从历史的观点来分析，公共行政存在着三种主要的研究途径，即管理途径、政治途径和法律途径。管理途径又称为 B 途径或商业途径（the business approach），它秉承管理学和经济学的传统，主要从组织结构和功能、程序、技术方法以及效率和产出的角度来理解行政管理，强调工具理性；政治途径又称为 P 途径或政策途径（the policy approach），它秉承政治学和法学的传统，关注民主、社会公平等价值，强调公共权力的制约和限制；法律途径将公共行政视为法律在具体环境中的应用和实施，赋予了公共行政法治和裁决的主题。

2. 公共行政法律途径的兴起

公共行政法律途径的兴起主要是由于：

（1）宪法和行政法对行政管理调节和规范的力度不断加大。宪法和行政法确立了公共权力，特别是政府行政权力的边界，把政府行为的合法性建立在保护公共利益的基础上。

（2）司法机制对行政管理的裁判作用越来越明显，以致出现了"公共行政司法化"的趋势，即将行政运作程序视为与司法程序一样，目的在于确保个人合法权益不受侵犯。

（3）现代行政改革的一个重要特点，就是"政府从权威的源泉和法律

---

① 参见蔡立辉《政府法制论——转轨时期中国政府法制建设研究》，中国社会科学出版社2002年版，第145页。

权威的享有者转变为市场合同的缔结者"。换言之，过去属于私法调整范畴的工具，如合同制、民营化和公司化等，在公共部门改革中发挥着日渐重要的作用，这也促使人们更深入地探索行政管理与法律之间的关系。

3. 公共行政法律途径的基本理念

公共行政法律途径强调法治，重视对个体权利的保护。正如英国学者 H. 韦德所揭示的，"法治"的主要目的"就是控制政府的权力不超出它们的法律规范，以此来保护公民不因权力滥用而受到侵害"。[1] 公共行政法律途径包含的基本理念有：维护公众的基本权利，个人应享有的实质权利和法律的平等保护；正当法律程序；建立畅通、有效的救济渠道，包括建立司法审查制度、撤销制度、违宪审查制度、权力制约与监督制度、律师制度等。[2]

由此，我们可以把公共行政法律途径的基本理念概括为：法律至上、善法之治、自然公正、平等适用、制约权力、权利本位、正当程序。具体地说就是：在法律与国家、政府之间，运用法律约束国家、政府的权力；在法律与公民之间，运用法律合理地分配利益；在法律与社会之间，运用法律确保社会公共秩序和公共利益不受权力和权利的侵犯。其核心的理念是运用法律约束国家、政府的权力。

4. 公共行政法律途径的主要内容

公共行政法律途径主要包含以下五方面的内容：

（1）强调宪法层面的公正、程序、权利和平等价值。

（2）把公共部门视为一种能够通过公正的抗辩程序来解决争端的结构形式。

（3）注重建立明确的行政管理行为准则和监督机制。

（4）把公共行政的对象看作完整和独立的个体，关心个人宪法权利和法律权利的保障。

（5）重视公共行政结果的合理性，不仅要求公共行政行为的主体和程序合法，还要求有利于保护行政相对人的合法权益和提高效率。

---

[1] ［英］H. 韦德：《行政法》，1982 年英文版，徐炳译，中国大百科全书出版社 1997 年版，第 38 页。

[2] 参见［美］戴维·H. 罗森布鲁姆、罗伯特·S. 克拉夫丘克《公共行政学：管理、政治和法律的途径》（第五版），张成福校译，中国人民大学出版社 2002 年版，第 37 页。

三、西方国家法治行政的历史演进

法治行政是资产阶级宪政运动的产物。在资产阶级革命胜利以后,法治成为人类目前所能认识到的一种治国方法,没有行政法治则不会有法治国家的存在。西方国家法治行政的基本要义、基本精神体现在法律制度和具体的法律规范之中,体现和贯彻实施于公共行政活动之中且历时变迁。在自由资本主义时期,与反对国家干预的自由主义的统治方法和议会至上的资本主义政治制度相适应,法治行政的基本要义是:

(1) 行政权的作用不得与法律相抵触;

(2) 行政权没有法律依据,不得使人民负担义务,或分割其权力;

(3) 行政权没有法律依据,不得免除特定人在法律上应尽的义务,或为特定人设定权利;

(4) 法律经各个行政机关自由裁量时,其裁量权的界限仍须受法律限制。

一切行政权力的行使都必须根据法律,服从法律,遵守法律。这反映了自由资本主义时期"无法律即无行政"的法治行政现实,也是"政府法治主义"的充分体现。[①]

因此,我们说自由资本主义时期的法治行政是"指政府行政机关及其工作人员,在组织、职权以及公共行政活动的原则、制度、程序、方式等各个方面,都由宪法、法律加以规定,政府行政机关严格依照规定设置机构、划分职权、配备人员,依法组织与管理国家和社会公共事务,以及政府行政组织内部事务"。[②]

随着资本主义自由经济的发展,资本主义所固有的矛盾日益激化,并已开始危及资本主义的统治。自由竞争的极端化制造了可以摧毁自由竞争制度本身的社会矛盾和冲突。客观上需要一个超脱于所有竞争主体来扼制垄断的协调执行官,需要一个维持基本社会公正而免于社会崩溃的社会产品分配

---

① 自由资本主义时期,自由主义的统治方法以及"管事最少的政府就是最好的政府"的观念,使政府的一切活动均应严格置于制定法之下,国民议会所制定的法律只就政府行政的一些而并非所有的事项进行规定。这样,实行"法治"的结果,就是政府的权力及其活动被限制在比较狭窄的范围内,政府职能仅限于维护公共安全和基本秩序、消除社会危险等方面。这就是"政府法治主义"的全部内涵。

② 蔡立辉:《中西方法治理念下的政府公共行政比较研究》,载《人文杂志》2002年第1期。

者。生产高度社会化和科技进步成为经济发展的第一动力，又需要一个执行共同社会事务的组织者。正如日本社会学家真田足教授所说："国家在经济领域的出场是垄断资本主义的资本积累和集中，比资本主义积累一般规律速度要快、规模更大、竞争更剧烈，从而越发增强了资本增值的冲动，为此就必然要动员一切方法和手段，其中最有利的是实现对国家的动员。"①

因此，从维护资本主义生产关系的需要出发，垄断资产阶级不得不采用对社会经济事务的积极干预主义，充分运用和强化政府的政治统治职能。在经济领域，过去那种依靠"无形的手"来调节社会经济发展的做法已远远不够了。这一时期，生产资料和社会财富集中到了少数垄断资本手中，垄断代替了自由竞争。

垄断资本和国家政权紧密结合在一起，政府的经济职能和社会服务职能均扩大和加强了。例如政府通过行政手段和法律手段来保证市场秩序的维持，通过预算和高额税收、发行公债等办法承担起某些社会公共事务。在收入再分配领域内采取一系列福利措施等，以维护社会经济的发展和政治稳定。政府行政权力正是在这种背景下日益强化。政府的职能急剧扩张，政府涉足的领域急剧扩大，政府干预社会公共事务的程度也急剧加深。这就使政府公共行政的权限范围以及公共行政活动所依之法发生了变化，法治行政的要义改变为：

（1）凡规定有关人民自由、财产权的法规，应受法律的支配；

（2）以法律指导行政，行政行为与法律相抵触时，不产生效力；

（3）行政活动虽非必须全部从属于法律，但基本权力的限制非以法律制定不可。

垄断阶级面对尖锐的矛盾冲突，既要求授予政府广泛的委任立法权和自由裁量权，同时又要在根本上坚持资产阶级的民主宪政原则，对政府行使委任立法权和自由裁量权加以控制。因此，法治行政原则就包括了既要强调行政权威，授予政府必要的行政权力，以应付日趋复杂的社会关系和各种利益冲突，又强调控制政府，防止政府滥用行政权力的双重要义。正如列宁所说："资产阶级从一种方法转而采用另一种方法，并不是由于个别人的恶意，也不是由于什么偶然的原因，而是由于它本身地位的根本矛盾性。正常的资本主义社会要顺利发展下去，就不能没有稳固的代议制，就不能不使人

---

① 转引自王惠岩《政治学概论》，高等教育出版社1999年版，第114页。

民有相当的政治权利。"①

适应社会条件的发展变化，垄断资本主义法治行政原则的要义发生了变化。垄断资本主义条件下的法治行政原则，又反过来使垄断资本主义政府行政管理体制发生了变化。削弱议会权力，扩大行政权力，把政府变为集中主要权力的"万能政府"，政府的官僚机构和军事机构不断扩大，并且具有使权力过分集中到政府首脑一人身上的发展趋势。

由此可见，从自由资本主义时期发展到垄断资本主义时期，随着社会条件的变化，资产阶级法治行政的原则，在含义上和应用上也发生了变化。政府不再以议会制定的法律为行政权力的唯一依据。政府可以依照职权在法定的范围内活动，并按照法定程序行使权力。法治行政所依之法，已由议会制定的成文法律扩展到政府行政机关根据议会或法律授权而制定的规章。这种变化表明：

一方面，法治行政作为公共行政的核心原则，依然强调凡行政应本于法，基于法律的规定而活动的法治原则。行政权限的扩大，并不等于可以说"法治行政"的原则不要了。行政权日益膨胀，仍然要以法治加以适度控制，仍然强调保护公民的合法权益，反对政府行政机关滥用权力，仍然要体现法治原则和国民主权。

另一方面，行政固然应该依据法律从事，但不能说"无法律即无行政"，而是要"合法及适法行政"，即由根据法律行政变为法律支配下的行政。行政权的目的也不再限于对社会的管理控制，而是要主动地为公众谋福利，对社会公众的关怀"从摇篮到坟墓"，由"最好政府，最少管理"进而发展到"最好政府，最多服务"的"服务行政"。这样，"法治行政"就不能只是恪守现行的法律。

法治行政原则的这种发展变化，对保证行政机关有效地行使职权，为社会提供更多的服务起到了非常积极的作用。但是政府行政权力的日趋强化，使"三权分立"的传统观念逐渐被打破，国家公共权力日趋向政府行政部门倾斜，政府除了享有行政权外，还拥有委任立法权和司法权。这无疑是对资产阶级议会至上的政治制度和民主宪政原则的极大威胁。资本主义一步一步走上国家资本主义或资本垄断之路，它的政治将不可避免地要极权化、官

---

① 《列宁全集》第23卷，人民出版社1985年版，第34页。

僚主义化。①

这种极权化、官僚主义化形成了政府垄断，从而导致了公共行政的低效率，带来了巨额的政府财政支出与赤字，从而导致了政府干预的高额成本。针对这种社会现实，自20世纪70年代以来，西方国家掀起了政府改革运动。改革所采取的措施就是调整民主宪政对公共权力的限制与制约，使其在形式上不再局限于刻板的法律条文对公共权力的限制，而是寓市场竞争机制于行政管理之中，强化公共部门的责任和"服务意识"；变过去的过程控制和单纯的规则控制为绩效控制、结果控制。这既适应了当今社会发展的要求，充分调动了政府公共部门及其公务人员的主动性、积极性，又保证了对行政权力的制约。

第二节 行政立法

行政立法是市场经济体制下政府发挥其职能作用、有效行使行政权的一种形式。如何使行政立法正确地反映市场经济的发展要求，并能为市场经济的发展营造良好的法制环境，维护国家法制的统一，即是从行政立法的过程和内容而说的。有效发挥行政立法作用的前提，就是合理配置与划分立法权限，实行行政立法法治。

一、行政立法的含义

（一）行政立法的概念

行政立法，就是指政府行政机关为了执行宪法和法律，依据宪法、法律规定的权限和程序，制定有关公共行政事务或与公共行政活动有关的事务的、具有一定法律效力的规范性文件的活动。这些规范性文件包括国务院制定和颁布的行政法规，国务院所属各部门制定、颁布的部门规章和地方人民政府制定、颁布的地方政府规章。它们都是政府行使立法权的结果，属于广义上法律规范的范畴，是我国法的具体表现形式。

---

① 参见蔡立辉《政府法制论——转轨时期中国政府法制建设研究》，中国社会科学出版社2002年版，第158~162页。

（二）行政立法的实践及其发展

从世界范围来看，行政立法制度的产生和发展是近代以来政府职能发生巨变的产物。随着政府社会经济职能的加强，各国政府享有日益增大的立法权，政府立法在国家立法体系中的地位日益重要，普遍呈现了扩张的趋势。

自由资本主义时期奉行的是自由主义的统治方法，国家采取消极的不干预主义。"看不见的手"理论是自由放任的古典市场经济的奠基石。在这一时期，政府是消极的和充当"守夜人"的角色，政府权力及其活动被限制在比较狭窄的范围内，诸如公共需求的满足、公共产品的供应、公共资源的配置以及公共福利的增进等。

正如亚当·斯密在其《富国论》一书中所说，政府的权力与活动范围应体现在：一是"保护本国社会的安全，使之不受其他独立社会的暴行与侵略。而此种义务的完成，又只有借助于兵力"；二是"尽可能保护社会上各个人，使不受社会上任何其他人的侵害或压迫，这就是说，要设立严正的司法"；三是"建立并维护某些公共机关和公共工程"。① 至于立法权，则专属于国民议会。

但随着资本主义自由经济的发展，资本主义所固有的矛盾日益激化，社会关系和各种利益冲突日趋复杂，市场所表现的局限性日加明显，自由放任所带来的垄断、通货膨胀、失业、经济危机等社会问题日益增多。这些问题开始危及资本主义的统治。面对这种社会现状，那种"管事最少的政府就是最好的政府"的旧观念，以及根据这种观念所实行的控制政府权力及活动范围的法制也已经不适应垄断资本主义的发展需要，完全靠市场自发作用进行调节的自由主义的统治方法日益显示其难以解决根本的社会、经济问题的弊端。

为了维护资本主义的生产关系，资产阶级政府不得不从全局着眼，采取对社会经济事务的积极干预主义。自由资本主义向垄断资本主义的迈进，使资产阶级政府权力日益强化。其突出的表现就是政府委任立法的出现。以美国政府为例，如表 12-1 所反映的：在近 210 年中，美国政府每 10 年所制定、颁布的法规数量呈急剧扩张的趋势。②

---

① ［英］亚当·斯密《国富论》（下），郭大力、王亚南译，商务印书馆 1982 年版，第 252～284 页。

② 资料来源：世界银行《1986 年世界发展报告》《1994 年世界发展报告》。

表 12-1　1760—1979 年美国政府委任立法情况

年代	新颁法规数	年代	新颁法规数
1760—1769	4	1870—1879	10
1770—1779	16	1880—1889	10
1780—1789	8	1890—1899	14
1790—1799	7	1900—1909	14
1800—1809	10	1910—1919	57
1810—1819	7	1920—1929	31
1820—1829	6	1930—1939	48
1830—1839	9	1940—1949	80
1840—1849	5	1950—1959	41
1850—1859	5	1960—1969	73
1860—1869	18	1970—1979	125

很显然，西方资产阶级国家是把政府权力扩张作为解决其所固有的社会矛盾、维护资本主义生产关系的途径和手段。随着政府行政权的急速扩张，行政立法逐渐成为执行法律、推行政务的重要手段，传统的严格意义上的"三权分立"已难以维持。

美国行政法学者 B. 施瓦茨进而主张："由于当代复杂社会的需要，行政法需要拥有立法职能和司法职能的行政机关，为了有效地管理经济，三权分立的传统必须放弃。"① 对行政立法的作用与功能的认识，使西方资产阶级国家采取了现实主义的态度：一方面，承认当代复杂社会的行政"需拥有立法职能的行政机关"；另一方面，又极力主张迅速制定行政程序法律规范，谋求规范行政立法及其他行政活动的途径。

行政立法的发展，是社会发展的趋势。我国强调、重视、倡导政府行政立法和确立多级立法体制，也是这种发展趋势的体现，并在改革开放和经济发展中起到了重要作用。只不过促使我国政府行政立法的驱动力与西方资产

---

① ［美］伯纳德·施瓦茨：《行政法》，徐炳等译，群众出版社 1986 年版，第 6 页。

阶级国家的不同。我国行政立法是组织和管理社会主义政治、经济和文化建设职能的重要组成部分，也是加强和完善社会主义法制、进一步加强政权建设、改革行政体制、理顺各级政府部门之间关系的需要。

由于我国缺乏法制的传统，法制极不完备，因此通常或通过国家权力机关的授权，或政府在组织和管理国家、社会各项事务的过程中依其职权，对行政事务或与行政有关的事务先以政府行政立法的形式确定下来进行试点，等到条件成熟之后，再上升为国家法律。例如，1999年10月1日起施行的《中华人民共和国行政复议法》就是在1990年12月24日国务院发布、1994年10月9日国务院修订发布的《行政复议条例》的基础上，经过长达九年之久的试验而发展成为国家基本法律的。

正是从这个角度上来说，政府行政立法成为了具有我国特色的、完善法制的一条重要途径。政府行政机关制定和颁布的各种行政法规、行政规章，与其他法律、法规一起，共同构成了我国以宪法为核心的社会主义法律体系的基本框架。

（三）我国行政立法的类型

在实践上，我国的政府行政立法包括了职权立法和授权立法两个方面。

1. 职权立法

职权立法是指政府行政机关依据管理国家和社会各项事务的职权所进行的立法。这种职权立法是国家宪法、法律的具体化，它本身不能创设实体上的权利与义务。重大的程序，包括行政程序和行政诉讼程序，都必须由法律规定，政府行政机关只能根据法律所创设的程序规范做出补充性和具体化的规定。因此，政府职权立法要根据宪法和法律制定，是一种执行性的立法活动。这种职权立法必须以政府行政机关的职权范围为限，不能超越。

2. 授权立法

授权立法是指政府行政机关根据法律的授权，或者根据国家权力机关专门决议的授权，就自己职权范围以外的事项制定规范性文件，它包括国务院的授权立法、国务院所属各部委的授权立法以及地方人民政府的授权立法。实践中，有人把下级行政机关根据上级行政机关的授权所制定的规范性文件，也包括在授权立法的范围之内。

在我国，授权立法是在改革开放之后的1981年才出现的，这更进一步地表明了我国行政立法是经济发展和完善法制的需要。1982年的宪法根据经济体制改革和我国社会发展的客观需要，对国务院制定行政法规的立法职权做了明确规定。在此基础上，国家最高权力机关对国务院进行了三次特别授权，成为政府行政机关根据国家权力机关的专门决议进行授权立法的典型，创立了我国授权立法的第一种方式。

随着社会主义市场经济体制在我国的逐步确立和发展，实践中，国家权力机关以专门决议的形式对地方人民政府的立法授权也日益增多。例如全国人大常委会对深圳市、厦门市、珠海市、汕头市人民政府授权制定地方人民政府规章。由此也表明，地方人民政府，即使是非省级人民政府，也可能成为国家最高权力机关授权立法的对象，但对这类授权立法的条件必须加以限制。

我国授权立法的另一种方式就是根据法律、法规的授权，具体包括：根据国家法律授权立法；根据国务院制定、颁布的行政法规授权立法；根据国务院部门规章授权立法；根据地方政府规章授权立法；等等。

行政授权立法对于弥补我国立法数量不足的缺陷，使社会关系能够及时得到法律规范的调整，做到有法可依，对于国家权力机关摆脱繁重的立法任务的困境，做到重大原则由权力机关立法解决，次要问题由授权立法解决，对于细化法律、法规的原则规定，有效保障法律、法规的贯彻实施，都起到了积极的作用，并且还为国家权力机关日后的立法积累了经验，提供了条件。

二、行政立法的权力配置

（一）立法权

国家制定法律规范的目的在于规范行为、调整社会关系。因此，由于社会关系性质的不同、社会关系的重要性、主次、根本性与非根本性的不同及其范围大小的不同，就必然要有效力大小不同的法律规范来调整。效力大小不同的法律规范是由不同的国家机关制定、认可的，每一个国家机关在国家机构体系中所处的地位和所起的作用的不同，就决定了每一种形式的法律规范在国家法律体系中的效力等级和效力大小范围。

据此，我们认为立法权是立法主体依法行使的制定、认可、解释、补充、修改或废止规范性文件的权力，表现为调整各类社会关系的综合性权力体系。关于立法权限，现行宪法确立了我国立法体制的框架：全国人大及其常委会行使国家立法权，制定法律；国务院根据宪法和法律制定行政法规；

省级人大及其常委会在不与宪法、法律、行政法规相抵触的前提下制定地方性法规；民族自治地方的人大有权制定自治条例和单行条例，分别报上级人大常委会批准；国务院部委可以根据法律、行政法规制定规章。

《中华人民共和国地方各级人民代表大会和地方各级人民政府组织法》规定，省、自治区人民政府所在地的市和经国务院批准的较大的市人大及其常委会根据本市的具体情况和实际需要，在不与宪法、法律、行政法规和本省、自治区的地方性法规相抵触的前提下，可以制定地方性法规，报省、自治区人大常委会批准后施行；省、自治区、直辖市人民政府以及省、自治区人民政府所在地的市和经国务院批准的较大的市的人民政府，可以根据法律、行政法规和本省、自治区、直辖市的地方性法规制定规章。

《中华人民共和国立法法》对以往宪法、法律中"较大的市"用法律条文的形式明确做了规定，使"较大的市"这一概念在原有省、自治区的人民政府所在地的市和经国务院批准的较大的市的基础上，把经济特区所在地的市也列为较大的市，从而使我国享有立法权的主体进一步明确。此外，全国人大及其常委会两次授权国务院制定暂行的规定或者条例，全国人大还先后五次特别授权地方立法。宪法和有关法律、决定规定的这个一元多层次的立法体制，经实践证明是可行的。

从对立法权的概念阐释中，我们可以得到对我国实践具有重大指导价值的两点启示：

1. **立法权是一种综合性的权力体系，而不是单一的权力结构**

关于这一点，我们可以从如下几方面来说明：

第一，立法权有国家立法权和地方立法权之分，这表明了立法权的级别和层次。在联邦制国家，相对于构成联邦的各成员国或州（邦）来说，联邦立法权就是国家立法权，相对于联邦来说，各成员国或州（邦）的立法权即为地方立法权。在单一制国家，中央立法权就是国家立法权，地方各行政区划的立法权就是地方立法权。

第二，立法权有议会立法权或国家权力机关立法权与政府立法权之分，这表明了立法权的类别。

第三，立法权既包括制定、认可、修改、补充和废止规范性文件的权力，也包括提出立法议案权、审议权、表决权、公布或批准权、否决权。这表明了立法权的实现过程或权力的具体内容。

第四，立法权有制定宪法权、制定法律权、制定法规和其他规范性文件的权力之分。这表明了立法权的表现形式或表现结果。立法权的级别、层次不同、立法权的类别不同，也必然使立法权的表现形式或表现结果不同，由此构成了规范性文件的效力等级。

第五，立法权有完整的立法权，也有单项立法权；有独立的立法权，也有不具独立性或不完全具有独立性的立法权。这表明了立法权的结构或特点。

由此可以看出，立法权是一个综合性的权力体系，而不是单一的权力结构，是法理学上法的形式理论的反映和体现。这是我们研究和认定立法权限划分的基础。只有正确地理解和把握了立法权所表现的上述五个方面的综合性特点，在实践中才会对立法权限做出合理的划分。否则，从立法权是单一的权力结构的认识出发，必然导致只注意某机关有无立法权，仅在有无这两者中做非此即彼的选择，而不注意研究这个机关有哪些立法权，没有这个此项立法权是否还有另外的立法权。也必然导致当人们肯定某机关享有立法权时，往往认为这个机关享有全面的立法权，从而抹杀了这个机关应有的立法权限范围；当人们否定某机关享有立法权时，往往是用他们所肯定的享有全面立法权的机关所行使的立法权标准来衡量，认为该机关不能行使人大或议会所行使的立法权，就不算享有立法权，从而又抹杀了该机关应享有和行使的立法权。

立法权作为综合性的权力体系，不是也不可能是由一个机关来行使，而总是由诸多立法主体来分担行使。不能把一种立法权认作是整个立法权，也不能把一种立法主体认作是行使全部立法权的主体。实践中，那种讲到立法权就只想到议会或最高国家权力机关立法权的情况，以及那种把议会或最高国家权力机关的立法权认作是唯一立法权的思想，就是这种错误观念最典型的表现。正如一切权力都应当是有限的一样，我们在承认和理解立法权是一种综合性的权力体系的同时，也应该明确不同主体的立法权限。

立法权限就是指一个国家中现行全部有关需要由立法加以调整和控制的事项的权力范围。最根本的权限范围就是国家权力机关与政府行政机关之间、中央与地方之间（包括最高国家权力机关与地方国家权力机关之间、国务院及其所属部门与地方人民政府之间）、国务院与其所属各部委之间、地方各级国家权力机关之间、地方各级人民政府之间、地方国家权力机关与地方人民政府之间的立法权限，明确享有立法权的最基层的国家权力机关和地方人民政府，从而使立法权严格限制在各自的范围内，不得越权立法。

使立法权严格限制在各自的范围内，不越权立法，具体就要求有权立法的主体做到：

（1）在自己享有的特定级别或层次的立法权范围内进行立法活动。只享有地方立法权的主体，就不能行使国家立法权，不得对国家专属立法权事项做出规定。

（2）在自己享有的特定种类的立法权范围内进行立法活动。例如，享有政府立法权的主体，就不能行使议会或国家权力机关的立法权。

（3）根据自己有权采取的特定法的形式进行立法活动。例如，只能制定行政法规和规章的主体，就不能制定国家法律。

（4）根据自己所行使的立法权的完整性、独立性进行立法活动。例如，只能就制定某种法享有与行使提案权的主体，便不能就制定该种法行使审议权、表决权和公布权；只能在特定主体授权条件下才能制定某种法的主体，便不能未经授权就制定该种法；所制定的法须经特定主体批准才能生效的，便不能不经批准就独自宣布该法生效。

（5）根据自己的职权所能调整和应当调整的事项进行立法活动。例如，只能就一般事项享有立法的主体，便不能就重大事项立法；只能就某些事项立法的主体，便不能就其他事项立法；应当就一定事项立法的主体，便不能不就这些事项立法。

深刻理解和认识这一点，对于坚持法制的统一性，对于社会主义市场经济的建立和发展具有十分重大的意义。因为享有立法权的各个主体，如果立法权不受限制，或划分不明确，就必然会越权立法，出现各立法主体从各自的利益出发，造成立法相互矛盾、抵触等情形，甚至争相立法，用立法的"合理"形式来巩固、保护自己的既得利益，用立法的形式来过度干预市场，从而必然导致法制的不统一。法制的不统一，必然会妨害统一市场的形成和发展。因此，理解和承认立法权是一种综合性的权力体系，是进行立法权力配置的前提和基础，也是对享有立法权主体的立法权限进行划分与限制的前提。

2. 立法主体的确定问题，是立法权的归属与行使的问题

关于立法权的归属问题，西方资产阶级政治思想家从"主权在民"的宪政原则出发，认为立法权应属于人民。如洛克认为立法权属于人民，但属于人民的立法权必须设定立法机关代为行使，立法机关必须秉承人民意愿行使立法权，否则人民有权变更立法机关直至起来革命。"立法机关不能把制定法律的权力转让给任何他人。因为既然它只是得自人民的一种委托权力，享有这种权力的人就不能把它让给他人。只有人民才能通过组成立法机关和指定由谁来行使立法权，选定国家的形式"。"立法机关不应该也不能够把

制定法律的权力让给任何其他人,或把它放在不是人民所要求的其他任何地方"。① 卢梭也认为立法权应属于人民,并认为这一权力是不可转让的。

在我国代议制民主条件下,立法权由国家权力机关和国家行政机关共同来行使。承认政府行政机关的行政职权,也就应该承认由宪法、组织法和立法法所确定的政府行政立法权,行政机关的行政权和行政立法权都是它作为执行机关为完成"执行"使命服务的。但是,国家权力机关和国家行政机关并不是"平分秋色"似地共同行使国家立法权,行政机关的立法权与国家权力机关的立法权,也并不是同一层次和同一类别的权力。行政机关的国家机关性质决定了其所享有的立法权具有从属性,立法活动也是执行性的立法活动。这种从属性和执行性立法特征,不仅表明了它的立法地位和性质,同时还表明了它的立法权限。

(二) 国家权力机关与政府行政机关立法权力配置

所谓国家权力机关与政府行政机关立法的权力配置,是指全国人民代表大会及其常务委员会与国务院及其所属各部委之间,省级人民代表大会及其常委会与同级人民政府之间,省、自治区政府所在地市、经国务院批准的较大的市的人民代表大会及其常委会与同级市人民政府之间立法的权力配置。

1. 国家权力机关与政府行政机关之间立法权力配置的依据

在我国,对国家权力机关与政府行政机关之间立法的权力进行配置,主要依据的是我国现行法律规定。这里所说的现行法律规定,主要是指宪法、立法法、组织法以及全国人民代表大会及其常委会专门授权的决议。

2. 国家权力机关与政府行政机关之间立法权力配置的具体内容

结合以上所述的现行法律,我们从有利于社会主义市场经济体制的建立和发展的目的出发,从应然的角度,对国家权力机关与政府行政机关之间,立法权力配置的具体内容做如下界定:

(1) 国家专属立法权的配置及其行使。

确定国家专属立法权,既不能过窄,但也不能过宽。因为过窄不利于维护国家的统一、法制的统一,也不利于加快国内统一市场的建设和经济的发展;过宽则有可能扼杀地方的积极性,同样阻碍经济的发展,阻碍法制建设

---

① [英] 约翰·洛克:《政府论》(下),叶启芳、瞿菊农译,商务印书馆 1983 年版,第 88~89 页。

的进程。因此，凡是涉及维护国家的统一以及维护公民的基本权利所必须绝对统一的事项，都应该是国家专属立法权的范围。国家专属立法权所涉及的事项，在法律形式上，只能制定为法律。

为此，根据《中华人民共和国立法法》第八条的规定，国家专属立法权所涉及的事项范围包括：涉及国家主权的事项；涉及对公民政治权利的剥夺、限制人身自由权利的强制措施和处罚的事项；涉及国家和国家机构的一些基本制度方面的事项；涉及民事基本制度的事项；涉及有关国家的基本经济制度方面的事项；涉及民族区域自治制度、特别行政区制度、基层群众自治制度的事项；涉及犯罪与刑罚方面的事项；涉及对非国有财产的征收方面的事项；涉及诉讼和仲裁制度方面的事项；涉及必须由全国人民代表大会及其常务委员会制定法律的其他事项。

国家专属立法权由全国人大及其常委会行使。属于国家专属立法权的事项，应由全国人大及其常委会用法律的形式加以规定。全国人大及其常委会也可根据有关授权的法律规定，授权国务院及地方权力机关、地方人民政府就国家专属立法权的事项制定行政法规、地方性法规和地方政府规章。

（2）国务院立法权力的配置及其行使。

《宪法》第八十九条规定，国务院根据宪法和法律，规定行政措施，制定行政法规。《中华人民共和国立法法》第五十六条规定："国务院根据宪法和法律，制定行政法规。"根据我国宪法、法律的规定，国务院制定的行政法规在效力上仅次于宪法和法律。行政法规具体规定和调整的事项范围包括：为执行法律的规定需要制定行政法规的事项；《宪法》第八十九条规定的国务院行政职权的事项。

"根据宪法和法律，制定行政法规"，这是我国宪法和立法法对国务院行政法规制定权的原则规定。关键是如何理解"根据宪法和法律，制定行政法规"。"职权说"认为，国务院除了根据宪法和法律制定行政法规外，在不同宪法和法律相抵触的前提下，在法律赋予的职权范围以内，根据实际需要，也可以制定行政法规。"依据说"认为，国务院制定行政法规应当遵守宪法和法律对制定行政法规的要求，国务院制定行政法规应有直接的"根据"，即具体的授权。

"职权说"扩大了国务院制定行政法规的权力和可以制定为行政法规的事项范围，具有"过宽"的缺陷。事实上，承认国务院在其职权范围内，根据其管理的实际权限范围内的事项，制定行政法规，也就是承认在宪法和法律尚无任何规定的条件下，国务院也可以将职权范围内的事项制定为行政法规。因此，国务院根据其管理的事项制定行政法规，难免会出现同宪法和法律相抵触的情形。这就是说，"职权说"中对国务院制定行政法规给定的"不同宪法和法律相抵触"的限制条件并无实际意义。"职权说"运用"权利推定说"，来理解宪法和法律对国务院行政法规制定权的原则规定，必然导致国务院行政立法违反国务院的国家机关性质和职权性质，导致国务院行政立法侵权。因为国务院是国家执行机关，不是国家立法机关，国务院的职权是依法享有的对国家、社会公共事务和政府行政机关内部事务管理权，而主要不是创制行为规范的权力。因此，以这种"权利推定说"来论证国务院依职权立法，必然影响或导致取代国家权力机关立法，形成多头立法、立法无序的状况，不利于发挥各国家机关的职能，维护法制的统一。

"根据说"缩小了国务院制定行政法规的权力，具有"过窄"的缺陷。因为"根据说"所主张的国务院行政立法，实际上只是一种"授权立法"，没有明确的授权，国务院就不能制定行政法规。这种"根据说"否定了国务院依职权在管理国家、社会公共事务及其内部事务过程中，在没有授权的条件下，但根据需要，又不得不制定更为详细、具体操作性更强的行政法规来执行国家宪法和法律的情形。因为，即使是法治原则，也并不排斥合理的和必要的政府自由裁量权。

（3）国务院所属各部、各委员会的立法权限。

宪法、立法法和国务院组织法规定，国务院所属各部、委员会、中国人民银行、审计署和具有行政职能的直属机构，可以根据法律和国务院的行政法规、决定、命令，在本部门的权限范围内制定规章。因此，国务院所属各部、各委员会的立法权限包括：法律或者国务院的行政法规、决定、命令规定由有关部、委员会做出规定的事项；为执行法律或者国务院的行政法规、决定、命令的规定需要制定规章的事项。

（三）中央与地方政府行政立法权力配置

对于中央和地方人民政府行政立法权力的配置问题，我国宪法、立法法、组织法和全国人大及其常委会的特别授权决议都有规定。这些规定形成了我国政府系统内部以国务院、国务院所属各部门和县级以上地方人民政府为主体的三级行政立法体制，与此相对应，也形成了行政法规、部门规章、地方政府规章三种规范性文件的效力等级，见表12-2。

表12-2 行政立法一览表

法规名称	制定机关	立法依据
行政法规	国务院	宪法、法律
部门法规	国务院所属各部委	法律、行政法规
地方政府规章	(1) 省、自治区、直辖市人民政府 (2) 省、自治区人民政府所在地与经济特区所在地的市人民政府和国务院批准的较大市人民政府	法律，行政法规，本省、自治区、直辖市的地方性法规

备注：深圳市、厦门市、汕头市、珠海市人民政府根据全国人大及其常委会特别授权所制定的行政规章，应属地方政府规章之列。

1. 中央与地方行政立法权力配置的理论与实践

中央与地方之间行政立法权力的配置问题，是中央与地方关系问题的重要内容，它事关国家权力在中央和地方的分配，关系到国家政治生活的原则与秩序，也关系到国内统一市场的形成和发展。科学合理地界定和划分中央与地方行政立法权限，实质上也就是要明确中央、地方人民政府在各自行使行政职能的过程中，可以对现实社会关系的哪些领域、哪些事项提出要求，并以何种法的形式制定为规范。因此，中央与地方行政立法权力配置的前提就是明确它们的事权和财权。这样，就使得我们的研究不得不从中央与地方关系的一些基本方面着手。

一方面，中央政府和地方政府之间的关系是属于国家结构形式问题，表明了国家政权的纵向组织形式。由此就形成了单一制和联邦制的国家结构形式类型。这是政治学基本理论中的一个共识。

另一方面，中央与地方的关系又是一种权力配置关系，是国家权力的纵向配置关系，其实质是集权或分权。由此也就形成了政府公共行政体制，包括行政立法体制的几种模式：中央集权模式、地方分权模式、集权的分权模式、分权的集权模式。

因此，这两方面结合起来就会表明：国家结构形式的类型构成中央与地方关系集权或分权的原则框架。也就是说，中央与地方关系的集权或分权往往是国家结构形式类型的具体表现。但在实践中，一般都认为联邦制是分权的，单一制则是集权的。因此，在国家结构形式是单一制的国家里讨论中央与地方的集权与分权,则更能体现中央与地方关系的这种权力配置关系的本质。我们认为集权与分权始终是一组相对概念,不存在绝对的集权,也不存在绝对的分权。向谁集分权、如何集分权、集分什么权、集分权到什么程度才是问题的关键。

中央与地方关系在权力配置过程中,对于向谁集分权、如何集分权、集分什么权、集分权到什么程度,并非由个人的好恶所决定,而是多种因素作用和影响的结果,具有客观性。其中政治因素、经济因素是起最大影响作用的两大因素。

第一,从政治因素的作用和影响来看,中央与地方的关系本来就属于政治体制的范畴,它必然要受到上层建筑中其他因素的影响,特别是要受到政治的影响,包括一定的政治体制、政治文化传统、国家政治控制能力的大小以及政治和社会的稳定性。若对此进行详细的分析,则会发现,中央与地方的权力配置虽然并不直接决定于政治制度的性质,或者说统治集团的性质并不能决定中央与地方权力关系的结构,但却受制于政治制度的形式,即我们通常所说的政权组织形式,或叫权力结构形式。其中,国家结构形式对中央与地方权力分配关系的影响较大。国家结构形式的差异会导致中央与地方权力配置关系的不同。就一般情况而言,单一制国家中央政府的权力比重要大于联邦制国家联邦权力的比重,但也有特例。

例如,就单一制国家结构形式而言,中央集权型单一制国家中央政府的权力比重要大于地方分权型单一制国家中央政府的权力比重。英国、日本与我国的政治制度不一样,但国家结构形式却相同,都属于单一制国家结构形式。不过英国是地方分权型,故有"地方自治之乡是英国"之说。"在英国没有成文宪法情况下,地方自治的概念要素由国会的法案及其从属立法表达"。① 而我国和日本则是中央集权型。

政治文化传统对于中央与地方权力配置关系的影响则主要表现为,长期政治生活所形成的心理积淀,以政治心理或政治偏好的方式反映民众的要求。例如中国两千多年中央集权形式对于国家的统一而不是分裂、民族的团结而不是纷争、政治的稳定而不是动乱也曾起过一定的积极作用。这种政治模式长期以来作用于人们的心理,形成了民众特殊的政治偏好,从而使我国

---

① 董胜礼:《欧盟成员国中央与地方关系比较研究》,中国政法大学出版社 2000 年版,第 83 页。地方自治与权力的纵向分立,即与公共事务的分权处理相关。地方自治是地方公共行政的一种形式,对地方公共事务享有一定程度的自由(自治)。地方自治包含了对地方公共事务管理的自由裁量权。

中央集权型权力结构获得了一种稳定性的发展。社会与政治的稳定状况以及国家控制能力的大小亦是影响中央与地方权力关系的因素。苏联和南斯拉夫联邦共和国的分裂都证明了这一点。但是我国古代特殊的社会和政治环境，来自于以血缘宗法关系为纽带的封建割据势力的存在，则从反面又强化了中央集权体制。

第二，从经济因素的作用和影响来看，中央与地方权力配置的关系属于上层建筑，经济基础决定上层建筑。在配置中央与地方权力过程中，经济的因素是最重要的，也是最本质的。

从经济特征的角度分析，低下的生产力水平和小农经济，决定了国家的政治功能、阶级统治功能和社会治安功能较为突出，从而对于中央集权模式的固化起着极其重要的作用。这种分散的、封闭式的自给自足的自然经济，必然要求一个强有力的中央集权的政治结构与之相适应。

从经济体制的角度分析，经济体制的核心内容是经济运行模式和经济运行机制。经济体制对中央与地方权力配置关系的影响主要在于这种特定的经济运行模式、运行机制影响政治体制的规定性，以及经济体制对政治体制的适应性要求。我国长期以来实行的是高度集中的计划经济体制，这种由政府通过制订计划进行社会资源配置，从产品品种、数量、价格到企业经营手段、供销渠道、人事安排全部由政府统一计划、统一管理的体制只能是中央集权。这表明了中央集权式的管理体制与计划经济体制是相互适应的。虽然中央集权型的政治模式不一定对应的就是计划经济体制，但计划经济体制所要求的一定是中央集权型的政治统治模式。

经济因素对中央与地方权力配置关系的影响作用还表现在，当经济体制发生了变化的时候，就会使中央与地方权力配置关系也发生变化。这就是说必须实行国家纵向权力的重新配置，以适应变化了的经济体制。国家纵向权力的这种重新配置，不只是从集权走向分权，或者说只是放权这么简单，而是要根据社会发展的需要，把握和分析集什么权、分什么权、分权到什么程度等复杂的关系。但无论是集权，还是分权，或者分权到什么程度，都必须适应变化了的新的经济体制的建立和发展，否则就是忽视了经济体制对中央与地方关系的影响作用而去片面地追求某种分权体制，到头来，也必然会遭到经济的惩罚。因此，一般而言，影响中央与地方权力配置关系的主要是两大因素，一是社会的需要，其中主要是经济体制的需要。这是决定任何一个国家中央与地方权力分配模式的根本。二是一个国家的国家结构形式。

中央与地方关系的实质是权力的分配。正确处理好中央与地方权力的配置，处理好集权与分权的关系，关键是分清权力的性质。孙中山先生曾主张中央与地方权力分配应以权力的性质来划分，主张"权力之分配，不当以中央或地方为对象，而应以权力之性质为对象。权之宜属于中央者，属之中央可也；权之宜属于地方者，属之地方可也"。①

马克思主义者历来也都认为，国家权力是统一的，权力是不可分割的。但是国家权力在行使过程中可以划分为不同的层次，存在着权力运行中的分工。国家纵向权力的合理配置，是中央与地方关系中的基本问题。因此，我们根据权力的性质、层次分工，可将其分为三种：中央专有权力、地方专有权力、中央与地方共享权力。对于专有权力，双方均无权干预。只有这样，才能既实现地方自主权，又防止地方主义和地方割据，防止陷入过去权力上收和下放的"死乱循环"。

科学合理地划分中央与地方的事权，就是要根据中央政府和地方政府在国家管理中的地位和作用，从法律制度上规定中央政府和地方政府事务管理的职权范围和与此相应的权力。

与权力性质的划分和层次分工相对应，作为政府公共行政的事项，也会有中央与地方共同管理的事项、中央人民政府管理的事项、地方人民政府管理的事项。

第一，中央和地方政府共同管理的事项。这些事项是作为政府公共行政的对象而存在的。这是把政府作为一个主体，由国家法律来规定的政府活动的范围，即政府的职能范围。概括地说，政府公共行政的事项包括国家公共事务、社会公共事务和政府行政机关内部事务。

具体地说，这些事项包括：执行国民经济和社会发展计划、预算；管理国家的经济、教育、科学、文化、卫生、体育事业，城乡建设事业和财政、民政、公安、司法监察、计划生育等行政工作；保护社会主义全民所有制的财产、劳动集体所有制的财产和公民私人所有的合法财产，维护社会秩序；保障公民的人身权益、民主权利和其他权利；提供公共物品和公共服务；维护市场经济秩序、限制垄断；消除或减少经济发展的负效应，使经济的外部性内在化；调节收入和财富的分配；弥补市场的不完全性和信息的不对称性；加强对市场转型的主导作用；培育市场，帮助克服市场失效所带来的问题；注重公共投资；制定和利用产业政策；保护环境；建立社会保障体系等。

---

① 辛向阳：《大国诸侯》，中国社会出版社 1995 年版，第 218 页。

按照层次、重要性、大小范围的不同，又可将政府公共行政的事项分为中央政府管理的事项和地方政府管理的事项。

第二，中央政府管理的事项。中央政府管理的事项，具有事关整个国家的利益和社会发展的特点或者说具有全局性、根本性。这些事项包括：提供全国性的公共物品，如国际、外交、全国性基础设施和全国性公共服务所涉及的事项；为了充分实现规模经济效应，提供跨区域共享物品和服务所涉及的事项；调节收入、财富分配、缩小城乡差别和地区差别所涉及的事项；保持宏观经济稳定，宏观调控权属于中央，严禁地方政府对中央财政政策、金融政策等宏观调控政策的侵扰；协调各行政部门的工作并划定他们的权力范围所涉及的事项；领导和管理民族事务，保障民族平等和民族自治权利所涉及的事项；编制和执行国民经济和社会发展计划和国家预算所涉及的事项；管理对外事务，同外国缔结条约和协定。

第三，地方政府管理的事项。地方政府管理的事项，主要表现为执行本级权力机关的决议和上级政府行政机关的决定、命令，管理本行政区划内的经济、教育、科学、文化、卫生、体育事业，城乡建设事业和财政、民政、公安、司法、监察、计划生育等行政工作，以及与本地区经济、社会发展有关的应属于政府管理的其他事项。具体包括管理本地区的道路交通、维护公共秩序和治安、搞好环境卫生、制定和实施城乡规划、发展公共事业、提供福利服务、进行公共教育等属于本行政区划的行政事项。

总之，中央和地方的关系，应是国家通过宪法、法律的形式对中央与地方的立法权、事权、财权做出明确的规定，中央与地方均应以法人的地位各自享有权利和承担义务。制定一部具有中国特色的《中华人民共和国中央和地方关系法》已成为社会发展的迫切需要。

2. 中央与地方行政立法权力配置的具体内容

根据以上我们对中央与地方事权、财权的分析，在此基础上，可概括出中央与地方行政立法权限划分的具体内容。

第一，根据《中华人民共和国立法法》第六十五条的规定，我们把国务院的行政立法权限概括为：

（1）凡涉及全国性公共物品如国防、外交、全国性基础设施等事项的行政法律规定，只能由国务院制定行政法规；

（2）凡涉及宏观调控的职能和宏观调控权行使的事项；

（3）凡涉及在全社会范围内调节收入和财富分配的事项；

（4）凡涉及维持社会基本秩序的重大事项；

（5）重大的或涉及全国性的公共投资事项；

（6）界定产权、保护产权的事项；

（7）为执行法律的规定需要制定行政法规的事项；

（8）法律授权，由国务院做出规定的事项；

（9）全国人大及其常委会特别授权国务院规定的事项；

（10）为消除地区间的发展差距，协调区域发展所规定的事项；

（11）协调所属各行政部门和地方各级国家行政机关的工作，并划定他们的权力范围所涉及的事项；

（12）编制和执行国民经济、社会发展和国家预算所涉及的事项；

（13）管理对外事务和国防建设的事项；

（14）管理民族事务、保障少数民族平等权利和自治权利的事项；

（15）保护华侨、归侨和侨眷的合法权利和利益的事项。

第二，国务院与其各部、各委员会立法权限的划分。宪法和立法法对国务院立法权限和国务院所属各部、各委员会立法权限的规定有所不同。国务院根据宪法和法律制定行政法规；国务院各部、委员会、中国人民银行、审计署和具有行政职能的直属机构，可以根据法律和国务院的行政法规、决定、命令，在本部门的权限范围内制定规章。

根据我国立法法的规定，国务院除可以根据一般授权和特别授权立法外，还可以进行职权立法，包括执行性立法和自主的立法。国务院依职权制定行政法规，进行规范的事项是属于《宪法》第八十九条规定的国务院行政职权的事项，凡不属于国务院行政职权范围内的事项，凡属于全国人民代表大会及其常务委员会专属立法权的事项，不得制定行政法规。因而，国务院立法主动性较大。

国务院所属部门作为政府行政机关，其基本职责是执行法律、行政法规以及国务院的决定、命令，制定部门规章必须从属于这一目的，为实现这一目的服务。国务院所属各部门的立法主要是授权立法和一般执行性立法，立法主动性很小。这些部门必须在法律、行政法规和国务院的决定、命令做出具体授权的前提下，才能从事创制行为规范的立法活动；部门规章规定的事项也应当属于执行法律或者国务院的行政法规、决定、命令的事项。

第三，地方人民政府立法权限。依据我国宪法、立法法和组织法的规定，省、自治区、直辖市以及省、自治区的人民政府所在地的市，经济特区所在地的市和经国务院批准的较大市的人民政府，可以根据法律、行政法规和本省、自治区、直辖市的地方性法规制定规章。地方政府规章可以做出规定的事项，《中华人民共和国立法法》规定，一是为执行法律、行政法规、地方性法规的规定，需要制定规章的事项；二是属于本行政区划的具体行政事项。

因此，从总的原则来看，地方政府规章与部门规章制定权是基本相同的。但在具体权限上，它们又有不同：国务院所属部门制定的部门规章所规定的事项，应当属于执行法律和国务院行政法规、决定、命令的事项，完全属于执行性立法活动；地方政府规章不仅可以规定为执行法律、行政法规、地方性法规所需要规定的事项，而且还可以就本行政区划内的具体行政事项，依据其职权做出规定，因而兼有执行性立法和职权性立法。但是，地方政府在依据职权制定地方政府规章时，不得就国家专属立法权的事项做出规定。

具体地说，地方政府规章制定权限不能涉及的事项包括：不得涉及限制公民的政治权利和人身自由的实体内容的事项；不得涉及权力机关、审判机关、检察机关的职责以及决定国家政治体制和经济体制方面的事项；不得涉及国防和对外事务。

凡法律、行政法规明确规定不得越权或者国务院的决定、命令明确不予规定的事项，地方政府规章不得就这些事项做出规定；凡法律、行政法规明确要求由国务院或国务院所属各部门确定的事项，地方政府规章也不得对这些事项做出规定。

三、行政立法监督

立法监督是行政立法的一个重要环节，监督是否到位关系行政立法的质量，关系行政权力能否正确行使。20世纪中期以后，各国行政机关立法的数量大大超过立法机关立法的数量。我国同样如此，改革开放以后行政立法的发展明显加快。在这种情况下，如果不强化对行政立法的监督，行政的自由裁量权就可能过度扩张乃至被滥用，行政立法的质量及其自身体系的完整性也无法得到保障。

一般来说，对行政立法的监督主要有以下方式：

1. 权力机关的监督

权力机关对行政立法的授权与监督，历来是行政法的重要议题。在国外，对行政立法进行监督的权力机关主要是议会或国会，其方式主要是将有关文件提交议会或国会来达到监督授权立法的目的。我国宪法也规定，全国人大常委会有权"撤销国务院制定的同宪法、法律相抵触的行政法规、决定和命令"。

2. 行政主体自身的监督

通过行政层级的监督,由上级机关对下级机关的行政立法活动进行审查。我国宪法规定,国务院可以改变和撤销各部、各委员会发布的不适当的命令及指示和规章,改变地方各级行政机关制定的不适当的决定和命令。

3. 司法机关的监督

司法机关对行政立法的监督是通过司法审查的手段来实现的。在我国,司法机关不具有抽象行政行为的司法审查权,只可以对行政法规、规章有选择地适用,对不合法的或不合宪的行政法规和规章拒绝采用。

第三节 我国行政管理的法治化

一、我国法治行政建设的必要性、目标与具体措施

(一)法治行政的必要性

1. 法治行政是法治国家的基本要求

法治行政是现代公共行政的必然要求。在当代,公共行政内容最为丰富,涉及的社会范围最为广泛,与社会民众的联系最为普遍,在社会经济生活中具有重要的影响力。因此,必须通过完善的法制系统来规范和约束公共行政,把其潜在的对公众权益的危害降到最低限度。行政能否依法进行,直接关系到行政管理体制能否正常运转,关系到一个国家能否实现法治。任何法治国家都以法治行政作为自己最基本的特征而与非法治国家相区别,法治行政是法治国家的重要标志。党的十九大"明确全面推进依法治国总目标是建设中国特色社会主义法治体系、建设社会主义法治国家",同时还强调"坚持依法治国、依法执政、依法行政共同推进,坚持法治国家、法治政府、法治社会一体建设"。

2. 法治行政是市场经济运行的基石

市场经济本质上是一种法制经济。没有法治,市场经济就不能正常运行。因此,公共行政必须为市场经济的健康发展提供公平合理的法律规则,并通过有效地执行与市场规则有关的公共政策来维护合理的市场交易规则。

如果公共行政缺乏法律约束或不按照法律法规行事，就意味着维系市场经济基础的契约失衡，共同投入、共担风险并共享收益的制度安排将遭到破坏，市场经济就无法正常运行或者要付出高昂的成本。法治行政是市场经济的必然选择，违法行政则会给国民经济、市场秩序和公众的合法权益带来严重危害。

3. 法治行政是实现公共利益的保障

法治行政是公共治理的基本要求，是实现公共利益的重要保证。从公共性的角度分析，公共行政存在的目的就是为了提供公共服务、促进公共利益的实现。没有法治行政的保障，公共利益往往会被私人利益所侵蚀，公共目标也会被"经济人"的自利动机扭曲，最终则会降低公共行政的合法性。行政行为变化无常，缺乏法律约束，表面上是行政权威的丧失，实质上是公共利益的严重损害。

（二）法治政府建设的目标

法治行政建设，最根本的就是要建设法治政府。习近平总书记在党的十九大报告中明确指出："建设法治政府，推进法治行政、严格规范公正文明执法。"法治政府是具有"法律性"的法律意义上的政府，是严格按照法定权限和程序行使权力、履行职责、接受监督的政府。国务院2004年颁发的《全面推进依法行政实施纲要》将法治政府的含义概括为合法行政、合理行政、程序正当、高效便民、诚实守信和权责统一六个方面。

2015年12月，中共中央、国务院印发《法治政府建设实施纲要（2015—2020年）》，明确了法治政府的建设原则：建设法治政府必须坚持中国共产党的领导，坚持人民主体地位，坚持法律面前人人平等，坚持依法治国和以德治国相结合，坚持从中国实际出发，坚持依宪施政、依法行政、简政放权，把政府工作全面纳入法制轨道，实行法治政府建设与创新政府、廉洁政府、服务型政府建设相结合。同时，该纲要明确了法治政府的衡量标准：政府职能依法全面履行，依法行政制度体系完备，行政决策科学民主合法，宪法法律严格公正实施，行政权力规范透明运行，人民权益切实有效保障，依法行政能力普遍提高。

法治政府建设的总体目标是：经过坚持不懈的努力，到2020年基本建成职能科学、权责法定、执法严明、公开公正、廉洁高效、守法诚信的法治政府。

(三) 法治政府建设的主要任务和具体措施

1. 依法全面履行政府职能

建设目标是：牢固树立创新、协调、绿色、开放、共享的发展理念，坚持政企分开、政资分开、政事分开、政社分开、简政放权、放管结合、优化服务，政府与市场、政府与社会的关系基本理顺，政府职能切实转变，宏观调控、市场监管、社会管理、公共服务、环境保护等职责依法全面履行。具体措施有：第一，深化行政审批制度改革；第二，大力推行权力清单、责任清单、负面清单制度并实行动态管理；第三，优化政府组织结构；第四，完善宏观调控；第五，加强市场监管；第六，创新社会治理；第七，优化公共服务；第八，强化生态环境保护。

2. 完善依法行政制度体系

建设目标是：提高政府立法质量，构建系统完备、科学规范、运行有效的依法行政制度体系，使政府管理各方面制度更加成熟更加完善，为建设社会主义市场经济、民主政治、先进文化、和谐社会、生态文明，促进人的全面发展，提供有力制度保障。具体措施有：第一，完善政府立法体制机制；第二，加强重点领域的政府立法；第三，提高政府立法公众参与度；第四，加强规范性文件监督管理；第五，建立行政法规、规章和规范性文件清理长效机制。

3. 推进行政决策科学化、民主化、法治化

建设目标是：行政决策制度科学、程序正当、过程公开、责任明确，决策法定程序严格落实，决策质量显著提高，决策效率切实保证，违法决策、不当决策、拖延决策明显减少并得到及时纠正，行政决策公信力和执行力大幅提升。建设措施有：第一，健全依法决策机制；第二，增强公众参与实效；第三，提高专家论证和风险评估质量；第四，加强合法性审查；第五，坚持集体讨论决定；第六，严格决策责任追究。

4. 坚持严格规范公正文明执法

建设目标是：权责统一、权威高效的行政执法体制建立健全，法律法规规章得到严格实施，各类违法行为得到及时查处和制裁，公民、法人和其他组织的合法权益得到切实保障，经济社会秩序得到有效维护，行政违法或不当行为明显减少，对行政执法的社会满意度显著提高。建设措施有：第一，改革行政执法体制；第二，完善行政执法程序；第三，创新行政执法方式；

第四，健全行政执法人员管理制度；第五，加强行政执法保障。

5. 强化对行政权力的制约和监督

建设目标是：科学有效的行政权力运行制约和监督体系基本形成，惩治和预防腐败体系进一步健全，各方面监督形成合力，人民群众的知情权、参与权、表达权、监督权得到切实保障，损害公民、法人和其他组织合法权益的违法行政行为得到及时纠正，违法行政责任人依法依纪受到严肃追究。建设措施有：第一，健全行政权力运行制约和监督体系；第二，自觉接受党内监督、人大监督、民主监督、司法监督；第三，加强行政监督和审计监督；第四，完善社会监督和舆论监督机制；第五，全面推进政务公开；第六，完善纠错问责机制。

6. 依法有效化解社会矛盾纠纷

建设目标是：公民、法人和其他组织的合法权益得到切实维护，公正、高效、便捷、成本低廉的多元化矛盾纠纷解决机制全面形成，行政机关在预防、解决行政争议和民事纠纷中的作用充分发挥，通过法定渠道解决矛盾纠纷的比率大幅提升。建设措施有：第一，健全依法化解纠纷机制；第二，加强行政复议工作；第三，完善行政调解、行政裁决、仲裁制度；第四，加强人民调解工作；第五，改革信访工作制度。

7. 全面提高政府工作人员法治思维和依法行政能力

建设目标是：政府工作人员特别是领导干部牢固树立宪法法律至上、法律面前人人平等、权由法定、权依法使等基本法治理念，恪守合法行政、合理行政、程序正当、高效便民、诚实守信、权责统一等依法行政基本要求，做遵法、学法、守法、用法的模范，法治思维和依法行政能力明显提高，在法治轨道上全面推进政府各项工作。建设措施有：第一，树立重视法治素养和法治能力的用人导向；第二，加强对政府工作人员的法治教育培训；第三，完善政府工作人员法治能力考查测试制度；第四，注重通过法治实践提高政府工作人员法治思维和依法行政能力。

8. 强化组织保障和落实机制建设

党的领导是全面推进依法治国、加快建设法治政府最根本的保证，必须坚持党总揽全局、协调各方，发挥各级党委领导核心作用，把党的领导贯彻到法治政府建设各方面。各级政府及其部门要自觉接受党的领导，切实增强建设法治政府的使命感、紧迫感和责任感，加强组织领导，强化工作责任，一级抓一级，层层抓落实。具体做到：第一，加强党对法治政府建设的领导；第二，落实第一责任人责任；第三，强化考核评价和督促检查；第四，加强理论研究、典型示范和宣传引导。

二、我国行政管理法治化的主要内容

"建设中国特色社会主义法治体系，建设社会主义法治国家，发展中国特色社会主义法治理论，坚持依法治国、依法执政、依法行政共同推进，坚持法治国家、法治政府、法治社会一体建设"，是习近平新时代中国特色社会主义思想的重要组成部分。概括来说，我国行政管理法治化包括以下四方面的内容：

（一）法治行政意识的培养

美国著名法学家伯尔曼说过："法律必须被信仰，否则形同虚设。"在我国推进公共行政法治化的进程中，一个重要的方面就是在行政人员中培养法治意识和精神，把作为外在控制的法上升为发自内心认识的信仰，最终达到法的形式约束和自我约束的有机统一。法治意识包含三个方面的内容：

第一，法律至上意识。任何行政行为都不能逾越法所界定的界限，都必须接受法的审查和裁量，承担起法律责任；同时，在法律面前人人平等，任何人，无论其拥有的权力多大，都不能在法律之上或法律之外。只有树立这种法治精神，行政活动才能按法律规定来正确执行，整个国家的法律规范体系才能在公共行政领域得到落实。

第二，服务意识。当代公共行政的一个发展趋势就是放松规制，把服务作为其本质，作为其生命根基和灵魂。只有树立公共服务的价值理念，才能把法的意志领会彻底，才能真正实现国家和社会的和谐与长治久安。

第三，责任意识。随着社会的发展，行政职能也不断扩张，担负起更多的调节经济社会发展的使命，这就要求行政组织人员树立良好的责任意识。责任意识是一种法律赋予的沉重使命感，既要求在法律的指导下积极行政，也要求承担相应的法律责任。

（二）行政组织法治

行政组织是行政行为的载体和基本构架。因此，实行行政组织法治具有影响全局的关键作用。行政组织法治就是要严格按照我国编制管理的有关规定，行政组织法等法律规范来管理行政机构的设立、职能和职权配置、行政编制和管理幅度、管理方式，处理中央与地方的权力分配及相互关系，处理各级政府之间、各政府部门之间的关系。为此，必须加快行政组织的法治化进程，从内外两方面实现行政组织的法治化。行政组织内部管理的法治是行政组织外部管理法治的基础，行政组织外部管理的法治是行政组织内部管理法治的目标。

（三）行政职权法治

职权是行政组织施行管理的基础，是实现行政管理任务的依据。行政组织一旦设立，即享有法律赋予的职权，掌握相应的权威资源，并据此拥有可以直接对公民、法人或其他组织的人身、财产权利予以直接干预的强制权力。行政职权法治是规范行政行为、促进行为公正、实现行政管理目标的保障。

行政职权法治，就是要坚持行政职权来源于法。行政组织的各项职权都是由法律明文规定的，行政组织自身不能为自己设置任何权限。行政权力是国家公共权力的组成部分，坚持行政职权法治就是要从根本上杜绝国家公共权力部门化、部门权力个人化的做法。因此，行政职权法治，必须从立法、执法和监督三个方面进行规范：

第一，职权立法。通过制定完善的法律体系，规范职权行使的对象、程序、方式、时限以及救济途径。完善的职权立法对于行政组织职权设定的科学性、分类的完整性、制约的全面性具有重要作用，是行政职权法治的必要前提。

第二，执行管理。依法执行是行使职权的基本要义，是落实法治行政和法治国家的必由路径。执行管理法治，意味着执法者首先要懂法和守法，并根据法律的实质要求和形式要求进行正确的执法。

第三，行政监督。要使法律规范变为现实的法律秩序，发挥真正的约束作用，就必须加强行政监督建设。从目前我国面临的问题看，建立更加有效的行政权力制约机制，完善行政监督制度、行政执法责任制度、行政复议制度、行政司法审查制度等，进一步提高行政监督的成效，及时有效地纠正行政违法行为、行政不公行为、行政侵权行为，是行政监督法治的重要任务。

（四）行政程序法治

行政程序是行政主体在行政活动中由行政行为的方式、步骤、时间、顺序等要素构成的行为过程，包括行政行为程序、行政组织程序和行政诉讼程序。行政行为程序是行政组织对行政相对人实施管理活动以及行政相对人申请行政组织实施某种法定行为时所遵循的程序，是行政活动中最主要的程序。行政组织程序是行政组织自身实现组织、管理、协调等内部机能的程序，是保障行政活动顺利进行不可缺少的程序。行政诉讼程序是作为行政活动的监督程序，在行政活动引起相对一方的异议，而由司法机关介入予以处理的程序，是对行政活动本身所产生的不良后果的预防和消除程序。

　　行政程序法治，从民主政治意义的层面上考察，它是行政活动民主化、法制化的体现和反映。从行政法意义的角度考察，行政程序法治的意义就表现为：行政程序合法、适当是行政行为的有效要件之一；行政程序违法、失当可以构成行政相对人申请复议、提起诉讼的理由之一，也可以构成权力机关或上级行政机关撤销其行为的理由之一；行政程序还是司法审查的内容之一。因此，行政程序法治是涉及规范行政权力和保障公民权利的核心问题。[1] 在当代国际社会，行政程序已经成为监督和制约行政权力的最为重要的手段，制定全国范围内统一的行政程序法典来确保行政组织的日常活动乃至在处理紧急突发事件时都有章可循，已经成为一个基本的趋势。总之，法律必须明确规定每一种行政行为所要遵循的程序，而行政行为的实施必须符合法定的程序。

---

[1] 参见蔡立辉《政府法制论——转轨时期中国政府法制建设研究》，中国社会科学出版社2002年版，第123页。

第十三章

行政监督

行政监督就是指各类监督主体依法对政府行政机关及其工作人员行使行政权力行为是否合法、合理所实施的监察和督导活动。行政权力失去监督就容易产生腐败，正如孟德斯鸠所言："一切有权力的人都容易滥用权力，这是万古不易的一条经验。有权力的人们使用权力一直到遇到有界限的地方才休止。"[①] 党的十九大报告明确提出"健全党和国家监督体系"，"要加强对权力运行的制约和监督，让人民监督权力，让权力在阳光下运行，把权力关进制度的笼子。强化自上而下的组织监督，改进自下而上的民主监督，发挥同级相互监督作用，加强对党员领导干部的日常管理监督"。"构建党统一指挥、全面覆盖、权威高效的监督体系，把党内监督同国家机关监督、民主监督、司法监督、群众监督、舆论监督贯通起来，增强监督合力"。[②]深化国家监察体制改革是以习近平总书记为核心的党中央做出的重大决策部署，是事关全局的重大政治体制改革。因此，行政管理学需要加强对行政监督的研究。

第一节 行政权力制约的基本理论

行政权力是行政管理主体管理社会公共事务所享有的合法资格和相应的强制力与约束力，行政权力是国家公共权力的重要组成部分，是由社会共同需要产生的，目的在于维护公共利益和维持、调整和管理整个社会生活的基

---

① ［法］孟德斯鸠：《论法的精神》（上册），张雁深译，商务印书馆1961年版，第154页。
② 节选自习近平《决胜全面建成小康社会，夺取新时代中国特色社会主义伟大胜利——在中国共产党第十九次全国代表大会上的报告》中"坚定不移全面从严治党，不断提高党的执政能力和领导水平"，载《光明日报》2017年10月19日。

本秩序。公共权力制约的基本理论最早可以追溯到古希腊时期，现代意义的国家公共权力制约的基本理论是由资产阶级思想家首先提出的，是人类政治文明的重要内容。

一、分权制衡理论：以权力制约权力

分权制衡论也称为权力制约论，它是西方国家的立法、行政和司法三种权力各自独立又相互制约和均衡的理论。这一理论强调：为防止政府权力的腐败或滥用，必须对它进行合理分割，并建立相互制约和监督的关系。分权制衡论是被西方国家普遍运用在政治体系和其他国家管理活动中的重要法理。分权制衡论对权力的制约最为直接，也最为有效。

制衡学说源于分权思想，可追溯到古希腊的柏拉图和亚里士多德，但真正创立这一学说的是17—18世纪的资产阶级启蒙思想家及后来的政治家、理论家，其代表人物是英国的洛克、法国的孟德斯鸠、美国的杰斐逊和汉密尔顿。

亚里士多德认为，一切政体都有三个要素——议事机构、行政机构和审判机构，"倘若三个要素（部分）都有良好的组织，整个政体也将是一个健全的机构"。① 亚里士多德开创了分权理论的先河，其理论孕育了以分权进行监督，以监督达到制约的基本精神。在分权思想基础上发展起来的制衡学说，形成于资产阶级革命时期。

洛克在《政府论》中把国家权力分为立法权、行政权和外交权（也译为联盟权）。他在论述"三权分立"的同时，特别强调立法权与行政权的分立。他认为："如果同一批人同时拥有制定和执行法律的权力，这就会给人们的弱点以绝大诱惑，使他们动辄要攫取权力，借以使他们自己免于服从他们所制定的法律，并且在制定和执行法律时，使法律适合于他们自己的私人利益，因而他们就与社会其余成员有不相同的利益，违反了社会和政府的目的。"② 基于此，洛克进一步确立了立法权至上的原则，并明确主张立法权是人民交给、委托给议会行使的权力，因而人民自然就有权对立法权的执行情况进行必要的监督和制约。

18世纪中叶，法国启蒙思想家、法学家孟德斯鸠是近代权力制衡理论

---

① ［古希腊］亚里士多德：《政治学》，吴寿彭译，商务印书馆1996年版。
② ［英］洛克：《政府论》（下篇），叶启芳、瞿菊农译，商务印书馆1982年版，第89页。

的完成者，他在《论法的精神》中论述法和政体以及自由的关系时，强调了专制政体与法律的水火不容，认为一切有权力的人都容易滥用权力，要防止权力被滥用，保障人民的自由，"就必须以权力约束权力"。

孟德斯鸠认为，国家权力不能集中掌握在一个人或一个机关的手中，否则就不能保障社会自由和公民自由。他说，政治自由是通过三权的分野而得以保障的。当立法权和行政权集中在同一个人或同一个机关之手，政治和社会的自由便不复存在了。如果司法权同立法权合而为一，将对公民的生命和自由施行专断，而如果司法权同行政权合而为一，法官便将握有压迫者的力量，公民的自由将荡然无存。一句话，没有分权就没有政治自由。

孟德斯鸠的分权学说中最重要的部分是关于权力制衡的必要性及其设置。在对各种政制进行详细考察之后，他提出了权力制衡的理论。他认为，"一切有权力的人都容易滥用权力，这是万古不变的一条经验"。"有权力的人们使用权力一直到遇有界限的地方才休止"。因此，他强调权力的相互约束，通过特定的力量平衡，达到以权力控制权力的目的。在他看来，一个自由的健全的国家必然是一个权力受到合理和合法限制的国家。在以权力约束权力理念之下，孟德斯鸠的分权学说表现为一整套权力结构的设计。具体包括：

第一，孟德斯鸠主张立法权应当由人民选举的代表来行使。他强调，各个城市和地区的人民应各自选出代表参加议会。为数不多的代表能够讨论大众聚集在一起不适宜讨论的问题，这是代议制最大的好处。他认为，以出身、财富或荣誉著称的人应单独组成贵族院，由一般群众选举产生的代表则组成平民院。议会两院同时拥有立法权，相互牵制，以制止贵族和平民的相互侵犯。另外，涉及贵族的案件还应由贵族院审理。他还指出，立法机关的集会应由行政机关召集，以实现行政权对立法权的制约。

第二，孟德斯鸠认为行政权力和军队应交由国王掌握。行政权力处事需要当机立断，急速行动，因而行政权力和军队由一人掌握比较合适。立法机关有权审查它所制定法律的实施，以实现对行政权的监督，但不应有权审讯执政者本人，这对防止立法机关的专制是很有必要的。他还认为行政机关有权制止立法机关的越权行为，以"反对权"参与立法。他提出立法机关有随时解散军队的权力，以防止军队成为行政权力压迫人民的工具。

第三，孟德斯鸠强调司法独立原则。他所谓的"司法独立"，就是司法权独立于立法和行政权力。由选自人民阶层的法官依照法律的规定行使审判权，不受立法权和行政权的干涉。这一概念的提出是孟德斯鸠对洛克分权理论的一大突破。司法被明确为与立法、行政并立的权能，使孟德斯鸠的分权学说成为真正意义上的"三权分立"。司法独立是"以权力制约权力"的关键，只有"司法独立"才能保障司法权对立法权、行政权的制约。美国《独立宣言》的主要起草者杰斐逊继承了洛克、孟德斯鸠的三权分立和权力的监督制约理论，并依据其长期执政的经验在实践中对这一思想理论做了进一步的完善，具体提出了要加强对行政权、司法权和联邦权力进行有效监督制约的主张。他特别强调，行政权失控的现象极容易发生，因此，对于国家的行政权力必须进行严格的监督制约。

美国建国初期的政治家、宪法学家汉密尔顿对孟德斯鸠及以往的分权学说做了系统的解释、发挥和补充，他的分权与制衡理论更加周密、精致、实用且极富有实践性。他认为权力分立并不等于三者绝对隔离，为了达到权力的制约与平衡，恰恰需要权力的局部混合。权力之间制约的核心是在法律上的互相监督，三权之间必须保持平衡，每一部门的权力对其他两权来说不具有压制的优势。汉密尔顿分权与制衡理论的核心思想是：以权力制约权力。

分权制衡理论是近现代西方国家政治制度和监督制度的重要理论基础，它既为西方国家的权力架构提供依据，又为各种监督方式的拓展奠定基础，从而成为西方国家重要的行政监督理论基石，并受到后世很多西方思想家的推崇、继承与发展，在实践中更成为西方国家普遍的政府组织原则，对近现代西方政治民主化进程产生了深远的历史影响。

分权制衡论主导下的以权力制约权力的权力制约模式虽然能有效制约权力，但不可能解决所有的权力滥用问题。就三权分立自身而言，立法权、行政权和司法权三者虽然是并列的，但在事实上，司法权是其中最弱的，而行政权则是其中最具有扩张性的，因此，很难达到理想的制衡效果。可见，对权力的制约不能只寄托于分权与制衡。

二、人民主权理论：以权利制约权力

人民主权理论是西方思想家基于社会契约论和主权论提出的民主理论，是近代西方政治发展史上一个重要的理论成果，认为人民拥有主权，国家的主权源于人民权利的让渡，因此人民对国家有天然的监督权。人民主权论是人类在对政治发展历史经验的基础上获得的并经检验为真理的认识，它意味着对"家天下"和野蛮政治的彻底否定，这种观念显然是对客观世界的正确反映，是较好的解释权力来源的观点。

法国思想家莫耐在《反暴君论》一书中提出，国王是人民的公仆，人民是国家的主人，人民立君，而不是君立人民。

洛克在其政治学巨著《政府论》中竭力反对"君权神授"的谬论，提出"天赋人权"的口号。在他看来，当政府与人民发生争端时，人民应该是裁判者；政府若一意孤行，违背主权者的意志，人民就可收回自己的权力，甚至以强力对付强力。他还认为，国家的立法权和行政权必须分离，这是防止政府滥用权力的办法，是"在一切情况和条件下，对于滥用职权的强力"。这种强力就是法律，是人民对他们委托权的控制武器。

孟德斯鸠将主权在民学说及其监督理论向前推进了一大步。他始终认为，国家的主权源于人民，国家的权力是人民自然权力契约的结果。人民必须"依靠良法"对政府的行政权力进行有效的监督。系统提出人民主权论的是法国资产阶级启蒙思想家卢梭。他的人民主权论第一次以极为完整的形式和彻底的精神打开了西方近代政治的大门。他坚持人民主权的绝对性、神圣性和不可侵犯性，极大地鼓舞了大革命时代的政治先驱者。

卢梭认为，以社会契约方式建立的国家，完全是出于人类自身的理性要求，是"要寻找一种结合的形式，使它能以集体共同的力量来护卫和保障每个成员的人身和财富，并且由于这一结合而使每一个与集体相联系的个人又只不过是在服从自己本人，并且仍然像以往一样地自由"。① 这种结合的形式是通过每个人把自己的一切权利全部转让给整个集体，集体掌握管理社会的治权。人们在签订契约时无一例外地将自己的一切权利交给了这个共同体，这样，其最高权力仍属于人民全体。人民行使国家主权称为人民主权。人民主权是"公意的运用"，"公意"所保护的是全体人民的"公共福利"，是公正的和以公共利益为依归的。政府是在公民和主权者之间建立的一个中间体，它使两者得以互相适应，它负责执行法律并维持社会和政治自由，因此，主权是第一位的，政府是第二位的。权力的表现和运用只能以符合人民意志的社会契约为基础，政府权力的行使必须是为了维护"公意"，不得违反主权意志，必须对人民负责，必须接受人民的监督和控制。

可见，人民主权是政府权力的逻辑基础，没有人民主权就不可能有政府权力。政府是人民缔结契约、转让权力的结果；一切权力属于人民；行政管理者只是人民权利的具体执行者，其权力是人民赋予的，他们必须承担维护人民权利的义务；为了防止政府滥用职权和侵犯民权，人民可以通过各种形

---

① ［法］卢梭：《社会契约论——政治权利的原理》，何兆武译，商务印书馆1994年版，第23页。

式来监督政府的行为；在公共权力体系中，建立行之有效的监督机制对政府的各种行为进行监督。

从实践上看，虽然当今世界存在社会主义政治意识形态和资本主义意识形态的分野，但自从资产阶级高举人民主权的旗帜号召人民起来推翻封建专制统治并取得历史性的胜利后，资本主义宪政国家无不以人民主权为核心来强化以公民监督、社团监督为代表的社会监督。

马克思主义在创建社会主义理论时，也充分肯定了人民主权的历史进步意义，并将它作为社会主义革命和建设中的共同信仰和追求。人民主权论的强劲生命力就在于其有力的解释力。在现实中，政府作为代理人在实际上很难做到按照其委托人——人民的意志行事，其原因有三：

第一，在人民主权的委托代理关系中，代理人的目标函数并不总是与委托人相一致。当一种行动不是直接代表公共利益，而是代表着行为者时，就可能会出现代理者的行为偏差，存在着代理人偏离甚至背弃委托人利益的危险。

第二，在委托代理中，人民或代议机构与政府之间的信息始终是不对称的。作为代理人的政府可能通过提供不真实的信息来追求自身效用的最大化。由于信息不对称，委托人人数众多且相当分散，缺乏采取统一的集体行动的动力，从而加大了对政府监督约束的困难和风险。

第三，在承接公共权力的代理中，不存在代理权的竞争，政府是独家垄断的，即享有垄断代理权。因为在任何国家都只存在一个统一的行政系统，人民不能在多个行政系统中进行选择，这种垄断性使政府处于明显的优势，从而扭曲了人民与政府的委托代理关系。政府凭借这种优势，常常不顾人民的利益，追求集团或个体利益的最大化。处于劣势地位的委托人难以对代理人的行为方式及其结果加以约束、监督。另外，体现委托人意志的法律通常只给法律执行者——政府提供原则性的规定和指导，政府具有较大的自由裁量权。

可见，虽然人民主权论很好地解释了权力的真正来源——人民的权利，并引申出人民应该起到监督政府和制约政府权力的作用，但事实上，由于作为委托人的人民本身处于权力约束的弱势，因此，很难有效制约公共权力。

三、社会契约论：以道德制约权力

在西方，契约一开始就被人们作为一个社会的最高制度伦理看待，它制约一切具体的行为规范。虽然这种社会契约论的政治形式常常被人们指责为一种虚构，但是由于这一理论较多地涉及人与人之间的关系，因此人们普遍认为它为责任提供了一种即使不充分也是必要的条件。①

在西方思想史上，霍布斯、斯宾诺沙、洛克、卢梭、康德和罗尔斯等都从不同层面来探讨社会契约论。

霍布斯是17—18世纪流行的自然法和契约论的创始人之一。霍布斯认为，人的本性是趋利避害。在自然状态中，人的本性表现为求利、求安、求荣。人类为了求利，便不断地运用暴力争夺财产；为了求安，便相互猜忌，用暴力保护自己；为了求荣，则不惜为小事而动用武力。总之，在自然状态中，人与人之间充满敌意和戒备，不存在什么是与非、公正与不公正等道德观念。但人类本身为了自我生命的保护，又会超越自然状态，制定和平与正义的自然法，并通过契约形成公共权力。

霍布斯认为，人类的和平合作关系只能通过契约形成，因为契约是订约者彼此自由协商的结果。它不是一种思想，也不是一种强制。在制定契约的过程中，每个人在承诺自己的权利和义务的同时，也要考虑到对方所承担的权利和义务。契约在一定意义上，就是权利的相互转让。"权力的相互转让就是人们所谓的契约"，② 契约产生国家。即通过签订契约，把一切权利交给某个个人或会议，即主权者。"政府的一切必要权力，……一概委之于主权者"，③ 主权者就是伟大的"利维坦"，是专横的、强权的象征。

与霍布斯不同，斯宾诺沙则主张国家权力不是专横的，而是理性的，即国家的目的在于保护人民的福利和政治、思想自由。

洛克提出社会契约的理论立足点则在于对个人权利的认定。洛克认为，契约一经订立，自然状态立即转化为公民社会，公民社会建立之后，个人的一切自然权利，如自由、平等，特别是财产权利，都仍然最后保留，个人的权利尤其是财产权是神圣不可侵犯的，对个人财产权界定和保护是政府的首要任务。政府实际上是社会权利和个人权利之间的一种契约关系。在这个契约中，公民和政府是契约的双方当事人，公民放弃给政府的仅仅是一部分权利。公民放弃一部分权利给政府是为达到更好地保护他们的生命、自由和财

---

① 参见［美］艾伦·格沃斯《伦理学要义》，戴杨毅、萧薇译，中国社会科学出版社1988年版，第90页。
② ［德］霍布斯：《利维坦》，黎思复、黎廷弼译，商务印书馆1985年版，第100页。
③ ［美］乔治·霍兰·萨拜因：《政治学说史》（下册），盛葵阳、崔妙因译，商务印书馆1986年版，第530页。

产的目的，政府的权力决不容许扩张到超出公众福利的需要之外，也就是说政府行使权力必须严格服从这个目的。洛克主张政治之所以必需乃是因为它在保护个人的权利上发挥作用。因此，政府必须对公民负责。

卢梭则进一步指出，社会契约产生的是"道德和集体的共同体"，就是一个"公共的大我"。社会契约完全是出于人类自身的理性要求，是"要寻找一种结合的形式，使它能以全部共同的力量来卫护和保障每个结合者的人身和财富，并且由于这一结合而使每一个与全体相联系的个人又只不过是在服从自己本人，并且仍然像以往一样地自由"。① 这种结合的形式是通过每个人把自己的一切权利全部转让给整个集体，集体掌握管理社会的治权。因此，政府行使权力必须要符合"公意"，要对公民负责，并负有保护公民的行政道德责任。

康德则认为，契约的公正和权威，人们对契约的虔诚，是由于契约内在的道德规定使然。最高意义上的契约是以自身作为约束根据的具有普遍必然性的道德自律，这种道德自律能有效地促使政府有效地履行行政责任。

罗尔斯则对契约理论进行一种理性的提升，致力于用契约理论来构造其公平的正义，贯穿《正义论》全篇的中心思想，就是他对契约的道德规定。他强调道："要理解它就必须把它暗示着某种水平的抽象这一点牢记在心。特别是我的正义论中的契约并不是由此进入一个特定的社会，或采取一种特定的政治形式，而只是要接受某些道德原则。"总之，道德本体构成了契约的题中之意。

由上不难看出，虽然各种契约理论的形式有所差别，但从其契约价值上讲，它们至少包含以下两个共同点：

第一，契约签订的直接动力在于契约双方当事人之间要达到某种目的。社会契约论中，政府权力的产生是公民与政府之间订立契约的结果，其直接动力和目的都是为了维护全体公民的公共利益，政府权力行为必须服从这个目的，为公民之公共利益负责。因此，维护社会公共利益是社会契约论对行政道德的内在规定。

第二，契约意味着双方当事人之间权利义务的对称。政府掌握管理社会的公共权力，同时必须负起维护公共利益的义务、责任，公民有服从政府公共权力管理的义务，同时公民有被保护公共利益的权利，有监督和制约公共

---

① ［法］卢梭：《社会契约论——政治权利的原理》，何兆武译，商务印书馆1994年版，第23页。

权力的权利。因此，政府公共权力的执行者必须对自己的行政行为负责。

布坎南认为，在公共权力机构担任公职的是既有理性又很自私的人。要保障公权的使用具有节制和理性，避免公权的滥用，除了通过政治契约的监督以外，还须通过价值的洗礼、道德的升华，消除公共权力使用者的心理灰色的一面。

以社会契约论为基础的以道德制约权力的权力制约模式主要通过两种方式来实现对权力的约束，即权力主体的自律和他律。权力主体的自律是在权力主体行使行政权力中以内在道德的力量来进行自我约束，促使权力的正确使用。它的约束范围非常广，在法律难以或无法干预的领域，能够发挥约束作用。权力主体的他律主要是公民、社会团体等对权力主体做出肯定、批评和建议，迫使其遵守道德规范。

但是，由于权力主体的道德水平是无法衡量的，而且道德的约束是一种软约束，缺乏刚性，因此，虽然道德是对权力的制约的必不可少的因素，但其制约能力并不十分理想。

第二节 行政监督体系

行政监督体系，是指具有法定监督权的多元的监督主体在对政府行政机关及其工作人员进行监督时的任务和权限划分体系。根据不同标准，可以将行政监督体系划分为不同的类型。本书中，我们根据行政监督主体与监督客体的关系，将行政监督体系划分为内部监督体系与外部监督体系。

一、行政监督的内容

行政监督全面覆盖行政机关及其公职人员，行政权力和一切行政管理活动受到有效监督，其内容主要有以下四方面：①

（一）监督决策是否科学、合法

在行政管理活动中，决策居于最重要的地位，行政权力的运行总是从决

---

① 关于行政监督内容的论述，吴志雄教授进行了很好的概括和论述。在编写本节的过程中，参考了其有关内容。参见陈瑞莲、蔡立辉《公共行政学》，南方日报出版社2007年版，第253页。

策开始。因此，对决策的监督，便成为行政监督最重要的内容。

行政领导最重要的职责就是进行决策，决策科学，才能方向明、决心大、步子稳、方法妥，行政管理活动才有高绩效。决策失误，必定导致事业失败或行政管理低效。正因为如此，行政领导的决策必须处于切实有效的监督之下。监督主体除了认真监督决策目标、决策依据、决策方案之外，还应着重监督决策的程序是否合法、科学、民主，是否严格遵循以下步骤：发现问题，确立目标；集思广益，拟订方案；分析评估，选择方案；实施方案，完善决策。

当前对决策监督的重点应是防止主观盲目的决策，尤其要防止一些行政领导为了追求政绩而做出的急功近利的决策，坚决杜绝"三拍现象"（拍脑袋决策、拍胸脯保证、拍屁股走人）和"形象工程"。为达此目的，要合理界定政府部门的决策权限，进一步健全重大事项集体决策、专家咨询、社会公示与听证、决策评估等制度。

(二) 监督行政管理行为是否合法、合理

行政管理行为可区分为抽象的行为和具体的行为，这两种行为都必须受到切实有效的监督。

抽象行为是指立法行为，抽象行为主要指行政主体制定和发布行政法规、行政规章以及其他具有普遍约束力的决定、命令和规范性文件的行为，此外还包括相关政府部门为全国人大制定相关法律、为地方人大制定相关地方法规的行为。

当前，对抽象行为的监督要以防止国家政策部门化为重点。所谓国家政策部门化，主要是指个别行政部门利用法定职权和掌握的国家立法资源，在起草国家法律、行政法规时过于强调本部门的权力而弱化相应的责任，制定部门规章、编制行业规划、实施宏观政策时，偏离了整体的国家方针政策和公共利益，力图通过国家法律、法规、规章来巩固和扩大本部门的各种职权以及本部门、相关企业、相关个人的既得利益。

在中国现行立法和管理体制下，国家的一些法律法规由相关行政部门起草然后提交立法机关或有相应权力的机关审议通过，大量的部门规章、宏观政策则由相关部门制定并贯彻执行。不可否认，由相关行政部门制定起草法律、法规草案和制定行政规章、宏观政策有其合理的一面：行政部门对于相关领域有着丰富的管理经验，对于问题了解清楚，能够对国家法律法规、政策的制定提供很好的参考。但是，这种由行政部门负责起草法律法规、制定

规章的行为也有不可避免的弊病,那就是容易产生国家政策部门化。

只有切实加强对抽象行政管理行为的监督,才能从源头上清理"行政权力部门化、部门权力个人化、个人权力商品化"的"权力三化"现象。"权力三化"的现象在地方政府中时有发生,"上有政策下有对策"便是集中的表现,必须通过行政监督使这类现象减少到最低限度。

具体行为是指行政管理主体依照职权做出的、对被管理对象的合法权益产生实际影响的管理行为,如行政许可、行政处罚、行政强制、行政征收、行政奖励、行政救济、行政调解等。为规范这些行为,国家制定了相应的法律、法规,如《中华人民共和国行政许可法》等。

法律、法规有明确规定的,行政管理行为不得逾矩违规,这是对具体行为合法性的监督;法律、法规没有明确规定的,行政部门在做出具体行为时应以民为本,在不损坏国家及公共利益的前提下适当考虑照顾被管理对象的眼前利益,这是对具体行为合理性的监督。

(三) 监督公共部门及其工作人员是否廉洁勤政、不滥用权力

廉政和勤政历来是行政管理的基本要求。任何行政部门及其工作人员不廉或不勤,便失去行使行政权力的资格。

腐败的本质是公共权力的滥用。行政部门及其工作人员必须用人民赋予的权力为人民谋利益,绝不能以权谋私。我们绝大多数的行政机关和工作人员是好的,是忠于人民的,但也存在着以权谋私、贪污腐败等问题。有的利用行政审批、政府采购、执法监督等方面的权力搞权钱交易,或参与干预企事业单位的经营活动谋取非法利益,甚至利用手中的权力索贿受贿;一些不法商人盯住行政管理者手中的权力,使出各种手段拉拢腐蚀,搞官商勾结,损害国家和人民的利益;有些行政部门工作人员在廉洁自律方面做得很不错,但精神状态不佳,两袖清风不干事,遇事推诿扯皮,该作为时不作为,这是失职渎职的表现。这些问题的发生,有个人品质原因,但同制度不够完善和权力缺乏监督约束有直接关系。

因此,只有加强行政监督的力度,才能从根本上解决滥用权力的问题,从而实现廉洁行政。我们必须发挥行政监督治懒、治庸的功能,促使他们勤政为民,多做好事。正如习近平总书记所指出的:要以踏石留印、抓铁有痕的劲头抓工作作风建设;要继续全面加强惩治和预防腐败体系建设,加强反腐倡廉教育和廉政文化建设,健全权力运行制约和监督体系,加强反腐败国家立法,加强反腐倡廉党内法规制度建设,深化腐败问题多发领域和环节的

改革，确保国家机关按照法定权限和程序行使权力。要加强对权力运行的制约和监督，把权力关进制度的笼子里，形成不敢腐的惩戒机制、不能腐的防范机制、不易腐的保障机制。①

（四）监督自由裁量权是否被违规滥用

自由裁量权是指行政部门及其工作人员在法律、法规、规章规定的范围内依据立法目的和公正合理原则自行判断行为的条件、自行选择行为的方式和自由做出相应决定的权力。也可以说，它是行政部门及其工作人员在法律明示授权或者消极默许的范围内，基于行政管理目的自由衡量、自主选择而做出一定的具体行为的权力。自由裁量权是社会、经济发展的必然产物，并且随着社会、经济的发展而不断扩大，以至于已成为当代行政管理中不可或缺的一种权力。自由裁量权可弥补立法的不足，使公共部门及其工作人员充分发挥积极性和主动性，从而卓有成效提高行政效率，更好地管理公共事务。

然而，在关注自由裁量权的合理性与必然性的同时，我们千万不能忽视它的负面影响和作用。由于各种主客观条件的影响，自由裁量权经常被滥用，以致产生了一系列负面效应，其中主要有：

（1）损害被管理对象的合法权益；

（2）助长官僚作风和特权思想；

（3）导致行政管理人员法律观念淡薄；

（4）使自由裁量行为反复无常、宽严不一；

（5）形成不良社会风气（如地方和部门保护主义、本位主义等），滋生腐败现象。

自由裁量权有可能成为行政管理者腐败的条件。研究发展中国家腐败问题的专家罗伯特·克利特加德（R. Klitgaard）在其著名的"腐败条件"公式中就明确指出这一点：腐败条件＝垄断权＋自由裁量权－责任制。这一公式的意思是：当官员享有垄断权和自由裁量权而又无须对权力的行使承担必要的责任或不须对滥用权力负责任时，官员便具备了从事腐败行为的条件。

大量事实表明，滥用自由裁量权与发生在行政部门及其工作人员中的腐败现象存在着必然的联系。因此，必须加强对自由裁量权的监督，特别是对

---

① 参见中共中央总书记、中央军委主席习近平2013年1月22日在中国共产党第十八届中央纪律检查委员会第二次全体会议上发表的重要讲话。

行政执法部门及其工作人员在执法活动中行使自由裁量权的监督,坚决杜绝违规滥用自由裁量权的行为。

二、行政管理内部监督体系

行政管理内部监督,是指上级行政机关对下级行政机关、专门行政监督机关对一般行政管理机关以及行政部门对其工作人员进行的监督,它是行政管理系统内部建立的检查、督促等自我约束、自我制衡等主体监督体系。其中,专门行政监督机关在中国主要是指行政监察机关和审计机关。

世界各国建立了形式各异的行政管理内部监督体系。在一些单一制国家,中央政府设有主管地方事务的机构,如日本的自治省,主要负责指导和监督地方政府实施法制,完成中央政府下达的任务,监督地方预算计划的制定并检查其完成情况。同时,由政府设立了监察机构,主要负责全面推进政府管理工作;了解公民意见、解决问题;通过对话,解决不良行为造成的后果。

在联邦制国家,如在美国,各州政府享有很大的自治权利,依法建立了一套地方监督体系。同时,政府各部门内设监察机关,其职责是监督本部门的审计和调查、指导协调本部门的工作,纠举违法行为,并提出改正措施。

另外,基于司法制度的不同,各国的内部监督体系构成也呈现出不同特点。以大陆法系为司法制度的欧洲大陆国家,一般在政府组织内部设立行政法院,审查和裁定政府机关公务人员的违法案件。英美法系国家,其行政管理中的违法案件,包括行政案件,由独立于行政部门的司法机关裁决。

相对于行政管理外部监督体系而言,行政管理内部监督体系具有独特的优势和特点,具体体现在以下三个方面:

第一,监督内容更具全面性。依据宪法和相关法律规定,权力机关对行政管理的监督涉及多个方面的内容。然而,由于权力机关的主要职责是制定法律,一般而言,人大代表对行政管理的运作缺乏充分而又深入的了解;权力机关的议事程序和运行机制也有内在的局限性;加之出于职责分工的考虑,实践中,权力机关对行政管理的监督更多的是在宏观上把握政府施政的整体情况。司法机关对行政管理的监督主要集中在政府具体行为的合法性方面,几乎不涉及对政府抽象行政行为的监督问题。

而行政管理系统的内部监督是建立在层级隶属的组织原则基础上的,上下级的领导—服从关系、上下级在管理目标上相当程度的一致性、行政管理机关层级控制的需要以及行政管理机关对自身或下级行政管理运作的熟悉，这些都使得行政管理系统内部监督可以在更为全面的范围内展开。

行政管理系统内部的监督既包括对具体行政行为和抽象行政行为的监督，也包括对行政行为合法性与合理性的监督，还包括对政府公务员的监督。

第二，监督方式更具多样性。相对于权力机关和司法机关的监督而言，行政管理系统内部的监督更具多样性。既可以依据职权采取积极主动的方式，也可以应相对人的申请被动地进行监督；既可以运用法定的正式的监督方式，也可以运用各种非法定的监督方式；既可以撤销违法或不当的决定，也可以直接变更违法或不当的决定；既可以通过法律的手段来惩罚做出违法行为的行政管理机关或公务员，也可以以内部纪律处分的形式来规范公务员行为。

第三，监督程序更具时效性。由于受到监督程序和监督方式的约束，权力监督和司法监督通常无法及时发现或处理行政管理中出现的违法或不当行为。而由于上下级的行政隶属关系和监督方式的多样性特征，使得行政管理内部监督可以更为及时、高效地发现并处理行政管理中出现的新情况、新问题。

当然，由于行政管理系统内部监督毕竟是一种自我监督，是由行政管理者自身来发现并处理行政管理过程中出现的违法或不当行政行为，这就违背了"任何人都不得做自己案件的法官"这一公认的原则，其公信力通常弱于权力机关、司法机关和其他监督主体所实施的外部监督。

在行政监督实践中，行政管理系统内部的监督通常很难避免或消除偏袒的可能性。即使行政管理系统内部的监督主体完全遵守相关法律法规，但由于监督权力本身的行使允许相当程度的自由裁量空间，监督机关也会出于尽可能减少违法或不当行政管理行为对行政管理带来的负面影响的考虑，从而无法完全满足合法利益受到损害的相对人的正当请求。

在中国，行政管理内部监督体系主要有一般监督、专门监督、行政复议和特种监督四种基本形式。

（一）一般监督

一般监督，是指基于组织层级和隶属关系，上下级行政管理机关之间、同级行政管理机关之间以及行政管理机关对其自身或所属公务员进行的监督活动。

行政管理是一个规模庞大、内容复杂的系统，为了实现管理目标，就必须将目标层层分解到各个部门直至各个公务员，逐级融合成大规模的复杂活动。所以，行政管理系统必须是一个金字塔式的层级机构，各层级之间界限分明，下级必须服从上级，上级有权监督下级，下级有权向上级反映情况或提出申诉。

中国实行双重领导体制，地方各级人民政府及其职能部门不仅要对本级权力机关负责，而且要服从上级人民政府及其职能部门的领导或业务指导。处于领导或业务指导地位的上级行政管理机关享有相应的监督权力；同时，各级人民政府及其职能部门也可以依据法律法规和工作纪律对其公务员进行监督。可见，此种监督是行政管理的内在需要，它有助于保障政令的畅通无阻和良好的工作局面。

从中国行政管理层级上看，宪法、法律所规定的一般监督主要有三种，即上下级之间的监督、一级政府内部平行机关之间的监督和行政管理机关对其自身或所属公务员的监督。

（二）专门监督

专门监督指在行政管理主体内部设置专门监督机关，即专门监察机关实行的监察活动。目前，我国行政管理专门监督中，最为核心、常用、有效的专门监督是国家行政监督机关实行的行政监察活动。国家行政监督机关以宪法和法律为依据，在我国县及县以上各级政府中都有设立。它在上级行政监督机关和所属人民政府的领导下，独立地行使监察权，只服从国家有关法律、法规和政策等，因而其监督地位具有公正性和权威性的特点。

中华人民共和国成立之后，中央人民政府政务院设立人民监察委员会，省级以上各级财政机关和国营财经企业部门设立监察室。1954年，国务院设立监察部，1959年第二届全国人民代表大会撤销了监察部，1986年，恢复设立监察部，1990年国务院颁布实施《中华人民共和国行政监察条例》，1997年《中华人民共和国行政监察法》正式颁布实施。

1. 行政监察体制

行政监察机关实行双重领导体制。实践中，中央、省级、市级和县级人民政府分别设立各自的监察机关。监察部主管全国监察工作，县级以上地方各级人民政府监察机关负责本地区的监察工作。地方行政监察机关同时对本级人民政府和上一级监察机关负责，而在监察业务方面以上级监察机关领导为主。值得注意的是，当前国家行政监察机关与中国共产党纪律检查委员会合署办公。

2. 行政监察形式

（1）检查监督执法情况。检查监督国家行政机关在遵守和执行法律、法规和人民政府的命令、决定中存在的问题。

（2）受理控告和检举。受理对国家行政机关及其公务员和国家行政机关任命的其他人员违反行政纪律行为的控告和检举。

（3）调查处理违纪行为。调查处理国家行政机关及其公务员和国家行政机关任命的其他人员违反行政纪律的行为。

（4）受理申诉。受理国家行政机关公务员和国家行政机关任命的其他人员不服主管行政机关给予处分决定的申诉，以及法律、行政法规规定的其他由监察机关受理的申诉。[①]

3. 行政监察权限

我国行政监察机关的权限包括：检查监察对象贯彻执行国家政策、法规的情况，查处其违法行为；受理对监督客体违法、违纪行为的申诉和控告；审议本级政府任命人员的纪律处分事项；教育监察对象遵纪守法；制定、颁布监察工作相关的规章、命令和指示。[②] 行政监察是行政监督中不可缺少的一种重要形式，它在确保政令通畅、维护行政纪律、推动廉政建设、促进行政管理等方面发挥着基础性作用。

（三）行政复议

行政复议是指行政相对人认为行政主体的具体行政行为侵犯其合法权益而依法向行政复议机关提出复查该具体行政行为的申请，行政复议机关依照法定程序对被申请的具体行政行为的合法性、适当性进行审查并做出行政复议决定的一种行政监督法律制度。国家十分重视行政复议，专门制定了《中华人民共和国行政复议法》，中共中央办公厅和国务院办公厅还于2007年初联合发出《关于预防和化解行政争议健全行政争议解决机制的意见》。

行政复议的目的是为了纠正行政主体做出的违法或者不当的具体行政行为，因此，它是一种行政自我纠错机制。我国各级行政机关普遍设立行政复议机构，这些机构及其人员做了大量工作，取得了重大成绩，其发挥的内部

---

① 参见《中华人民共和国行政监察法》第十八条。
② 参见《中华人民共和国行政监察法》第四章"监察机关的权限"。

监督作用也是相当巨大的。

加强行政复议工作,是化解社会矛盾、促进社会和谐的必然要求,是维护人民群众合法权益的重要途径,是建设法治政府的重要内容,是促进政府自身建设的重要手段。各级政府及各部门应在肯定成绩的同时,正视存在的问题,把行政复议工作做得更好,着重采取以下措施:

(1)必须坚持"以人为本、复议为民",忠实履行行政复议职责,依法、公正、高效地解决行政争议;

(2)必须畅通行政复议渠道,积极受理行政复议案件;

(3)必须提高行政复议的办案质量,努力做到"定纷止争、案结事了";

(4)必须创新行政复议方式方法,提高解决行政争议的效率;

(5)必须加强基层行政复议能力建设,提高行政复议总体水平;

(6)必须不断完善行政复议制度和机制,进一步规范行政复议行为。①

(四) 特种监督

特种监督是指行政管理主体内部依法实行的针对某种专门的行政管理活动进行的专业性监督,如审计监督、物价监督等。其中审计监督就是国家审计机关进行经济监督的一种活动,它有权依法对政府组织、企事业单位以及其他同国家财政有关单位的财政财务收支的真实、合法和效益进行审核、稽查的活动。如果发现有违法行为,审计机关有权责成有关单位予以纠正,并有权对其做出没收非法所得、处以罚款、停止财政拨款、终止银行信贷等处理。由于专业性监督主体在公共组织内部具有相对的独立性,它与被监督对象既无隶属关系,又无经济利害关系,从而使其监督具有较高的自主性、主动性和客观性。

1. 审计监督体制

中华人民共和国成立之后的很长一段时间,审计职能是由监察机关来行使的。1982年的宪法规定国务院设立审计机关,在国务院总理领导下,依法独立行使审计监督权,不受其他行政机关、社会团体和个人的干涉。随后,1988年的《中华人民共和国审计条例》、1994年的《中华人民共和国审计法》和1997年的《中华人民共和国审计法实施条例》相继出台,使中

---

① 参见华建敏《加强行政复议工作,促进社会和谐稳定》,载《求是》2007年第2期。

国的审计监督逐步走向规范化、制度化。实践中，审计机关实行双重领导体制，审计机关不仅对本级人民政府负责，更要对上一级审计机关负责，在审计监督业务上以上级审计机关领导为主。

2. 审计监督形式

审计监督主要有以下几种形式：审计本级政府各职能部门和下级政府预算的执行情况和决算以及预算外资金的管理和使用情况；审计监督中国人民银行的财务收支情况；审计监督国家建设项目预算的执行情况和决算；审计监督政府部门管理的和社会团体受政府委托管理的社会保障基金、社会捐赠资金以及其他有关基金、资金的财务收支情况；审计监督行政管理机关接受的国际组织和外国政府援助、贷款项目的财务收支情况；其他法律法规规定应当进行审计的行政管理机关财政、财务收支情况。①

3. 审计监督权限

审计机关履行监督职责的权限包括四个方面：调查权、强制权、建议权和出具审计意见与做出审计决定权。②

三、行政管理外部监督体系

行政管理外部监督，是指行政管理组织以外的各种监督主体对行政机关及工作人员的管理活动所进行的多渠道的、多种形式的异体监督。外部监督体系主要包括权力机关的监督、司法机关的监督、政党监督、社会监督等形式。

（一）权力机关监督

权力机关监督是指国家立法机关对行政管理机构及其活动实施的监督，是具有法律效力的最高层次的异体监督。由于世界各国的政体和国体不同，其国家权力机关的监督内容与模式也存在着差异性。

在三权分立的国家，立法权、司法权、行政权分别交由不同的国家机关行使，以实现权力的相互制约、相互监督。因而，通常被称为议会或国会的权力机关由选民选举的议员组成，行使立法职能并享有某种监督政府的权

---

① 参见《中华人民共和国审计法》第三章"审计机关职责"。
② 参见《中华人民共和国审计法》第四章"审计机关权限"。

力,同时它也被政府监督。

在实行"议行合一"的国家,国家权力机关拥有国家主权和最高的法律地位,在国家体系中居于核心地位,任何机关没有制约它的权力。例如,我国实行的是人民代表大会制度,这种制度的根本特点是国家的一切权力属于人民,人民通过选举人民代表大会的代表来行使国家权力,人民代表大会作为最高国家权力机关要对人民负责并接受人民的监督。在行政监督中,人民代表大会通过中央和地方各级人民代表大会及其常务委员会来实施监督权。由于各级人民政府、人民法院和人民检察院都由人大产生,并对人大负责和报告工作,因此,人民代表大会的监督既是代表人民意志和国家利益的监督,也是最高层次、最具权威以及享有最高法律效力的监督。

世界各国权力机关监督的方式主要有质询、诘问、不信任表决、弹劾、审批、调查等。

质询主要是指立法机关的成员在讨论会中就某个政府管理活动有关的问题向政府机关发问,并要求予以回答的做法,其目的是了解信息。

诘问是指以严肃而正式的提问与答复方式对政府组织进行的立法监督活动。

不信任表决是针对内阁制政府是否应当继续工作的议会表决。当国会议员对内阁制政府行为感到严重不满时,可采用不信任表决的方式促使政府官员辞职。

弹劾是指国会议员纠举违法失职的政府官员并罢免其职务的工作活动。弹劾的对象主要是各国的总统、副总统及高级公职人员。

审批是指国会对于政府的重大措施所进行的审查批准的活动。

调查是指各国国会在行使其立法职能的时候,都需要准确了解信息和资料,组织经常性的调查委员会从事信息和资料的收集工作。

我国由人民代表大会及其常务委员会对政府进行监督的主要工作方式有:

(1)听取和审议同级人民政府的工作报告,其中包括年度报告、财政预算报告、各项重大措施和政策报告、政府各部门负责人工作活动报告等。

(2)审查并撤销本级行政机关发布的不适当的法规、规章、命令和决议。

(3)向政府及所属部门提出质询和询问,发表意见,同级政府组织的有关人员必须负责答复。

(4)视察和检查政府工作,处理公民对政府的申诉、控告和检举。《宪法》第四十一条规定：中华人民共和国公民对于任何国家机关和国家工作人员，有提出批评和建议的权利；对于任何国家机关和国家工作人员的违法失职行为，有向有关国家机关提出申诉、控告或者检举的权利。当公民向国家权力机关提出对政府的申诉、控告和检举时，除了与人民代表联络以外，还可以诉诸各级人大常委会内设的信访机构。权力机关的信访机构通过处理公民的来信来访，发现政府工作存在的问题，以督促其改进。

（5）罢免政府组成人员。我国政府组成人员都是由各级权力机关选举或任命产生，权力机关可以进行多种形式的监督，如提出批评、建议、意见或进行评议，其中罢免则是最为严厉的惩戒方式。《宪法》第六十三条规定：全国人民代表大会有权罢免国务院总理、副总理、国务委员、各部部长、各委员会主任、审计长、秘书长。而《中华人民共和国地方各级人民代表大会和地方各级人民政府组织法》第十条规定：地方各级人民代表大会有权罢免本级人民政府的组成人员。

（二）司法机关监督

司法机关的监督是指国家司法机关作为监督的主体对机构及其活动实施的强制性的监督活动。司法监督是一种兼具公正性与合法性的监督形式，对于保障国家法制秩序的稳定、完善法制建设都有重要意义。其监督主体与监督内容都由国家法律明确规定，具有特定性。这种监督形式的重点是监督行政管理主体及其人员具体行为的合法性，其监督主体主要是国家检察机关和国家审判机关即国家法院，这两种机关的监督活动构成了司法机关监督的主要内容。可以对行政立法进行审查。目前，世界各国的司法监督实践主要包括两个方面：

（1）由专门的宪法法院或普通法院系统对政府颁布的行政管理法规和行政措施进行审查，以判断其是否违反宪法。

（2）由司法机关对政府管理有关的行政纠纷进行审理和裁判，以维护当事人的合法权益，即行政诉讼和行政裁判。在我国，司法机关是指人民法院和人民检察院，它们对政府机关及公务员的具体的、违法的行政行为行使审判权和检察权。

我国人民法院作为国家的审判机关，通过审理、判决与行政管理组织机构及其人员相关的案件，处罚违法犯罪的行政管理人员的行为，对行政管理活动实行监督。人民法院监督的具体方式有：

（1）对刑事案件进行审理和判决，依法追究行政管理主体及其工作人员在刑法案件中所应负的违法、侵权的刑事责任；

（2）对民事案件进行审理和判决，依法追究行政管理主体及其工作人员在民事活动中所应负的违法、侵权的民事责任；

（3）对行政案件进行审理和判决，依法追究政府管理主体及其工作人员在行政活动中所应负的违法、侵权的行政责任，保证行政工作的公正合法进行；

（4）通过司法建议通知书、司法建议书等形式，向有关机构及其主管部门提出改进工作的意见和建议。

我国人民检察院作为国家的法律监督机关，肩负着维护国家法制的职责，主要通过对行政管理组织机构人员触犯法律的罪行和利用职权犯罪的事件进行侦查、批捕和提起公诉来实施监督。检察机关的具体监督方式有：

（1）对行政管理中触犯刑法的管理主体及其工作负责人进行批捕和提起公诉，以此来实行监督；

（2）对利用职权徇私舞弊、贪污受贿、失职渎职以及重大责任事故之类的案件进行调查、批捕和提起公诉，履行监督职能；

（3）依法监督刑事案件的判决、判决的执行以及监狱、看守所、劳改劳教机关的行为是否公正合法；

（4）对专门负责侦察的公安机关的侦察活动的过程实行监督，保证侦察工作的合法性与公正性。

（三）政党监督

政党是当今世界各国政治中最重要的组成部分，它在监督领域中占有重要的地位。在西方实行两党制和多党制的国家中，政党对行政的监督主要是通过两个方面来进行的：制造社会舆论来支持或反对政府的某些决策和行为；政党议员代表本党利益对政府工作进行监督。

我国的政党监督与西方国家的两党制或多党制的政党监督不同。我国实行的是以共产党领导的、多党合作的政党制度，相应的，我国的政党监督以共产党监督为主，各民主党派监督为辅。中国共产党是我国的执政党，对行政管理实行监督是党不可回避的政治责任，其作为执政党的长期执政地位和基于历史功绩形成的领导权威为其监督行为提供了合法性与政治支持。中国共产党从中央到地方各级党、党的纪律检查委员会组织以及广大党员对行政管理组织进行的监督，是中国共产党作为执政党实行领导的一种重要方式。它具体通过以下三个方面来实现监督：

(1) 通过制定正确的路线、方针和政策来规定行政活动的方向；

(2) 通过党的纪检机关检查处理组织中党员的违法违纪行为；

(3) 通过对党员的教育，促进和保证公共组织中的公务人员依法办事，自觉履行党的义务和职责，充分发挥党员先锋模范作用。

当然，我国的政党监督中也包括了各民主党派对政府及非政府组织行政管理活动的监督。各民主党派在中国共产党的领导下，对行政管理主体的活动进行监督，成为行政管理外部监督体系的一个重要组成部分。民主党派的监督是政治上民主的体现，它在一定程度上是对民主党派代表的特定阶层和范围的民众利益的尊重。

民主党派通过下面几种方式来监督行政管理活动：以人民政协的方式实行监督；通过其在人民代表大会中的代表来监督政府工作，对政府工作提出批评和建议；出席国务院和地方各级政府召开的重要会议，提出自己的意见和建议；向国家高层领导人直接提出意见和建议，如民主党派的领导人定期与国家领导人进行会晤，就某些重要的问题交换意见；民主党派党员作为国家公民，还可以通过其他途径实行监督。

(四) 社会监督

社会监督是指由各种社会组织和团体及公民作为监督的主体对行政机关及其活动实施广泛监督的活动。人民主权理论和社会契约理论告诉我们，公共权力来源于公民权利的让渡。因而，社会的各种组织、团体及人民群众有权对行政管理机构及人员的一切行为实施监督，这也是公民行使权利、参与管理的一种形式。虽然这种监督不具有任何法律强制力，不能直接改变和撤销行政管理机构的决定和行为，但这种监督的广泛性和灵活性仍然会对行政管理机构的权力形成一定的制约作用。

社会监督一般包含以下三方面内容：

1. 社会团体的监督

社会团体的监督是指各种社会团体作为监督的主体对行政管理实行监督的活动。社会团体是指由公民或单位自愿组成，为了实现其成员的共同意愿，按照有关国家规定及组织章程开展活动的非营利性社会组织。社会团体按照其成立的宗旨和所处的行业来划分，可分为三大类：

(1) 群众性组织，主要包括全国各级共青团、全国各级工会、全国各级妇女联合会以及其他群众性自治组织。

(2) 行业性组织，主要是指全国性和地方性的工商联合会、文学艺术界联合会、科学技术协会、记者协会、个体劳动者协会等。

（3）公益性组织，主要是指消费者权益保护协会、红十字会、环境保护协会、慈善组织等。

社会团体具有自愿性、非营利性、非政府性、自治性和开放性等特征。因此，社会团体监督是民主社会的产物，是基于宪法规定的各项公民权利和结社权以及普遍的人权来获得合法性支持，体现了国家对公民主权的尊重。

2. 公民的监督

公民的监督是指公民作为监督的主体，按照宪法和法律所规定的公民权利，对行政管理实行监督的活动。这种监督是公民民主权利的体现，是在民主的基础上实现公民权利对政府权力的制约。公民监督是社会监督中最经常、最普遍的一种监督。《宪法》第四十一条明确规定："中华人民共和国公民对于任何国家机关和国家工作人员，有提出批评和建议的权利，对于任何国家机关和国家工作人员的违法失职行为，有向国家机关提出申诉、控告或者检举的权利。"

我国公民对行政管理实行监督的方式主要有：通过信访对行政管理活动实行监督；通过人民代表向行政管理机构提出批评、建议对行政管理活动实行监督；通过向人民法院提出诉讼对行政管理活动实行监督；通过向有关机关提出申诉、控告、检举等方式实行监督。

我国接受公民监督行政管理的途径主要有："现场办公""市长热线电话""价格听政""网络问政""政务微博"① 等。

3. 社会舆论的监督

社会舆论监督是指社会公众通过各种大众传播媒介形成舆论来对行政管理机构及其活动实施监督的活动。这项监督是宪法赋予社会公众的一项公民权利，从根本上来说是民主社会中新闻自由和公民享有的言论自由的必然延伸。公民可以利用新闻自由和言论自由，通过现代社会中覆盖面广泛的报纸、刊物、广播、电视、网络等大众传播媒介对行政管理主体及其工作人员的管理行为发表评论，提出意见和建议，并对行政管理实行监督。

由于大众传播媒介通常具有信息量大、传播速度快、反映迅速和覆盖面广等特点，因而，社会舆论监督也体现了社会影响力大、迅速及时、覆盖面

---

① 政务微博，是一种新型的自媒体形式，是政府机构、行政人员信息发布、了解民意、汇集民智和政民沟通互动的重要平台，是社会监督、网络问政的重要方式。目前，我国政务微博已颇具规模，并日益在中国社会和公共事务的治理中发挥着重要的作用。

广以及公开透明等监督特点,在行政监督中发挥着重要作用。西方国家将其视为与立法、行政、司法三权并立的第四权力,甚至视其为制约三权的权力,被誉为"无冕之王,布衣宰相"。各国通过立法保障公共舆论的自由,使新闻媒体成为特殊的监督主体。

随着我国对外开放事业的不断发展和新闻媒体业的兴起,新闻媒体对行政管理机构及其人员行为的监督正日益扩大。近年来,许多违法、违纪案件的调查和处理,就是在新闻舆论的帮助和支持下进行的。新闻媒体通过公正、客观、负有责任心的舆论监督,对揭示行政管理工作的失误、纠举公务员的违法失职行为、评价公共决策、增强行政管理工作的透明度、消除官僚主义和腐败现象等,起到了无法替代和积极的监督作用。

四、构建权威高效的监督体系

习近平总书记在中纪委十八届六中全会上指出"要坚持党对党风廉政建设和反腐败工作的统一领导,扩大监察范围,整合监察力量,健全国家监察组织架构,形成全面覆盖国家机关及其公务员的国家监察体系",并强调"要做好监督体系顶层设计,既加强党的自我监督,又加强对国家机器的监督"。2017年10月18日,习近平总书记在党的十九大报告中又明确指出:"构建党统一指挥、全面覆盖、权威高效的监督体系,把党内监督同国家机关监督、民主监督、司法监督、群众监督、舆论监督贯通起来,增强监督合力。"这些论述深刻阐明了法治框架下深化国家监察体制改革的基本思路和方向。

构建统一的国家监督机构,健全国家监察组织架构,适应未来的发展需要,将监察部、国家预防腐败局、反贪污贿赂总局共同组建为统一的国家监督机构——国家监察委员会。明确中央纪委书记领导国家监察机构的工作,明确一名中央纪委副书记担任国家监察委员会主要负责人。省、市、县参照中央体制格局设置相应机构,国家监察委员会领导地方各级监察委员会工作。2018年2月,全国省、市、县三级监察委员会全部组建完成。3月18日,十三届全国人大一次会议第六次全体会议,杨晓渡当选为中华人民共和国国家监察委员会主任。按照机构设置科学、人员配备合理、装备手段先进的要求构建反腐败国家监察体系,需要在《宪法》中明确国家监察委员会的法律地位,并制定《国家监察委员会组织法》《反贪污贿赂法》,以明确国家监察机构的组织体系和职权配置。

构建统一的国家监督机构，核心是要改变监督权配置模式，包括：

（1）在健全国家监察组织架构的基本思路方面，要坚持党的统一领导，扩大监察范围，整合监察力量，形成全面覆盖国家机关及其公务员的国家监察体系。

在我国人民代表大会制度和"一府两院"的权力结构中，监察组织隶属政府，国家监督职能是通过行政权派生的监察权、检察权派生的侦查权来实现的。健全国家监察体系，就要改变监督权的配置模式，将部分审计、监察、侦查等执法权能从行政权和检察权中分离出来，提升整合为集中统一的国家监督权，在国家层面上拓展和丰富监督对象及监督内容。

（2）在健全国家监察组织架构的基本职能方面，国家监察体系设计既要体现党的绝对领导，从组织体制上确保国家监察职能在纪委负责的框架下开展，又要体现人民主权原则和人民代表大会制度，由人民代表大会选举产生。

建立国家监察机构，意味着进一步调整现行纪检监察合署办公体制，明确监察机构的国家职能。纪律检查职能属于党内监督，在参与党的领导过程中实施，以保证党的先进性、纯洁性；国家监察职能属于国家监督，在参与国家机器运行中实施，以确保国家机关及其公务员廉政勤政。

（3）在健全国家监察组织架构的基本要求方面，既要加强党的自我监督，又要加强对国家机器的监督。

现行的国家监督体制为党风廉政建设和反腐败斗争的深入开展提供了有力的政治保障和组织保证，特别是随着纪检监察体制改革的深入，党委主体责任和纪委监督责任得到落实，党的自我监督空前加强。但是，对国家机器和公务员的监督还不尽人意。

（4）在健全国家监察组织架构的基本原理方面，确保国家政权的人民性，是中国共产党的执政使命。

无论是党的领导权还是国家政权，都要服从人民的意志，受人民意志的约束。改革我国反腐败机构体制，健全国家监察组织架构，就是将党的反腐败意志转化为国家意志，从而支配国家监督权力对国家机器和公务员是否"为人民谋利益"而实施监督。

第三节 我国行政监督机制的完善

行政监督机制,是指由行政监督的主体、对象、内容、程序、方式、手段等要素构成一体,以及各要素之间相互依存、相互制约和相互作用的关系。完善我国行政监督机制,可以协调各行政监督子系统的功能和作用的发挥,减少和避免各监督主体之间的摩擦与冲突,使各监督主体相互配合、相互制约,形成结构合理、功能互补、和谐统一的监督体系。

一、我国行政监督机制存在的问题

完善我国行政监督机制,就是要协调各行政监督子系统的功能并发挥其作用,减少和避免各监督主体之间的摩擦与冲突,使各监督主体相互协调配合,形成结构合理、功能互补、和谐统一的监督体系。行政监督机制,是指由行政监督的主体、对象、内容、程序、方式、手段等各要素之间相互依存、相互制约和相互作用所构成的有机联系。随着国家治理体系和治理能力现代化的推进,如何克服当下以纪检监察为主导、检察司法为保障的公共管理监督模式的弊端,是值得深思的重大问题。

1. 监督机构内在动力不足

行政监督工作最终是依靠监督人员来完成的,而监督机构能否有效地实施监督,很大程度上取决于监督人员的主观能动性。这种主观能动性主要取决于三个方面:一是道德规范;二是责任机制;三是激励机制。目前,我国监督机构的内在动力主要依赖于监督人员的道德水平,缺少有效的责任机制的约束,内在的精神力量和外在的制度力量缺乏有机结合。同时,在我国行政监督体系中,责任机制也是不健全的,各项监督机构的工作业绩缺乏科学的考核和有效监督,没有建立相应的奖惩机制和责任追究制度。

2. 监督体系设置不合理

经过多年的建设,当前我国的行政监督体系已形成一个主体多元、内容广泛、多层次的系统,发挥了很大的作用。但是,由于监督责任体系的构建、制度设计以及具体实施过程中的各种主客观因素的影响,并未形成一个明确的核心,各种监督机构不能组成一个整体,内外监督各不相属,国家监督与社会监督脱节，监督合力较弱，"漏监""虚监""难监"等现象还不同程度地存在，主要是各种监督形式本身还存在着明显的缺陷和不足。一方面，我国公共部门及其所属人员受到多重监督，例如，党的纪律检查委员会有责任对党的公职人员进行监督，政府的监察机关负责对政府官员及政府任命的其他人员的监督，有犯罪嫌疑的公共管理人员同时还受司法监督，各级人民代表大会则要对政府组成人员和司法机关的主要领导进行监督。另一方面，我国各个监督机构分别隶属于不同的管理系统，立法监督属于人民代表大会，司法监督属于法院和检察院，行政监督属于政府。由于各个监督机构在体系上没有形成一个统一整体，因此在监督体系中群龙无首，缺乏必要的沟通和协调，相互之间推诿扯皮事件时有发生，严重影响了监督机构应有的威信，也弱化了我国监督机制的整体效能。具体表现为：

第一，监督机构力量分散，惩防不力。国家监督职能分散于各级纪检监察机关、政府的预防腐败局、各级检察机关的查办和预防职务犯罪机构，这些机构职能重叠、边界不清，难以形成合力，且执行法律不一、执行标准不一，很难形成稳定、规范而高效的配合衔接机制。现有的行政监察体系、司法监察体系，其监察法制碎片化，监察对象存在盲区，特别是行政监察针对的只是狭义政府，而非广义政府，无法做到监察全覆盖，造成了有很多漏网之鱼的现象。在我国，80%的公务员、95%以上的领导干部都是共产党员，党内监督和国家监察既具有高度内在一致性，又具有高度互补性。创设从国家到县一级的监察委员会，让其代表党和政府行使监察权，将实现由监督"狭义政府"到监督"广义政府"的转变，实现监察对象和监察范围"不留死角""不留盲区"，确保公职人员行使人民赋予的权力始终用来为人民谋利益。

第二，监督机构隶属地方和部门，独立性有待加强。现行反腐体制中，监督权是行政权和检察权派生的权力，国家没有统一集中的监督权。从党的十八大以来查处的68名省部级官员犯罪案件看，均与反腐监督缺乏独立性有关。监督机构隶属地方和部门，其功能受到限制，腐败行为的发现机制失灵、防范机制失效、惩治机制乏力，同级监督形同虚设。由此而致最大的危害是，无法对地方和部门领导进行日常监督，只能寄希望于中央查处，一旦中央监督不到位，极易"养虎贻患"。

第三，反腐败刑事司法呈同体监督，司法反腐公信力存在隐性流失。刑事司法关乎公民资格权、自由权和生命权，现代文明国家均选择侦查、起诉、审判三个独立主体相互制约的体制。我国实行公、检、法相互制约、相互配合的宪法原则，就是对刑事诉讼领域权力制约的体制设计。但在腐败犯罪刑事司法上，职务犯罪侦查权与审查起诉权同属检察机关，出现侦查与起诉同体格局。这种同体监督在一定程度上造成了司法反腐公信力的隐性流失，与异体监督在效果上也存在极大差异。

第四，执纪执法边界不清，存在以纪代法现象。腐败案件的法定侦查机构是检察机关，但检察机关借助党纪"双规"措施调查取证，以纪检身份进行初查，长期以来成为常态。这不仅造成了案件调查的权责不对称，而且淡化了执纪与执法两种截然不同的职责属性，并饱受规避法律诟病。据统计，新刑事诉讼法实施后，职务犯罪案件起诉、审判中作非法证据排除的有68%是"双规"获取的。

3. 法律制度不健全，监督缺乏可操作性

公共管理监督立法是建立和完善监督机制的前提和保证。监督主体的监督职能，必须以一定的法律法规为准绳，并通过一定的方式和程序来实现。有关监督的法律法规既是对行政监督权力及其行使的规范，又是对这种权力及其行使的保障。目前，我国实施监督所必需的法制规范还很不完备，缺乏明确的监督标准和具体的实施细则，难以准确判断和及时纠正监督对象的违法行为，使具体的监督活动无法可依、无章可循，缺乏可操作性，无法行使监督权力，同时又会造成对监督权力缺乏有效约束的现象。这就难免导致监督的盲目性和随意性。例如，就人民监督而言，我国宪法中规定的有关人民的监督权利还没有通过专门法律加以具体规定，监督权利的行使还缺乏法律设定的可操作性程序。这样，人民对公共管理的监督就受到很大的限制。为此，有必要尽快健全监督法律法规，增强监督的可操作性，使监督真正落到实处。

4. 权力机关监督的实际效力比较小

人民代表大会是国家权力机关，享有至高无上的权力，有权对一切国家行政机关实施全面监督。人大对行政机关及其工作人员的监督，是最高层次、最有权威的监督，其监督应该最具有权威性和强制性。但在实际运行过程中，人大监督的实际效力比较小。这是因为：第一，人大在实施监督时缺乏具体的法律作保障。尽管宪法和有关法律赋予了它重要的监督地位和权力，但现行法律只对监督的内容、范围和形式做了原则规定，而对行使监督的程序和违法行为的法律责任没有明确规定，使人大实施监督有时无章可循，无法操作，难以落到实处，导致人大监督搞"形式"、走"过场"。第

二，人大自身的工作制度也影响其监督效果。以全国人大为例，由于实行会期制，每年的会期只有十几天的时间，在此期间，代表们要讨论决定国家政治、经济和社会生活诸多领域的重大问题，很难有足够的时间和精力充分审议政府在各个方面的工作，全国人大常委会虽然是常设机构，但常委们大多身兼数职，在常委职务外还有正式职务，不能有效地行使监督权。第三，权力机关所能获取的相关信息非常有限，政务公开程度较低，形成严重的信息不对称。第四，人大代表的素质不能完全适应监督的需要。在实际政治生活中，由于非专业的人大代表自身的政治、业务素质问题，导致实际的参政议政能力不强，监督工作的基础不扎实，使得人大一年一次会议对公共管理的监督作用有限，缺乏经常性的监督和足够的监督力度。

5. 新闻舆论和人民监督的实际效力弱

新闻舆论和人民监督属于社会监督的范畴，当二者平衡时，社会权利能有效制约公共权力。但由于中国是一个在历史上缺少民主传统的国家，加之公共管理的制度、程序、行为活动公开化机制不健全，透明度不高，监督渠道不畅，仍会表现出社会权利依附公共权力的现象。即使依宪法对公共管理过程进行监督，但由于没有规范的监督途径和确定的法律效力，以至于不能对公共权力产生应有的约束力。

二、完善我国行政监督机制的措施

从我国行政监督体系中存在的主要问题分析，要提高我国行政监督体系的整体效能，维护监督主体的独立性和权威性，应采取以下措施：

1. 强化监督机构的动力机制

强化监督机构的动力机制，一是要全面提高监督人员的素质，加强道德自律教育，包括进行理想、信念教育和权力观教育，弘扬先进，树立爱岗敬业的奉献精神。二是要明确监督主体的职责与责任，建立和完善责任追究制度，包括责任确定机制和责任奖惩机制，并与晋升任用制度和物质利益分配政策紧密结合。这样，促使监督主体形成强大的压力和动力，驱使监督主体高效地实施监督。

2. 建立行政监督体系的协调机制

只有建立监督体系的协调机制，使隶属于各系统的监督主体互相配合，协调一致，形成合力，才能充分发挥行政监督的整体功能，取得良好的监督效果。具体要做好两方面工作：一是要从加强监督立法入手，从法律上具体规范和明确各监督主体的地位、职责、权限，以及监督活动的范围、方式和程序等，建立监督主体之间以及监督主体与客体之间的责任、利益、权利、义务相统一和相协调的关系，形成一个全方位、多层次、强力的行政监督体系网络。加强监督的总体规划和避免不同监督机制间的重叠和冲突，增强其整体合力，使不同主体的监督体系各司其职、各负其责，明确监督目标。二是为了更好地加强各监督主体的整合，应建立一个专司行政监督协调的权威机构，赋予其相对独立的地位和较大的权威来统一协调各个监督主体对公共权力的监督问题。监督的独立性是保证监督公正性的前提，较大的权威则可以打破行政运行监督机制长期失衡的状态，并能对各监督主体进行综合指导和协调，使它们在监督过程或在有些案件受理、调查、移送、处理方面能互通情况、互相配合，形成有机整体，发挥整体效能。

3. 健全和完善行政监督法律机制

健全和完善行政监督的法律机制，从总体上说，要在行政监督立法、守法、执法三个环节齐抓共管。具体说来，就要制定一系列专门用于监督的法律，既要制定实体法规，还要制定监督程序法。这些法律中会明确监督的主体、监督的内容、监督的手段和方法，以及可操作的公共管理监督的程序等，使监督纳入法制化的轨道，形成科学、合理而又完善的监督机制。只有完善监督法制，才能为健全行政监督法律机制，依法实行行政监督提供基本的规范程序和保障。因此，党的十九大报告强调："制定国家监察法，依法赋予监察委员会权限和手段，用留置取代'两规'措施。"

4. 强化人大监督机制

人大及其常委会是代表人民行使国家权力的机关，行使对公共权力的监督职能，它是以人民作后盾，以国家强制力为保证的国家权力的监督。强化人大监督机制是制约公共权力的重要途径。具体说来，一是要健全组织机构，如建立人大监督委员会等专门监督机构，以担负起日常监督工作，保证人大监督权的落实；二是要提高人大代表素质和监督能力，如通过培训等方式，让人大代表和人大常委会成员熟悉有关监督的法律、法规，了解监督的形式、程序和方法，引入公开竞争机制，选举人大代表，弱化代表荣誉感，强化责任感和使命感；三是要加强人大代表的质询权、罢免权等监督权的落实，提高制约和监督力度；四是改进监督方式，变被动监督为主动监督，变抽象监督为具体监督，变一般监督为重点监督，尤其是需要把公众关心的热点或者焦点问题作为人大监督的重点，提高监督质量和效果。

5. 完善新闻舆论和人民监督制约机制

充分发挥新闻舆论的监督作用，一是要加强新闻立法，以法律形式明确规定舆论的监督权、审稿权、批评权和采访、报道程序、方法以及侵权责任等，从而为舆论监督提供法律保障，使舆论工作者能更好地依法履行监督职责。二是要实现舆论监督与其他监督相结合。舆论监督是一种非权力型监督形式，其有效性需要通过权力监督机制的制衡才能真正得以实现。因此，权力机关监督、司法监督以及政府部门内部专门监督，既要充分重视舆论监督的作用，又要善于主动从舆论揭露出的问题中发现重要案件线索进行有力查处。

充分发挥人民监督的作用，一是要强化人民监督的法律保障，通过制定专门法律，确立人民监督的法律地位，明确人民监督的权限和程序，使之能够依法行使监督权，并受法律应有的保护。二是要进一步提高公共管理机构工作的公开性和透明度，建立更广泛的公开办事制度，使社会各界切实参与到监督活动中，从多方位直接实施监督。三是要继续加强信访举报工作，要从完善人民信访举报的体系和网络，健全保护和保密制度，健全举报奖励反馈机制等制度和机制上保证言路畅通、举报有门，保护举报者的合法权限，使举报者免受打击报复，维护正义。四是要科学推行群众评议、领导干部任前公示制等制度。

6. 深化国家监察体制改革

党的十九大报告明确指出："深化国家监察体制改革，将试点工作在全国推开，组建国家、省、市、县监察委员会，同党的纪律检察机关合署办公。"因此，国家监察体制改革是事关全局的重大政治改革，是国家监察制度的顶层设计，是推动全面从严治党向纵深发展的重大战略举措，对于健全中国特色国家监察体制，强化党和国家自我监督具有重要意义。国家监察是对公权力最直接的监督，监察全覆盖和监督的严肃性、实效性，直接关乎党的执政能力和治国理政科学化水平。监察体制改革坚持问题导向，着力解决行政监察覆盖范围过窄、反腐败力量分散、纪律与法律衔接不畅等问题，实现国家监察理念思路、体制机制、方式方法的与时俱进，将有效提升运用法律治理国家的能力，把制度优势转化为管理国家的效能。深化国家监察体制改革、制定国家监察法，体现了全面从严治党与全面深化改革、全面依法治国的有机统一，也充分体现了坚持党的领导、人民当家做主、依法治国的有机统一，必将推进国家治理体系和治理能力现代化。深化监察体制改革，要通过整合行政监察、预防腐败和检察机关查处贪污贿赂、失职渎职以及预防职务犯罪等工作力量，成立各级监察委员会，形成全面覆盖国家机关及其公务员的国家监察体系，根本目的是加强党对反腐败工作的集中统一领导。因此，深化国家监察体制改革，涉及政治权力、政治关系的重大调整，是政治体制的重大改革、国家监督制度的顶层设计，也是坚持和完善人民代表大会制度的重要举措。

习近平同志在党的十九大报告中指出："深化国家监察体制改革，将试点工作在全国推开，组建国家、省、市、县监察委员会，同党的纪律检查机关合署办公，实现对所有行使公权力的公职人员监察全覆盖。"为了贯彻落实党的十九大精神，根据党中央确定的《关于在全国各地推开国家监察体制改革试点方案》，第十二届全国人民代表大会常务委员会第三十次会议决定：在全国各地推开国家监察体制改革试点工作。具体内容包括：

（1）设立监察委员会，行使监察职权。按照《全国人民代表大会常务委员会关于在全国各地推广开展国家监察体制改革试点工作的决定》规定，在各省、自治区、直辖市、自治州、县、自治县、市、市辖区设立监察委员会，行使监察职权。将县级以上地方各级人民政府的监察厅（局）、预防腐败局和人民检察院查处贪污贿赂、失职渎职以及预防职务犯罪等部门的相关职能整合至监察委员会。监察委员会由本级人民代表大会产生。监察委员会主任由本级人民代表大会选举产生，监察委员会副主任、委员由监察委员会主任提请本级人民代表大会常务委员会任免。监察委员会对本级人民代表大会及其常务委员会和上一级监察委员会负责，并接受监督。

（2）监察委员会的职权。监察委员会按照管理权限，对本地区所有行使公权力的公职人员依法实施监察；履行监督、调查、处置职责，监督检查公职人员依法履职、秉公用权、廉洁从政以及道德操守情况，调查涉嫌贪污贿赂、滥用职权、玩忽职守、权力寻租、利益输送、徇私舞弊以及浪费国家资财等职务违法和职务犯罪行为并做出处置决定；对涉嫌职务犯罪的，移送检察机关依法提起公诉。为履行上述职权，监察委员会可以采取谈话、讯问、询问、查询、冻结、调取、查封、扣押、搜查、勘验检查、鉴定、留置等措施。

（3）监察委员会的性质。监察委员会实质上就是反腐败工作机构，和纪委合署办公，代表党和国家行使监督权，既不是行政机关也不是司法机关，是政治机关。按照《全国人民代表大会常务委员会关于在全国各地推开国家监察体制改革试点工作的决定》规定，监察委员会按照管理权限，对本地区所有行使公权力的公职人员依法实施监察。

为实现对本地区行使公权力的公职人员监察全覆盖，主要监察以下六大类人员：第一，国家公务员法所规定的国家公职人员；第二，由法律授权或者由政府委托来行使公共事务职权的公务人员；第三，国有企业的管理人员；第四，公办的教育、科研、文化、医疗、体育事业单位的管理人员；第五，群众自治组织中的管理人员；第六，其他依法行使公共职务的人员。

第十四章

公共危机管理

行政管理的一个重要任务在于缓和各种社会冲突、建立与维护公共秩序。因此,从构建和谐社会、保持社会稳定的角度出发,各级政府都必须将公共危机管理纳入行政管理范畴,增强危机意识,提高危机应对能力,建立、完善公共危机管理体系,从而最大限度地避免或限制公共危机给社会带来的负面影响。

第一节 公共危机管理概述

伴随着现代社会危机四伏与危机事件频发的状态,公共危机管理已成为社会与学界的热门话题。恰当、有效地应对公共危机的前提,是对危机的基本概念、基本类型及基本状况有清晰的认识和深刻的分析。

一、公共危机管理的基本概念

(一) 危机

在英文韦伯辞典中,"危机"被定义为"有可能变好或变坏的转折点或关键时刻"。[①] 而中文的"危机"或许更为简洁且恰如其分地表达了危机的内涵——"危险与机遇并存"。

研究危机的先驱查尔斯·赫尔曼(C. F. Hermann)认为:"危机是威胁到决策集团优先目标的一种形势,在此形势中决策集团做出反应的时间非常

---

① 薛澜、张强、钟开斌:《危机管理——转型期中国面临的挑战》,清华大学出版社2003年版,第25页。

有限，且形势常常向令决策集团惊奇的方向发展。"① 他认为危机事件的发生通常有三个认定标准：一是突发性；二是威胁性；三是决策时间短。②

而尤里埃尔·罗森塔尔（Uriel Rosenthal）等人在其基础上提出：危机是对一个社会系统的基本机制和行为准则架构产生严重威胁，并且在时间压力和不确定性极高的情况下必须对其做出关键决策的事件。③ 主要从管理决策角度强调危机是一种特殊的决策过程，要求决策者对"形势"的准确判断与迅速反应。

（二）公共危机与突发公共事件

公共危机是严重威胁与危害社会公共利益，并引发社会混乱和公众恐慌，需要以政府为主体的公共部门介入，运用公共权力、公共政策和公共资源紧急应对和处理的危险境况和非常事态。

国内学术界与实践部门常用的另一概念是"突发公共事件"。国务院2006年1月8日发布的《国家突发公共事件总体应急预案》对突发公共事件的定义是：突发公共事件是指突然发生，造成或可能造成重大人员伤亡、财产损失、生态环境破坏和严重社会危害，危及公共安全的紧急事件。2007年11月1日起施行的《中华人民共和国突发事件应对法》指出："突发事件是指突然发生，造成或者可能造成严重社会危害，需要采取应急处置措施予以应对的自然灾害、事故灾难、公共卫生事件和社会安全事件。""公共危机"与"突发公共事件"这两个概念既有联系又有区别。两者均强调"公共性"，专指公共领域的突发危机事件。"突发公共事件"这个概念更突出的是事件发生的不可预测性和结果的不确定性；而"公共危机"作为特殊的危机类型，同样是以"突发性"作为认定标准之一，但相对"突发公共事件"这个概念而言相对弱化了"突发性"的特征，公共危机可以是一起突发事件，也可以是一种渐进的过程和态势。但一般而言，公共危机往往也是以某一事件为契机或导火线，即通过偶然的、独特的突发事件的形式引发。因此可以说，"公共危机"与"突发公共事件"的内涵基本一致，但

---

① 转引自中国现代国际关系研究所危机管理与对策研究中心《国际危机管理概论》，时事出版社2003年版，第5页。
② 转引自吴宜蓁《危机传播：公共关系与语艺观点的理念与实证》，苏州大学出版社2005年版，第17～18页。
③ Rosenthal Uriel, Charles Michael T., ed. *Coping with Crises: The Management of Disasters, Riots and Terrorism* \ ［M\］. Springfield: Charles C. Thomas, 1989, p.10.

"公共危机"的外延比"突发公共事件"稍大。

有学者认为"突发公共事件是从公共行政管理角度研究危机的专用术语",① 但本书仍选择"公共危机"这一概念,主要出于以下考虑:首先,"公共危机"引申自"危机"概念,更为明确地表达了公共危机是危机的一种特殊类型;其次,相对于"突发公共事件","危机"(crisis)与"公共危机"(public crisis)在国际学术界更为通行,在西方的危机管理(Crisis Management)日臻成熟的情况下,有必要借鉴西方的优秀学术成果,并结合中国社会的实际情况来进行公共危机管理研究。因此,使用"公共危机"这个概念有利于将我们的探讨置于国际语境中。当然,国内关于"突发公共事件"的众多学术成果也将是我们借鉴与讨论的重要文献。

(三) 公共危机管理

公共危机管理是危机管理的特殊类型,在此,我们首先对危机管理的研究进行简要的梳理。

关于什么是危机管理,格林(Green)认为,危机管理的任务是尽可能控制事态,在危机事件中把损失控制在一定的范围内,在事态失控后要争取重新控制住。菲克(Fink)认为,任何防止危机发生的措施,皆为危机管理;又提出,任何为消弭危机所产生的危机与疑虑,而使人更能主宰自身命运的手段或措施,皆可称危机管理。②

格林的表述只关注到危机发生时的应急管理,菲克则开始注意到危机前的预防管理,以及危机后消弭危机危害的重要性。

事实上,危机管理是一个动态过程,包括危机前的预警管理、危机中的应急处理,以及危机后的善后处理,是全方位的管理行为。

现代危机管理研究最早可追溯到美国政府在面对 1962 年发生的古巴导弹危机时所采取的措施,它被用来预测假设的政治形势,目的是防止类似危机的发生。这个阶段的研究多以军队军事灾难和国家自然灾害为主。

危机管理真正开始受到重视,缘于危机经典案例——美国强生公司的泰诺(Tylol)胶囊事件。1982 年 10 月,生产著名止痛剂泰诺胶囊的强生公司突然获知芝加哥地区有 7 人在服用泰诺胶囊后死亡。得知此消息后,公司立

---

① 郭兴旺:《突发公共事件:绕不开的话题》,http://zffz2008.blog.hexun.com/4688749_d.html。

② 参见 [澳] 罗伯特·希斯:《危机管理》,王成、宋炳辉、金瑛译,中信出版社 2001 年版。

刻采取快速危机处理步骤。事后证明这些措施成功地解决了危机，并保住了泰诺胶囊的市场领导品牌地位。

进入20世纪90年代，危机管理研究迅猛发展，学者们提出关于危机发生发展阶段、危机预警、危机应对的诸多理论。1991年，罗森塔尔（Rosenthal）等几位学者提出预防（prevention）、准备（preparedness）、反应（response）、恢复（recovery）成为危机管理的基本原则之一。随着危机管理理论的发展，一些传播学与公共关系学的学者提出危机传播（crisis communication）的概念，其代表人物是美国学者费恩·班克思（Fearn-Banks），他将危机传播定义为"在危机事件发生之前、之中以及之后，介于组织和其公众之间的传播"。

一般而言，危机管理涉及的是危机策略的设计、危机管理小组的建立、环境监测、偶发性的规划（contingency planning）以及与特定危机有关的管理措施，目的在于解决问题，使组织回复正常状态，并且修补损害。而危机传播则着眼于危机事件前后，组织与公众间的沟通过程，目的在于组织形象的维护。然而，有效的危机管理应涵盖良好的危机传播过程。①

也有学者认为，危机传播是危机管理的次一级研究领域，危机管理中的信息搜集、分析、处理以及沟通传播等管理内容都属危机传播的范畴。

危机管理研究的发展历程中，逐渐形成企业危机管理与公共危机管理两个分支。公共危机管理指以政府为主体的公共部门运用公共权力、整合公共资源，有效地预防、处理和消弭公共危机的一种动态的、全方位的管理过程。

美国"9·11"事件后，公共危机管理在国际范围内引起极大关注，美国对危机管理尤其是公共危机管理的研究更加深入。国际上对公共危机管理的主要注意力很快集中到反恐怖主义的国家安全领域。

而自2003年"非典"后，公共危机也迅速成为国内社会热点话题与学术界研究焦点。与国外相比，我国有关公共危机管理的研究起步较晚，对该领域最初的研究始于政治尤其是国际政治方面。"非典"后，我国公共危机管理研究集中到公共卫生、公共服务、重大生产安全事故等领域。从总体上看，近年来我国学者对公共危机管理的研究，是以政府危机管理为核心，以城市危机为主要研究对象。

---

① 参见吴宜蓁《危机传播：公共关系与语艺观点的理论与实证》，苏州大学出版社2005年版，第7页。

（四）公共危机处理中新技术的应用

近年来，自然灾害、事故灾难、公共卫生事件、社会安全事件等涉及公共危机的情况越发突出。《中国国家安全研究报告（2015年）》指出："近年来群体暴恐事件呈持续高发趋势，暴露出我国在群体暴恐管控方面的缺陷与不足，特别是指挥部门缺乏可靠手段对管控预案进行全面的推演研判和科学验证。"

众多惨痛案例带给我们警示，让我们有必要站在公共危机处理的角度，深入大数据、虚拟仿真等公共危机处理中的仿真推演技术，并据此采取科学管控措施，有效保护人民群众的生命财产安全。在虚拟仿真技术与公共危机、公共安全的交叉领域，国内外学界已有不少学术成果，其中应用在各种自然灾害、社会及公共危机情形较多且广泛的是人群仿真技术，即研究人群在各种环境、情景下的运动特征与规律，建立大规模人群运动的仿真模型，并在计算机生成空间中以三维的方式逼真地展示大规模人群运动过程的技术。

作为分析工具和技术手段，该技术在公共安全领域的应用非常广泛，可以对自然灾害、事故灾难、社会安全事件等公共危机情景进行理性的模拟和分析。以大型公共设施如飞机场的建设为例，可以运用该技术根据机场的设计规模，模拟遭到突发事件情境下，大规模人群移动的情景。即运用计算机技术与心理学、行为学等多学科交叉技术，按照真实的研究对象，赋予每个在模拟环境下移动的人群单位一定的移动特性和轨迹，例如激进型、平和型等。经过复杂的计算，可以模拟机场发生暴恐案件、火灾等非常规情景下的人群运动，辅助建立紧急情况下人员的疏散方案、合理布置消防器材、分配警力，同时利用辅助分析场馆的走廊宽度、出口数目和出口位置等设计是否合理。

与传统方法相比，以大规模人群运动仿真技术作为人群运动的分析工具具有诸多优点。其直观、可视化的表现形式能够让决策者清晰地看到整个情景的过程，并且相对传统的经济成本，该方法具有非常大的成本优势。

近年来，研究者们尝试从人群视频等数据中学习行为模式和特征用于人群仿真，分析真实的公共危机情况发生时，人群的整体与单个动态倾向。

目前，在针对公共危机的模拟以及预测中，视觉层面的真实感和表达效果已经不再是主要问题，如何将人群的表现在大数据的支持下表现得更加智能和真实，成为未来发展的主要目标。

二、公共危机的分类、分级与分期

对公共危机的相关概念及理论有初步了解后，要进一步分析公共危机的分类、分级与分期状况。不同类型的公共危机的诱因、影响方式和危害程度有很大差异，从而使政府必须采取不同应对措施和手段。而同类型的公共危机处于不同发展阶段，也有其独特之处，须采取相应的应对方式。

（一）公共危机的分类

公共危机的分类维度繁多，常见的有以下几种。

（1）据公共危机产生的诱因，可分为：

外生型危机，指由于外部环境变化带来的危机；

内生型危机，指由于内部原因所引发的危机；

内外双生型危机，指由外部环境与内部原因交互作用而产生的危机，比如美国的"卡特利娜"飓风事件，首先是由于飓风而诱发的，后由于当局的处理不力而引发了公共危机。

（2）据公共危机发生的领域，可分为：

政治性危机，如战争、武装冲突、恐怖主义活动等；

社会性危机，如社会骚乱、罢工等；

宏观经济性危机，如恶性通货膨胀或通货紧缩、失业率居高不下、股票市场大幅变动等；

生产性危机，如工作场所安全事故、产品安全事故等；

自然性危机，如地震、火山、流行性疾病等。

（3）据公共危机中主体的态度（Stallings，1990），可分为：

利益一致型，在危机情境中，所有相关的利益主体具有同质的要求时，就属于利益一致型危机，大部分天灾都属于这一类型，譬如印度洋大海啸；

利益冲突型，当危机中各相关利益主体有不同利益诉求时，或存在两个或两个以上不同要求的利益主体时，就属于利益冲突型危机，如2005年法国巴黎骚乱。

（4）据公共危机状态复杂程度、性质和控制的可能性等（张成福，1992），可分为：

结构良好的，指危机并非历史久远长期积累的问题，而且涉及核心的价值和根本原则程度较轻；

结构不良的,危机是历史久远长期积累的问题,较大程度上涉及核心的价值和根本原则。

上文论述了公共危机与突发公共事件这两个概念的内涵,可知突发公共事件的研究文献在很大程度上也适用于公共危机领域。国务院在2006年1月8日发布的《国家突发公共事件总体应急预案》中,根据突发公共事件的发生过程、性质和机理,将其分为自然灾害、事故灾难、公共卫生事件、社会安全事件四大类。薛澜、钟开斌基于产生原因、表现形式、应对措施三方面的考虑,将经济危机独立分割出来,提出自然灾害、事故灾难、突发公共卫生事件、突发社会安全事件、经济危机五大类的划分方法,见表14-1。

表14-1 突发公共事件的类型划分①

类型	突发公共事件例示
自然灾害	水旱灾害,台风、冰雹、雪、高温、沙尘暴等气象灾害,地震、山体崩塌、滑坡、泥石流等地质灾害,森林火灾和重大生物灾害等
灾难事故	民航、铁路、公路、水运、轨道交通等重大交通运输事故,工矿企业、建筑工程、公共场所及机关、企事业所发生的各类重大安全事故,造成重大影响和损失的供水、供电、供油和供气等城市生命线事故以及通信、通信网络、特种设备等安全事故,核辐射事故,重大环境污染和生态破坏事故等
突发公共卫生事件	突然发生,造成或可能造成社会公共健康严重损害的重大传染病疫情、群体性不明原因疾病、重大食物和职业中毒、重大动物疫情以及其他严重影响公众健康的事件
突发社会安全事件	重大刑事案件、涉外突发事件、恐怖袭击事件以及规模较大的群体性突发事件
经济危机	资源、能源和生活必需品严重短缺,金融信用危机和其他严重经济失常、经济动荡等涉及经济安全的突发事件

对公共危机做出详细划分,一方面为应对危机的公共部门提供具体的依据,有助于公共危机管理的展开;另一方面也为公共危机管理研究构建起大致的框架,让探讨更为深入细致。当然,任何一种细分维度下的公共危机类

---

① 参见薛澜、钟开斌《突发公共事件分类、分级与分期:应急体制的管理基础》,载《中国行政管理》2005年第2期。

型都不是截然对立的,其"相互之间愈发呈现多元和共时的特征,在特定的情境下可能相互转化,即带来所谓的涟漪反应(dimple effect)"。① 在现代社会,各种公共危机互为因果,相互叠加、传染和扩展,单一性公共危机常常演变成复合性危机。

（二）公共危机的分级

不同公共危机类型有不同特征,同类型公共危机事件也会呈现不同状态。将公共危机进行级别划分,采取相应的处置措施,是公共危机管理的经验之一。

根据《国家突发公共事件总体应急预案》,按各类突发公共事件的性质、严重程度、可控性和影响范围等因素,可分为四级,即Ⅰ级（特别重大）、Ⅱ级（重大）、Ⅲ级（较大）和Ⅳ级（一般）,依次用红色、橙色、黄色和蓝色来表示。根据"能力本位"和"重心下移"的分级管理原则,特别重大、重大、较大和一般突发公共事件,分别由中央级、省级、市级和县级政府统一领导和协调应急处置工作,见表14-2。

表14-2　分级管理与应急管理组织框架图②

级别 应急组织	特别重大（Ⅰ）	重大（Ⅱ）	较大（Ⅲ）	一般（Ⅳ）
国家	√			
省级	√	√		
市级			√	
县级				√

Ⅳ级突发公共事件,表示其影响局限在社区和基层范围内,可被县级政府所控制。

Ⅲ级突发公共事件,表示后果严重,影响范围大,发生在一个县以内或者是波及两个县以上,超出县级政府的控制和应对能力,需要动用市级有关

---

① 薛澜、钟开斌:《突发公共事件分类、分级与分期:应急体制的管理基础》,载《中国行政管理》2005年第2期。

② 参见薛澜、钟开斌《突发公共事件分类、分级与分期:应急体制的管理基础》,载《中国行政管理》2005年第2期。

部门力量方可控制。

Ⅱ级突发公共事件，表示其规模大，后果特别严重，发生在一个市以内或者是波及两个市以上，需要动用省级有关部门力量方可控制。

Ⅰ级突发公共事件，后果极其严重，其影响超出本省范围，需要动用全省的力量甚至请求中央政府统一领导和协调应急处置工作。

（三）公共危机的分期

公共危机是一种不确定性极高的态势或事件，但还是呈现出一定的周期性变化。因此，可将公共危机切分为几个时期，详细分析各个阶段的特征以及周期变化的规律，以便做出更为恰当的预防或者应对措施。

1986年，斯蒂文·芬克最早提出危机的四阶段论[①]，将危机过程划分为危机潜伏期（prodromal）、危机突发期（breakout or acute）、危机蔓延期（chronic）、危机解决期（resolution）。

第一个阶段是危机潜伏期。潜伏期是最容易处理危机的时期，但此时的危机却通常难以被觉察。

第二个阶段是危机突发期。在危机突发期，事件急速发展并出现严峻的态势，这是四个阶段中时间最短的阶段，但让人感觉时间最长，因为它对人们的心理造成严重冲击，如2003年"非典"的爆发期，让社会人心惶惶。危机突发期有四个特征：事态逐渐升级，公众广泛注意；事态引起媒体的集中报道；事态严重干扰正常活动；事态影响组织的正面形象和团队声誉。

第三个阶段是危机蔓延期。危机爆发后，在这个阶段，危机应对主体应该采取措施，纠正危机突发期造成的损害。此时需要决策者勇于进行"自我怀疑"和"自我分析"，认真分析危机产生的深层次原因。

第四个阶段是危机解决阶段。此时，组织从危机影响中完全解脱出来，但仍要保持高度警惕，做好善后工作，彻底消弭危机的影响，并防止危机去而复来。

罗伯特·希斯（Robert Heath）从应对策略的角度出发，将危机分为四个阶段，即4R模型，它们分别是缩减（reduction）、预备（readiness）、反应（response）、恢复（recovery）。

---

① Steven Fink. *Crisis Management. Planning for the Inevitable*. New York：American Management Association，1986. 并参考高世屹《美国危机传播研究初探》2003年3月16日。http://www.chinapr.com.cn/web/Disquisition/ViewDisquisition.asp?unhit=1&ID=10000017&page=

缩减阶段主要的工作是预防危机的发生和减少危机发生后的冲击程度。

预备阶段指在危机发生前，组织应做好响应和恢复计划，对成员进行相对的培训和演习，保证危机发生时，组织能将危机造成的损失降到最低，并尽快恢复到常态。

反应阶段指在危机爆发后，组织需要及时反应，尽可能在最短时间内处理危机，防止事态的进一步恶化。

恢复阶段是在危机得到控制后，着手恢复工作，就危机处理过程中所反映的问题进行改进。

此外，米特罗夫（Mitroff）还提出五阶段模型，将危机管理分为五个阶段：信号侦测阶段（signal detection），即识别新危机发生的警示信号并采取预防措施；准备和预防阶段（preparation & prevention），组织成员搜索已知危机风险因素，尽力减少潜在损害；损失控制阶段（damage containment），即危机发生阶段，组织成员尽力使其不影响组织运作的其他部分或外部环境；恢复阶段（recovery），尽可能快地让组织运作恢复正常；学习阶段（learning），即组织成员回顾和审视所采取的危机管理措施，整理使之成为今后的运作基础。

而中国学者薛澜、钟开斌根据突发公共事件可能造成的威胁、实际危害已发生、危害逐步减弱和恢复，将突发公共事件总体上分为预警期、爆发期、缓解期和善后期四个阶段。

（1）预警期：指突发公共事件征兆已出现的时期，管理任务是防范和阻止突发公共事件的发生，或把其控制在特定的范围内。

（2）爆发期：指突发公共事件进入紧急阶段，突发性事件已发生，管理的主要任务是快速反应，及时控制突发公共事件并防止其蔓延。

（3）缓解期：指突发公共事件进入相持阶段，仍有可能继续向坏的方向发展，管理的主要任务是保持应急措施的有效性并尽快恢复正常秩序。

（4）善后期：指突发公共事件得到有效解决，管理的主要任务是对整个事件处理过程进行回顾、审视、调查和评估，使之成为今后类似突发公共事件管理的基础。

这种分期方法本质上与芬克的四阶段论相似。公共危机的阶段划分为应对者与研究者提供一个完整的考查过程，从危机的潜伏期、爆发期、缓解期，直到善后期，并为上述各时期相适应的处置措施做出具体指引。

三、公共危机管理的重要性和必要性

我国目前正处于社会变革期,政府决策环境中的不确定因素增加,民众的风险承受心理尚未成熟,网络、手机等新媒体技术的出现使信息传播管理遇到前所未有的挑战。而政府在公共危机中的应变能力与沟通、处理能力也成为民众对政府信任度的标准,直接影响到政府形象。由此可见,在我国当前社会环境中不确定因素增多的状态下,公共危机管理的重要性与必要性日益凸显。

(一)我国正面临公共危机频发的威胁

现阶段,我国正处于经济转轨与社会转型的过程中,经济制度、政治制度、法律制度等都在不断调整、完善的过程中,社会环境中的不确定因素和非稳定因素增加,同时也增加了不同危机发生的可能,体现在以下几个方面:

(1)从社会发展角度看,经过多年的改革开放,中国经济已进入"黄金发展期",也进入了一个危机频发期。国家经济实力增强、经济结构和社会结构的深刻变革,既可能把国家送上快速发展的道路,也可能使国家进入一个经济容易失调、社会容易失序、心理容易失衡、社会伦理容易失范的紊乱时期。要做到"稳中求进""稳中求变",就需要有效地预防和控制各种危机,降低突发事件发生的频率。

(2)从自然的角度分析,中国是世界上受自然灾害影响最为严重的国家之一,灾害种类多、发生频度高、灾害损失严重。由于受灾害影响的人口大体在2亿左右,占全国人口的1/7以上,自然灾害在中国有着较强的社会性。随着经济建设的发展,灾害造成的损失也逐步增加。我国有70%以上的大城市、半数以上的人口、75%以上的工农业生产值,分布在气象、海洋、洪水、地震等灾害严重的沿海及东部地区。我国每年因自然灾害造成的损失一般都要超过1亿元。

(3)从事故灾难的角度,中国安全生产形势严峻,安全事故频发。近十年来我国平均每年因各种事故造成的非正常人口死亡超过20万人,伤残者超过200万人,直接经济损失惊人。另外,中华人民共和国成立以来建设的大量基础设施年代久远、老化严重,又缺少及时的维护和更换,安全隐患非常多,就像是定时炸弹。

(4) 从公共卫生的角度，近年来中国内地食源性疾病、严重职业病对健康的危害呈上升趋势，食品卫生、职业卫生等公共卫生形势依然严峻。在全球化国际环境下，某些新型流行疾病（如禽流感）的传播和蔓延将造成严重的社会恐慌以及巨大的经济损失和人员伤亡，对国家安全和国际安全构成严重的威胁和危害，迫使我国政府尽快建立应对公共危机的预警机制和处置预案。

面对如此严峻的形势，国务院于2005年召开了全国应急管理工作会议。会议要求建立健全预警体系，加强应急管理工作，提高国家保障公共安全和处置突发公共事件的能力，预防和减少自然灾害、事故灾难、公共卫生和社会安全事件及其造成的损失，保障国家安全，保障民众生命财产安全，维护社会稳定。构建社会主义和谐社会，不仅要求各级政府在常态条件下管理好社会公共事务，同样要求在紧急状态下妥善地应对各类公共危机。因此，建立并完善公共危机管理系统成了当前形势的迫切要求。

（二）我国公共危机管理有待完善

虽然公共危机管理越来越受重视，我国目前已初步建立起应急管理的体制、机制和法制，各领域已逐步建立和完善应急管理的预案体系，但在原有体制下形成的公共危机管理系统仍有待完善。

首先，公共危机管理体制不够完善。表现在应对公共危机的责任不够明确，统一、协调、灵敏的应对体制尚未形成。此外，目前我国的公共危机应对是以政府管理为主，而社会大众的广泛参与对公共危机管理有积极意义，因此，需要让包括政府在内的公共部门、私营部门、非政府组织等都以不同的方式参与公共危机管理，使公共危机得到更为高效、恰当的应对。

其次，公共危机管理机制也有待进一步完善。体现在一些政府官员的危机意识不强、危机应对的专业知识需要提高。而我国的公共危机管理受到大规模的重视是在2003年的"非典"危机后，经验不足，应对能力尚需提高。此外，还表现在危机的监测与预警机制、应急处置与救援、信息管理与新闻发布等制度不够完善，导致一些危机事件未能得到有效预防，有的危机事件引起的社会危害未能及时控制。

最后，公众的危机意识同样有待提高，心理承受风险能力与自救与互救能力都需要加强。同时，专家咨询队伍的建设还需加强，一方面是专家人才库的建设，便于在危机发生的第一时间找到相关专家提供专业的咨询意见；另一方面是为专家参与公共危机管理提供体制上的便利，即让专家可以

"名正言顺"地参与公共危机决策。

面对这些存在的问题,政府需要全面加强公共危机管理的体制建立与机制建设,从而最大限度地避免或限制公共危机给社会带来的危害。党的十八大提出:"加快形成源头治理、动态管理、应急处置相结合的社会管理机制。"这为建立完善我国公共危机管理体系明确了方向。

第二节 公共危机管理的体制

体制指体系架构,是一个相互作用、相互制约的互动关系模式。有效的公共危机管理离不开系统、完善的公共危机管理体制建设。在当前环境下,由于公共危机具备突发性、不确定性、危害性等特征,要求公共危机管理体制呈现不同于一般管理体制的特点。

一、公共危机管理的领导体制

公共危机管理的领导体制可分统一指挥体制、政府职权划分、责任机制与监督机制几个方面。[①]

(一)公共危机管理的统一指挥体制

公共危机管理面对的是突发性的紧急事件,需要迅速做出决策,同时调配大量人力物力来应对。而这些资源通常分属于不同部门、单位,因此,要求有一个统一高效的指挥体制来快速反应与调动资源,节约管理成本,提高管理效率。

集中统一的指挥体制,要求以一定的行政区划为单位,凡在此地范围内发生的公共危机事件都应由当地政府统一管理。在管理实践中,统一指挥体制有不同形式,如松散的应急委员会,日常事务由专门的办公室负责;或专设公共危机管理机构为处理公共危机的最高行政权力机关。

在统一的公共危机指挥体制中,实行首长负责制。根据授权,政府最高长官在公共危机发生时有权指挥各部门和各方力量统一行动,对公共危机管理全权负责。

---

① 参见陈福今、唐铁汉等《公共危机管理》,人民出版社2006年版,第78~86页。

（二）公共危机管理的政府职权划分

根据突发公共事件的发生过程、性质和机理，我国政府将其分为自然灾害、事故灾难、公共卫生事件、社会安全事件四大类。每一大类的突发公共事件，应由相应的部门管理，建立一定的统一指挥机制，如公共卫生事件由卫生行政部门为主进行管理。重大的决策须由政府行政主要领导做出。而不同类型的危机日常管理应依托于相应的专业管理部门，由其做好信息搜集、分析等方面的工作，为政府决策机构提供有价值的决策咨询和建议。

无论哪一级别的突发公共事件，不同层级的政府及相关部门平时都应做好预警工作；而对不同级别的突发公共事件，需要启动的应急规模不一样，一般而言，Ⅲ级（较大）和Ⅳ级（一般）的危机事件由地方政府负责处置与善后工作，对于Ⅰ级（特别重大）和Ⅱ级（重大）的危机事件，要根据情况确定由更高层级的政府负责。

（三）公共危机管理的责任制度

为使统一指挥的公共危机管理体制能高效运转，要建立切实有效的责任制。建立责任制的关键在于明确每一项危机应对工作中的政府职责，将责任明确到每一个工作机构和相应人员，同时根据实践进一步明确、调整各项责任。

这一方面需要加紧在公共危机管理领域的立法，明确相关岗位和人员的法律责任；另一方面加紧研究各种公共危机管理预案，深入分析每个环节、步骤和岗位应承担的责任。

责任清晰、奖惩分明的责任制，对公共危机管理有直接而积极的意义。

（四）公共危机管理的监督制度

公共危机管理的监督制度可促进公共危机管理工作的顺利开展，让责任制落到实处，也有利于对危机处置工作的经验教训进行总结。

公共危机管理的监督工作包括领导检查监督与专门从事检查监督的督查部门检查监督两个部分。危机管理中领导行为本身就包含危机决策与对决策执行情况的检查监督。对危机决策的执行情况检查或由办公室（厅）部门，特别是其中从事检查督促工作的督查室（处）代为承担。当前，我国的公共危机管理还可通过上级政府派出专门的督导组、检查组对下级政府和部门进行监督检查，还可通过人大和政协的走访、视察进行监督。纪检监察部门也应参与监督工作。

此外，公共危机管理中还应发挥媒体监督与公众监督作用。作为公共危机事件信息载体的大众媒体，在公共危机管理中，首先，应与政府积极合作，争取更多的权威的公共信息。在公共危机爆发之际，媒体要掌握信息发布的主动权，发挥新闻舆论监督的作用。同时，媒体要积极发挥"意见交流桥梁"的沟通作用，实现政府、媒体、公众三者良性互动。在危机中，媒体特别需要加强与政府及相关专家学者的联系与合作。一方面，媒体及时向公众提供政府在危机处理中的对策，解释政府行为；另一方面，新闻媒体也通过与政府的互动，向政府传递社会的舆论状态与公众目前的心理状态，从而让政府根据公众舆论对危机应对措施进行相应的调整或加强。

二、公共危机管理的职能与机构

目前，我国公共危机管理的主体是以政府为主的公共部门，应对公共危机是政府各部门的职责。有效的公共危机管理体制要求把危机管理的职能整合到各级政府与相关部门的日常工作中。同时，由于公共危机管理与常态管理相比需要特别的关注与处置，需要统一的指挥，需要调动各种资源，甚至有必要设专门的公共危机管理机构。

（一）公共危机管理系统与基本职能

公共危机管理系统的组成如图 14-1 所示。①

该图详细地呈现出公共危机管理系统的组成及各其主要职能，包括以下几个方面的内容：协调、促进公共危机相关立法；建立预警机制、决策机制、应急处理机制、信息管理与新闻发布机制、善后机制。这些内容将在本章的第三节详细展开。

（二）公共危机管理的机构设置

根据《中华人民共和国突发事件应对法》与《国家突发公共事件总体应急预案》的相关规定，公共危机应对的最高行政领导机构是国务院，在国务院总理领导下，由国务院常务会议和国家相关突发公共事件应急指挥机构负责突发公共事件的应急管理工作；必要时，派出国务院工作组指导有关

---

① 陈福今、唐铁汉等：《公共危机管理》，人民出版社 2006 年版，第 87 页。

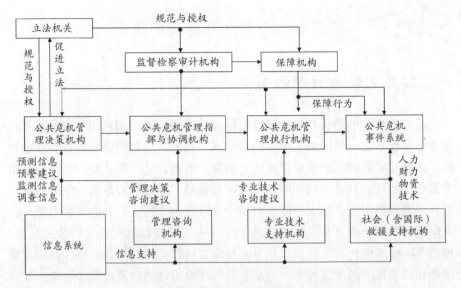

图14-1 公共危机管理系统的组成及其主要职能

工作。

同时,县级以上地方各级人民政府也按分级负责、属地管理的原则成立应对工作的行政领导机关。如《中华人民共和国突发事件应对法》规定,县级人民政府对本行政区划内突发事件的应对工作负责;涉及两个以上行政区划的,由有关行政区划共同的上一级人民政府负责,或由各有关行政区划的上一级人民政府共同负责。

可见,中央政府与地方各级人民政府是公共危机管理的决策机构。国务院和各应急管理机构也可根据实际需要聘请有关专家组成专家组,为应急管理提供决策建议,必要时让其参加突发公共事件的应急处置工作。

目前,我国政府专门设立的公共危机综合管理办事机构是应急管理办公室,简称"应急办",最高层级的应急办设在国务院办公厅,履行值守应急、信息汇总和综合协调职责,发挥指挥与协调的作用。

公共危机管理的工作机构是依有关法律、行政法规和各自的职责,负责相关类别突发公共事件的应急管理工作的有关部门,如卫生部门、公安部门等,具体负责相关类别的突发公共事件专项和部门应急预案的起草与实施。当危机爆发时,这些相关部门则在应急管理机构的统一指挥下参与危机应急处置工作。

第三节 公共危机管理的机制

一、公共危机的预警机制

危机发生前的潜伏期是处置危机的最佳时期，若控制得当可将公共危机扼杀于萌芽状态，从而最大限度地避免或限制公共危机给公众利益、社会秩序、政府正常管理活动带来的威胁与损害。然而，处于潜伏期的公共危机由于其事态特征、社会影响不明显，很难被觉察。能否识别危机发生的警示信号并采取预防措施，很大程度上取决于是否有一个行之有效的预警系统。公共危机的预警，指公共危机管理的主体——主要是以政府为主的公共部门，根据本国或本地区有关危机现象过去和现在的数据、情报和资料，运用逻辑推理和科学预测的方法技术，对某些危机现象出现的约束性条件、未来发展趋势和演变规律等做出科学的估计与推断，并发出确切的警示信息，使政府和民众提前了解事件发展的状态，以便及时采取相应策略，防止或控制不利后果发生的活动。

预警与预防是公共危机管理的第一道防线，其主要作用是识别危机发生的预示信号。任何危机事件的发生都有征兆，差别只是在于征兆的明显程度。如能监测和捕捉到这些征兆，在危机潜伏期（或称预警期）做出基本的预警和预防，就可有针对性地采取防范措施，有效地控制事态发展，避免或限制公共危机所带来的损失。

因此，作为公共危机应对最重要的主体，政府部门需要做好危机预警工作，在相关法律法规的指引下，进行资料整合、议题监测和预测分析，在风险评估的基础上为准确预警提供科学依据。完善的公共危机预警机制，是我国政府公共危机管理从被动的危机应对转变为主动的危机防范的关键之处。

具体而言，建立、完善公共危机预警机制包括以下内容：

（一）制定、健全相关的法律法规

在2004年之前，我国宪法没有关于危机状态或者紧急状态的规定，政府紧急管理权也没有明确的宪法授权。这是公共危机法律法规不完善的根本问题之所在。2004年3月14日，第十届全国人大二次会议通过宪法修正案，将现行《宪法》中第六十七条、第八十条和第八十九条有关的"戒严"

的规定修改为"紧急状态"。"紧急状态"条款入宪,为国家机关在紧急的危机状态下行使紧急权力提供最根本的宪法依据,也为统一处于分散立法状态的公共危机相关法律法规,制定《中华人民共和国突发事件应对法》提供基本的宪法依据。

如今,《中华人民共和国突发事件应对法》已由第十届全国人大常委会第二十九次会议于2007年8月30日通过,自2007年11月1日起施行,明确了突发事件的预防与应急准备、监测与预警、应急处置与救援、事后恢复与重建等各环节的法律制度,尤其是对统一的应急管理体制、在突发事件与紧急状态时期政府可享有的紧急权力和可采取的紧急措施、公民在紧急状态时期的紧急义务和权利保障等做出了详细具体的规定。

制定、完善相关的法律法规,能使政府的公共危机管理法制化,使紧急状态的认定、政府的紧急管理权、紧急状态的法律责任等都有法可依。这是对危机事件做出预警、预防的重要前提之一。

(二)制定、健全预案体系

危机预案指面对突发事件如自然灾害、重特大事故、环境公害及人为破坏的应急指挥、管理、救援计划等。

制定、健全危机预案的主要目的,是为危机发生时的应对措施提供行动上的指南。公共危机预案是公共危机管理预警机制的重要组成部分。

制定危机预案应遵循预见性、可行性、全面性的基本原则。作为危机预警机制的重要构成,危机预案的预见性特征不言而喻,即要求预案要根据公共危机的分类、分级与分期状况,为应对主体提供可操作的预测方法,规定预测信息的具体内容。如《国家突发公共事件应急预案》规定,各地区、各部门要针对各种可能发生的突发公共事件,完善预测预警机制,开展风险分析,根据预测分析结果,对可能发生和可预警的突发公共事件进行预警。预警级别一般分Ⅰ级(特别重大)、Ⅱ级(重大)、Ⅲ级(较大)和Ⅳ级(一般),预警信息包括突发公共事件的类别、预警级别、起始时间、可能影响范围、警示事项、应采取的措施和发布机关等。

同时,可行性原则意味着公共危机预案的制定不能是泛泛而谈的一纸空文,必须对政府的危机应急措施有现实的指导意义。预案若不能及时地、准确地付诸实施,也终归是镜花水月,毫无用处。

公共危机预案一般有四个要素：① 一是情境，即预案编制和实施的有关危机情况与背景；二是主体，应急预案的决策者、组织者和执行者，即制订和实施预案的组织和个人；三是措施，各种应急措施、管理方法、控制手段和技术；四是目标，应急预案所要达到的目的和效果。具体而言，预案由编制的目的、原则、依据和适用范围，以及组织机构与职责、运行机制、应急响应、后期处置、信息管理、保障措施等内容组成。

面对客观形势，党中央、国务院于2003年7月提出加快突发公共事件应急机制建设的重大课题。党的十六届三中全会提出要"建立健全各种预警和应急机制，提高政府应对突发事件和风险的能力"。2006年1月8日，国务院发布《国家突发公共事件总体应急预案》。预案由国务院制订，由国务院办公厅负责解释与组织实施。国务院有关部门和省级人民政府按预案的规定履行职责，并制订相应的应急预案。国务院根据实际情况的变化，及时修订预案。《国家突发公共事件总体应急预案》规定全国突发公共事件应急预案体系包括：突发公共事件总体应急预案；突发公共事件专项应急预案；突发公共事件部门应急预案；突发公共事件地方应急预案；企事业单位据有关法律法规制订的应急预案；举办大型会展和文化体育等重大活动，主办单位应制订应急预案。

（三）进行信息监测与分析

掌握全面、准确的信息对公共危机预防有着重大意义。信息监测主要包括议题信息与风险信息两方面的内容。议题信息是关于引起公众关注与争论的某项公共问题的信息；风险信息是指环境中对组织有负面影响的、不确定性高的信息。议题和风险通常是用"可能性"和"冲击度"两个标准来分析。"可能性"是指议题和风险演变成危害组织事件的概率有多大；"冲击度"则指议题和风险影响组织营运或造成之伤害的强度。实际上，这二者也联系紧密。从某种程度上来说，涉及某种公共利益的风险很可能成为议题或本身就已是一种议题；而本没有负面影响的议题如处理不好很可能会转化成为对组织有潜在威胁的风险。对议题信息与风险信息进行监测与分析的目的是为发现危机征兆，最大限度地规避公共危机爆发的风险。

这其中还蕴含了信息沟通方面的问题。要收集各类相关的信息，需要与信息源建构良好的关系，以使信息沟通渠道顺畅，从而保证有效、及时地进

---

① 参见吕景胜《论政府对重大危机应对预案的制定》，载《理论探索》2003年第6期。

行信息监测与分析。公共危机信息源包括各个政府部门、利益关系人、媒体、社会团体等。公共危机预警的监测流程是：信息收集、信息分析或转化为指标体系；将加工整理后的信息和指标与危机预警的临界点进行比较，从而对是否发出警报进行决策；发出警报。之后一般是启动危机应急预案。如图14-2所示。①

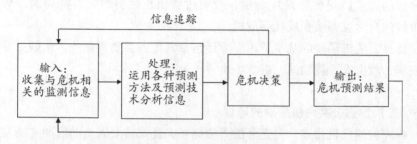

图14-2 公共危机预警流程

（四）完善各项基本资源储备

完善各项基本资源储备，是公共危机预警和预防的物资保障。公共危机管理的财政资源主要来自国家财政支出，包括一般性行政管理费、事业费支出和各种专项拨款等，也有少量资源取之于民间或非政府途径，如各种社会捐助、国际援助和政府通过其强制力取得的临时性财产征用。② 具体地说，这些财政资源一部分用于具体的危机处理与善后；另一部分则用于危机预警阶段的各类支出，建立物资设备救助体系，设立保障基金等。譬如，2003年5月，广东省人民政府决定拨8亿元的专项资金用以建设一套覆盖全省的突发公共卫生事件应急反应体系，用4~5年的时间建立一个灵敏高效、统一和信息化的突发公共卫生应急机制。③

危机预警机制中需要准备、完善的资源储备包括信息通信设备、医疗卫生设备、公共安全设备与其他物资设备等方面的内容。

公共危机预警信息需要及时准确地传递。因此，建设集中管理的信息通信平台与信息共享平台是最重要的基本保障之一。如政府部门利用手机短信来发布危机预警信息。

---

① 参见陈福今、唐铁汉等《公共危机管理》，人民出版社2006年版，第112页。
② 同上书，第112页。
③ 参见王乐夫、郭正林、马骏《公共部门危机管理体制：以非典型肺炎事件为例》，载《中国行政管理》2003年第7期。

医疗卫生设备对自然灾害类、公共卫生类的公共危机尤为重要。因自然灾害通常会带来一些疾病风险，而突发公共卫生事件一般是危害到公共健康的传染病疫情，需要有大量的医疗卫生用品以及其他疾病预防控制的资源。

公共安全设备，即配备足够的警力，或其他在紧急状态下维持社会秩序的人力，这对公共危机的应对与善后有重要影响。以2005年8月美国新奥尔良市的"卡特里娜"飓风为例，救灾过程出现社会治安混乱局面，从最初单纯的自然灾害演变成社会危机。

此外，危机预警的基本资源保障还包括其他各类物资储备，比如足够的橡皮艇、救生衣、救助站、避难场所等。

（五）加强公共危机应对的培训

再完善的危机预案，再充分的资源储备，还是需要人员的启动才能发挥作用。因此，公共危机预警还需要对相关人员进行相应培训，包括应对危机的政府人员与公众。首先是从各方面增强政府官员与公众的危机意识和法律意识，可通过教育宣传、定期培训等方式进行。

当然，最重要的是提高危机处理者的危机应对能力。目前，各级政府常用的方法是成立培训中心或开展培训班，组织参与应急处理的相关政府人员进行定期的培训，学习公共危机管理专业知识，分析、总结经验教训。在科技日新月异的今天，有一些机构将虚拟现实、增强现实等技术运用到了公共危机应对培训中，并取得了良好的效果。

虚拟仿真等技术在公共危机应对培训中的特点与应用：

公共危机虚拟仿真技术，可以在培训中为受训人员创造一个非常良好的仿真条件，进而帮助受训者在直观的环境中去观察、分析、处理各类公共危机问题，并且能够有效帮助讲师、受训者进行演示，提高其学习兴趣和积极性，具体而言该技术具有以下功能特点。

（1）对可能出现的公共危机情况如矿井坍塌、海啸、恐怖袭击进行模拟。引发公共危机事故的原因多种多样，任何要素发生的随机事件都可能引发严重的事故，有很强的不可预见性。利用虚拟仿真技术，可以事先模拟事件的发生过程及可能造成的严重后果，辅助进行决策评估。

（2）通过虚拟现实针对模拟的救援情况进行必要的改进。例如，在救援场景中使用隔离、设置安全通道、设置警示牌、改进设计或改进现场布置，并请相关专家置身其中验证其实用性。

（3）通过虚拟仿真技术重现公共危机事故现场，分析事故原因。对已经发生的公共危机事故,根据现场的情况进行模拟,再现事故现场,以清楚了解事故发生的全部原因,杜绝同类事故的再次发生。

(4) 通过该技术进行现场模拟的安全操作、职业能力教育,使得公共危机处置人员增加处理该类事件的经验。

通过各类科技手段的综合应用,使得公共危机管理培训成为政府管理社会的一项重要工作,提高政府人员处理危机的水平,并为其他相关政府职能部门和人员提供借鉴经验,形成经验共享。

二、公共危机的决策机制

在介绍公共危机预警的信息监测流程时,其实已涉及危机决策的内容。危机决策是指当组织遇到某种紧急事件或处于某种紧急态势时,为限制危机所带来的危害,在有限的时间、信息、人力资源等约束条件下,打破常规,以尽快的速度做出反应。

(一) 公共危机决策的原则

公共危机管理要求在不确定性极高的情况下迅速做出正确决策,否则后果不堪设想。危机决策的各种约束条件主要包括:一是时间紧迫,危机的发生、发展有突然性与急剧性的特征,要求在短时间内迅速做出决策;二是信息有限,危机一般都是突发性的,因此关于危机的信息掌握有限;三是资源有限,由于危机决策需要迅速做出,因而决策者往往没有充足的时间去调动各方面资源;四是事态发展可能危及决策者或大多数公众的根本利益,而且后果很难预料。

由于以上种种约束条件的限制,在危机状态下进行决策,需要遵循一些不同于常态决策的原则,从而也要求政府需要设立特定的公共危机决策机制。与常规决策相比,公共危机决策需要遵循的原则有以下几条:[①]

(1) 权力集中原则。在紧急状态下,权力集中有利于全方位地调动人力资源与物质资源应对危机,也有利于适当简化程序,提高决策效率。

(2) 结果优先原则。在危机状态下,因形势严峻,难以全面考虑应对方式被公众接受的程度,决策应以结果优先,即把政策结果放在更加重要的位置。

---

① 参见陈福今、唐铁汉等《公共危机管理》,人民出版社2006年版,第118～120页。

（3）短期目标优先原则。在危机状态下，因时间紧迫、信息资源有限，很难迅速对问题做全面深入分析，因此，在不违背长期目标的情况下，首要的任务是找到引发危机的直接原因以及可能导致局势恶化的因素，即优先实现短期目标。

（4）强制原则。为调动一切可利用的资源，最大限度地限制公共危机带来的损害，决策机关需要以相对强硬的姿态制定、推行相关决策。这一原则虽与民主价值观不相符合，但在危机状态下是需要的。强制原则实行使决策机关享有调度的合法性和权威。

（5）勇于承担风险原则。在时间有限、信息有限、资源有限以及不确定性极高的情境下做出决策，必定带有一定的风险性。决策者在尽可能降低决策风险的同时，必须做好承担风险的思想和物质准备。

（二）公共危机决策机制的基本内容

公共危机决策的三要素是问题确定、目标排序、方案评估与选择。

（1）问题确认：准确判断危机问题性质、直接原因以及可能导致事态恶化的因素。

（2）目标排序：排出决策目标的优先顺序，缩短选择时间，根据危机事态确定最重要的目标，通常是短期目标。

（3）方案评估与选择：在危机状态下，由于决策时间短，公众与利益团体参与磋商的可能性不大，相对而言，为决策者提供咨询的专家的意见更为重要。

公共危机决策机制主要由危机决策主体和危机决策制度这两方面构成。[①]

公共危机决策主体是为避免和应对公共危机而履行决策职责、参与决策过程的特定个人（如总统、总理）和组织机构。公共危机决策主体不限于几位行政首脑，还包括提供咨询意见的专家顾问和组织机构。因此，构成危机决策机制的决策主体包括三方面：

（1）依法拥有做出最终决定权力的中枢决断系统——即特定的个人和政府机构；

（2）辅助中枢决断系统的参谋咨询系统，如相关专业的咨询专家或政策研究机构；

[①] 参见陈福今、唐铁汉等《公共危机管理》，人民出版社2006年版，第121～124页。

（3）为促进中枢决断系统和参谋咨询系统有效运转、获取决策所需各种资源的协调系统，如美国的联邦紧急事务管理署在危机管理决策中发挥一定的协调作用，而在部分国家，该系统与参谋咨询系统是合二为一的。

公共危机决策制度是指导和规范这些主体的危机决策行为的一系列法律制度。规范政府危机决策行为的法律制度一般涉及：谁是决策主体？决策主体的决策权有多大？危机决策的程序是怎样的？最终决策采用什么表决方式？在法治建设较完善的国家，这些制度都应以法律法规的形式出现。并非要求要制定一部专门的法规，而是可包含在多个不同的法律法规中。

三、公共危机的应对机制

公共危机的应急处理是政府公共危机管理的核心部分。由于公共危机具有突发性、紧急性和破坏性的特点，危机应对的关键是要迅速反应，尽最大努力控制局势，迅速查明原因，积极采取措施，防止损失扩大和事态升级。有些突发事件在发生初期经及时处理就可控制和避免，而更多情况下，突发事件在引起政府关注时已经大面积爆发，必须采取系统的应对措施。政府实施公共危机应对的目的，是为了及时有效地化解危急状态，尽快恢复正常的生活秩序。

（一）公共危机应对的工作流程

根据《国家突发公共事件总体应急预案》的规定，在突发公共事件爆发后，各级政府须会同相关部门，整合各方面资源，建立快速反应系统以及分级分类处置的应急平台。无论哪一种类型的公共危机，其基本应对流程是类似的，主要包括：

（1）建立应急处理小组，作为突发公共事件处理的领导和协调机构；

（2）迅速调查情况和收集信息，作为应对决策的基础；

（3）综合分析、果断决策、有序应对、控制和隔离。公共危机应急处理工作的具体流程如图14-3所示。

（二）公共危机应对机制的基本内容

公共危机应急运作机制指以担任应急管理职能的机构为核心，各部门相互协作、密切配合、快速反应，对公共危机事件进行预警、应对和恢复的组织体系。应急运作机制的总体要求是，形成统一指挥、反应灵敏、协调有序、运转高效的应急管理的组织体系。

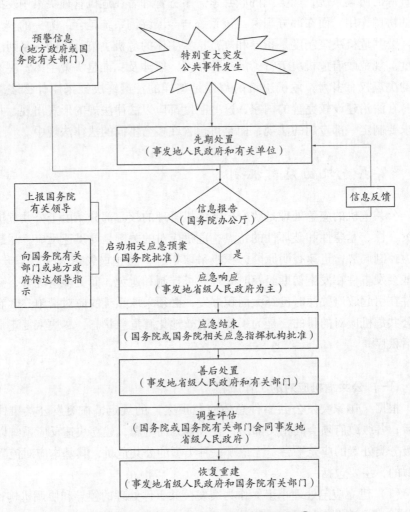

图 14-3 公共危机应急管理工作流程①

由图 14-3 可知，公共危机应对机制的基本内容如下：

（1）信息报告。在公共危机发生后，各级政府及有关部门要按《国家突发公共事件总体应急预案》中的分级标准立即如实向国务院报告，最迟不得超过 4 小时。一般是逐级上报，如有特殊情况，事发地政府及有关部门

---

① 参见陈福今、唐铁汉等《公共危机管理》，人民出版社 2006 年版，第 159～166 页。

可直接向国务院报告，并同时报告上一级政府。应急处置过程中，要及时续报有关情况。

报告内容主要包括时间、地点、信息来源、事件性质、影响范围、事件发展趋势和已采取措施等。同时，相关部门要依有关法律和规定，以及应急预案的内容，做好新闻发布工作，保障公众的知情权，将真相及时告诉公众，消除公众的恐慌心理，凝聚民心，让公众与政府一起同舟共济，化解危机。

（2）先期处置。公共危机发生后，事发地人民政府和有关单位要迅速采取应急措施，控制事态的发展，组织开始应急救援工作，在向上级部门报告的同时，根据职责和规定的权限启动相关的应急预案，并及时有效地进行先期处置。

（3）应急响应。当发生或可能发生公共危机时，应根据预案启动相关应急响应措施。应急响应一般以事发地的省级人民政府为主，成立应急指挥机构。对先期处置未能有效控制的事态，或是需要国务院协调处置的特别严重的公共危机，根据国务院领导同志指示或实际需要提出，或应事发地省级人民政府的请示或国务院有关部门的建议，国务院应急办提出处置建议，向国务院分管领导和协助分管的秘书长报告，经国务院领导批准后启动相关预案，必要时提请国务院常务会议审议决定。

此外，针对自然灾害、事故灾难、公共卫生、社会安全类公共危机的基本特征，《中华人民共和国突发事件应对法》的第四十九条、五十条规定了各项应急处置措施的具体内容。

（4）指挥与协调。在公共危机发生后，各级政府的应急管理机构应协同防汛抗旱、减灾、抗震救灾等相关应急指挥机构，按相关预案开展处置工作，这就是公共危机的应急联动机制。在应急联动系统的规划和建设中，一般由政府出面组织，有关部门和社会各界积极参与，各行各业共同实施，整合多方力量，统一指挥协调应急资源应对公共危机。而相关的部门也应对危机信息进行分析，及时提出应急处置方案和建议，供应急指挥机构领导决策参考。

（5）应急结束。当公共危机的应急救援解除或相关的危机因素消除后，应急救援指挥机构关闭，应急结束。由国务院负责处置的公共危机事件的应急状态解除，根据国务院领导指示或者实际需要提出，或由事发地省级人民政府或国务院有关部门提出，经国务院应急办审核后，报国务院或国务院相关应急指挥机构批准后实施。

四、公共危机的善后机制

公共危机的爆发期结束，并不意味着危机管理过程已完结，其善后管理是整个公共危机管理机制中的重要环节。公共危机的善后管理，指公共危机的紧急情况被控制后，以政府为主体的公共部门致力于危机后的恢复工作，尽快消弭危机带来的损害，将社会财产、基础设施、社会秩序和社会心理恢复正常状态。公共危机的善后机制包括以下基本内容：恢复与重建；调查与评估；学习与改进。

公共危机平息后，须采取措施消弭其造成的危害，做好恢复重建工作。公共危机发生后的恢复与重建不仅包括事后的物资重建，提供财政修复受损的公共设施和社会财产，还应包括对相关利益损失方的救济和心理安抚等工作。目的在于尽快恢复社会秩序，并使公众重新树立信心。

而调查与评估可帮助了解掌握重建成本，而且是吸取经验教训的重要环节。在公共危机善后管理中，较理想的情况是由第三方独立调查机构来对危机管理的效果进行调查评估，并将结果公之于众。不过，目前我国尚未设立此类型的独立调查制度和机构，而且在公布公共危机处理的调查评估结果方面也有待改善。

对公共危机应对主体而言，每次公共危机都是一次学习总结的机会。公共危机善后管理中的学习机制，是通过总结危机处理过程中的经验教训，对现有制度缺陷加以完善，发现政策失误及时改进，建立危机预案，或是修订、完善原有危机预案，甚至可把事件作为组织变革的重要契机。正如时任国务院总理的温家宝在总结应对"非典"经验教训时所说："一个民族在灾难中能够比平时学到更多的东西。一个民族在灾难中失去的，必然在民族的进步中获得补偿。"

第十五章

办公室管理与后勤管理

办公室管理是行政流程的综合性管理,有较强的协调性、中枢性和业务性。后勤管理是行政组织的物质性资源供给与配置管理,有较强的保障性、服务性和社会性。二者不仅是行政管理的必要构成,而且直接反映行政效能的高低与行政成本的大小,在行政管理现代化建设中有特殊作用。

第一节 办公室工作的性质与任务

一、办公室工作的性质

办公室(主要指政府机关办公厅、室)除与其他部门一样有服务、辅助、执行、管理等特征外,还有鲜明的独有性质,就是它的政策性和协调性。

(一)政策性

办公室工作有很强的政策性。各级行政领导机关,都有贯彻、执行国家政策法令的责任,并在职能范围内,拥有政策制定权。办公室作为行政机关、行政领导的综合管理部门,是各级行政机关和领导贯彻、执行国家政策和法令,以及制定政策的重要部门。它在政策和法令的贯彻、执行过程中起辅助性作用,在政策制定过程中有协调功能。因此,它的辅助和协调功能能否实现,将直接影响国家政策、法令的贯彻和具体化过程。同时,办公室工作人员还负责处理各类文件、参加各种会议、接触大量党政重要机密。这些工作本身就有很强的政策性。

（二）协调性

这是办公室区别于其他职能部门的另一基本特性。与仅负责某一方面工作的职能部门不同，办公室要协助领导者协调各职能部门的工作，协助领导者对各职能部门的工作进行监督和检查，并协助领导者办理涉及全局的任务或事务。任何机关，上下左右关系错综复杂，工作千头万绪，而且互相影响和制约，一环紧扣一环。一个环节出问题，可能产生连锁反应，甚至导致恶性循环，引起混乱，影响全局。因此，必须做好协调管理工作，使各职能部门认识一致，互相支持，彼此配合，为实现共同目标而努力。办公室工作的重要，主要体现在它通过各种方式和途径，协助领导者管理全局，保证全局工作的正常运转，而不在于它具体分管的工作和业务。

二、办公室工作的基本任务

办公室工作的范围广，任务杂。概括而言，可分为以下三类：

（一）日常性工作

办公室日常性工作，也称程序化服务工作，最基本的要求就是确保日常服务的规范性，这主要有八大项内容：

1. 公文处理

公文处理包括对外公文、内部公文的撰写和外来公文的处理工作。主要有发文处理（包括拟稿、核稿、签发、缮印、校对、盖印、注发、封装、送发等环节）和收文处理（包括签收、登记、拟办、分发、批办、承办、催办、注办、立卷等环节）。

2. 会议工作

会议工作包括协助领导者确定会议议题和日程，起草、处理和归档会议文书，安排会议设备与布置会场，发送会议通知及入场券，安排和管理会务，一般的会务包括会议的食宿、交通、财务、医疗卫生和安全保卫等工作。

3. 信息处理

关于信息管理前面章节已有专门论述，此处仅就办公室的工作而言。办公室的信息处理，主要包括信息收集、信息传递和反馈、信息网络、信息加工（含信息的甄选、整理、编写等）和信息存储等。从具体工作来说，办公室的信息处理，主要包括调查研究、情况收集与反映、简报编写、资料统计、电讯业务、新闻发布、信息网络与设备的管理等。办公室信息处理工作的重点，主要应放在辅助领导者进行科学决策上。

4. 机关事务管理

机关事务管理包括物资、财务、服务、后勤管理和协助接待工作等。机关事务管理工作，是所在机关、单位各工作部门的基本条件和重要保证，也是机关、单位关心群众的纽带，这方面工作做好了，能使干部职工有良好的工作、生活条件和环境，使他们减少后顾之忧，因而能调动他们的积极性，把工作做得更好。

5. 印章管理

印章管理包括印章的刻制、颁发、保管、使用和销缴等。印章一般由上级机关刻制、颁发，机关、单位内部机构的印章，由所在机关单位统一刻制。刻制印章必须履行审批手续，由办公室出具所在机关、单位的证明，经所在地区的公安部门备案并指定承制单位刻制。印章要指定政治上可靠的专人保管。因机构变动而改用印章，或因印章损坏而换用新章，应向有关单位说明情况，废止的旧印章应按有关规定缴回上级领导机关或销毁。

6. 文书档案工作

具体包括文书档案的管理与利用等。文书档案记载了本机关、本单位活动的事实和实践经验，是本机关、本单位工作的历史记录，具有重要的查证、参考作用。档案工作的主要任务是收集、整理、鉴别和使用，收集的内容主要有各种文件、函电、电话记录、出版物原稿、视频资料等。目前，文书立卷归档的步骤分组卷、编写案卷标题、卷内文件的排列与编号、填写卷内目录与备考表、填写案卷封皮、装订与编制案卷目录等几个阶段或环节。

7. 信访工作

包括来信、来访的受理、处理、查办等。人民群众来信来访中反映的问题涉及面广，不仅直接关系到来信、来访者的切身利益，而且关系到各级行政机关、单位能否正确贯彻落实党和国家的方针、政策。因此，办公室既要把信访工作作为经常性的工作来对待，更要建立与信访机构互联互通的工作机制，协同专职机构提升信访工作的有效性。

8. 机要保密工作

包括各种密级文件、资料的管理。行政机关保密范围，一般包括文电、会议、印信、通信、各类情况、高层领导活动保密等内容。各级行政办公室是国家机密高度集中的机构，办公室工作人员应做好机要保密工作：一是建立和健全保密制度，加强对机密文件、图纸、资料、照片、档案、信函和视频资料的管理工作，以确保机密的安全。二是坚持原则，保证知密不失密。处理文件时，要严格履行登记、签收手续，绝密文件须有专人负责保管。

（二）综合协调工作

搞好综合协调是办公室的一项重要职能，行政领导是地方或部门的指挥中心，起着总协调的作用，但事务性协调的具体工作要靠办公室承担，通过协调落实领导意图。

办公室的综合协调工作，内容上有计划、制度、信息、事务等多种协调工作之分，总体上有内外或上下左右协调之别。在此涉及的主要是工作任务、管理事务和领导关系的协调。就其特点而论，前者主要是工作组织性质的，而后者往往表现为关系的调整、疏通以及信息的交流、沟通。

随着政府行政体制改革的深入开展，办公室必须进一步增强协调服务的实效性。为此，办公室工作人员应该努力做到以下三点：

一是要确定协调的高度。办公室处在沟通上下、联系左右的枢纽位置，工作头绪多，涉及面广，因此协调工作要站在政治领导的立场去思考和筹划。办公室不仅要在多位领导同志分管的工作之间沟通情况、拾遗补阙，还要善于协调几套班子同心协力、相互配合，更要协调好行政领导和党委领导的关系，确保党委领导的核心地位。

二是要明确协调的思路。协调的关键在联系，办公室要加强与同级党组织和上级行政组织的联系，及时了解上级意图，争取获得更多的指导和帮助；办公室要密切与基层的联系，及时了解和掌握基层工作情况，把群众普遍关注和关心的热点、难点问题作为协调的重点；办公室要优化内部的联系，多沟通、多配合、多补位，把工作分工和协作更好地结合起来。

三是要讲究协调的艺术。综合协调既是一门科学，也是一门注重方式方法的艺术。办公室既要善于抓住主要矛盾和矛盾的主要方面，又要考虑到各种复杂因素，照顾到方方面面；既要善于抓大事，抓关键环节，突出工作重点，又要意识到"细节决定成败"，注意工作的细微处；既不能随意附和、不讲原则，又不能颐指气使、以势压人，应坚持原则，讲究方法，注意分寸。

(三) 辅助决策工作

辅助决策就是充当领导的参谋助手,搞好参谋服务工作是办公室的首要任务。在决策关系、行政事务和社会信息日趋复杂和多变的条件下,办公室更要增强辅助决策的主动性,为此,办公室一要围绕中心,把握大局,做到参之有道;二要把握领导意图,做到谋之有方;三要抓好调查研究,注重信息处理,做到言之及时。具体而言,办公室辅助决策的工作包含四个方面的主要内容:

1. 信息准备

领导者的决策,在了解情况的基础上进行。办公室及其工作人员,首先应协助领导者了解情况,掌握信息。办公室所提供的信息,所反映的情况是否全面、准确,将直接影响领导者决策的决心和成败。办公室是所在单位的信息收集、交流、反馈的枢纽,也是对信息进行综合处理的中心。这就要求办公室及其工作人员一定要端正作风,深入实际,积极开展调查研究,掌握第一手材料,并及时进行综合分析,去芜存菁,供领导机关或领导者参考、选择。

2. 提供方案

在掌握情况、收集信息后,办公室应提出或协同有关职能部门提出决策方案,供领导机关、领导者决策时参考、选择。这就要求办公室工作人员必须坚持实事求是的作风和严肃认真的态度,根据事情的本来面目,对众多事件进行翔实的分析、比较,得出客观的合理的判断或抉择。只有这样的参考方案,才真有参考价值。领导机关或领导者在决策时,要求办公室或其工作人员提供多种方案,也是为了从中进行比较,使决策更加符合客观情况,切实可靠。

3. 承担决策事务

在领导机关或领导者的决策确定后,办公室应履行自己的职责,迅速地将领导的指示或决定记录、整理,并通过发布文件或召开会议等方式公布决策。领导机关和领导者的指示、决定,都是为解决现实问题而做的,有较强的时间性。办公室及其工作人员在承担决策事务时,从文件的整理、形成到发布,都要快速、及时,决不能拖拖拉拉,稽延时日,以致误事。同时,还要真实地反映领导指示、决定的意图、思想,准确地表达决策的内容与要求。

4. 实施督查服务

一分部署，九分落实，为政之道，重在督查。督查是落实党的领导，确保政令畅通的重要手段，是形成决策闭环的必要构成。办公室的督查具有较强的服务性质，它不仅要在自身督查中体现服务功能，也要为领导督查或其他行政部门的督查提供服务。督查服务一定要求实效、出实招，要坚决克服主观主义、官僚主义和形式主义，坚决制止弄虚作假和做表面文章的现象。对党组织的重要决策部署和中心工作的督查，要选准切入点，抓住关键环节，加大落实力度。对领导批示交办的重要事项和社会关注的重大问题等，要紧抓不放，大胆督查，跟踪问效，直至落实。

第二节 办公室管理的科学化和现代化

一、办公室管理的科学化

现代行政因其自身性质与环境的变化，必然要求实现科学化的办公室管理。这主要包括办公室管理的规范化和制度化。

（一）规范化

规范，在办公室管理中是指人们对工作所制定的原则和标准。办公室管理的规范化，就是要求办公室工作必须按确定的原则、标准和流程进行。目前，办公室管理的规范化首先要做好下面几项工作：

1. 公文撰写规范化

草拟公文，从公文种类、格式到审稿、核稿、签发，要严格遵守国务院办公厅颁布的《国家行政机关公文处理办法》，以提高公文质量。

2. 公文处理规范化

公文处理看起来是收收发发、传传递递，但做得不好，传递不及时，就会出现差错，影响工作效率，甚至会贻误大事。因此，必须制定公文处理的规范，公文的签收、登记、拟批、阅批、催办、督办到立卷、归档、销毁，都要严格按规定办理。

3. 会议安排规范化

要做到精简会议，提高会议效率，把领导者和广大行政人员从"会海"

中解放出来，会议安排的规范化是前提。会议安排的规范化是对会议时间、议题、出席者及审批手续做出明确规定并严格执行。

4. 接待工作规范化

各级办公室现在的接待任务越来越繁重，如每有接待任务，都要领导出面，人人相陪，事事相伴，势必对机关工作和领导造成不利影响和增加无谓负担。要摆脱这种状况，规范接待工作极其必要。应根据接待对象的级别、来访目的，确定接待规格。如由哪一级领导或部门出面接待、标准如何，都应明确规定，按章接待。

5. 办事程序规范化

程序是指办事的先后次序。办公室管理的程序化，就是将常规工作按事情进行的先后次序划分成递进步骤，并按规定的步骤办理。制定工作程序目的在于把各种规章制度具体化、步骤化。制定工作程序时不仅要注意工作的先后顺序，而且要把每一个步骤的做法、要求都规定得清清楚楚。同时，还要注意前后步骤的衔接。

（二）制度化

制度化旨在使办公室工作有章可循，工作人员各司其职，做到事事有人管，件件有落实，从而提高工作的效率和质量。有关办公室工作的主要规章制度有：

1. 岗位责任制

这是办公室内部明确职责、分工，进行目标管理和考核的一项重要制度。在制定岗位责任制时，对每个工作人员的职责和任务都必须做出明确而具体的规定，每项工作都要有具体的目标、要求，有时间性的要规定完成的时限，切忌笼统。要尽可能地定出量化目标和要求，以便考核。同时，要制定奖惩办法，依在岗情况，及时给予适当奖罚。

2. 公文处理办法

这是提高办公质量、加速公文运转、提高办公室工作人员和领导者工作效率的一项重要措施。公文种类繁多，运转环节复杂，有些重要公文须经数位领导审批，多个部门联合办理，如无一定章法，差错难以避免。因此，办公室要根据国务院办公厅发布的《国家行政机关公文处理办法》，结合本单位实际，制定适合本单位的公文处理办法，对公文种类、写作格式、呈报和审批手续、编号等有明确规定。使办公文有章可循，公文运转快速而不出差错。

3. 会议制度

会议是领导者集思广益，充分发挥集体智慧进行民主决策的重要形式，是领导工作中不可缺少的。但如没有一定的会议制度，无论大小事情都由领导开会研究，会议将泛滥成灾。要精简会议，提高会议质量和效率，就必须建立完善的会议制度。会议制度的内容主要包括：严格控制会议数量和规格，精简会议活动；严格会议审批制度，不开泛泛部署工作和提要求的会议；大力精简会议文件、简报，切实改进文风，没有实质内容、可发可不发的文件、简报一律不发；革除繁文缛节，讲求实效，端正会风，开短会、讲短话，力戒空话、套话；严格财务制度，节约会议经费。

4. 接待制度

接待工作涉及接待规格、费用开支、食宿交通安排，若无一定的标准，不仅会使接待人员无所适从，也会违反有关政策和纪律。因此，须建立接待工作制度，对接待礼仪、规格、费用标准等做出明文规定，严格执行中央政治局"要轻车简从、减少陪同、简化接待，不张贴悬挂标语横幅，不安排群众迎送，不铺设迎宾地毯，不摆放花草，不安排宴请"的规定。

二、办公自动化

随着经济建设发展和科学技术进步，以应用电子计算机为主要标志的办公自动化已在逐步实现，并成为行政管理现代化的重要构成。办公自动化（Office Automation，简称OA）的定义目前在国际上并无一致性解释，按我国国务院电子振兴领导小组办公自动化专业组所下定义，办公自动化是应用计算机技术、通信技术、系统科学和行为科学等先进科学技术，不断使人们的部分办公业务借助于各种办公设备，并由这些办公设备与办公人员构成服务于某种目标的人机信息系统。就一般意义而言，这一人机信息系统的规模和功能既受行政组织机构、办公制度和办公环境等因素的制约，又对这些因素的变化起重要的促进作用。

（一）办公自动化系统

1. 构成

办公自动化系统的构成主要包括三个不同的层次：

（1）事务型OA系统。只限于单机或小型局域网上的文字处理、电子表格处理、文件登录、办公日程管理、个人数据库等辅助工具的应用,其功能在于办公室工作的自动化,直接面对的是办公人员,以提高办公效率,改进工作质量。

(2) 信息管理型 OA 系统。这是整体性办公系统与综合性数据库紧密结合的一体化办公信息处理系统,包括由大型电子计算机和光缆组成的局部信息网、综合办公系统、办公室服务站、文字处理中心、大中小型电视会议系统、图像传真会议室、电传、内线电话号码检索、电子归档与检查,以及大楼管理等系统。

(3) 决策支持型 OA 系统。它建立于信息管理 OA 系统基础上,使用由综合数据库所提供的信息,针对所需要做出决策的课题,构造或选用决策数字模型,结合相关的内部和外部条件,由计算机执行决策程序,做出相应的决策。

2. 功能

办公自动化系统有功能齐全的特点,其基本功能有七个方面:文字/文件处理、图形/图像处理、声音处理、信息查询、网络通信、决策支持和行政管理功能。从办公自动化系统的功能看,它与管理信息系统(Management Information System,简称 MIS)、决策支持系统(Decision Support System,简称 DSS)既各自基本独立,又相互交叉耦合,其相互耦合的深度既取决于三大系统相互作用的方式,又取决于具体环境与背景。三大系统的耦合使办公自动化系统的功能更趋完整,其作用亦得以极大增强。

(二)办公自动化对办公室管理的要求

我国尚处于办公自动化的初期,各地区和单位在实现办公自动化过程中,各自的财力、物力和技术力量存在不同程度的困难,相互间有较大差异。从整体情况看,我国办公自动化主要还处于信息处理电脑化、通信设备电子化、公文处理和打字印刷电脑化阶段。虽然如此,办公室管理必须适应办公自动化的要求已成为重要课题。办公自动化的实施,对机关办公室管理的要求主要有三个方面:

1. 人员素质

办公自动化的核心是人机关系,仅在设备或硬件上更新、改进,而忽视人员素质的提高、改造,根本不能实现办公自动化。因此,必须克服这样的错误认识,只看到先进设备对人的解放,无视先进设备对人的要求。事实上，人们能否借助先进设备达到自动化，关键是人的能力，而非设备的可借助性能。借助先进设备的能力，必须成为办公室工作人员的基本素质。

2. 管理手段

在办公自动化条件下，技术性手段成为管理的基本手段，许多管理问题以信息化形态出现，问题的解决和处理有赖于管理者对技术性手段的应用。所谓技术性手段主要指对计算机技术和通信技术的方法、措施的采用。若缺少技术性手段，办公室管理难以起到对行政机关的协调、保障和支持的作用。

3. 管理媒体

办公自动化极大提高了工作效率，也改变和增加了管理媒体。在采用传统办公手段时，办公室管理者所接触的管理媒体就是人员、手写或印制文件、简单的机械设备，这些媒体与自动化的管理媒体相比，不仅种类简单，而且工作节奏慢，并与管理者办公时间基本同步。采用自动化办公手段，大量不同性能的现代化电子设备成为办公室管理新媒体，其工作节奏为传统媒体的数十倍甚至数百倍，而且能在管理者非办公时间起自动工作的作用，如常见的电子信箱、传真机等。管理媒体的变化，要求管理者必须"理解"媒体作用，要做好无人状态的非工作时间的办公室管理工作。

第三节　后勤管理的重要意义与主要内容

后勤管理原为军队后方供给与战勤服务的管理，现行政机关的后勤管理（也称机关事务管理）是指机关内部为保证本机关工作顺利进行，对包括物资、财务、环境、生活以及各种服务项目在内的事务工作的管理。后勤管理是行政管理的重要一环，是为机关各部门以及领导者与公务人员提供工作、生活条件，并保障各项行政活动正常进行的物质基础。

一、后勤管理的意义

（一）后勤工作是其他部门工作的基本条件

政府行政离不开财、物的供给与配置，没有后勤服务，各部门难以进行正常的工作。目前在我国的各级行政机关和各事业单位，后勤工作社会化的问题还没有完全解决。即使各级机关逐步实现了后勤工作的社会化，也并非意味着后勤管理的消失，而是在更符合现代管理的要求下，改变后勤管理方式，为政府行政提供更有效的后勤保障。

（二）后勤管理是提高行政效率的重要条件

后勤管理与行政效率问题密切相关，不仅因后勤工作效率是行政效率的当然构成，还因为后勤系统的管理水平直接影响其他系统的工作效能，这主要表现在三个方面：

（1）物质资源的配置是否合理，是各职能部门工作条件是否得到基本满足的前提；

（2）各项物质资源是否得到有效维护和充分利用，直接关系行政成本的大小，以及物资投入有效性的充分与否；

（3）办公设备是否能及时更新或补给，影响行政手段的提升与增强。

因此，行政效率的提高，行政成本的降低，必须重视后勤管理，应以后勤管理的优化作为提高行政效率的重要条件。

（三）后勤管理是维护职工利益的需要

后勤管理除提供工作保障外，还担负干部职工的服务供给的职责，这与干部职工的基本生活保障、医疗卫生保健等工作相关，这些又涉及干部职工的切身利益。因此，后勤管理又是职工的利益性管理，其管理体现了干部职工的利益，以及这些利益是否得到合理维护。

（四）后勤管理改革具有重大的现实意义

后勤工作的出路，在于社会化。实现后勤工作社会化，是当前后勤工作改革的方向。当前以实现后勤工作社会化为目标，以提高管理水平、服务质量和经济效益为宗旨的后勤管理体制改革，坚持思想教育与物质奖励相结合、以思想教育为主的原则，坚持物质文明建设和精神文明建设一起抓的方针，通过采用经济和立法等手段、途径，围绕后勤总务工作如何关心干部群众的生活、如何提高机关工作效率等问题，深入理顺各种关系，使后勤管理与其他管理工作同步前进，跟上形势发展的需要。这些尝试与改革，对改进与提高后勤总务工作管理水平，以及提高机关的整个管理水平，都有着重大的现实意义。

二、后勤管理的主要内容

由于规模、层级不一样,也由于分工不尽相同,各行政机关单位后勤工作的范围和任务有所区别。一般说来,较大的机关单位的后勤工作,大致有五大类:

(一) 物资管理

物资设备种类很多,为便于管理,通常分为固定资产、材料和低值易耗品三大类。固定资产是指价值较大、使用时间较长、能反复使用并能保持其原有实物形态的物品,如房舍、交通运输工具、电信设备、仪器、仪表、家具、厨具等。材料是指在一次使用后被消耗掉而不能复原的物质材料,如各种原材料、燃料、各种零配件、元件、药品、试剂等。低值易耗品是指固定资产和材料以外的、价钱较低、经使用后容易消耗的物品,如办公文具,一般器皿和用具,维修设备用的工具,低值仪器、仪表和低值劳保用品等。物资类的管理,主要有四个方面:

1. 日常管理

这类管理包括计划、采购、验收、登记、检查、评比、移装、调度、封存、启用、改造、折旧、报废、统计与事故处理等方面。物资设备日常管理工作,要求做到制度化、规范化,做到供应及时、方便工作。

2. 使用与维护保养管理

各类物资设备,不但要管好,还要用好,管好是为了用好。因此,提高物资设备的使用率,在物资管理中显得特别重要。各种物资在使用过程中,必然会产生技术状况的变化,难免要陈旧、损伤,因此要及时维修保养。要做好仓库的保管工作,防止物资设备的积压和过早损坏,造成浪费,甚至酿成严重事故。各类物资设备的使用寿命在很大程度上取决于维护保养工作做得如何。

3. 检查与检修管理

物资设备会因长期使用而引起损坏,要使其功能恢复,就需要及时检查与修理。物资设备的检修与维护保养是相辅相成的,维护保养工作做得好,就可以延缓修理周期,同样,计划检修工作做得好,维护保养工作的负担就可大大减小。

4. 物资设备的改造与更新

改造是将科技的新成果应用于现有设备，从而提高设备的现代化水平。这种做法有投资少、时间短、收效快的效果，值得提倡。更新设备时，对原有设备要妥善处理，做到物尽其用，切忌浪费。

（二）财务管理

财务管理是对行政事业经费进行领拨、使用、管理和监督的一系列活动。财务管理的目的，在于合理分配和使用资金。行政机关、事业单位的财务管理，包括财务计划、会计核算、财务管理、财务监督和审计五个方面的内容。有关财务管理的问题，本书前面章节已有专门论述，此处从略。

（三）生活后勤管理

生活后勤管理，主要有房产管理、食堂管理和环境管理。

1. 房产管理

由于房屋价值在固定资产中居于首位，又由于房产管理与群众生活、住房制度改革和廉政建设紧密相关，房产管理是后勤管理中的一个重要方面。房产管理包括各类用房的建造、分配、使用与维修，在国家实施住房制度改革后，还包括住房的租赁、买卖等市场性内容。

2. 食堂管理

食堂是指政府机关、企事业单位及团体所设膳食机构及其场所。食堂管理包括计划（如制定销售计划、采购计划等）、食堂财务与价格、食品质量与卫生、食堂技术与人员、就餐场所与就餐方式等内容。

3. 环境管理

就机关后勤角度所言，其环境管理亦称机关庭院管理，为机关后勤的一项日常性工作。其管理范围包括机关办公与生活场所内的各种场地、道路、建筑设施、水电、公共卫生设施、环境绿化和各类标识。目的在于为机关行政与生活创造一个有序、整洁和优美的环境。

（四）服务后勤管理

服务后勤管理，主要指车辆管理、水电管理和医疗保健管理。

1. 车辆管理

机关车辆包括机关单位用于工作或生活服务的非私人所有的机动车辆，

机关车辆管理的内容可分为业务管理与用车制度管理。业务管理主要以车辆本身以及驾驶、维修与管理人员为对象，技术性强。用车制度管理是以车辆服务的接受者或享受者为对象的管理，与业务管理相比具有很强的政策性。它不仅关系到机关用车需要的保证，以及车辆使用的计划、经济与合理，而且与廉政建设的要求直接相关。因此，各机关单位在制定用车制度时既要从本单位实际情况出发，又要坚决执行党中央、国务院有关机关用车的规定。

2. 水电管理

水电是机关活动的基本资源，尤其是办公用电，随电子设备的增置和办公条件电器化程度的提高，其重要性日益加强。机关水电管理主要是使用制度的管理，以及供应与维修工作的管理，以保证用水用电的充分、合理与安全。充分是指通过对水电正常需要的满足，以及节水节电，最大限度地发挥每立方水和每度电的效能。合理是指水电用量配给指标和收费标准合理。安全主要指用电时不因机械性故障危及人员安全或影响各类办公设备的正常使用。

3. 医疗卫生管理

机关医疗卫生管理包括医疗保健、卫生防疫和公共卫生三方面的内容。机关医疗卫生管理应贯彻"预防为主，防治结合"的方针，以减少疾病，提高健康水平与工作效率为目标。

(五) 接待工作管理

作为机关事务的接待工作通常作狭义理解，即指行政机关后勤管理部门对来机关办事的人员提供生活方面的接待服务，包括对内、外宾的接待服务，机关招待所的接待服务和会议接待服务等内容。机关接待工作虽然以生活服务为主，但由于接待的主客双方所从事的活动性质，以及机关本身的制度要求，使其有较强的政治性和政策性。因此，机关接待工作的管理，必须以认真贯彻执行党和国家以及上级领导机关有关接待工作的政策、规定、制度和纪律为要求，坚持热情有礼、周到方便、勤俭节约、内外有别、保守机密和保证安全等原则。由于机关接待工作与机关工作作风、机关廉政建设直接相关，因此，在接待管理上，要坚决克服待人冷淡、盛气凌人的官僚作风，杜绝讲排场、摆阔气、挥霍浪费、奢侈铺张的不良风气，并按照礼仪改革的要求，简化礼仪，减少礼节性的迎来送往。

第四节 后勤管理体制改革

一、后勤管理体制改革的必要性

改革前的后勤管理体制，是伴随着我国行政体制和经济体制的建立而形成的，并作为其重要构成而存在。这种体制适应了当时行政和经济体制的需要，保障了各项行政活动的正常进行，较好地满足了机关工作人员在生活消费品较为匮乏情况下的生活需要。但在我国社会主义建设新时代，随着行政体制改革和经济体制改革的开展，这一管理体制的不适应性日渐凸显。改革原有体制，建立能适应新的社会条件的后勤管理体制，已成为后勤管理的重要内容。

（一）适应社会主义市场经济体制的要求

深化后勤管理体制改革，要以邓小平理论和党的十九大精神为指导，坚持管理科学化、服务社会化的方向；加强后勤管理的规范化、制度化建设，建立和完善后勤服务单位的结算制度；转换服务机制，推进后勤服务商品化、市场化，使后勤服务单位逐步实现自负盈亏；促进服务联合，充分发挥现有服务资源的使用效益，逐步建立和完善与社会主义市场经济体制和国民经济发展水平相适应的后勤保障体制。

中国共产党所提出的建立社会主义市场经济体制的目标，是我国社会生产力发展与经济体制改革深入开展的必然趋势，也是我国经济体制发展和完善的方向。机关后勤管理体制必须适应经济体制发展的要求，按社会主义市场经济体制的总方向促进机关后勤工作。

社会主义市场经济体制对机关后勤管理体制的要求，主要体现在以下三个方面：

1. 后勤资源配置市场化

在计划经济管理体制时期，国家各行政机关所需物资基本上由国家以计划方式给予大致满足，各行政机关不可能或不必要再在国家计划外解决自身的后勤供给问题。由于我国经济管理体制向社会主义市场经济体制的转型，社会上的各种资源主要由市场机制来调节，机关后勤所需的物资资源基本上不再由国家计划包揽。过去可由国家计划分配调拨的用地、建筑材料、用车、油料、水电、粮食和副食品等资源，在市场经济条件下受商品交换规律支配，大多数要在市场关系中以交换途径获得。如果机关后勤不通过改革自身管理体制以适应社会主义市场经济的要求，以适应资源配置市场化的变化，则不仅使机关后勤服务规模、保障能力的扩大与增强受经济成本的制约而难以实现，而且在现有服务规模和保障水平的维持上亦会呈现困难局面。

2. 经济利益市场化

机关后勤服务归根结底是由从事后勤工作的人员体现的，后勤人员的工作成果是后勤保障能力的重要构成。后勤人员的工作效率受诸多因素的制约，其中不可忽视的是他们的利益所得是否合理。在计划经济体制下，机关后勤工作人员的经济利益与社会上从事服务行业的职工相比并无明显差距，有的甚至略优于社会服务行业职工。由于社会主义市场经济体制的建立，社会服务行业职工的劳动报酬在等价交换、多劳多得的原则下得到较大改善，逐步形成职工劳动成果与劳动报酬直接相联的利益关系，有效地激发了劳动者的积极性。而机关后勤在过去一段时间并未同步出现上述改变，后勤人员的劳动所得未能在经济利益市场化的条件下得到改善，从而影响了后勤服务质量优化与后勤保障能力的提高。要解决这一问题，机关后勤管理应在市场化条件下，体现服务人员劳动的商品性或等价性，而这种体现必须通过管理体制的改革才可实现。

3. 管理方式市场化

原有后勤管理以直接行政管理、行政命令和行政计划为基本方式，随着国家经济体制改革的深化，机关后勤服务日益走向社会化，管理方式也出现不少新变化。一些与市场经济相联系的承包经营、租赁经营、合资经营和合作经营等方式，逐步在机关后勤管理中得到运用。管理方式的变化，本身已表明机关后勤工作不再受单一的行政管理方式约束，以经济管理方式管理后勤已成为高效后勤不可缺少的条件。后勤管理体制应适应管理方式的变化，从体制改革上更进一步促进后勤工作与市场经济接轨，在市场竞争中增强机关后勤的活力。

（二）符合行政体制的发展

机关后勤的管理既具有经济管理的性质，又具有行政管理的性质，它的发展变化不仅要适应国家经济体制改革的需要，还要符合国家行政体制发展的要求。党的十一届三中全会以来，我国行政体制的改革持续了30多年，已逐步形成与我国社会主义经济建设和社会发展相适应的行政体制。国家行政体制的发展，向为国家各项行政活动提供物资保障的机关后勤提出了新的要求，促进了机关后勤管理体制的改革。

1. 机构精简

机构改革是我国行政体制改革的重要成果，也是对机关后勤管理体制改革的要求。由于几十年来形成的"小而全"和"大而全"的后勤管理体制，后勤部门的人员不断膨胀，到 20 世纪 80 年代，仅就国务院各部门的情况看，机关后勤人员就占机关总编制的 1/3 左右。在这些人员中，大多数人所从事的工作完全属于社会服务性质，其职能可由社会服务行业承担。随着机构精简的实施，这些人员有不少实际上已成富余人员。因此，从管理体制上解决后勤人员分流、安置问题，实际上是国家行政机构精简在后勤管理体制上的直接体现，是行政体制改革在后勤领域的延伸。

2. 职能转变

行政管理职能的转变形象地反映在"小政府、大服务"的原则上，也就是说政府机关本身不搞"大而全"，将可由社会承担的或应由企业负责的职能从行政职能中划分出来，即所谓"小政府"；同时，行政机关的服务必须面向社会，少搞自身服务，即所谓"大服务"。这一原则已包含改变机关后勤发展方向、转变机关后勤服务职能的要求。在许多行政机关，其后勤人员除小部分从事属于机关行政管理职能的财务、物资、房产、总务等方面的管理工作外，大部分人员从事的是非行政管理职能的一般性服务工作。这种状况造成行政机关在自我服务上占用了不必要的资源，影响了行政机关社会服务能力的发展。要改变这种服务职能上的不合理状况，必须进一步改革后勤管理体制，在体制上科学区分行政管理职能与一般性社会职能。

3. 高效行政

高效行政是行政体制改革的重要目标，减少行政成本是高效行政的基本要求。机构臃肿、人员超编是造成行政成本过高的一般因素，而机关后勤部门与社会服务行业二者间服务职能的重叠和服务能力的互碍，则是造成行政高成本低效率的特殊因素。在不少地方，社会服务行业已具备充足的服务能力，但有些行政机关仍然为"满足"自身属下的后勤部门的工作量，难以接受社会服务，反为自我服务所拖累。这样一来，一方面，社会服务行业由于失去了部分服务对象，其服务能力得不到充分体现；另一方面，机关后勤由于局限于服务范围的自我封闭，其服务能力亦得不到充分体现。结果是既增大了社会活动的成本，又增大了行政活动的成本。行政成本的上升，已成为高效行政的不利因素，若从社会成本的高低影响着行政成本估算的关系考虑，这种成本双重性上升，更是实现高效行政的严重障碍。因此，改革后勤管理体制是高效行政的必备条件。

（三）满足后勤发展的需要

机关后勤管理体制改革的动力，不仅来自经济体制与行政体制的发展，亦来自机关后勤的发展。后者是改革的内在驱动力。国家领导人对部队后勤工作提出了"保障有力"的要求。"保障有力"实际上是整个后勤管理发展的根本需要，机关后勤各项事业的发展，都应满足这一需要。机关后勤管理体制的改革，就其自身发展的动力来看，就是为了满足为各项行政活动提供有力保障的需要。

二、后勤管理体制改革的内容

我国行政机关后勤管理体制改革的内容，有一个逐步展开、丰富的过程。1983年6月，十二届中共中央书记处第七十次会议提出，机关后勤服务要逐步企业化、社会化，为机关后勤管理体制的改革明确了方向。这次会议推动了后勤管理体制改革的普遍展开，是我国机关后勤管理体制改革起步的标志。1992年6月中共中央、国务院《关于加强发展第三产业的决定》的发布，推动了机关后勤管理体制的改革。国务院1998年12月转发的国务院机关事务管理局、中央机构编制委员会办公室《关于深化国务院各机关后勤体制改革的意见》（国办发〔1998〕147号文），使后勤管理体制改革的内容更为全面和明确。

（一）规范后勤行政管理职能

后勤管理是政府行政管理的组成部分，应予重视和加强。后勤主管部门要精兵简政，转变职能，加强宏观管理，根据有关政策和规定对各部门后勤工作进行指导、监督和调控；统一制度和标准，规范管理职能和工作程序，提高后勤管理科学化水平；积极探索、稳步推进政府采购、机关公务用车、办公用房、职工住房等后勤保障制度的改革；加强对机关后勤服务行业改革的分类指导，推动服务机制转换和服务联合，发挥规模效益，促进后勤服务的商品化、市场化。政府机关的后勤行政管理工作由行政机关承担，使用行政编制，其主要职责是：管理机关行政经费，监管机关国有资产；与机关服务中心签订并履行服务合同。各部门可根据机关后勤改革的实际，将原列入后勤行政管理职能的一些服务性、事务性较强的管理工作，委托机关服务中心承担并在经费中予以保证。

（二）进一步明确机关服务中心的性质和任务

政府所设的机关服务中心，有事业单位法人资格，独立核算，逐步实现自收自支。其主要任务是：承担机关后勤服务保障工作，根据机关后勤服务工作规划和要求，与机关签订并履行服务合同；承担机关委托管理的部分行政事务性工作；承担机关交由其占有、使用的国有资产管理工作，使经营性资产保值增值；推动所属服务经营单位深化改革，转换机制，加强管理，改进服务，提高经济效益。

（三）建立和完善结算制度

改革现行机关后勤服务经费拨付方式。国务院机关事务管理局根据实际，核定并拨付各部门机关后勤服务经费。各部门根据机关服务中心承担的服务项目，与机关服务中心签订合同并按合同支付后勤服务费，逐步建立和完善结算制度。这项工作从1999年起进行试点，2001年普遍实行。国务院机关事务管理局对服务经费拨付方式的改革，对各级政府的后勤管理具有指导作用。

（四）加强机关服务中心的资产与财务管理

各级政府或部门要理顺机关与机关服务中心国有资产的产权关系，明确机关服务中心对其管理、使用的资产的权利和责任。机关服务中心对机关授权管理、使用的经营性资产，要提高资产效用和经济效益，使其保值增值。机关代表国家对投入机关服务中心及其所属服务经营单位的国有资本享有受益权。机关服务中心执行事业单位财务管理制度，要建立健全财务管理办法和成本核算制度，严格收入和支出管理。机关服务中心所属服务经营单位应根据其性质执行不同的财务制度。机关服务中心应加强对所属服务经营单位资产和财务的监督管理。

（五）转变机关服务中心管理机制

机关服务中心要结合国家人事、劳动制度改革，积极探索用人、用工制度改革，根据工作需要合理设置岗位并选配人员，完善管理人员聘任制和全员劳动合同制。机关服务中心执行事业单位职员职务等级工资制。其所属服务经营单位根据其性质按照国家有关规定执行相应的工资制度，在有关部门核定的工资总额内，按照按劳分配、多劳多得、效率优先、兼顾公平的原则，决定分配形式，逐步建立起有效的激励和约束机制。机关服务中心要结合国家社会保障制度改革，逐步建立机关后勤职工养老、医疗、失业等社会保障制度。机关服务中心要强化对所属服务经营单位服务质量、经济效益、收入分配等方面的监督管理，组织、推动服务经营单位的各项改革。机关服务中心所属服务经营单位要按照国家的产业政策，发挥优势，确定事业发展方向；充分利用现有服务资源，盘活存量资产，依法经营，提高经济效益和社会效益；借鉴国有企业改革的做法，把改革同改组、改造和加强管理结合起来，逐步实现自主经营、自负盈亏、自我约束、自我发展。

（六）打破界限、推动联合

深化后勤体制改革，应打破部门界限，改革"小而全"后勤保障体制。加强对后勤服务设施建设的宏观调控，充分利用资源，避免重复建设；结合实行政府采购制度，采取定点服务等多种形式，扶优汰劣，扶持优势服务项目，实现优势互补；在物业管理、汽车运营和维修、接待服务、餐饮、印刷、幼教、医疗等服务行业中，积极探索多种形式的联合，走产业化、专业化、集约化道路，逐步与第三产业的发展接轨，提高后勤保障水平和市场竞争能力。新组建的部门原则上不应再设立机关服务中心，所需服务由其他部门提供或引进社会服务。

三、后勤管理体制改革的目的

（一）实现机关后勤服务社会化

后勤服务社会化的实质，是在社会主义市场经济体制下，后勤服务经营单位的企业化、经营内容的商品化、经营管理的行业化。换言之，也就是后勤部门作为独立的经济实体，以行业联合为发展方式，以商品经济规律为经营指导，为机关及社会提供优质高效的劳动服务。因此，不能把后勤服务社会化简单地理解为整个机关后勤部门与行政机关完全分离，片面地以此作为"社会化"的唯一标志，更不能将后勤管理机构与后勤服务社会化相混淆，错误地以管理机构的调整取代管理方式的改革，并以此作为"社会化"的实现途径。

1. 实现后勤服务社会化的条件

后勤服务是社会生产体系的一个构成，其能否实现社会化以及社会化的程度如何，直接取决于整个社会生产体系的性质。在小商品经济或半商品经济的社会生产体系中，包括后勤服务在内的各种劳动生产，不可避免地具有自我满足的封闭性与分立性。只有当整个社会生产体系走向市场化时，后勤服务才能与其他种类的劳动一样，实现社会化。可以说，社会主义市场经济体制的建立，是我国机关后勤服务社会化的最根本的条件。包括劳务市场在内的市场体系的形成和完善，为后勤服务部门作为独立的经济实体参与市场竞争，为后勤服务的行业化发展都提供了可能、动力和条件。

2. 实现后勤服务社会化的标志

后勤服务社会化的实现，关键在于后勤服务的内涵变化，这主要包括：

（1）市场交换方式取代供给制模式。市场交换方式的确立，使不同的后勤服务部门所提供的和所需要的劳动服务都以社会需求与社会供给为动力和支持。在这种情形下，一方面，各机关单位不再需要各自拥有一支囊括各种行业的庞大后勤队伍，其对后勤服务的需要，可以市场交换方式从社会上获得；另一方面，后勤服务部门将通过向社会提供有偿劳动来维持并不断扩大生产经营。

（2）资产所有多元化。资产拥有量决定后勤服务能力的强弱，而生产能力的形成或获得方式又制约着资产拥有量。资产所有多元化，就是指在追求国有资产和集体资产投放效益的同时，积极吸纳各种社会资金兴办服务项目，发展服务设施和扩大服务规模，以增加后勤资源的投入，较快地解决供不应求的困难。

（3）经营方式多样化。供给制的后勤服务以内部自我服务为单一经营方式，这种经营方式有明显的福利性、垄断性和封闭性。随着后勤资产所有制的多元化发展，原有的单一式经营方式已难以为继，各种适应所有制改革、市场发展和社会需要的经营方式应运而生。目前最为普遍的承包经营、租赁经营、合资经营等方式，都已收到显著成效。

（4）职工收入分配市场化。在体制改革前，后勤部门职工的收入分配一直由国家用行政手段控制，平均主义、"大锅饭"现象日趋严重，按劳分配原则未能充分体现。职工收入分配市场化的实现，就一般意义而言，后勤职工的收入标准不再由国家统一规定，工资额度要与服务部门经济效益挂钩，奖金额度也要与劳动态度、服务质量挂钩。此外，后勤职工的个人收入还要同劳动服务的供应关系相关联，同劳务市场的变动趋势相联系。在这些条件下，按劳分配原则和社会公平原则都能在后勤职工的收入分配上有更好体现。

（二）实现后勤行政管理职能与服务职能相分离

实施行政管理职能与服务职能相分离，是我国后勤管理体制改革的重要内容，其要求是：为适应社会主义市场经济体制的发展，将后勤服务部门与机关行政序列分开，实行事业单位企业化管理，同时，将机关后勤服务部门所承担的社会服务职能逐步分离出去，形成社会服务体系。《中共中央关于制定国民经济和社会发展"九五"计划和2010年远景目标的建议》指出："企业非生产的后勤服务单位所承担的社会服务职能，要创造条件逐步分离出去，形成社会化服务体系。"此决策同样适用于事业单位和行政机关的后勤部门。

1. 行政管理职能与服务职能相分离的意义

（1）有利于行政机构改革。我国后勤服务单位的职工数约占企事业单位和行政机关总人数的1/3，职能分离可较大幅度地精简机构和人员，为机构改革创造条件。

（2）有利于后勤服务单位提高活力。职能合一时，行政机关对后勤服务单位管得太死，使之缺乏活力，难以适应市场竞争的环境与要求。服务职能从行政管理职能中分离，易于在后勤服务单位实行市场化管理和划清、理顺政策界限，增强服务单位活力。

（3）有利于对后勤服务实行行业性规范管理。行业性管理与部门管理相比，更符合我国社会生产力发展水平，亦能获得更大的宏观或微观经济效益。职能相分离，使后勤服务单位不再受行政单位的条框限制，有利于提高经济效益和服务质量。

2. 行政管理职能与服务职能相分离的要求

（1）理顺关系。职能分开后，机关后勤的行政管理并非可有可无，而是要在管理体制上区分并处理好行政机关与后勤服务单位的关系，如工作关系、核算关系、产权关系和收入分配关系等。

（2）循序渐进。两种职能的分开，在目前各地、各部门后勤改革发展不平衡的情况下，更应在整体规划下，从各自的实际出发，分步进行，积极稳妥地解决好职能分离的问题。

(3) 宗旨不变。服务职能的分离是管理体制与经营模式的改变，并非是后勤服务宗旨的变化。在实施两种职能相分离的情形下，应坚持后勤为主体单位和人员服务的宗旨，在坚持为主体单位服务的前提下，积极开展内外两方面服务。

(4) 合理分流。两个职能的分离，必然要体现在人员分流上，后勤人员能否做到合理分流，直接关系到职能的科学分离。人员分流是否合理，应以是否有利于机构调整、有利于后勤服务社会化和有利于提高服务效益与职工积极性为标准。

(三) 实现后勤管理科学化

后勤管理科学化与后勤服务社会化有同等重要地位。后勤管理科学化的实质是现代科学技术转化为后勤生产力和管理效率。目前有些后勤服务部门管理仍停留在经验型的阶段，管理观念、方式落后于时代发展，难以满足后勤发展的需要，因此，实现后勤管理的科学化是当前后勤管理体制改革的重要内容。

1. 后勤管理科学化的作用

(1) 后勤管理科学化是后勤服务社会化的必要条件。后勤服务社会化以服务单位的企业化为基础，所谓企业化是就当前的经济体制改革和发展而言，重要的是建立以现代科学技术为内涵的现代企业制度，这里的关键就是管理科学化的实现。可以说，失去现代科学技术在后勤管理中的实现或转化，后勤服务社会化会因缺少根基而难以实现。

(2) 后勤管理科学化是后勤事业发展的重要保证。随着现代科学技术和经济的发展，后勤管理的客体（设备、设施等）日益趋于高科技，后勤服务的对象亦将因现代化的进展而日益复杂，这些都对后勤事业的发展提出了新的更高要求。后勤事业的发展能否跟上管理和服务对象的变化，归根结底还得看后勤管理能否以现代科学技术改造和完善自身，能否以自身的现代化满足管理客体的现代化，能否以自身的科学化适应服务对象的科学化。

(3) 后勤管理科学化是后勤劳动市场化的有效保障。后勤人员的劳动所创造的价值能否被社会承认而得以相应补偿，最重要的是能否经受市场竞争的检验，是否占有一定的市场。后勤劳动成果的这种市场化转变，其真正动力不在市场的开放程度，而在劳动的合理与有效程度。所谓劳动的合理与有效，就是一定的劳动投入创造出较多的有用的劳动成果，也就是经营生产的管理效率。管理效率的获得或提高，在工业化条件下主要依赖于科学技术及其进步。

2. 后勤管理科学化的要求

科学化管理涉及管理观念、管理体制、管理方式和管理人员等诸多方面，是一个系统性管理革新过程，这一过程的展开，应符合以下要求：

（1）按客观规律办事。任何科学都是对客观规律的正确认识和把握，按客观规律办事是管理科学化的本质要求。后勤管理的科学化，既要遵循经济规律，又要遵循管理规律，并且要努力揭示这些规律在机关后勤领域中的特殊性。

（2）总结与借鉴。要实现中国特色的科学管理，必须认真总结我国后勤管理的重大实践，包括革命战争时期与经济建设时期各方面的实践，如军队的、政府机关的、高等院校的以及大型企业的实践。这些系统的后勤管理不仅历史长，而且较完整、全面，是我国后勤管理实践的基本构成。管理科学化的实现，还应积极借鉴世界上先进的管理经验。虽然许多发达国家并无与我国类似的机关后勤系统，但这些国家在兴办第三产业、政府借助社会化服务以及机构内服务保障等方面都有许多先进的做法，理应以人之长补己所短。

（3）提高后勤管理队伍的素质。要实现后勤管理科学化，必须从提高人的素质着手。首先，应提高管理干部的素质。目前的重点是改革现有的管理干部队伍结构，做到管理干部革命化、年轻化、知识化和专业化。改革的途径除人员调整外，应坚持理论和业务培训。培训以提高管理水平、领导能力为重点。其次，应加强后勤工人的素质培训，彻底去除"后勤事务无技术"的旧观念，树立以科学技术创优质服务、以优质服务参与市场竞争的新观念。后勤工人的培训重点一是业务技术知识和操作能力，二是热情服务和认真负责的工作作风。后勤管理体制改革正处于重点突破、全面推进的新阶段，也就是进一步分离管理职能与服务职能、建立社会化服务体系的重要阶段。加强对后勤管理体制及其改革的研究，对于包括后勤体制在内的行政体制、包括后勤服务的第三产业的发展都有重要意义。

第十六章

政府绩效管理

政府绩效是指各级政府在管理社会公共事务、提供公共服务过程中所取得的成绩和效益。政府绩效评估就是根据一定的目标、指标和方法，对各级政府、部门及其工作人员的绩效进行测量、考核，反映其工作的实际效果，通过奖优罚劣，促进政府改进工作、提升管理效率和服务质量。当前，适应社会公共服务需求变化，改革和创新政府治理，提高政府治理能力，改善政府绩效，是实现我国经济社会协调发展、建设和谐社会的关键。政府绩效管理是一个包含了绩效计划与实施、绩效考核、绩效反馈与改进等环节的系统过程，注重通过持续开放的沟通形成组织目标，并推动团队和个人达成目标。实践证明，科学的政府绩效管理，有助于推进公共行政的科学化、规范化、现代化。

第一节 政府绩效管理概述

一、政府绩效管理的概念

（一）企业绩效管理的理念与启示

毋庸讳言，政府绩效管理实践直接受到企业绩效管理的启发。企业的绩效管理是依据企业、主管与员工之间达成的协议来实施的一个动态的沟通过程，通过系统地对一个组织或员工所做出的贡献进行评价，并给予奖惩，以促进组织自身价值和目标的实现。如何使员工在现任岗位上发挥专长，并使其对职业生涯发展有正面的期望，是设计现代绩效考核制度的最高指导原则。绩效管理不但要让员工有更大的自我发展空间，同时还涵盖目标管理、职业生涯规划等环节，它的目的是确保各项目标的达成，改进管理方法及程序，并以此作为开发人才潜力的基础。有效的绩效管理从一开始便有计划地展开，更强调未来绩效的提升，在注重工作结果的同时不偏废工作过程，从而能够不断发现和解决问题，有效地实现系统优化。绩效管理不应简单地被认为仅仅是一个测量和评估的过程，而应该是一个管理者和员工之间互相沟通、达成共识的途径。在绩效管理的过程中，员工和管理者应该明白组织要求的工作任务是什么、这项工作必须完成到什么程度。而且，绩效管理系统应该鼓励员工提高他们的自身绩效，促使他们进行自我激励，并通过管理者和员工之间开放式的沟通来加强彼此间的互信，这也是现代绩效管理不同于传统绩效评估的重要特征之一。

自20世纪60年代以来，伴随着政府财政危机和信用危机，西方发达国家开展了建设绩效导向型政府的改革活动，并引导着世界各国的公共行政改革趋势。无论是政府管理者、公共行政学家，还是社会公众，都极为关注政府管理的绩效问题。

（二）政府部门绩效的概念

绩效，是效率（efficiency）和效能（effectiveness）的总和，其中效率就是投入与产出的比率，效能则是将实际成果与原定的预期目标进行比较，前者适用于能够将投入和产出量化的场合，后者则适用于那些收益无法量化的场合。具体来说，政府部门的绩效概念涉及三方面内容：

1. 行政成本

行政成本是行政活动中消耗的人力、物力、财力、信息、空间、时间、权威、信誉等各种有形与无形资源的总称。与其他很多资源一样，政府部门的资源也是稀缺的。因此，政府部门的绩效一定会受到成本的限定和约束。行政成本包括两方面：

（1）有效成本。有效成本在行政过程中能够转变为行政绩效。具体而言，它有量化成本和非量化成本两种形式，如工作人员的工资、办公物品的折旧消耗费用、调研和决策执行费用等，都是以货币计量的有效成本；而政府部门在各项决策中必须承担的风险，是无法以货币计量的有效成本。

（2）无效成本。如政府部门难以杜绝的铺张浪费，或因政府直接参与市场竞争而引发的寻租腐败等无益于提高政府绩效的支出就是一种无效成本。

2. 行政产出

政府部门的行政产出是指公共行政活动所形成的直接结果，它可能是有形的，如政府主持修建防洪大坝、实施航天工程；也可能是无形的，如政府倡导健康文明的社会风尚、依法治国的精神。与企业的产出相比，政府部门的产出经常是无形的，这是行政绩效难以精确测量的重要原因。

3. 行政效果

公共行政的效果是指政府部门的直接产出对社会所产生的最终影响。如政府制定的某项政策是政府部门的产出，该项政策所引起公民、社会、企业等观念和行为上的变化就是公共行政的效果。

行政效果可以分成不同的类型：根据时间跨度，可以将其分为短期效果、中期效果和远期效果；根据内容和范围，可以将其分为经济效果、政治效果和社会效果；根据作用的方向，可以将其分为正面效果和负面效果；根据可识别程度，可以将其分为显性效果和隐性效果。

（三）政府绩效管理的功能

政府绩效管理是在设定公共服务绩效目标的基础上，对政府部门提供公共服务的全过程进行追踪监测，并做出系统的绩效评估。因此，它一般包括三个最基本的功能活动。

1. 绩效计划与实施

绩效计划是一个将个人目标、部门或团队目标与组织目标结合起来的目标确定过程，是绩效管理的起点。制订了绩效计划之后，组织的员工就开始按照计划开展工作，即绩效实施。在工作的过程中，管理者要对员工的工作进行指导和监督，对发现的问题予以解决，并随时根据实际情况对绩效计划进行调整。

2. 绩效考核

绩效考核是根据事先确定的绩效指标，对政府管理过程中投入、产出、中期成果和最终成果所反映的绩效进行评定和划分等级。绩效考核包括组织绩效考核和个人绩效考核。对政府行政管理而言，组织绩效考核往往具有最重要的地位。公务员个人绩效考核结果，是个人工资调整、奖惩和晋升的主要依据。

3. 绩效反馈与改进

绩效考核结果要通过反馈，让被考核者了解自己的绩效状况，才能将管理者的期望传达给员工，然后针对存在的问题制订合理的绩效改进方案并付诸实施。在绩效改进过程中，可以通过培训提高管理者和员工的自身能力。

对整个组织而言，绩效反馈能更清楚地反映哪个部门或哪一要素出现了问题，并进行针对性改进。

总体而言，政府绩效管理是由收集绩效信息、确定绩效目标、设计考核指标、进行绩效考核、根据考核结果改进绩效等流程构成的行为体系，它既包括对政府绩效创造过程的管理，也包括对政府绩效结果的评估；既包括对公务员个人的考核，也包括对政府组织绩效的考核。绩效管理活动围绕这几个方面展开，是持续提高政府绩效、不断促进管理创新的动因。

二、政府绩效管理的意义

在政府部门管理的众多模式和方法中，绩效管理由于对政府部门效率和责任的强调，注重结果导向和对公民需求的回应，成为政府部门进行有效资源配置、提高效率的一个重要手段，并因此成为各国行政改革的趋势。综合对政府部门绩效含义及绩效管理功能活动的理解，我们认为，政府绩效管理既是一种通过持续开放的沟通形成对组织目标的共识，并推动团队和个人达成目标的管理行为，又是一个包含了绩效计划与实施、绩效考核、绩效反馈与改进等功能活动的系统过程。从实践的角度看，政府绩效管理具有如下意义：

1. 绩效管理为行政管理新模式提供了支撑

新公共管理学派提出公共服务市场化、社会化、权力非集中化、以结果和顾客为导向等观点挑战传统僵化的行政模式，主张从集权的等级制转向参与和协作的扁平化组织结构。而组织是否放权取决于很多因素，其中之一是绩效可以得到测定和控制的程度。作为组织绩效的系统测定和展示，绩效管理为上级提供了充分的信息和控制绩效的手段，从而为分权化改革提供了保障和基础。

2. 绩效管理有利于在政府部门间形成竞争机制

主要表现在两个方面：一是通过测评各个政府部门的绩效并公布有关结果，引导公民在公共服务机构的选择上"用脚投票"，从而对政府部门形成压力，促使其提高服务质量和效率；二是在政府部门内部，绩效考核和在此基础上的绩效改进有助于营造竞争氛围，形成诱因机制，将绩效与奖惩相联系，以激发人的工作热情和动力。通过绩效评估，政府组织的激励约束机制有了依据，进而可开展针对性的奖惩，强化了政府组织的激励约束机制。

3. 绩效管理为资源配置提供了科学工具

绩效管理作为一种管理工具，其最重要的意义是在政府运作和管理中加入了成本—效益的考虑，有助于政府组织科学地设定目标并根据效果来配置资源，减少政府部门的浪费。从某种角度上说，它是政府部门进行有效资源配置的一个重要手段。

三、政府绩效管理的特征

在现代组织管理中，绩效管理发挥着越来越大的作用。与企业的绩效管理相比，政府部门的绩效管理由于价值取向的不同而具有自己的特征，主要体现在以下几个方面：

（1）公共目标导向。政府绩效管理的目的是通过奖惩机制强调政府的责任意识和危机意识，以奖优罚劣为手段，促进政府效能建设，不断提高政府在经济、效率、效果和公平方面的绩效，打造服务民众、使民众满意的高效政府。

（2）公民为本。政府绩效管理强调外部评价，对全体公民负责，这一点是由其目标的公共性所决定的。只有公众对政府提供的公共产品和公共服务满意时，政府管理才产生真正的绩效。公众对政府部门的满意程度，是衡量政府绩效的终极标准。人们期待政府部门能够负起责任。政府绩效管理建立了对各种责任的评估机制，能够对政府部门的各种活动进行综合测评，并可以通过绩效反馈来判断公共行政的责任是否得到落实。例如，珠海市推行的"万人评议政府"就是典型案例。

（3）指标的多元性。政府绩效管理具有合理、精细的指标设计，能够较好地满足不同民众的多方面要求。公共服务所面对的是具有各种各样要求的"顾客"，他们对政府部门提供的同一类服务的评价往往差异很大。行政管理经常面临的困境之一就是在满足了一部分民众要求时，往往令另一部分民众感到不满。因此，要塑造一个现代的顾客导向型政府，就必须综合考量各方面要求，设计一套符合大多数公民根本利益的考核指标，有效地促进公共服务品质的提升。

（4）重视公民参与。政府绩效评估过程中要吸引广泛的公民参与。公民是政府部门绩效评估的主体之一。因为从公共行政的角度来看，政府部门的支出必须获得公民的认可并按合法程序进行，公民有权评价政府部门是否为他们提供了优质的服务。发达国家绩效评估中的公民参与既表现在"顾客"导向的绩效指标设计和多样化的公民满意度调查上,又表现为民间组织对政府部门绩效的独立评价和审视。

(5) 控制过程,保证结果。企业绩效评估的一般原则是"目标导向""结果为本",但由于政府管理活动往往是涉及全局性、宏观性的领域,如果过分关注结果而放松对过程的监控,可能导致严重的后果,如 SARS 等公共卫生安全问题。因此,政府绩效管理必须加强事前、事中监督,在注重结果的同时更注重管理过程的有效性。

(6) 兼顾组织绩效和个人绩效。政府绩效的形成不是公务员个人绩效的机械相加,这与政府的职能部门设置、部门内的岗位设置、相应的信息传递系统、机构运转机制等密切相关,其中任何一个因素不科学都会影响整体的绩效。过去政府部门通常进行的是公务员个人绩效评估,但在个人与组织互动日益密切的情况下,仅仅进行个人绩效评估是不够的。个人绩效的提高并不必然导致组织绩效同步的提高,只有将二者有机结合起来才能促进政府部门整体绩效的提高。

第二节 政府的绩效计划与实施

一、政府绩效管理的价值标准

在制定政府的绩效计划之前,我们首先应该考虑的是计划的价值取向,这涉及衡量政府绩效管理成效的价值标准。在绩效管理过程中,针对不同的目标,衡量的标准应各有侧重,但总体而言,政府绩效管理的价值标准主要有以下几点:

(一) 经济 (Economic)

在评估一个组织的绩效时,首要的一个问题便是"组织在既定的时间内花费了多少钱,是否按照法定的程序花费钱"。这是经济指标首先要回答的问题。经济指标一般指组织投入到管理项目中的资源量。经济指标关心的是"投入",以及如何使"投入"以最经济的途径使用。也就是说,经济指标要求的是以尽可能低的投入或成本,提供与维持既定数量和质量的公共产品或服务。

(二)效率(Efficiency)

效率要回答的问题是"机关或组织在既定时间内的预算投入,究竟产生了什么样的结果"。因此,效率可以简单地理解为投入与产出之间的比例关系,效率关心的是手段问题,而这种手段经常以货币方式体现。效率可以分为两种类型:生产效率(productive efficiency),指生产或提供服务的平均成本;配置效率(allocative efficiency),指组织所提供的产品或服务是否能满足不同偏好。也就是说,在政府部门所提供的种种项目中,如国防、社会福利、教育、健康等,其预算配置比例是否符合民众的偏好顺序,资源的配置能否实现大多数人的最大利益。

(三)效能(Effectiveness)

效能关心的问题是"情况是否得到改善"。因此,效能指公共服务符合政策目标的程度,通常是将实际成果与原定的预期成果进行比较。效能可分为两种类型:①社会效能。它包括两个方面,一是政府部门制定的目标和采用的手段是否体现了国家意志,是否代表了广大人民的利益;二是政府部门实现目标的能力,即目标完成的程度和速度。②群体效能。它着眼于集体功能的发挥是否符合组织的目的,组织内部的运行机制是否合理。如果行政组织内部结构不合理,或组织活动偏离了组织目的,则群体效能低;反之,则群体效能高。

(四)公平(Equity)

传统行政管理学重视效率、效果,而不大关心公平问题。自新公共行政学产生以后,公平问题日益受到重视,并成为衡量以政府为代表的公共行政绩效的重要标准。公平作为衡量绩效的标准,关心的主要问题在于"接受服务的团体或个人是否都受到了公平的待遇,需要特别照顾的弱势群体是否得到更多的社会照顾"。但公平的价值标准在市场机制中难以界定,在现实中也比较难以测量。

(五)民主(Democracy)

政府绩效管理要考虑公众对政府的效率是否满意,考察政府所做的工作在多大程度上满足了社会和公众的需要。民主作为衡量绩效的标准,关心的主要问题在于"公民参与的程度有多高,政府是否接受了民众的监督,使公众意志和利益能够及时体现在行政过程中"。目前，我国的地方政府越来越认识到，作为服务对象的公民对于政府整体意义上的绩效最具有发言权。

二、绩效计划

绩效计划是一个将个人目标、部门或团队目标与组织目标结合起来的目标确定过程。作为绩效管理的第一个环节，绩效计划是否合理，直接关系着后续工作能否正常开展，影响着整个绩效管理的效果。政府部门绩效计划主要围绕以下几个方面进行：

（一）确定政府部门的战略目标

政府部门在制定战略目标的过程中，首先应该与顾客、与公众沟通，明确公众的需要与愿望，这样制定出来的绩效计划才会得到公众的认可和支持。政府作为公共产品、公共服务的提供者，最明确的职能定位是以满足公众的需要为自己的最高价值追求。因此，它在制定计划前必须充分考虑民意，广泛地建立接受利益表达的制度性渠道，并在进行利益整合的时候更加倚重民众的意志。

（二）将战略目标分解为具体的任务或目标，落实到各个岗位上

分解战略目标，首要要对工作标准进行明确的定义。工作标准必须符合组织的战略目标并且具有可测量性，使将来的绩效考核可以根据具体的标准来评价工作完成的好坏。这些工作标准应该是在对各个岗位进行相应的职位分析、工作分析、人员资格条件分析的基础上制定出来的，它反映了岗位的职责和特征。只有在明确了工作标准的基础上，才能制定出具体的岗位目标并加以落实。

（三）绩效计划中的沟通和参与

绩效计划是一个确定组织对员工的绩效期望并得到员工认可的过程，因此，它是一个双向沟通的过程，管理者和员工的共同投入和协作是绩效管理的基础，不同于管理者单方面布置任务、员工单纯接受要求的传统管理活动。

绩效计划必须清楚地说明期望员工达到的结果以及为达到该结果所期望员工表现出来的行为和技能。通常，各级政府的人事部门对制定绩效计划负

有主要责任，各职能部门的领导也应积极参与其中。最重要的是让行政工作人员也参与绩效计划的制定，那样他们会更容易接受绩效计划并在深刻理解计划的基础上全力配合，有利于绩效管理工作的顺利开展。而且，只有在全面了解行政工作人员的知识、能力、素质和技能后，制定的工作计划才会与个人的胜任特征相匹配，使绩效计划既有一定的可行性，又有一定的挑战性。

三、绩效实施与过程管理

在绩效管理过程中，决定绩效管理方法有效与否的关键就是处于计划与考核之间的绩效实施与过程管理。政府组织最容易犯的错误之一是在制定了一个好的绩效计划之后，就等着年底的绩效考核，这也是政府绩效管理薄弱的地方。我国政府中存在的官员腐败和为追求GDP（国内生产总值）数字增长而危害生态环境的盲目投资行为，主要原因之一就是缺乏对政府官员实现目标过程的监督和管理。

（一）持续的绩效沟通

绩效沟通是一个管理主体与考核对象追踪绩效进展情况、找到影响绩效提升的原因的过程。这些信息包括工作进展情况、潜在的障碍和问题、可能的解决措施以及管理者如何才能帮助员工等。绩效管理系统中，绩效计划是动态的，需要随时发现不合理和过时之处及时调整。持续的绩效沟通可以使一个绩效周期内的每一个人，无论是管理者或是员工，都可以随时获得有关改善工作的信息，并就随时出现的变化情况达成新的承诺。

（二）绩效信息的收集和分析

绩效信息的收集和分析是指系统地收集有关员工、工作活动和组织等方面的绩效信息并对此进行科学分析。所有的决策都需要信息，绩效管理也不例外。没有充足有效的信息，就无法掌握员工的工作进度和所遇到的问题，也无法对员工工作结果进行评价并提供反馈；没有准确及时的信息，就无法使整个绩效管理循环不断地进行下去并对组织产生良好影响。绩效信息的收集过程不像其他过程一样有时间上的顺承关系，而是贯穿整个绩效管理期间，渗透于绩效管理过程的每个环节。收集绩效信息的主要目的是为绩效考核、绩效改进和员工交流提供事实依据，也为其他人力资源决策提供事实依据，在绩效考核出现法律纠纷时为组织的决策辩护。

与绩效有关的信息主要包括：目标和标准达到或未达到的情况、考核对象因工作或其他行为受到表扬或批评的情况、证明工作绩效突出或低下所需要的具体依据、对管理者或员工找出问题有帮助的数据、管理者同员工就绩效问题进行谈话的记录等。信息收集的渠道可以是组织中的所有员工，如员工自身的汇报和总结、同事的共事和观察、上级的检查和记录、下级的反映与评价，等等。

第三节 政府绩效考核

一、考核主体与考核对象

（一）绩效考核的多元主体

在传统行政模式下，效率的考核活动属于管理过程中的控制环节。考核主要是上级部门或领导对下级部门或公务员的反馈活动。但是，随着分权化管理、结果导向、顾客导向、工作团队、组织与雇员发展等新公共管理理念和实践活动的大量出现，以往管理中自上而下的单向反馈考核方式已转变为全方位的绩效考核方式。近年来，在人力资源管理领域，对个人绩效的考核普遍采用了"360度考核"，为个人绩效考核提供更为全面和准确的考核方法。"360度考核"尽可能综合来自上级、同事、下级、顾客等各方面的信息，可避免由直线领导进行考核时因信息不全或个人主观因素导致的错误结果，尽可能做到公平公正。从考核程序上看，被考核者不仅有同样的机会自述，而且有同等的权力考核他人，这种积极的参与模式能使被考核者更容易接受考核结果。

在组织绩效考核方面，同样也存在考核主体多元化的趋势，目前借鉴了源自企业的"平衡积分卡"考核方法。因为随着各种类型的公共组织日益获得更加广泛的管理自主权和资源控制权，它们已不再单一而机械地执行上级部门的命令，还必须考虑立法部门、利益集团、政治领导人、专业人士、公众以及其他相关业务部门对它们提出的要求，并做出及时的回应。政府部门的责任机制，开始从自上而下的单一链条转变为面向多元利益群体的网络形式，政府部门的责任性已体现在政治、法律、专业技术、管理等各方面。同时，政府管理的战略性也在提升，需要可持续地完成公共目标，不断提升公共服务能力，因此，需要综合考虑当前服务绩效的达成与未来服务能力的培养。

（二）绩效考核的对象

对不同等级的公务员要按照其管理权限实行分级分类考核。对不同等级公务员进行分级考核体现了行政管理中分层管理、分级负责的要求。把同一级公务员放到一起考核既能增加可比性，又能强调主管领导在考核中的责任。实行分类考核的必要性在于政府机关的公务职位和公务人员都是分类管理的。不同类别的公务员，其职位内容、要求、特点均不相同，如在一级政府中从事秘书工作和从事财务工作的公务员考核就难以套用同一个标准。因此，政府人事行政机关一般实行分级、分类考核标准体系，有利于增强公务员绩效考核的可操作性和准确性。对政府部门的绩效考核需要一个前提，即科学地界定政府及其各职能部门的职责，科学地限定行政权力特别是行政许可权的范围。如政府及其职能部门职责不清、权限不明，政府绩效管理考核是难以进行的。此外，对各职能部门也要按照其提供公共服务性质的不同进行分类，设置不同的绩效考核指标。与此同时，还要根据各个部门的职责为其配置足够的资源，以发挥其能力。

二、绩效考核指标体系

政府部门的绩效考核指标可以分为四个维度：业绩、效率、效能和成本。在绩效指标的设置上，应遵循"SMART"的基本原则，这一原则在英、美等政府绩效管理相对成熟的国家被普遍使用。"S"表示"Specific"，要求绩效指标是"具体的""明确的""切中目标的"；"M"表示"Measurable"，要求绩效指标最终是"可衡量的""可评价的"，能够形成数量指标或行为强度指标，验证这些绩效指标的数据或者信息是可以获得的；"A"表示"Achievable"，要求绩效指标在付出努力的情况下是"能够实现的"，避免设立过高或过低的目标；"R"表示"Realistic"，要求绩效指标是"现实的"，可以证明和观察；"T"表示"Time-bound"，要求绩效指标具有"时效性"，注重完成绩效指标的特定期限。

（一）业绩指标

（1）公共服务的数量和质量。由政府部门提供的公共服务，如政府直接投资兴建的基础设施、颁布实施维护经济秩序的法令法规等，在数量上要尽可能满足社会发展的需要，在质量上要尽量提供优质水平服务，具有高效率的办事能力。

（2）公共管理目标的实现情况。如经济是否持续增长、物价是否稳定、就业是否充分、收支是否平衡、资源配置是否合理、国民财富是否增加等。

（3）政策制定水平与实施效果。例如，要考察一项财政政策的制定与实施是否科学有效，可以设置税收总收入、直接税、间接税、社会保险缴款占 GDP 的比重，员工的社会保障缴款占 GDP 的比重等指标进行考核。

（4）公共管理的效益。如税收总额占 GDP 的比重、政府支出占税收总额的比重、政府支出增长率与经济增长速度之比、人才吸引情况、外地企业和外资企业投资总额等。

（5）公民对公共管理和公共服务的满意程度。如公民对公共行政过程中体现的公平和公正是否信任、对政府部门的服务态度和办事效率是否感到满意等。

（二）效率指标

政府部门的效率是指公共管理者从事公共管理活动所取得的成果同所消耗的人力、物力、财力和时间的比例关系。公共行政的效率可以从公共产品或服务的数量、质量、时效、费用、公共行政能力的发挥水平、组织系统要素和系统整体的运行状况等方面的指标来测量。效率指标通常包括提供公共服务与产品的单位成本、服务与产品的数目、公共政策执行的开支、政府部门的办公物品损耗费用等。

（三）效能指标

效率作为绩效考核的指标，用于衡量可以量化的公共产品或服务，而许多公共服务性质上很难界定，更难量化，不能使用效率指标进行测量。效能是指公共管理活动对目标团体的状态或行为改变的影响程度，如福利状况的改变程度、公共服务的顾客满意程度、政策目标的实现程度等。对政府部门的效能可以从两个方面考核：

（1）行为的合理化水平。包括公共决策是否科学、民主监督是否有效、公共行政是否廉洁高效、政府能否有效执行政策、立法活动能否满足经济和社会发展的要求、政治体制能否依据经济与社会的需要及时变革等。

（2）政府机关效能。包括以下几个方面：是否有合理而完善的制度，包括岗位责任制、首长责任制、服务承诺制、限时办结制、联合办公制、效能考评制和失职追究制等；能否依法行政；是否推行政务公开，是否公示机关各部门的职责、权限、审批程序、时限、承办人姓名和审批结果等；能否提高办事效率；能否提供使公众满意的优质服务。

（四）成本指标

公共行政成本指标的设置依据两个方面：一是为了维持政府机构运转所产生的费用；二是为了履行其职能所产生的投入。具体包括以下内容：

（1）政府部门占用的人力、物力与财力。如政府部门的职员人数、政府部门固定资产总额、政府部门支配资源的程度及支出结构等。

（2）政府部门的支出。如中央政府国内外负债及占 GDP 的比重、中央政府预算盈余（赤字）及占 GDP 的比重、政府发展科教文卫等方面的专项支出和政府一般性支出占 GDP 的比重、政府消费占 GDP 的比重等。

三、个体绩效考核技术

绩效考核的对象可以是个人，也可以是团体或组织。公务员绩效考核有定性的方法，如述职报告法、人物评语法、要素评语法等；也有定量的方法，如增/减分法、系数法、指标法等。各种方法针对不同职位类别的公务员进行考核，并且互相交叉。

（一）自我报告法

即利用书面形式对自己的工作进行总结及考核的一种方法。这种方法比较适用于管理人员或高层领导的自我考核，并且测评的人数不宜太多。自我考核是自己对自己一段时期工作结果的考核，让被考核者主动地对其表现加以反省，独立地为自己的绩效做出评价。

（二）业绩评定表法

即根据所限定的因素对员工进行考评，是一种被广泛采用的考评方法。采用这个方法，主要是在一个等级表上对业绩的好坏判断进行记录。考核所选择的因素有两种较为典型的类型，即与工作有关的因素和与个人特征相关的因素。与工作有关的因素是工作质量和工作数量，涉及个人因素的有依赖性、积极性、适应能力和合作精神等特征。考核者通过明确描述出员工及其业绩的各种因素的比重来完成这项工作。

（三）因素考核法

即将一定的分数按权重分配给各项绩效考核指标，使每一项绩效考核指标都有一个考核尺度，然后根据被考核者的实际表现在各考核因素上评分，最后汇总得出的总分，就是被考核者的考核结果。使用因素考核法时，应该注意每个因素对于不同职位上的公务员的重要性是不一样的，针对不同的考核目的和不同层次的考核对象，考核的侧重点有所区别。从考核的目的上看，对公务员的奖励应以考"绩"为主，对公务员的晋升应该以考"能"为主；从不同的考核客体来看，对一般公务员的考核应侧重于工作态度和职业道德，对中层负责人的考核应侧重于能力，对部门负责人的考核应侧重于业绩。

（四）工作标准法

即制定工作标准或劳动定额，然后把员工的工作情况与工作标准相比较，找出差距，以考核员工绩效。在政府部门，能够完全量化的工作标准较少。因此，这种方法很少单独使用，一般只是作为考核程序的一部分。

（五）面谈考核法

现代绩效管理十分重视上下级之间的沟通，面谈是一种十分重要的沟通方法，广泛地应用于人力资源管理的各个环节上。面谈考核是为了反映通过书面测验无法反映出的情况，能更进一步地了解员工对工作岗位的适应情况，找出不足，对症下药。随着现代绩效管理思想的发展，各国政府越来越关注公务员的能力与素质状态，对公务员的考核强调上下级之间的关系与了解，通过构建上级与下级之间的良好关系，去了解下级的工作情况，并经常加以指导，协助其改进，从而为人才开发打好基础。

（六）个人绩效合约

首先根据组织绩效目标自上而下的层层分解，确定不同员工的主要绩效范围，然后设定相应的绩效目标并确定具体的考核目标。员工在与其直接上级进行沟通后签订个人绩效合约。员工的直接上级负责监督绩效合约的完成，并负责根据绩效合约的具体要求对员工进行绩效考核。

(七) 行为等级评定法

即把行为考核与评级量表结合在一起，用量表对绩效做出评级，并以关键行为事件为根据，对量表值做出定位。使用这种方法，可以对源于关键事件中有效和非有效的工作行为进行更客观的描述。熟悉一种特定工作的人，能够识别这种工作的主要内容，可以对每项内容的特定行为进行排列和证实。这种方法需要大量的员工参与，因此比较容易被员工接受。

(八) 360 度考核法

如图 16-1 所示，由直接上级、下级、同事和服务对象对个体进行多层次、多维度的评价，可以综合不同评价者的意见，得出一个全面、公正的评价结果。

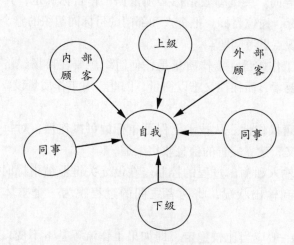

图 16-1　360 度考核法

四、系统绩效考核技术

目前被广泛谈论和应用的系统绩效考核的方法主要有两种：关键绩效指标法（Key Performance Indicator，KPI）和平衡记分卡法（Balance Scorecard，BSC），这两者是基于组织战略的系统考核方法。这两种方法的系统采用，使组织将未来愿景通过战略的连接，落实到每个经营单位或战略单位、每个部门乃至每一个人，使整个组织在这个系统的引导和管理下，成功地实现组织的战略目标。

(一) 关键绩效指标法 (KPI)

关键绩效指标是用于考核和管理被评估者绩效的可量化的标准体系。它的含义有三方面：首先，关键绩效指标是一个标准化的体系，它必须是可量化的；其次，关键绩效指标体现对组织战略目标有增值作用的绩效指标，基于关键绩效指标对绩效进行管理，就可以保证真正对组织有贡献的行为受到鼓励；最后，关键绩效指标是进行绩效沟通的基石，它是连接个体绩效与组织战略目标的一个桥梁，通过在关键绩效指标上达成的承诺，员工与管理人员就可以进行工作期望、工作表现和未来发展等方面的沟通。建立关键绩效指标体系时，应当遵循以下几项原则：

(1) 目标导向。关键绩效指标必须依据工作目标确定，其中包括组织目标、部门目标、岗位目标。把个人和部门的目标同组织的整个战略联系起来，以全局的观点思考问题。

(2) 注重工作质量。工作质量是任何组织想要在市场经济中拥有强大竞争力的核心要素，而往往又难以衡量，因此，对工作质量设立指标，进行控制尤为重要。

(3) 保证可操作性。从技术上保证指标的可操作性，对每一个指标都给予明确的定义，建立完善的信息收集渠道。

(4) 强调输入和输出过程的控制。在设立关键业绩指标时，要优先考虑流程的输入和输出状况，将两者之间的过程视为一个整体，进行端点控制。

(5) 指标一般应当比较稳定，即如果工作流程基本不变，则关键指标的项目也不应有较大的变动。

(6) 关键指标应当简单明了，易于被执行者理解和接受。

将关键绩效指标用于政府部门的绩效管理中，如图 16-2 所示，我们可以据此来设计基于关键绩效指标体系的绩效考核体系。

基于关键绩效指标的绩效管理是结果导向的。关键绩效指标法的主要注意力在于绩效指标的设置必须与组织的战略目标挂钩，其"关键"二字的含义是指在某一阶段某个组织战略上要解决的最主要的问题。这种方法的运用无疑是很有针对性的，但在政府部门的实际操作中还存在一些弱点：

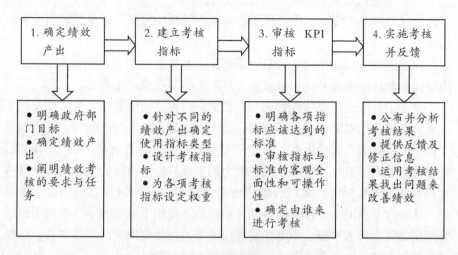

图 16-2 关键绩效指标考核法

（1）虽然它正确地强调了战略的成功实施必须有一套与战略实施紧密相关的关键业绩指标来保证，但却没有进一步将绩效目标分解到组织的基层管理部门及操作人员。

（2）关键绩效指标没能提供一套完整的对操作具有具体指导意义的指标框架体系。

（3）政府部门的产出难以量化，在进入市场的交易体系后难以形成一个反映其机会成本的货币价格，要精确算出投入产出比并不容易，这就带来对相关指标进行准确量化的技术上的难度。

（二）平衡记分卡法（BSC）

平衡记分卡法是由哈佛大学商学院的教授罗伯特·卡普兰创立的，它是具有绩效考核功能的管理系统。它的主要功能在于实现内部过程和外部产出之间的反馈循环，使组织的发展战略落实为行为，从而能够持续地改善战略绩效，实现组织目标。作为一种系统考核方法，运用于企业中的平衡记分卡同时设置了四个关键管理层面，反映了四个方面的绩效。

（1）财务层面：由营业收入成长与组合、成本下降、生产力提高、资产利用投资策略等指标构成。

（2）顾客层面：由市场占有率、顾客延续率、顾客争取率、顾客满意度及顾客获利率五大核心指标构成。

(3) 企业内部流程层面：可以分解为创新、营运、售后服务三大流程。企业通过界定一个完整的内部流程以发展新的解决方案，满足顾客与股东的需求。

(4) 学习与成长层面：包括企业通过增强员工潜力、信息处理能力、明确权责和目标来提升员工满意度、员工留职率及员工生产力。

平衡记分卡也强调绩效管理与组织战略目标之间的紧密关系，并提出了一套具体的指标框架体系，具有很强的操作指导意义。与此同时，它还阐明了以上四个层面之间的内在关系：学习与成长解决企业长期生命力的问题，是提高企业内部战略管理的素质与能力的基础；企业通过管理能力的提高为客户提供更大的价值；客户的满意使企业获得良好的财务效益。以此为基础，从这四个层面出发设计的各项考核指标在逻辑上紧密相承，保持了组织管理所需要的动态平衡。平衡的过程也就是通过关键因素的理性整合，不断提升系统有效性的过程。

由于平衡记分卡具有强有力的理论基础和便于操作的特点，该方法自20世纪90年代初一经卡普兰教授提出，便迅速被美国等发达国家的企业所采用。今天当人们谈及系统绩效管理时，基本都是以BSC为主的体系。虽然平衡记分卡最初的焦点和运用是改善私营企业的管理，但是平衡记分卡在改善政府部门的管理上也能取得很好的效果，发挥了聚焦重点、激发潜能和提高责任感的作用。在这里，我们设计了政府部门平衡记分卡的基本框架，如图16-3所示。

平衡记分卡符合政府部门赖以存在的基本原理，即服务于公民（顾客），而非仅仅控制预算开支。财务层面为企业营利提供了一个清晰的长期目标值，可是对于政府部门来说，财务层面提供的是一个约束而不是一个目标值。政府部门必须把开支控制在预算之内，但是不能以能否维持开支和预算的平衡来衡量它们是否成功。如果政府部门严重违背了它的使命和利益相关者的期待，即使能够减少开支，也不能证明它有效益和效率。因此，财务因素在政府绩效管理中可以发挥促进和约束作用，但是很少成为政府部门的主要目标。政府部门平衡记分卡应该把对顾客层面的考核置于最上层，将满足顾客或利益相关者的要求作为主要目标，其他各个方面的改善只是实现这个目标的手段，而不是目标本身。

利用平衡记分卡能将政府部门的行为过程与战略目标很好地结合起来，直接提升政府管理的有效性。政府部门平衡记分卡作为一种有效的战略执行工具，它的四个层面作为一个整体，是协同增进绩效的关系。具体说来，政

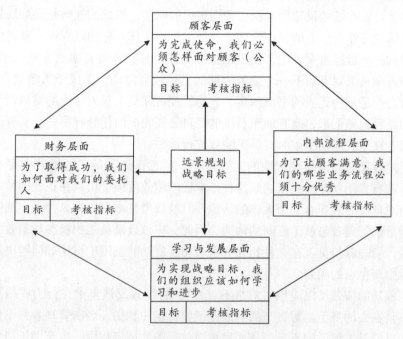

图 16-3　政府部门平衡记分卡的基本框架

府在确立使命或目标的同时，需要确立相应的预算指标和预算执行方式，确立相应的组织结构和组织流程，确立相应的绩效考核体系，并通过确立相应的学习机制，使公务员能够不断提高自身的素质并不断推动组织发展。

第四节　政府部门绩效反馈与改进

一、绩效反馈

绩效管理的循环是从绩效计划开始，以绩效反馈和面谈等环节导入下一个绩效周期。总的来说，绩效反馈主要有以下几方面的作用：第一，使员工了解自己在本绩效周期内的业绩是否达到所定目标、行为态度是否合格，与管理者达成对考核结果一致的看法。绩效考核以后，如果评估结果没有反馈给员工，那么问题就会仍然存在。第二，探讨绩效未合格的原因所在并制订绩效改进计划。通过绩效反馈，员工与管理者之间有了良好的沟通，双方就如何解决绩效问题进行探讨，形成绩效改进计划，这样能改进绩效。第三，管理者可以在绩效反馈中向员工传递组织的期望。组织的战略是要层层分解到具体的工作岗位上的，在管理者与员工讨论工作目标的过程中，就可以将组织的战略目标贯穿其中，让员工把握具体的目标并将其落到实处。第四，管理者和员工双方对下一个绩效周期的目标进行协商，形成个人绩效合约。绩效合约是一种正式的书面约定，它将管理者和员工双方讨论的结果列为具体的条目记录下来，既有助于员工清楚自己要完成的任务有哪些，又有助于管理者在绩效周期结束时对员工绩效进行评估。

绩效反馈应该是经常性的。管理者一旦意识到在员工的绩效中存在缺陷，就有责任立即去纠正它。这种经常性的绩效反馈使员工在正式的绩效考核前对自己的表现有一个大体的认识，对绩效考核结果更容易接受。绩效反馈着重于管理者与员工之间的沟通，因此，应该鼓励员工积极参与绩效反馈过程，管理者与员工在一种相互尊重和相互鼓励的氛围中讨论如何解决员工绩效中所存在的问题。

成功的绩效反馈应该"对事不对人"，将绩效反馈集中在行为或结果上而不是在人的身上。对员工的有效业绩要肯定和赞扬，表明管理者并不仅仅是在寻找员工绩效的不足，从而增加绩效反馈的可信程度，也有助于强化员工的相应行为。与此同时，要把重点放在解决问题上，改善不良绩效。管理者应该和员工一起找出导致不良绩效的实际原因，然后就如何解决这些问题达成共识。绩效反馈的最后阶段是，要制定具体的绩效改善目标，这是最为有效的绩效激励因素之一，有利于激发员工改善绩效的动力。

二、绩效改进和导入

成功的绩效改进和导入，是绩效管理发挥效用的关键。传统绩效考核的目的是通过对员工的工作业绩进行评估，将评估结果作为确定员工薪酬、奖惩、晋升或降级的标准。而现代绩效管理的目的不限于此，员工能力的不断提高以及绩效的持续改进才是其根本目的。政府部门的绩效改进遵循如下过程：第一步，分析组织绩效改进要素，确定期望绩效与实际绩效，找出两者间的差距，分析差距背后的原因；第二步，要针对存在的问题制订合理的绩效改进方案，并确保其能够有效地实施，如个性化的培训等等；第三步，通过对绩效改进过程和产生的结果进行评估，分析绩效改进方案的实施效果。如果效果不好或达不到政府部门的期望，就要对绩效改进计划进行调整。绩效改进计划要有实际操作性,最好能详细具体到每一个步骤。

绩效导入的焦点就是进行绩效培训,为能保证绩效的持续改进,必须通过培训使管理者和员工具备相应的能力。绩效导入一方面可以增进管理者和员工对绩效管理的了解,尽可能减少绩效管理过程中的错误行为和由此造成的不良绩效;另一方面可以让管理者和员工掌握绩效管理的操作技能,例如如何设定绩效指标、如何评分、如何进行绩效沟通等,保证绩效管理的有效性。在具体实施绩效培训时,组织应该根据员工的具体情况来设计个性化的培训方案。

政府部门的管理者经过培训后才能更好地指导下属,不是把自己放在一个监督者的位置上,而是注重和下属之间的沟通,鼓励他们竭尽所能、改善自我,使员工的满意度和积极性得到提高,做到人尽其才、才尽其用。政府部门的员工只有在质量关注意识、服务导向、主动性等相关方面完善自己时,他们的工作效率和对顾客的服务质量才会得到提高,政府部门的整体绩效才会因此改进。概括而言,绩效改进和导入主要包括以下内容:

(一) 绩效沟通

这是绩效改进和导入的前提。通过沟通,员工能全面了解上级主管部门对自己工作的真实评价,发现工作中存在的差距和主要问题,共同分析原因,并制定出改进措施。同时,绩效沟通还能帮助政府主管部门进行一系列的人事决策,如晋升、培训、调离等。在人事决策的过程中,要利用一切的信息沟通渠道,把每个政府工作人员的绩效情况都公开化、透明化,使得绩效结果的运用更加公平,也使绩效导入更有针对性。

(二) 设定绩效改进目标

政府部门的公共性决定它要对公众负责,所以与公民满意度相关的绩效改进目标是处于优先地位的。这种优先等级的确定将大大减少绩效改进中可能出现的主次不分问题,更有针对性地解决问题。

(三) 设定能力发展目标

能力发展目标是指那些与提高员工工作效率和提供服务的能力有关的目标。管理者必须充分了解员工目前的能力、妨碍员工获得更好绩效的因素,以及员工的事业目标。根据这些信息,管理者才能制订出绩效导入计划,对员工进行必要的职务调整,或实行培训与再教育。从长远来看,管理者还应该根据员工目前的绩效水平和长期以来的绩效提高过程,和员工协商制订一个长远工作绩效和工作能力改进提高的系统计划,明确员工未来的发展途径。

(四) 绩效改进和导入方案的制订与实施

绩效改进和导入方案需要细致全面的策划以及专家的指导。正如平衡记分卡展现的组织内部四个层面之间存在的逻辑因果关系,政府部门的绩效计划也是这样通过逻辑因果关系联系在一起的。因此,在绩效改进的方案设计时要系统地看问题,不能顾此失彼。绩效导入属于学习与成长层面,对于一个组织的长远发展尤为重要,应制订一系列的方案不断更新员工的知识储备,激发他们的创新能力。

第五节 中国政府绩效管理实践

一、中国政府绩效管理的现状

(一) 现状分析

绩效管理作为一种新的管理工具,目前在西方发达国家的公共行政领域得到广泛的应用。随着中国经济社会的发展,政府管理职能日益扩大,政府目标责任制逐步推行和机构改革不断深入,政府部门绩效也同样成为各级政府普遍关注的问题,很多政府机关和地方政府都在尝试进行绩效管理改革实践并取得了一定成效。目前,我国政府绩效管理的应用主要分为三种类型。

1. 普适性的政府机关绩效管理

其特征是将绩效评估作为绩效管理系统中的一个环节,随着绩效管理的普及而普遍适用于多种公共组织。如目标责任制、社会服务承诺制、效能监察、效能建设、行风评议等。

2. 具体行业的组织绩效评估

主要将绩效评估应用于某个行业,一般具有自上而下的单向性特征,即由政府主管部门设立评价指标体系,组织对所属企事业单位进行组织绩效的定期评估。例如卫生和计划生育委员会为医院设立的绩效评估体系、教育部为各级各类学校设立的绩效评估体系等。

3. 专项绩效评估

即针对某一专项活动或政府工作的某一方面开展绩效评估。例如国务院办公厅开展的政府网站绩效评估、广东省人民政府开展的依法行政绩效考核等。

总体而言，我国的政府绩效管理实践已经在各级政府及其部门中逐渐开展起来，并引起了社会各界的广泛关注。政府绩效管理对于促进我国民主、政治发展、改进政府绩效、提高政府信誉和形象都具有重要意义。

(二) 存在的主要问题

当前我国政府绩效管理实践尚处于探索期，在理论上和实际操作上都还很不成熟，存在的主要问题有：

1. 绩效目标制定的问题

绩效目标的设定需要有一定的挑战性，这样才会产生内在的激励作用。但是，目标实现难度的频繁提高，就会适得其反，挫伤下级的工作积极性。目前许多地方政府对职能部门的年度考核指标是年度递增的，这样不免会使许多职能部门产生过大压力，迫不得已采取消极应对措施，甚至出现虚报数字的情况，导致考核结果无法反映真实的绩效。

绩效目标的制定偏向注重短期目标，忽视长远发展，导致政府的短期政绩得到彰显，但可持续发展能力受到削弱。最明显的例证是在各地发展工业而忽视了生态环境的保护和治理。

绩效目标的制定缺乏广泛参与。我国政府部门的绩效目标往往是由上级部门和领导制定的，下级部门和普通工作人员参与较少。这样制定出来的目标下级认同率低，执行过程中的动力自然不足，绩效管理的效果也不理想。

2. 绩效指标设定的问题

下级部门往往依据上级领导的偏好来设定指标，上级关注什么，绩效考核就考什么，对上级不关注的往往不考核或考核的权重较轻。而事实上，上级领导的偏好不一定就与组织的核心职能相一致。

指标设定过程缺乏对环境变量的思考。如就地方招商引资这项指标而言，交通便利的商品集散地、沿海近港地区常年都有大批外商主动投资，而内陆或是交通不发达的地区在招商引资的数量、质量上就明显不如沿海地区，这是当地的行政机构及其工作人员不能完全控制的。近年来各地政府为促进当地经济发展，都将招商引资作为一项重要的绩效考核指标。上级部门在下达这项指标时往往不考虑环境因素，导致有些地区难以完成指标，这样考核就明显有失公平。

地方政府的绩效指标体系中，存在许多"一票否决"指标的设置，即一项指标不合格，其他指标分值再高也不合格。这种指标的设置很不科学，个别指标比如涉及人民群众生命财产安全事故、重大决策失误等指标占的权重较大是合理的，但是一些地方政府将群众越级上访、计划生育等设置为"一票否决"的指标就值得商榷。

3. 绩效考核过程中的问题

考核程序没有规范化，容易使本应严谨的考核流于形式；考核方法多为定性，较少采取定量方法；考核结果难以兑现；我国政府部门的考核以官方为主，多是上级对下级的评估，缺乏社会公众对政府以及政府部门的评估；对下级部门的绩效考核不是统一进行，主管职能部门各自为战，下级部门每年要应付许多职能主管部门的考核和检查，多头考核成了下级部门的沉重负担，甚至影响了正常工作的开展；政府绩效考核过程封闭，缺乏外界监督。

4. 重评估、轻过程的问题

绩效考核本身的后馈性决定了完整的绩效管理计划应包括管理过程中的预警指标，即对管理过程中偏离绩效目标的因素提出预警，使下级部门和工作人员能够及时做出调整，保证绩效目标的实现。而这一点是我国大部分绩效管理计划所缺失的。我国的绩效管理目前还处于重评估的阶段，并没有真正地把绩效管理作为一个完整的系统引入政府部门的管理中，因而不管是在理论上还是在实践上，我们看到的都是绩效考核和评估，绩效考核后的结果缺乏沟通，也缺乏配套的改进措施。

5. 法律法规不完善的问题

虽然历次政府机构改革都强调提高行政效率，但只是停留在较为抽象的原则层次上，缺乏较具体、可操作的政策性指导，更没有相应的法律法规作为制度保障。由于缺乏整体的战略规划和科学有效的管理方法，绩效管理难以在我国政府部门全面系统地推进。

二、中国政府绩效管理问题的原因分析

只有对政府部门绩效进行衡量，才有改进和提高公共行政绩效的可靠基础。但与私人部门相比，政府部门的绩效管理要困难得多，造成这些困难的

原因有：

（一）政府的产出难以量化

绩效管理的一个重要前提就是将所有绩效都以量化的方式呈现出来，据此进行绩效衡量。这对私人部门基本上不构成问题，因为私人部门的产品和服务可以出售，并且可以用货币价值来衡量。但政府部门的绩效管理远比私人部门复杂，因为它要面临如何将公共服务量化的问题。由于行政组织是一种特殊的公共权力组织，所生产出来的产品或服务是一些"非商品性"的产出，大多数公共服务的品质好坏很难用客观具体的数据来衡量，因此，它们进入市场的交易体系不可能形成一个反映其生产成本的货币价格，要精确算出投入产出比并不容易，这就带来对其数量进行正确测量的技术上的难度。

（二）公共行政价值取向的多元性

公共行政价值取向的多元性、利益机制的复杂性，使政府部门绩效评估的利益取向定位和价值取向定位具有更多的争议性和主观性，这种争议性和主观性也阻碍着政府部门有效地实施绩效管理。具体而言，绩效管理包括对公共项目决策、实施以及效果与影响的分析，评估一项公共项目实施得好坏，自然也就涉及对公共项目决策者和管理人员的能力高低的鉴别。这种鉴别经常使决策者和管理人员感到威胁而抵制评估。而且，政府部门由于自身利益相关，总是试图表明公共项目的积极效果，极力维护和提高其地位和权威，不愿接受来自外部的批评指正，因此，绩效管理作为一种公共管理工具未能被政府部门有效地利用。

（三）绩效管理项目的复杂性

绩效管理项目的目标缺乏准确性。许多公共项目表述过于笼统，所反映的公共项目目标含糊而不具体，而且公共项目目标隐含着价值判断和政治因素，很难形成社会全体成员的一致看法。公共项目决策者出于政治上的原因，往往故意把目标表述得模糊不清。这些都给考核标准的确立带来困难，难以衡量评估项目达到预定目标的程度。

（四）绩效指标制定困难

绩效指标的制定是否周全、合理、客观，是否能涵盖该组织的重要绩效,是成功的绩效管理必备的条件。因此,政府部门是否拥有具备绩效管理能力的专家,是否能制定出科学、合理的绩效指标体系,就成为绩效管理的重要条件。此外,在制定绩效指标的过程中,上下级机关难免会在指标的数量、范围、权重等方面发生争议。许多政府部门推行绩效管理之所以失败,首先起源于绩效指标体系的不合理。

(五) 政府部门信息收集和处理困境

绩效管理的过程有赖于可靠的信息。如果所收集信息错误或不够全面,就无法真正反映机关的实际绩效。但是,政府部门的信息由于量化困难、渠道不畅、政治利益等各方面的原因,很难客观有效地反映组织的真实情况,这无疑也给绩效管理带来了极大的困难。

三、优化中国政府绩效管理的对策

2017年10月,习近平总书记在党的十九大报告中提出,要全面实施绩效管理,完善干部考核评价机制。这为我国政府绩效管理改革指明了方向。结合当前各级各地的具体情况而言,需要从以下五个方面进一步优化政府绩效管理实践。

(一) 建立完整的政府绩效管理体系

政府部门在制定明确的长远战略规划后,对战略规划实施过程中的绩效目标应有阶段性安排,在一个发展阶段内相对稳定几年,然后再根据前几年的实际业绩平均值确定下一阶段的绩效目标,这样才能对下级部门和员工产生真正的激励作用,使其在重视最终结果的同时也注重绩效过程的实施。

建立政府绩效管理过程中的内外沟通协调机制。在对政府部门实施绩效管理的过程中,各个利益相关主体的意见和建议相当重要,只有很好地平衡各个利益相关主体的利益,才能真正进行绩效管理。可以通过草案的协商、公示等各种途径保证绩效管理的内外沟通协调。绩效考核的主体要多元化,尤其应重视公众满意度的测量。政府部门提交的绩效计划应当通过人大、上级政府的审批,接受公众的监督和建议。考核主体应多元化,不但要由政府部门自己提供绩效计划和结果报告,还要由上级主管部门、同级人大以及公众来参与评价。要重视公众满意度的测评,赋予公众参与评价的权利,保证公众参与评价的途径畅通。适当稳定一级政府首长的任期,抑制政绩冲动,提升政府绩效管理的战略水平。同时，积极探索多部门或者多个平级政府共创绩效的分配方法。在我国的政府绩效管理中存在的一个突出问题是，有些绩效需要由多个部门共同取得，但是由于缺乏科学合理的业绩分配方法，导致多个绩效主体的积极性被挫伤了。

（二）加强绩效管理立法工作

从立法上确立绩效管理的地位和权威性，保证绩效管理成为管理政府的基本方法，进而促进促使政府开展绩效考核以提高公共管理水平。绩效管理机构在政府中应具有相对独立的地位，享有调查、考核、评估有关政府活动的权力，不受其他任何行政组织或个人的干扰；评估结果能够得到有效传递和反馈，切实应用于提高行政效率；评估活动能引起公众的关注，有充分的可信度和透明度。

颁布绩效管理工作的制度和规范，对公共行政过程哪些项目应该进行评估、开展什么形式的评估、评估应注意哪些事项等问题做出详细规定，使评估工作有法可依，有规可循，把绩效管理纳入一个正常发展的轨道。

（三）完善公民参与机制

重新定位公民的作用。公民不再仅仅是传统意义上的投票人、纳税人、服务的接受者，而是国家和政府的真正主人。公民可以而且应该积极参与公共事务，帮助政府机构界定重要问题，提出解决方案，判断目标是否达成。

由公民选择、界定绩效考核对象。在公共服务设计中引入"顾客介入"机制，通过公民的参与将事实（资料数据）与价值取向（公民偏好）结合起来，增加绩效考核指标体系的社会相关性，选择那些最需要监控又最能体现对公民负责的重要项目纳入绩效考核指标体系，以保证公共服务的提供符合公民的偏好。

公民参与意味着公民可以以社会的主人和服务对象的角色对政府绩效提出要求，协助和监督政府机构对他们的开支和行为负责。这样的绩效管理不但能帮助政府以民众的需求为导向，还能使政府的运作随时受到公众的监督。

（四）建立健全合理的评估体制

建立健全合理的绩效评估体制是推进政府绩效管理发展的关键。我国需要借鉴发达国家的成功经验，在各级政府内部建立完善的绩效管理机构，负责协调公共项目的管理，通过对公共项目实施的检查、回顾和总结，发现问题，吸取经验和教训，为改进未来决策提供依据和建议，从而切实提高政府公共管理水平。

政府外部的评估机构，如立法、司法机关的相应部门主要负责进行公共项目实施的审计和监察，向立法机关、政府以及公众公布绩效评估的结果。全国各级人大可以建立必要的评估机构，评价和监督政府公共政策、规划、方案、计划等项目的实施过程及其效果，把评估作为监督政府公共行政的有效手段，促进我国公共行政的民主化。此外，还可以借鉴国外思想库发展的经验，鼓励发展民间中介评估组织。政府部门、立法机关的评估工作可委托民间中介评估组织来完成，以节省大量的公共资源。

（五）建设电子政府，完善绩效数据收集系统

绩效数据和信息的收集是开展绩效管理的必要条件。政府绩效管理所需要的信息量大，涉及的部门多，信息来源渠道广泛，因此要充分利用网络和现代通信技术，把政府各项公共管理项目的实施结果、实施过程的监测数据、已开展的绩效考核资料、有关各地方和各部门乃至全国的统计指标和数据等，汇集形成全国性的绩效管理数据库，建立有效的信息传递网络。在收集、整理信息的同时，把绩效考核的结果尽快反馈和扩散给有关各方，以便于及时发现和修正正在实施的公共管理项目的缺陷，增强公共管理项目的准确性和有效性。

电子政府可以作为改善政府绩效管理的新载体。电子政府的开放性大大加强了公共行政的透明度和民主化程度，为政府绩效管理朝科学化、标准化、制度化的方向发展提供了多方面支持。电子政府的信息网络使得行政信息的传递更为迅速及时，反馈渠道更为畅通。对政府内部而言，电子政府打破了传统的政府金字塔式的管理层级结构，使政府组织结构出现扁平化趋势，加强了操作执行层与高层决策层的直接沟通，有利于绩效管理的开展；对社会公众而言，电子政府为公民广泛、深入、普遍的行政参与创造了条件，为每个公众提供了直接表达意愿、传递信息、咨询、监督、建议和表决的机会，保证了信息来源的真实、客观。

第十七章

行政改革与发展

行政改革是各国普遍关注的问题和行政学研究的重大课题。研究行政改革和探讨行政发展的基本趋势,对建立中国特色社会主义行政体制,促进行政管理科学化和现代化有重要意义。

第一节 行政改革概述

一、行政改革的基本含义

行政改革是指国家行政机关为适应内外环境的变化,对行政管理的诸方面因素进行的调整和变革。它包括行政责权的划分与行政职能、行政组织、人事制度、领导制度、行政方式、行政运行机制等方面的改革。

行政改革是行政主体适应社会政治、经济、文化环境的变迁而进行的自我调整、变革过程。由于国情不同,同一国家在不同发展阶段的具体情况也往往有别。因而行政改革的内容、方式各有不同。

就改革的基本类型看,行政改革有"调适型"改革"转轨型"改革和"发展型"改革三种。"调适型"改革指发达国家在原有政治、经济框架范围内的适应性改革。"转轨型"改革指实行计划经济体制国家向市场经济体制转变中的行政变革。"发展型"改革则是指欠发达的第三世界国家的改革。

就改革的基本方式看,行政改革有"突变式"改革和"渐进式"改革两种。"突变式"改革指在较短期内,对行政体制进行大幅度调整和变革,能迅速改革、改变旧体制,但阻力和风险较大。"渐进式"改革则指用较长时间对行政体制各方面进行逐步阶段性的调整和变革,较为稳妥,进程相对缓慢。两种方式各有利弊和各自的适用性，在改革中应按实际情况权衡利弊，做出抉择。

二、行政改革的必然性

（一）行政改革是适应时代发展和应对全球化挑战的必然要求

和平与发展是当今世界的两大主题。世界要和平，国家要稳定，人类要进步，已成为当代世界的主旋律，促进世界向着和平方向发展成为许多国家政府的重要职能。为此，政府必须对传统行政职能和行政管理方式进行调整和变革，以适应国际形势发展的需要。同时，经济全球化的发展对各国政府管理提出更高要求，为应对全球化挑战，行政改革成为当代各国政府的必然选择。

（二）行政改革是推动上层建筑适应经济基础变化发展的迫切需要

行政改革属于上层建筑的范畴。按照马克思主义的观点，上层建筑与经济基础是辩证统一的关系。一方面，经济基础决定上层建筑，有什么样的经济基础，就要求有什么样的上层建筑。经济基础发生变化，上层建筑必然要随之变化。另一方面，上层建筑对经济基础具有反作用，如果上层建筑适应经济基础，就会促进经济基础的发展；反之，则会影响、制约甚至阻碍经济基础的发展。

传统公共行政模式以德国社会学家马克斯·韦伯倡导的科层制为经典，主张建立严密的、层级节制的科层组织，公共部门人员照章办事、循规蹈矩，在行政过程中完全非人格化，严格按等级层次自上而下地执行行政命令。传统公共行政模式在长期运作过程中形成官僚制弊端，如机构膨胀、人浮于事、效率低下等问题，极大地损害政府公信力，导致政府的"信任赤字""合法性危机"。尤其是 20 世纪 70 年代石油危机后的经济衰退，导致西方各国政府普遍面临高通胀、高福利、公共开支重不堪负的困境。财政压力使西方各国政府纷纷选择用较少开支来实现公共使命，即"少花钱，多办事"的改革道路。原来实行计划经济体制的国家也面临向市场经济体制转轨、发展经济的系列挑战。

因此，改革传统管理模式，重塑政府的改革成为 20 世纪 80 年代以来的热潮。各国政府纷纷通过管理制度、政策、机制和方式的调整，以促进经济发展。同时，建立适应经济发展的行政法规以及监督、廉政、民主制度等，增强政府管理活动的公开性和民主性，扩大人民群众参政议政的渠道，促进政府与社会公众间的相互沟通和理解，从而较好地调节上层建筑和经济基础之间的矛盾，推动经济基础的发展。

（三）行政改革是适应当代科技发展、实现行政管理科学化和现代化的需要

当代科技发展是各国政府行政改革的强大动力。信息技术的快速发展为建立灵活、高效、公开和透明政府提供技术保障。信息时代的来临以及"数字化生存"方式要求政府对迅速变化的社会做出反应，它打破长期以来政府对公共信息的垄断，使公民和社会团体更容易参与政府管理活动。这要求对政府组织及其运作过程做出变革与调整，实现公共政务的公开化、信息化和数字化，形成信息时代政府治理模式。

行政管理科学化和现代化，是当代行政管理研究的出发点和落脚点，也是各国政府行政管理活动的基本目标。为实现行政管理科学化和现代化，需要行政职权合理划分，政府职能的科学配置，组织机构的精干高效，人事制度、领导制度的不断完善，行政法规、行政制度的建立健全，行政管理方式方法等诸方面的不断改进和完善。而这一切都需要通过行政改革才能得以实现。不进行行政改革，旧的行政弊端就无法克服和消除，新的行政体制就不能形成和运作。因此，行政改革是促进和实现行政管理科学化及现代化的基本途径与重要手段。

第二节　当代西方国家的行政改革

一、当代西方国家行政改革的基本趋势

（一）优化政府职能

当代西方国家行政改革的一个基本趋势，是缩小政府行政管理的范围，分散、转移政府专业管理职能和部分公共服务职能，同时，强化政府宏观调控和综合协调功能。普遍采取如下改革措施：

1. 国有企业私营化，将部分国有企业或资产卖给私人经营

美国、英国、法国、德国和日本（从政治地理的角度研究，西方国家的范围也包括日本）等国家都在一定程度上实行民营化。英国自1979年撒

切尔夫人上台后便积极推行私营化运动。1996年起，日本通过重新划分政府与社会的职能分工的行政改革方案，对原由政府直接经营管理的公用事业，如公共建设、邮政、交通运输、林业等领域的国有企业实行简政放权，引进现代企业机制，政府不再直接插手管理，由其自主经营。

2. 公共服务市场化

具体途径有：合同出租、以私补公、授权社区。美国在重塑政府期间，高举公共服务改革大旗，实行"掌舵"与"划桨"分离，利用民间部门高效率、低成本的优势，大力将部分公共服务市场化，让私人企业和非营利性机构参与公共服务的提供和生产。

日本政府也早已将清洁卫生、维修公用设施、修建学校等公共事务委托给地方自治体、民间团体或个人管理，除社会福利设施外，其他公共事务的委托管理面高达80%左右。

3. 政府业务合同化

在当代西方各国，政府业务的合同承包极为普遍，从道路修建到人口普查，从图书馆运营到治安消防等，政府的许多职能都可能成为签约外包的标的。

上述改革措施对缩小政府管理范围，减少政府雇员人数并缓解由此产生的管理困难和政府财政赤字，无疑开辟了一条新途径。西方各国政府在缩小其管理范围的同时也十分注意加强政府的宏观调控和综合协调功能。各国政府普遍重视计划手段与经济手段、法律手段的综合运用。

一方面，通过制定指导性的经济计划，对国民经济发展前景做出预测，向经济和社会组织提供政府经济政策和市场发展前景的综合信息，制定保持市场正常运行的规则。

另一方面，通过预算调控、货币金融调控、物价调控等经济手段以及法律手段对市场进行调控，以保证市场的正常运行和竞争的公正性、合法性。

此外，各国政府普遍加强宏观调控和综合协调部门的建设，建立和完善综合协调的机制。如美国总统府，英国内阁委员会、财政部，法国总统府、经济计划厅，德国联邦总理府计划司、联邦经济部，日本总理府、总务厅等，都是承担宏观调控和综合协调的重要部门。

（二）重组政府机构

随着社会发展和国家干预的加强，传统科层组织制度产生机构庞大、效率低下和行为形式化等弊端。因此，改革传统科层组织制度，建立精干、合理、高效的政府机构成了当今各国政府改革的重要目标。

美国在克林顿执政时期积极推行压缩政府规模的改革，将政府部门一些机构成建制转移出政府，他发布总统命令并敦促国会撤销政府部门各类顾问委员会约 700 个。① 其他各国政府也在不同程度上进行机构合并和调整，在组织结构上压平层级制，减少中间管理层次，简化内部规章制度，实行参与管理、参与决策，对解决非经常性问题则多用临时机构如特别委员会、项目小组等。

英国执行局是重组政府机构的典型，目前近 2/3 文职人员已转到执行机构。英国方案是把原政府内的中下层组织转变为执行机构，实现决策权与执行权的分离，执行机构与政府签订责任书，明确其责任范围、工作目标及考核标准。执行机构首长在其职责范围内享有充分的人事、财政自主权，使执行机构在财力、人力等资源配置上有更大的自主权和灵活性，同时对后果也承担更大的责任。澳大利亚、丹麦、新西兰以及我国香港地区也有类似的做法。

值得注意的是，当代西方发达国家在重组政府机构中普遍采用大部门体制的做法，政府部门的设置一般保持在 15 个左右。

（三）改革公务员制度

1. 精简人员，加强公务员定员管理

1994 年，美国国会通过《联邦雇员重新调整法案》，要求联邦政府 1999 年前裁减 272500 人，并授权联邦机构"买出"雇员以鼓励雇员离开联邦政府，自愿提前退休和自愿辞职的雇员一次性发给 2.5 万美元"现金奖励"。② 到 1998 年，实际裁员 35.1 万人，14 个联邦部门中有 13 个裁员，唯司法部增加了雇员，削减财政开支 1370 亿美元，使美国在连续 30 年的财政赤字后，第一次出现节余。

加拿大和日本政府也在人事管理方面推行"渐减"计划及采取"多退少补"原则，使公务员队伍逐步得到精简，实现世界各国中少见的行政编制"负增长"。

---

① 参见刘杰《当代美国政治》，社会科学文献出版社 2001 年版，第 98 页。
② 《参考消息》1995 年 5 月 23、24 日。

2. 放松规制，实行柔性化管理

当代西方各国政府在人事录用、报酬、职位分类、培训等制度改革方面的基本趋势是放松规制，增强灵活性。同时，采取更加灵活的薪酬奖励制度，并在公务员体系外增加临时性、兼职或季节性雇员的数量。

（四）改革社会福利制度，完善社会政策

美国 1996 年通过的《联邦福利改革法》（全称《美国个人责任与就业机会协调法》）是其福利制度建立以来的一次根本性改革，核心是以"工作福利"取代"社会福利"，把社会福利转为工作福利，强调工作伦理，以接受工作作为给予救助的条件，并对低收入就业者给予帮助；强调家庭作用，离开妻子儿女的父亲也要承担责任；增加社会投资，重新定义社会公正，把社会发展作为社会政策的基础，在教育、职业教育、职业培训以及开办企业等方面政府提供适当支持。福利改革后，享受政府福利补助的人数和金额都明显减少。

英国等西方发达国家也纷纷完善社会政策、重构福利国家，推动人们"从福利转向工作"；采取一系列鼓励就业的政策措施，通过教育和培训来提高人们的就业能力等。

（五）促进第三部门发展，培育社会治理的多元主体

积极培育和推动第三部门的发展壮大是当代西方各国政府改革的重要内容之一。以美国为例，在 1975—1995 年间，非营利组织在数量上大幅跃升，达 120 万个，总资产高达 1.9 万亿美元，收入近 8990 亿美元。在此期间，非营利组织 312% 的资产增长率和 380% 的收入增长率，远高于同期美国全国 GDP 74% 的增长率。1995 年后，美国非营利组织仍以同样惊人的速度增长。在 21 世纪初几年里，美国人向非营利组织的捐款每年都在 2400 亿美元左右，非营利组织数量已达到 180 万个。[①] 同时，非营利组织在结构和功能上也发生明显的变化，对公共管理的影响日益增加。

---

① 参见李培林等《当代西方社会的非营利组织——美国、加拿大非营利组织考察报告》，载《河北学刊》2006 年第 2 期。

（六）重视公共危机管理，建立有预见性的政府

1. 构建首长负责制的应急中枢指挥系统

"9·11"后，时任美国总统布什宣布成立国土安全办公室（2002年6月升格为国土安全部），将独立性和灵活性较强的联邦紧急事务管理署（FEMA）并入以反恐为首要任务的国土安全部。

2. 制定完备的法律法规和应急预案及计划安排

美国一贯重视通过立法来界定政府机构在紧急情况下的职责和权限，先后制定上百部专门针对自然灾害和其他紧急事件的法律法规，建立以《国家安全法》《全国紧急状态法》和《灾难和紧急事件援助法案》为核心的危机应对法律体系。①

3. 重视新闻媒体的积极介入

各国政府着力构建危机管理者与媒体之间的良性互动关系。2001年9月11日，美国在遭受恐怖袭击45分钟后，时任总统布什即发表电视讲话，以稳定民心。法国有一套比较健全的新闻发布制度，从国防到外交、从自然灾害到恶性事故，在事件发生后，基本都能在第一时间由国家有关部门发布信息，以杜绝社会上的猜测和不良传闻。

4. 开展公共危机教育，培育理性的国民危机意识

在日本的政府出版物中，涉及防灾减灾内容的就有《建筑白皮书》《环境白皮书》《消防白皮书》《防灾白皮书》《防灾广报》等10多种刊物。澳大利亚的防灾教育也深入人心，政府专门设立全国灾害管理学院，培养危机管理专业人才等。

（七）精简程序，改进管理方式

当代各国特别是西方各国政府纷纷注重通过精简程序、缩小审批事项、下放审批权限、废除失效过时的条例、合并重复审批程序和审批制度、简化申报程序和审批手续、发展电子政务等做法来改进公共管理方式。

同时，当代西方各国政府管理方式方法改革的另一个基本趋势，是注意将私人企业成功管理办法引进政府管理。在这方面，英、美的做法尤为突

---

① 参见王德迅《国外公共危机管理机制纵横谈》，载《求是》2005年第20期。

出。例如，英国每一届政府研讨行政改革的班子，都聘请私人企业管理专家参加改革的领导班子，并在改革过程中引入现代企业管理经验。1968年的《富尔顿报告》提出行政改革思想，直接吸取大型企业管理的经验；1979年的"效率评审计划"，几乎是现代化大企业普遍采用的效率评审技术在政府中的翻版；1987年推行的"下一步行动"和1992年梅杰政府的"以竞争求质量"运动、1999年针对地方政府改革的"灯塔计划"，都借鉴了企业管理的先进经验。

（八）调整中央与地方关系

调整中央与地方关系，扩大地方政府权力，是当代行政改革的趋势之一。20世纪70年代以来，这方面的改革呈分权和集权两种趋势，但以地方分权为主流。从20世纪70年代以来，美国对中央与地方的关系进行了调整。特别是自里根上台后，提出"还政于州"的口号，要求将联邦政府和州政府共同执行的职能分开，一部分完全由州和地方政府负责，给州政府更多自主权。1988年，就有40个联邦计划完全由州政府接管。法国更是把权力下放和分散作为行政改革的突破口。1992年又颁布了关于地方议员行使职权的条件和地方行政运作方式的法律文件——《关于行使地方议员职务条件法》和《共和国地方行政法》《共和国地方行政指导法》。[①] 以2003年颁布关于法国国家结构改革的宪法修正案在议会的通过为标志，改革触及法国传统的中央集权行政体制，其重点在于建立分权机制，发展地方民主，给地方政府更多决策权和财政自主权。[②]

需要特别指出的是，在当代西方各国的分权与放权的改革中，各国政府都坚持财权集中、事权分散的原则，既保证国家整体利益得以维护，又充分调动地方政府的积极性。同时，都不同程度上强化中央政府对地方政府的严格有效的监督，加强中央宏观调控。

二、当代西方国家行政改革的主要特点

（一）坚持有计划、渐进式的行政改革，使行政改革稳步发展

日本政府从1968年至今，已实施多次削减定员计划，每次都由总务厅

[①] 主要内容是：保障地方议员的权利，加强地方民主，扩大地方合作，进一步扩大地方政府的管理权限。

[②] 参见潘小娟《中法中央与地方关系改革比较研究》，载《国家行政学院学报》2005年第4期。

经过详细调查研究并与各省厅充分协商,制定出削减定员计划,大藏省据此进行调整预算后,提交内阁会议审定,最后发布"定员令",由各省厅组织实施。由于日本每次削减定员计划都有统一规划和逐年计划,采取持之以恒、细水长流的渐减方式,可以较好地避免由于一次性的、大幅度的减少机构及编制而引起的震动,防止因减而复增带来的种种弊端,又能做到人员编制的"负增长",达到压缩人员编制、调整人员结构的目的。

英国政府为不断适应国际、国内政治和经济形势变化的需要,解决国内经济发展面临的困难,也一直把行政改革作为主要战略目标。英国无论是哪一届新政府上台,都不约而同地对政府行政改革给予高度重视,长期不懈地进行改革。

法国自1982年实施权力下放以来已有30多年历史,目前仍在继续推进。他们认为,这一改革还需要相当长的时间才能完成。美国调整改革联邦与州关系的方式也比较温和,如正在进行的还权于州的"新联邦主义"改革,已达40多年时间,目前还在有条不紊地进行中。

(二) 坚持依法改革,重视配套立法

在西方国家,行政改革的每个步骤、措施,都要有议会通过的相应的法律作依据才能实施。

美国宪法规定,总统和政府行政机构的权力是宪法和法律授予的,一切改革活动必须以法律为依据,未经授权不得擅自采取任何行动。联邦政府各行政机构的设立及其经费预算、职责任务、管辖范围、人员定额等,也都必须经国会审议批准,有明确的法律依据。如有些事情在国会未审议批准前会影响某些政府行政机构的正常运转,也只能采取临时措施应急。

此外,美国宪法规定联邦政府与州政府的事权划分,联邦政府主要行使国家立法、外交、军事和财政等方面的权力,凡应由州政府行使的权力,联邦政府不得干预。当联邦政府与州政府发生纠纷时,由最高法院依宪法和法律裁决,联邦政府无权以行政命令的方式强制州政府做什么或不做什么。

英国政府在行政改革中也强调要有法律依据,实行"先立法后改革"。地方政府因工作需要,考虑增加机构和扩大人员编制,必须由中央主管部门审核后,报议会决定。议会不管最后是否通过,都要有一个相应的法律文件予以确认。澳大利亚、德国等也制定了类似的改革法规。

(三）注重政府管理内涵的改革，追求政府管理的效益

西方各国政府在改革中注重提高政府管理效能和服务质量，每次行政改革都特别强调用尽可能少的投入来换取尽可能多的产出，少花钱多办事。

英国1968年的《富尔顿报告》虽涉及政府职能的调整和公务员制度的改革，但其宗旨是便于采用企业管理经济核算办法，引入"输出预算法"和应用新式管理会计学。所以，虽然机构增加，服务质量提高了，但政府财政压力却减轻了。1979年的"效率评审计划"直接为政府节省了20亿英镑的支出。

1991年的"市民宪章"运动并未对政府体制做实质性的改变，但它力图克服公共服务行业中服务态度不好和服务质量不高等群众意见比较大的问题，对提高公共服务质量做了种种规定，得到群众的拥护。

1992年的"市场检验"运动则是将政府部分公共服务项目推向市场，进行公开招标，引入竞争机制，打破原来由政府垄断格局，目的也是提高政府公共服务部门服务质量，并充分利用社会财力、物力来办公共服务项目。

日本政府从1980年开始，以"亲切、廉洁、效能"为宗旨，以窗口服务为中心，开展完善行政服务活动。1988年又推行"高质量的行政服务运动"，要求与国民有接触的公共服务要做到明白易懂、方便群众、办事迅速、服务周到、保证安全，为人们提供所需的各种行政服务。为此，各省厅及特殊法人都设置服务窗口。从1990年开始，日本又把每年5月定为"高质量行政服务推进月"，集中实施改善行政服务的总检查。

美、法等国政府也奉行"顾客至上"的原则，采取各种措施提高服务质量。

（四）组建精干、高效的改革工作班子，重视发挥参谋咨询机构的作用

英国政府的主要行政改革措施都由内阁办公厅属下的"效率小组""下一步行动小组"或"市民宪章小组"等来组织实施。这些机构各有25名工作人员，机构不大但很精干，工作人员的素质很高，效率也较高。这些小组直接对首相顾问负责，有关报告可直送最高层。这些精干机构在推动英国行政改革中发挥重要作用。

日本行政改革也有健全的组织保证体系。总务厅既是日本政府行政改革的规划、推进部门，又是对各省厅的行政改革进行综合协调的机构，有统一推进行政，综合协调各省厅机构设置、人事管理，开展行政监察等功能。总

务厅的行政管理局主管行政改革和定员管理，并负责与各省厅官房的联系与协商，各省厅的官房主管省厅内的综合协调、行政改革和定员管理。这样从总务厅到各省厅官房，形成推进、实施行政改革计划和统一管理机构编制的组织保证体系，从而有力地保证行政改革顺利实施。

此外，各国政府在行政改革过程中普遍重视参谋咨询机构作用，注意倾听参谋咨询机构提出的改革建议和改革方案。这些参谋咨询机构有的隶属于行政首脑或行政部门；有的是民间组织，有相对独立性。它们承担政府交给的咨询任务，为政府行政改革出谋献策，对促进政府行政管理科学化发挥重要作用。

（五）强化监督，形成立体的政府绩效评估机制

20世纪80年代以来，西方国家政府把"绩效评估"作为消除改革阻力、提高政府管理效能的重要手段。"绩效评估"经过数十年的实践和发展，已成为政府行为标准的约束体系。

1993年美国国会通过的《政府绩效与结果法》和同年的《戈尔报告》，使国会改变对政府的监督体制，从监督行政程序的合法性转为注重行政结果；要求联邦政府改革各部门和文官的业绩考核办法，注重工作的质量、效益和公众满意程度，力求建立"以结果和绩效为本"的新的公务员体制模式，使其建立在分权、灵活性、绩效基线上，而不是程序（过程）和顺从上。该模式既保留现行体制的核心价值，又体现灵活性、回应性、效率性，即"以最聪明、最好、最快、最经济的方式做事情"。①

2001年小布什接任总统后，提出应通过改革公务员制度，建立有意义的绩效评估体系，奖励有卓越表现的人员，建立与结果之间的紧密联系。②《总统管理议题》要求联邦政府的管理和预算办公室"为五项总统管理议题的每一项分别制定'成功标准'和'管理记分卡'，并依据管理记分卡每季度定期对25～26个重点实施总统管理议题的机构的现状采取以'红绿灯'（traffic light）为标志的追踪评估，结果直观地反映出联邦政府实施人力资本战略管理取得的明显进步"。③

另外，在一些国家，社会公众也可读到大量由立法部门、利益集团、社

---

① 宋世明：《美国行政改革研究》，国家行政学院出版社1999年版，第199页。
② 参见王佃利《美英澳三国新公共管理改革的新进展》，载《中国行政管理》2004年第2期。
③ 吴志华：《美国公务员制度的转型及其启示》，载《中国行政管理》2005年第12期。

会团体和专业人士发布的针对公务人员和专职办事机构的绩效评估报告,并通过各种媒体和渠道发表对公共部门绩效改革的意见和看法,以促进公共部门的改革。因为在这种内外部评估相结合、多元评估主体并存的立体评估体系的监控下,绩效评估"不仅要评估政策、计划和项目自身存在的必要性和合理性,并用数据来加以表示,而且强调事前评估的结果必须向公众公布,如果事后评估显示政府的政策、计划或项目未能产生预期的效果,则有关部门和人员将不可避免地被追究责任"。[1] 这使公务人员迫于绩效评估的压力和个人福利损失的可能,而不敢懈怠行政改革的目标,取得化解改革阻力的效果。

当然,西方各国的行政改革始终是在维护资本主义政治体制的前提下进行的,而且有不少改革方案在实施过程中也遇到重重阻力。这在一定程度上反映了资本主义国家行政改革的现实。

第三节 当代中国的行政改革及展望

一、当代中国的行政改革

中华人民共和国成立以来,为适应政治、经济形势的发展变化,我国先后进行了 10 次大的以机构改革为主要内容的行政改革,其中改革开放以来已进行了 7 次。以下着重介绍这 7 次的行政改革。

(一) 1982 年的改革

这次改革是在党和国家工作重心全面转移到社会主义现代化建设之后首次进行的行政改革。这一阶段,改革首先在农村全面展开,逐步转向城市。在城市,进行以增强企业活力为中心,以打破条块分割为目的,扩大中心城市经济管理权限的改革。行政体制也进行改革,改变农村政社合一的"人民公社"体制,实行行政权与生产经营权分离。

同时,政府机构进行改革和精简,较大幅度地撤并了经济管理部门,加强了综合、调节、监督、法制部门,进行后勤社会化的试点,并结合机构改

---

[1] 张定安、谭功荣:《绩效评估:政府行政改革和再造的新策略》,载《中国行政管理》2004 年第 9 期。

革推行干部年轻化，废除实际存在的领导职务终身制，建立干部离退休制度。

经过改革，国务院各部委、直属机构从 100 个减为 61 个，省、自治区、直辖市政府工作部门从 50～60 个减为 30～40 个，县政府部门从 40 多个减为 25 个左右。在人员编制方面，国务院各部门从原来的 5 万多人减为 3 万多人，省、自治区、直辖市党政机关人员从 18 万人减为 12 万多人；市县机关工作人员比原来约减少 20%。领导班子平均年龄由 58 岁降到 54 岁。

这一阶段的改革为经济体制的全面改革铺平道路，为此后的行政改革积累了经验，奠定了基础。但由于这次改革是在经济体制改革尚未全面展开的情况下进行的，因而未能从根本上解决机构林立、职能重叠、人浮于事、效率低下的弊端，改革后政府机构又呈膨胀趋势。

（二）1988 年的改革

这次改革首次提出"转变政府职能是机构改革的关键"这个重要命题，要求按政企分开的原则，把直接管理企业的职能转移出去，把直接管钱、管物的职能放下去，把决策、咨询、调节、监督和信息等职能加强起来，使政府对企业由直接管理为主转向间接管理为主。同时，对国务院机构进行了改革，强化综合部门、经济调节部门、监督部门和社会保障部门，适当弱化专业管理部门。

经过这一阶段改革，国务院部委由原有的 45 个减为 41 个，人员编制比原来减少 9700 多人。此外，进一步改革人事制度，在各级政府机关建立国家公务员制度，实行依法管理和公开监督，人才市场作为新生事物开始自下而上地涌现，地方政府机构的改革也取得一定进展。

这一阶段的改革为社会主义市场经济体制的确立创造了条件。当然，改革毕竟是按计划经济模式要求进行的，因而难免带有一定的局限性，政府职能转变未达到预期结果，到 1993 年，国务院工作部门、直属机构又增加到 86 个。

（三）1993 年的改革

这是探索建立与市场经济体制相配套的行政体制的新阶段。1992 年党的十四大提出，经济体制改革的目标是建立社会主义市场经济体制，要下决心进行行政管理体制和机构改革。按党的十四大的要求，这一阶段的行政改革以适应社会主义市场经济发展的要求为宗旨，改革重点在转变职能、理顺关系、精兵简政，改革的根本途径是实现政企分开。同时以推行国家公务员制度为重点，全面推进机关、事业、企业人事制度改革，并适应建立现代企业制度的需要，探索国有资产管理体制。

改革后，国务院组成部门设为41个，人员比原来减少20%。这次改革的历史贡献在于，首次提出政府机构改革的目的是适应建设社会主义市场经济体制的需要，改革由侧重下放权力转向制度创新，由改革旧体制转向建立新体制。但由于历史条件制约和宏观环境限制，政府行政体制存在的诸多问题仍未得到根本性的解决，机构设置与社会主义市场经济发展的矛盾仍十分突出，因此，改革必须继续向广度和深度全面推进。

（四）1998年的改革

这是历次改革中力度最大、机构变化和人员调整最大的一次。据党的十五大精神，改革的目标是：建立办事高效、运转协调、行为规范的行政管理体制，完善国家公务员制度，建设高素质专业化行政管理干部队伍，逐步建立适应社会主义市场经济体制的中国特色行政管理体制。改革的基本原则是：按发展社会主义市场经济要求，转变政府职能，实现政企分开。把政府职能转变到宏观调控、社会管理和公共服务方面，把生产经营权交给企业；按精简、统一、效能的原则，调整政府组织机构，实行精兵简政。加强宏观经济调控部门，调整和减少专业经济部门，适当调整社会服务部门，加强执法监管部门，发展社会中介组织；按权责一致的原则，调整政府部门的职责权限，划分部门间的职能分工，克服多头管理、政出多门的弊端；按依法治国、依法行政的要求，加强行政体系的法律建设。

经过这次改革，国务院组成部门减至29个，行政编制人员精简了47.5%。

（五）2003年的改革

2003年的机构改革，是在加入世贸组织的大背景之下进行的，改革方案中特别提出了"决策、执行、监督"三权既相互制约又相互协调的要求。改革的目的是：进一步转变政府职能，改进管理方式，推进电子政务，提高行政效率，降低行政成本。改革的目标是，逐步形成行为规范、运转协调、公正透明、廉洁高效的行政管理体制。改革的重点是建立国有资产监督管理委员会，深化国有资产管理体制改革；建立中国银行业监督管理委员会，建立监管体制；组建商务部，推进流通体制改革；组建国家食品药品监督管理局，调整国家安全生产监督管理局为国家直属机构，加强食品药品安全与安全生产监管。改革后，国务院组成部门由 29 个调整为 28 个。

（六）2008 年的改革

这次改革首次明确提出"大部门制"，围绕转变政府职能和理顺部门职责关系，探索实行职能有机统一的大部门体制。改革的目的是：加强和改善宏观调控，促进科学发展；着眼于保障和改善民生，加强社会管理和公共服务；按照探索职能有机统一的大部门体制要求，对一些职能相近的部门进行整合，实行综合设置，理顺部门职责关系。本次改革新组建工业和信息化部、交通运输部、人力资源和社会保障部、环境保护部、住房和城乡建设部。除国务院办公厅外，国务院组成部门设置为 27 个。

（七）2013 年的改革

党的十八大从我国发展全局出发，提出了深化行政体制改革的要求和任务，强调要按照建立中国特色社会主义行政体制目标，深入推进政企分开、政资分开、政事分开、政社分开，建设职能科学、结构优化、廉洁高效、人民满意的服务型政府。这次改革根据党的十八大和党的十八届二中全会精神，按照建立中国特色社会主义行政体制目标的要求，围绕转变职能和理顺职责关系，稳步推进大部门制改革，破除制约经济社会发展的体制机制弊端。

一是实行铁路政企分开。将原铁道部拟定铁路发展规划和政策的行政职责划入交通运输部。交通运输部统筹规划铁路、公路、水路、民航发展，加快推进综合交通运输体系建设。

二是组建国家卫生和计划生育委员会。将原卫生部的职责、国家人口和计划生育委员会的计划生育管理和服务职责整合，组建国家卫生和计划生育委员会。

三是组建国家食品药品监督管理总局。将原国务院食品安全委员会办公室的职责、国家食品药品监督管理局的职责、国家质量监督检验检疫总局的生产环节食品安全监督管理职责、国家工商行政管理总局的流通环节食品安全监督管理职责整合，组建国家食品药品监督管理总局。

四是组建国家新闻出版广播电影电视总局。将原国家新闻出版总署、国家广播电影电视总局的职责整合，组建国家新闻出版广播电影电视总局。

五是组建国家海洋局。将原国家海洋局及其中国海监、公安部边防海警、农业部中国渔政、海关总署海上缉私警察的队伍和职责整合,重新组建国家海洋局,由国土资源部管理。

六是组建国家能源局。将原国家能源局、国家电力监管委员会的职责整合,重新组建国家能源局,由国家发展和改革委员会管理。

这次改革,国务院正部级机构减少4个,其中组成部门减少2个,副部级机构增减相抵数量不变。改革后,除国务院办公厅外,国务院组成部门设置为25个。①

二、中国行政改革的经验及展望

(一)中国行政改革的经验

中国行政改革是复杂巨大的系统工程,涉及社会生活的方方面面。为保证行政改革顺利进行,我国在推进行政改革中的基本做法和经验是:

1. 立足中国国情,坚持因地制宜、区别对待

一个国家的行政体制由本国政治、经济、文化、历史等因素决定。只有从国情出发,才能保证改革成功。中国人口众多、幅员辽阔,内地人口13亿多,占世界人口的22%左右;中国是发展中国家,人均国民收入比较低,仍处于社会主义初级阶段;中国实行的是以公有制为主体的社会主义经济制度,政府承担对公有制财产的保值增值责任等,这决定了我国政府职能比西方国家要广泛、复杂得多,决定了我国行政改革必须从国情出发。否则,再好的改革设想,也是空中楼阁。

此外,还要看到,中国经济发展有很大的不平衡性,发展水平由沿海到内陆到西部呈梯次状态,每个地区、每个县市间的发展水平有很大差异。这种客观上的差异要求在把握行政改革总目标和实行改革时,必须注意照顾各地的特殊情况,使改革有一定的灵活性。因此,中国在推进行政改革进程中,十分注重从各地实际出发,不搞"一刀切",允许各地在遵循改革总原则和总方针的前提下,在改革的具体步骤和方法方面因地制宜。中央政府根据各地的情况实行分类指导,使改革更符合各地实际。

2. 坚持以发展经济为中心,与经济体制改革相配套

行政体制作为社会上层建筑,既反作用于经济体制,又受社会经济发展

---

① 参见2013年《国务院机构改革和职能转变方案》。

水平和经济体制的制约，它一定要服从和服务于社会经济的发展和经济体制改革的需要。因此，中国行政改革始终坚持以经济建设为中心，围绕经济建设事业进行，无论是机构精简，还是人员调整，都服从发展经济运行的需要。

同时，坚持以转变政府职能为核心，不断推进政企分开、政资分开、政社分开、政务分开，并随着经济体制改革的进程和社会发展不断深化。实践证明，这是我国行政改革取得成功的重要经验。

3. 坚持新发展理念，正确处理改革、发展和稳定的辩证关系

发展是解决我国一切问题的基础和关键，发展必须是科学发展，必须坚定不移贯彻创新、协调、绿色、开放、共享的发展理念。新发展理念揭示了发展的本质和内涵。中国正处于向市场经济转型的关键时期，没有社会稳定不可能发展经济和促进改革。而经济持续和快速发展是社会稳定的基础，改革又是经济发展的基本动力。因此，发展是目的，改革是动力，稳定则是推进改革和发展的基本前提。

30多年来，我国政府在推进行政改革过程中，十分注意从整体上统筹这三者间的辩证关系，把改革力度、发展速度和社会可承受程度统一起来，把不断改善人民生活作为处理改革发展稳定关系的重要结合点，使之相互协调、相互促进。

4. 广泛吸收和借鉴国外发达国家的行政改革经验及我国传统的行政精华

对外开放是中国的既定国策，是促进改革、加快改革的成功之路。世界各国在长期行政管理实践中积累了许多经验，是人类的共同财富，尤其是发达国家政府在发展市场经济中积累的某些经验，值得参考借鉴。

同时，中国是有悠久历史的文明古国，几千年行政历史为当今行政改革提供了丰富养料。因此，在行政改革中既坚持对外开放，注意吸收和借鉴当今世界各国行政改革的成功经验和做法，学习发达国家科学管理的方式方法，以丰富我国行政改革内容，也十分注意弘扬中国传统文化精华，古为今用，促进中国特色行政体制的完善。

5. 坚持分步实施、逐步到位的渐进改革方式

改革是对各种利益和权力的重大调整，必然会引起权益格局和社会关系的重大变化，也必然会遇到许多矛盾和问题。这就决定了中国行政改革有相当的复杂性、艰巨性和长期性，不可能一步到位，而必须采取渐进方式。因

此，我国在行政改革过程中，采取从点到面、从局部到整体、从表层到深层分步实施的做法，自上而下、上下结合地逐步推行，使改革取得明显的效果。

（二）中国行政改革展望

党的十九大报告对中国行政改革的目标要求是：转变政府职能，深化简政放权，创新监管方式，增强政府公信力和执行力，建设人民满意的服务型政府。2018年3月，第十三届全国人民代表大会第一次会议审议批准了国务院机构改革方案。深化国务院机构改革，要着眼于转变政府职能，坚决破除制约市场在资源配置中起决定性作用、更好发挥政府作用的体制机制弊端，围绕推动高质量发展，建设现代化经济体系，加强和完善政府经济调节、市场监管、社会管理、公共服务、生态环境保护职能，结合新的时代条件和实践要求，着力推进重点领域和关键环节的机构职能优化和调整，构建起职责明确、依法行政的政府治理体系，提高政府执行力，建设人民满意的服务型政府。按照这一目标要求，今后一段时期中国行政改革的主要任务是：

1. 继续简政放权，加快政府职能转变

简政放权，转变政府职能是行政改革的核心。为此，一要深化行政审批制度改革，加快推进政企分开、政资分开，切实减少对微观经济活动的干预，更大程度和更广范围发挥市场在资源配置中的决定性作用，创造良好的市场环境，维护公平竞争的市场秩序。二要更加注重社会管理和公共服务，深入推进政社分开、政事分开，从体制、法制、政策、能力、人才和信息化方面全面加强社会建设，创新社会管理；按照到2020年建立起功能明确、治理完善、运行高效、监管有力的管理体制和运行机制，形成基本服务优先、供给水平适度、布局结构合理、服务公平公正的中国特色公益服务体系的目标，遵循"分类指导、分业推进、分级组织、分步实施"的方针，推进事业单位分类改革，创新体制机制，探索建立多种形式的法人治理结构，构建公益服务新格局。

2. 统筹考虑机构设置，科学配置行政部门内设机构权力、明确职责

改革开放以来，我国进行了多轮行政改革，但对部门内设机构设置的调整较少。以大部制改革为例，多个职能相近的部门合并后，内设机构整合往往局限于办公室、财务、人事、法制等综合部门，具体业务职能部门较少得到调整，个别地方出现了从过去"局与局之间推诿"，转变为同一部门内"处与处之间扯皮"的现象。

今后的行政改革将向精细化、纵深化的方向发展，不停留于简单地做加减法，而着重于做乘除法，深入政府部门内部，优化内设机构设置，真正打通职能交叉、重叠乃至矛盾之处，切实推进政府职能转变。

3. 打破职责同构，充分发挥地方积极性

党的十九大报告提出，要"赋予省级及以下政府更多自主权。在省市县对职能相近的党政机关探索合并设立或合署办公"。按照这一要求，必须适应经济社会发展以及政府职能转变的新要求，认真解决我国当前行政层级和行政区划方面存在的一些问题。

一是因地制宜。我国幅员辽阔，区域间存在着较大差异，但在以往的行政改革中，因受单一制国家惯性影响，容易出现机构设置的"职责同构"现象。为推进国家治理体系现代化，必须赋予地方以更多的自主权，在保障中央统一领导的前提下，以地方本地化特征为基础构建科学高效的地方行政组织架构。

二是优化行政区划设置。要按照有利于促进科学发展、有利于优化配置资源、有利于提高社会管理水平和更好提供公共服务的原则，合理调整行政区划，简化行政管理层级，适时适度地调整行政区规模和管理幅度。

三是深化乡镇行政体制改革，建立行为规范、运转协调、公正透明、廉洁高效的基层行政体制和运行机制。同时，探索对经济总量较大、吸纳人口较多的县城和小城镇，赋予其与经济总量和管理人口规模相适应的经济社会管理权限。

4. 创新行政管理方式，提高政府公信力和执行力

一是创新服务和管理模式，优化管理流程。

二是着力建设法治政府。进一步加强行政立法、执法和监督工作，加强行政程序和行政监督制度建设，规范政府行为，推进政府建设和行政工作法治化、制度化。

三是推进政务公开。完善政务公开制度，扩大政务公开范围，保障公众对公共事务的知情权、参与权、表达权和监督权。

四是提高科学决策水平。健全科学决策、民主决策、依法决策机制，合理界定决策权限，规范决策行为。

五是加快电子政务建设，推进公共管理和服务的信息化、现代化。

六是推进政府绩效管理。加快完善行政绩效评估标准、指标体系和评估机制、评估方法，有效引导和督促各级政府和工作人员树立正确的政绩观。

第一版后记

一、本书作为教材,是为适应概论或导论性质的课程需要而编写的。因而较着重于介绍有关的基础理论知识和本学科的基本内容。对于各分支学科,尤其是另行分别单独开设的一些后续课程,如关于决策、人事、领导、财务、行政法、公共关系之类的专题,均注意避免过多重复。

二、本书在编写过程中,从拟定编写计划、大纲,到撰写初稿、修改稿,再到统稿、定稿,均采取集体讨论、有关章节编写者之间互相通气和交换意见、主编与少数或个别编写者具体研究等办法,以求全书能成为一个整体。因此共同约定,每位编写者都必须认真阅读全部书稿,然后进行讨论。

三、本书的编写人员体现了老、中、青三结合。他(她)们各有所长,已有不少研究成果正式出版,并有较多的教学和工作经验。本书分工如下:第一、二、四章:梁裕楷;第三、八章:陈瑞莲;第五章:王乐夫;第六、九章:林锦峰;第七章:应国良;第十章:赵过渡;第十一章:何国强;第十二、十三章:罗立新;第十四章:傅小平;统改、定稿:夏书章。

四、本书所引用的参考书和资料等,已分别在引用时于页下注明出处,故不再集中开列。

五、本书被中山大学列入新教材编写出版计划,根据有关规定,经请校外同行专家审定以后出版。

六、本书全体编写人员始终通力合作。其中,梁裕楷、陈瑞莲两同志更比较突出地表现为积极关心和不辞辛劳,主动负责协助主编与各有关方面进行联系、沟通等。罗立新同志也主动协助解决集体活动场所和稿件打印等问题。廖为建同志虽未直接参加编写工作,但对有关章节的编写者给予了具体帮助。凡此都应在后记中提及。

夏书章
1991年6月

第二版后记

本书第一版"后记"所记各点基本适用,不赘。在第二版"序"中已提及的有关情况,也不再重复。以下是值得和应该一记的几点:

一、第二版的内容增加了两章,而编写人员比第一版减少了两人,有些同志的任务明显加重,但未遇到任何困难。这种团结合作的精神,应予充分肯定。

二、参编人员(以姓氏笔画为序)具体分工如下:

王乐夫:第五、十五章;任副主编,协助主编做统筹、定稿工作。

何国强:第十二章。

应国良:第八章。

陈瑞莲:第三、九、十六章;任副主编,协助主编做统筹、定稿工作。

林锦峰:第六、十、十四章。

赵过渡:第七、十一、十三章。

夏书章:担任主编,负责统筹、定稿工作。

梁裕楷:第一、二、四章。

三、陈瑞莲同志不辞辛劳,做了不少具体工作,实际上是各有关方面的总联络人。她还主动热情地向其他同志提供参考资料,并非常关心修订工作的进展情况和争取按计划如期完成。

四、中山大学出版社的领导同志对本书的修订积极支持、配合,责任编辑施国胜同志还参加了有关的讨论,在技术上提供了加快传阅和修改、定稿等便利条件。

夏书章
1997 年 8 月

第三版后记

第三版参加编写人员仅有个别变动,现以姓氏笔画为序,说明具体分工如下:

王乐夫:负责第六、十六章;任第一副主编,协助主编做统筹、定稿工作。

应国良:负责第九章。

陈瑞莲:负责第三、四、十、十七章;任第二副主编,协助主编做统筹、定稿工作。

林锦峰:负责第七、十一、十四章。

赵过渡:负责第八、十二、十五章。

夏书章:担任主编,负责统筹、定稿工作。

梁裕楷:负责第一、二、五章。

廖为建:负责第十三章。

本版在修订和出版过程中,副主编陈瑞莲教授和责任编辑施国胜同志仍一如既往地积极认真从事在编者之间、编者与出版社之间的联系工作,全体编写人员感谢二位对本版所做的贡献。

从第三版起,本书纳入教育部人文社会科学百所重点研究基地——中山大学行政管理研究中心出版计划,作为中心的研究成果之一。

鉴于本书第一版与第二版和第二版与第三版之间相隔的时间约有五六年之久,似乎稍长了一些。今后为适应客观形势发展的需要,争取符合与时俱进的精神,拟自第四版起,适当缩短修订时间。发达国家有教材逐年更新的做法,虽然很值得我们参考,但我们一时还难以做到每年出新版本。另外,经修订后,篇幅有增加较多的趋势,今后也打算在不影响整体质量的情况下,注意内容精简。

夏书章
2003 年 4 月

第四版后记

第四版参编人员退三进六，总人数增加三人。章数照旧，细目根据内容有调整。各章具体分工如下：

夏书章：第一章。
倪　星：第二、十六章。
陈瑞莲：第三、四、十七章。
王乐夫：第五章。
陈天祥：第六章。
马　骏：第七章。
蔡立辉：第八、十二、十三章。
郭巍青：第九章。
廖为建：第十、十四章。
任剑涛：第十一章。
赵过渡：第十五章。

参编人员都很积极、认真、负责，各展所长。由于参编人员中不少兼任院、系、重点研究基地、MPA 教育中心等主要领导职务，教学科研任务都比较重，加上担任博士后流动站合作导师，博士、硕士研究生导师，临时或定期举办的各种高研班、研讨班、培训班专题主讲，国内、国际学术交流活动等，平时已多为"满负荷"或"超负荷"运作，但仍能认真做好本版的编写和修订工作，并如期交稿，充分体现了团队合作精神。

同过去一样，陈瑞莲教授和责任编辑施国胜同志为本版所做的联系工作和有关贡献，我们仍应深致谢意。

回顾第一版与第二版相隔约六年，第二版与第三版相距五年多，第三版与第四版之间可望为五年，虽逐步略有缩短，但尚未能达到预期更短一些的时间，还须继续努力。

本书原有"财务行政"一章，本版仅列"公共预算"是一种尝试。因"财务"专业性强，常单独开课，而预算是其中的关键，故在 POSDCORB 要素中有 B 即预算 Budgeting 殿后，可见此意。

夏书章
2008 年 1 月

第五版后记

第五版参编人员增加一人，各章具体分工如下：

夏书章：第一章。
倪　星：第二、十六章。
陈瑞莲：第三、四、十七章。
王乐夫　郭小聪：第五章。
陈天祥：第六章。
马　骏：第七章。
蔡立辉：第八、十二、十三章。
郭巍青：第九章。
廖为建：第十、十四章。
任剑涛：第十一章。
赵过渡：第十五章。

有关情况大体和基本与过去各版相同或相似，不赘。

对副主编陈瑞莲教授和责任编辑施国胜同志一如既往的积极贡献，我们仍深致谢意。

看来，各版之间缩短时间的预期可行性不大，主要原因在于中国最基本的国情之一是：关系国家发展战略和重大决定的中国共产党全国代表大会五年举行一次，直接影响到对行政管理改革等方面的近期和长远要求。这门为建设中国特色社会主义服务的新学科，也就必然应在这样的格局下和过程中逐步形成和发展。换句话说，本书新版亦将定为五年。

夏书章
2013 年 3 月

第六版后记

第六版参编人员略有变化,各章具体分工如下:
第一章　夏书章。
第二章　倪　星。
第三章　陈瑞莲、刘亚平。
第四章　陈瑞莲、刘亚平。
第五章　王乐夫、郭小聪。
第六章　陈天祥。
第七章　马　骏、牛美丽。
第八章　蔡立辉。
第九章　郭巍青。
第十章　何艳玲。
第十一章　任剑涛。
第十二章　蔡立辉。
第十三章　蔡立辉。
第十四章　何艳玲。
第十五章　赵过渡。
第十六章　倪　星。
第十七章　陈瑞莲、刘亚平。

各版后记其他有关情况大体和第六版基本相同。参编人员中有已调往外校任教者,组织继续参编。关于二人合编一章,皆另有原因。一如既往的是副主编陈瑞莲教授,对第六版的修订工作尽心尽力,应对她深致谢意。至于退休问题,那是具体职务的事,应与编著工作有所不同。协助联系出版工作的熊美娟同志和责任编辑陈霞同志都为本书新版做了积极贡献,亦应致谢。

夏书章
2018 年 1 月